「少年」「少女」の誕生

今田絵里香【著】

ミネルヴァ書房

「少年」「少女」の誕生　目次

第Ⅱ部　「少年」「少女」の展開

第Ⅲ部 「少年」「少女」の変容と解体

序　章　少年少女雑誌と「少年」「少女」はどのように生まれてどのように変遷したのか

1　少年少女向けのメディアにおける「少年」「少女」に関する知

本書は、少年少女雑誌の誕生と変遷、および、少年少女雑誌における「少年」「少女」に関する知の誕生と変遷を明らかにする。そしてその背景を考える。そのために、第一に、少年少女雑誌はどのように誕生したのかを明らかにする。第二に、少年少女雑誌における「少年」「少女」に関する知は、それぞれどのようなものであったのかを検証する。第三に、少年少女雑誌における「少年」「少女」に関する知は、どのように変遷したのかを検証する。第四に、少年少女雑誌はどのように変遷したのかを明らかにする。

本書は、少年少女雑誌の誕生と変遷のみを明らかにしたいのではないし、少年少女雑誌における「少年」「少女」の誕生と変遷のみを明らかにしたいのではないのである。少年少女雑誌の誕生と変遷、および、少年少女雑誌における「少年」「少女」の誕生と変遷を明らかにしたいのである。なぜなら、少年少女雑誌の誕生と変遷は、少年少女雑誌における「少年」「少女」の誕生と変遷と、分かち難いものだからである。本書が明らかにするように、近代日本においては、少年少女雑誌が、「少年」「少女」という呼称を人びとの間に広めたといえる。そして、「少年」「少女」に関する知を作りだして、人びとの間に広めたのである。「少年」「少女」に関する知とは、「少年」「少女」

がどのようなものかに関する知のことを意味する。だからこそ、本書は、少年少女雑誌の誕生と変遷、および、少年少女雑誌における「少年」「少女」の誕生と変遷を明らかにするのである。はたして少年少女雑誌はどのように生まれてどのように変遷したのだろうか。そして、少年少女雑誌における「少年」「少女」は、どのように生まれてどのように変遷したのだろうか。本書はこのことを考えることとする。

その場合、少年少女向けのメディアにおける「少年」「少女」に関する知をどのようにとらえたらいいのだろうか。このことを考えてみる。

少年少女向けのメディアの「少年」「少女」に関する知は、現実とは異なるといえる。たとえば、少年少女向けのファッション雑誌には、多数のファッションモデルが載っている。しかし、だからといって、現実の世界に、ファッションモデルのような美少年と美少女が溢れているとおもうのは間違っている。このように、少年少女向けのメディアの「少年」「少女」に関する知は、現実とは異なるといえるのである。

とはいえ、少年少女向けのメディアにおける「少年」「少女」に関する知は、わたしたちに大きな影響を与えているとおもわれる。たとえば、今日、少女マンガ雑誌、少女小説雑誌、少女向けのファッション雑誌には、男女間の恋愛を主題とするものが多数載っている。一方、少年マンガ雑誌、少年向けのファッション雑誌には、たしかに、男女間の恋愛を主題とするものは載っているが、スポーツ、冒険など、男女間の恋愛ではないものを主題にしたものも載っている。それゆえ、わたしたちは、少女向けのメディアが、男女間の恋愛を主題にしたものを多数載せていることをどこか「自然なもの」としてとらえてしまっている。だからこそ、わたしたちは、少女は男女間の恋愛に興味があるとおもいこまされている。少女同士のおしゃべりというと、男女間の恋愛に関することをしゃべるものであると把握してしまっている。しかし、本書が明らかにするように、少女向けのメディアに男女間の恋愛が導入されるのは、戦後のことなのである。したがって、少女であれば、どのような少女でも男女間の恋愛に興味をもっている（もっていなければならない）、あるいは、少女同士が集まると、どのような集まりであっても、男女間の恋愛についてしゃべっている（しゃべっていなければならない）というとらえ方は、間違っているのである。

また、少女向けのメディアには、「かわいいもの」が溢れている。そして、その「かわいいもの」を身につけた「かわいい少女」という表象が氾濫している。しかし、本書が明らかにするように、少女向けのメディアに「かわいい少女」という表象が導入されたのは、戦後のことなのである。したがって、少女であれば、どのような少女でも「かわいいもの」に興味があるというとらえ方は、間違っているのである。ところが、わたしたちは、そのようなとらえ方が「自然なとらえ方」であるかのようにおもわされてしまっているのである。

さらに、少年マンガ雑誌、少年向けのファッション雑誌では、少年が些細なことで悲哀に浸ることを批判している。それゆえ、そのような表象はほとんど描かれないか、あるいは、批判すべきものとして描かれているかのどちらかである。しかし、本書が明らかにするように、戦前の少年雑誌では、むしろ、少年が悲哀を理解できること、そして、悲哀を詩文に表現できることは称賛されていたのである。したがって、少年であれば、どのような少年でも些細なことで悲哀に浸らない（浸ってはならない）というとらえ方は、間違っているのである。ところが、わたしたちは、そのようなとらえ方が「自然なとらえ方」であるかのように把握してしまっているのである。こう見てくると、少年少女向けのメディアは、「少年」「少女」に関する知を作りだして、わたしたちに大きな影響を与えているといえる。

このように、今日の少年少女向けのメディアの「少年」「少女」に関する知は、現実ではないが、現実のわたしたちに大きな影響を与えているのである。そして、このことは、戦前の少年少女向けのメディアの「少年」「少女」に関する知においてもいえることである。戦前、少女雑誌を購読できる階層の少女は、現実には、良妻賢母になることが期待されていた。また、現実には、良妻賢母になる少女が大多数であった。ところが、本書が明らかにするように、少女雑誌は、少女小説家をスターのようにグラビアに載せていた。そして、少女雑誌は、少女たちにたいして、少女小説家をめざして文芸作品を作る努力をするように仕向けていた。その結果、ごく少数ではあるが、吉《よし》屋《や》信子《のぶこ》、横山《よこやま》美智子《みちこ》など、少女小説家になる少女があらわれたのであった。

まとめると、少年少女向けのメディアの「少年」「少女」に関する知は、現実とは異なるが、現実のわたしたちに大きな影響を与える知であると考えることができる。

また、少年少女向けのメディアの「少年」「少女」に関する知は、わたしたちに不利益をもたらすことがある。しかし、利益をもたらすこともある。このメディアが与える利益・不利益は、わたしたちの日常の至るところで見ることができる。一方では、この「少年」「少女」に関する知の影響で、たとえば、男女間の恋愛を描いた少年少女マンガの影響で、男女間の恋愛に興味がないにもかかわらず、男女間の恋愛に興味があるふりをしなければならないという苦しみを、少年少女にもたらしているかもしれないといえる。他方では、この「少年」「少女」に関する知の影響で、たとえば、サッカーを描いた少年少女マンガの影響で、サッカー選手になる道を切り拓いていくという楽しみを、少年少女にもたらしているかもしれないといえる。

そして、メディアの知が不利益・利益をもたらすことは、戦前の少年少女向けのメディアの「少年」「少女」に関する知においてもいえることである。一方では、この「少年」「少女」に関する知は、少年を軍人に、少女には良妻賢母になるように強いる規範がほとんどであったという見方がある。たしかに、戦前の少年少女向けのメディアには、そのような「少年」「少女」に関する知があったといえる。しかし、それだけで少年少女向けのメディアを把握したとおもうのは、大きな間違いである。先に見たように、少年少女向けのメディアの「少年」「少女」に関する知は、わたしたちに不利益をもたらすものもあるし、利益をもたらすものもあるからである。したがって、それだけでは少年少女向けのメディアの片方の面しか見ていないことになるのである。なぜなら、本書で明らかにするように、戦前の少年少女向けのメディアは、苛烈な読者獲得競争を繰り広げていたからである。したがって、戦前の少年少女向けのメディアが、少年少女にとって不利益しかもたらさないのであれば、たちまちのうちに読者獲得競争に敗れるとおもわれるからである。

他方では、戦前の少年少女向けのメディアの「少年」「少女」に関する知を、とくにハイカラ、モダンな「少年」「少女」に関する知を過剰に美化する見方がある。しかし、それだけでは、少年少女向けのメディアを把握したことにはならないのである。いいかえると、それだけでは、少年少女向けのメディアの片方の面しか見ていないということになるのである。なぜなら、本書で明らかにするように、少年少女雑誌の作り手である出版社の社長、および、社員は、男子読者・女子読者を教育するという少年少女雑誌の機能を充分にわかっていたからである。

まとめると、少年少女向けのメディアの「少年」「少女」に関する知をとらえるということは、一つには、少年少女向けのメディアの「少年」「少女」に関する知が、現実とは異なるものであること、しかし、現実の少年少女に大きな影響を与えている知であることを考慮するということである。もう一つには、少年少女向けのメディアの「少年」「少女」に関する知をとらえるということは、少年少女を呪縛する規範のみを明らかにすることではないが、かといって、少年少女の欲望のみを明らかにすることではないことを充分に踏まえるということである。

本書をとおしておこなうことは、「少年」「少女」のメディアがどのように生まれてどのように変遷したのかを、加えて、「少年」「少女」に関する知がどのように生まれてどのように変遷したのかを明らかにすることである。なぜなら、その「少年」「少女」に関する知が、今日のわたしたちの「少年」「少女」に関する知につながっていると考えられるからである。

「少年」「少女」に関する知が、あるときにある条件によって生まれたこと、あるときにある条件によって変容したことを明らかにすることは、「少年」「少女」に関する知が変容するということ、今後も変容するということを証明するということである。いいかえると、「少年」「少女」に関する知が、不変のルールではなく、さまざまな条件に合わせて変更することができるルールであることを白日のもとにさらすということであるといえる。つまるところ、少女として生まれたら○○をしなければならない、少年として生まれたら○○をしなければならないという知が、不変のルールではなく、変更できるルールであることを明るみに出すということなのである。そのことがわかると、そのルールを拒絶することができるとわかるようになるし、変更することができるとわかるようになる。一つは、自己が自己をそのルールでがんじがらめにすることをやめることができるようになる。もう一つは、他人のその「少年」「少女」に関する知を根拠にした差別的取り扱いにたいして、抵抗することができるようになる。たとえば、少女が理系の研究者には向いていない、少年が文系の研究者に向いていないという考え方にたいして、それにしたがうことはないし、もし、他人がそれを強要してきた場合、抵抗できるかどうかは、さまざまな条件が整わなければならないが、少なくとも抵抗のための戦略を練ることができるのである。

2　少年少女向けのメディアの比較分析をどのようにするのか

先行研究には、「少年」ないし少年向けのメディアを明らかにした研究が存在する。岩橋郁郎（一九八八）、内田雅克（二〇一〇）などである。また、「少女」ないし少女向けのメディアを明らかにした研究が存在する。本田和子（一九九〇）、川村邦光（一九九三、一九九四、二〇〇三）、遠藤寛子（二〇〇四）、今田絵里香（二〇〇七）、渡部周子（二〇〇七、二〇一七）、古賀令子（二〇〇九）、久米依子（二〇一三）、中川裕美（二〇一三）などである。さらには、女性向けのメディアを明らかにした研究（木村　二〇一〇、米澤　二〇一四、石田　二〇一五など）、男性向け・男性女性向けのメディアを明らかにした研究が存在する（佐藤　二〇〇二、阪本　二〇〇八、菅原編　二〇〇八、竹内・佐藤・稲垣

編　二〇一四、佐藤　二〇一八など）。

しかし、「少年」「少女」ないし少年少女向けのメディアを比較分析した研究はほとんどないといえる。渋沢青花（一九八二）は、元編集者の視点から、『日本少年』『少女の友』を比較分析しているが、編集者時代の、したがって限られた年代の『日本少年』『少女の友』を比較分析するにとどまっている。

ただ、「少年」「少女」、および、少年少女向けのメディアは、時期によって、分離していない時期と分離している時期がある。また、分離している時期は、互いに影響を及ぼし合っている。たとえば、本書が明らかにするように、少年雑誌が生まれた時期には、「少年」は男子・女子をあらわしていて、なおかつ、少年雑誌は読者層に男子読者・女子読者を想定していたのである。そう考えると、「少年」「少女」、および、少年少女向けのメディアの誕生と変遷を明らかにするためには、「少年」「少女」、および、少年少女向けのメディアを比較分析する必要があるとおもわれる。

また、「少年」「少女」の研究のなかには、問題点と見なしうる点が存在する。本書は、その問題点を克服したいと考えている。

一つは、時期による差異を軽視している研究が見られるという点である。たとえば、古賀令子（二〇〇九）は、戦前戦後の「かわいい」少女文化を明らかにしている。そして、戦前の少女文化を今日の「かわいい」少女文化の始まりとしてとらえている。しかし、戦前の少年少女文化と戦後の少年少女文化を安易に結びつけることは、無理がある。戦前と戦後では、社会も、メディアも、学校教育制度も、大きく異なる。それゆえ、戦前の少年少女文化と戦後の少年少女文化は、安易に結びつけることができないとおもわれる。したがって、本書は変遷を把握することとする。本書が、誕生と変遷にこだわるのは、そのためなのである。

もう一つは、媒体による差異を軽視している研究が見られるという点である。たとえば、内田雅克（二〇一〇）

は、「日清戦争から日露戦後期」は『少年世界』、「第一次世界大戦から軍縮期」は『少年世界』『日本少年』『少年倶楽部』、「一九三〇年代から太平洋戦争期」は『少年倶楽部』を分析して、「少年」と「ウィークネス・フォビア」の変遷を明らかにしている。しかし、本書で明らかにするように、『少年世界』『日本少年』『少年倶楽部』は、異なる出版社の異なる少年雑誌であるため、異なる戦略をもっていたのである。とくに、どのような階層の男子を読者としてとらえていたかが、大きく異なっていたのである。だからこそ、『少年世界』『日本少年』『少年倶楽部』は、それぞれ異なる男子に向けて、メッセージを紡いでいたのである。たとえば、ふつうに考えると、『少年倶楽部』の勤労する男子に向けたメッセージ、『少年世界』『日本少年』の帝国大学に進学する少年に向けたメッセージは、大きく異なるとおもわれる。にもかかわらず、その媒体の差異を考慮せずに分析するのは無理がある。たとえば、「第一次世界大戦から軍縮期」では、『少年世界』『日本少年』『少年倶楽部』にそれぞれ差異が見られるが、その差異を「少年」がゆらいでいること、「ウィークネス・フォビア」が変容していることとして分析している。しかし、『少年世界』『日本少年』『少年倶楽部』が、それぞれ異なる「少年」を描いていたにすぎなかったのではないかと考えることもできるのである。

また、先に見たように、「少年」「少女」は、少年少女雑誌が広めた呼称で、なおかつ、少年少女雑誌が作りだした表象であるため、「少年」「少女」に関する先行研究は、少年少女雑誌を分析してきたといえる。しかし、渡部周子（二〇一七）は、「少女」を明らかにするためには、少女雑誌を分析することに限定するべきではないとしている。しかし戦前、少女雑誌では「少女」、その他の言論の場では、たとえば、女子教育論の場では、「女子」が使用されていたのである。なおかつ、「少女」「女子」はそれぞれ異なる表象として作りだされていたのである。それゆえ、このような媒体による差異を無視して、すべてを「少女」ととらえて議論するのは、無理があるとおもわれる。

したがって、本書は媒体による差異をとらえることとする。少年少女雑誌の誕生と変遷、および、「少年」「少女」に関する知の誕生と変遷、両方をとらえるのは、そのためなのである。

本書の分析史料は、『日本少年』『少女の友』である。『日本少年』『少女の友』は、創刊から終刊まで、少年少女小説、伝記、少年少女詩、抒情画、通信欄・文芸欄を分析することとする。さらに、『穎才新誌』『少年園』『少年世界』『少年倶楽部』『少女界』『少女世界』『少女倶楽部』『少女画報』『少年』『女学生の友』『ひまわり』『ジュニアそれいゆ』を分析することとする。加えて、分析期間に出版された雑誌、書籍も適宜分析することとする。

さらに、本書の分析期間は、『穎才新誌』誕生の一八七七（明治一〇）年から、少女向けのファッション雑誌が誕生し始める一九七〇（昭和四五）年までである。

本書の構成は以下の通りである。第Ⅰ部では、少年少女雑誌がどのように誕生したのかを明らかにする。第一章では、「少年」のメディアがどのように誕生したのかを、第二章では、「少女」のメディアがどのようにして誕生したのかを、第三章では、「少年」「少女」のメディアがどのようにして「少年」「少女」の意味を明確にしたのかをそれぞれ検証する。あわせて、それぞれの背景についても考察する。

第Ⅱ部では、少年少女雑誌における「少年」「少女」に関する知が、それぞれどのようなものであったのか、そして、少年少女雑誌における「少年」「少女」に関する知が、それぞれどのように変遷したのかを明らかにする。第四章では、『日本少年』『少女の友』の少年少女詩の「少年」「少女」に関する知がそれぞれどのようなものであったのかを検証する。第五章では、『日本少年』『少女の友』の通信欄・文芸欄の「少年」「少女」がそれぞれどのようなものであったのかを確かめる。第六章では、『少女の友』の抒情画・伝記・少女小説の「少女」に関する知がどのようなものであったのか、そしてそれがどのように変遷していったのかを検証する。第七章では、『日本少年』の抒情画・伝記・少年小説の「少年」に関する知がどのようなものであったのか、そしてそれがどのように変遷していったのかを確かめる。

第Ⅲ部では、少年少女雑誌がどのように変遷したのかを明らかにする。第八章では、一九二五（大正一四）年前後、「少年」「少女」のメディアがどのように変容したのかを、第九章では、総力戦によって、「少年」「少女」のメディアがどのように変容したのかを、第一〇章では、戦後、「少年」「少女」のメディアがどのように変容したのかをそれぞれ検証する。あわせて、それぞれの背景についても考察する。終章では、本章で明らかになったことについて考察をおこなうこととする。

本書では、「少年」「少女」について、歴史的に生まれたものであることをあらわしたいときには、括弧をつけて表記している。

なお、史料からの引用にあたっては、旧字体の漢字は原則として新字体に改めた。また、適宜、濁点、句読点、ふりがなをつけた。さらに、引用文のなかには、不適切な表現が含まれているが、歴史的史料であることを考えて、そのまま引用した。

また、読者の投書を引用する場合、明らかに筆名である場合はそのまま筆名を引用したが、本名であると疑われる場合は匿名性を保証するために「読者」と表記した。さらに、編集者の文を引用する場合、記名がある場合はその署名を引用したが、記名がない場合は「編集者」と表記した。

引用文献

石田あゆう『戦時婦人雑誌の広告メディア論』青弓社、二〇一五年。

今田絵里香『「少女」の社会史』勁草書房、二〇〇七年。

岩橋郁郎『『少年倶楽部』と読者たち』ZΩION社、一九八八年。

内田雅克『大日本帝国の「少年」と「男性性」――少年少女雑誌に見る「ウィークネス・フォビア」』明石書店、二〇一〇年。

遠藤寛子『『少女の友』とその時代――編集者の勇気　内山基』本の泉社、二〇〇四年。

川村邦光『オトメの祈り――近代女性イメージの誕生』紀伊國屋書店、一九九三年。

川村邦光『オトメの身体――女の近代とセクシュアリティ』紀伊國屋書店、一九九四年。

川村邦光『オトメの行方――近代女性の表象と闘い』紀伊國屋書店、二〇〇三年。

木村涼子『〈主婦〉の誕生――婦人雑誌と女性たちの近代』吉川弘文館、二〇一〇年。

久米依子『「少女小説」の生成――ジェンダー・ポリティクスの世紀』青弓社、二〇一三年。

古賀令子『「かわいい」の帝国――モードとメディアと女の子たち』青土社、二〇〇九年。

阪本博志『『平凡』の時代――一九五〇年代の大衆娯楽雑誌と若者たち』昭和堂、二〇〇八年。

佐藤彰宣『スポーツ雑誌のメディア史――ベースボール・マガジン社と大衆教養主義』勉誠出版、二〇一八年。

佐藤卓己『『キング』の時代――国民大衆雑誌の公共性』岩波書店、二〇〇二年。

渋沢青花『大正の『日本少年』と『少女の友』――編集の思い出』千人社、一九八一年。

菅原亮芳編『受験・進学・学校――近代日本教育雑誌にみる情報の研究』学文社、二〇〇八年。

竹内洋・佐藤卓己・稲垣恭子編『日本の論壇雑誌――教養メディアの盛衰』創元社、二〇一四年。

中川裕美『少女雑誌に見る「少女」像の変遷――マンガは「少女」をどのように描いたのか』出版メディアパル、二〇一三年。

本田和子『女学生の系譜――彩色される明治』青土社、一九九〇年。

米澤泉『「女子」の誕生』勁草書房、二〇一四年。

渡部周子『〈少女〉像の誕生――近代日本における「少女」規範の形成』新泉社、二〇〇七年。

渡部周子『つくられた「少女」――「懲罰」としての病と死』日本評論社、二〇一七年。

第Ⅰ部　「少年」「少女」の起源

第一章　子どものメディアから「少年」のメディアへ
——作文投稿雑誌から少年雑誌へ——

1　「少年」のメディアの誕生

本章の目的は、一つは、「少年」のメディアはどのように生まれたのかを、もう一つは、「少年」のメディアはなぜ生まれたのかを明らかにすることである。

そのために、分析期間として、最初の子ども向けのメディアが生まれた一八七七（明治一〇）年から、その最初の子ども向けのメディアが終焉を迎えた一九〇二（明治三五）年までに着目することとする。また、分析史料として、『穎才新誌』『少年園』を中心に見ることとする。加えて、この分析期間に出版された雑誌、書籍も適宜分析することとする。

なぜ『穎才新誌』を分析するかというと、後に見るように、『穎才新誌』が日本初の子ども向けのメディアであったからである。また、なぜ『少年園』を分析するかというと、後に見るように、『少年園』が日本初の「少年」向けのメディアであったからである。

なお、『穎才新誌』については、上笙一郎（一九九三）、河合章男（二〇〇五）が、『穎才新誌』と同じ年に出版された『学庭拾芳録』については、藤本芳則（二〇〇六）が詳細に明らかにしている。

2　作文投稿雑誌から少年雑誌へ

日本で最初に子ども向けのメディアが生まれたのは、一八七七年のことである。その子ども向けのメディアとは、一八七七年二月二六日に生まれた『学庭拾芳録』（聚星館）、一八七七年三月一〇日に生まれた『穎才新誌』（製紙分社）である（図1-1）。これらの雑誌は、主に、作文・詩など、小学生・中学生の作品を掲載する雑誌であった。本書は、このような雑誌を「作文投稿雑誌」とよぶことにする。これらの雑誌は、最古の子ども向けの雑誌として生まれたと考えることができる。

ただ、『学庭拾芳録』は作文投稿雑誌とはいい難い雑誌であった。なぜなら、この雑誌が主におこなっていたことは、学校で実施された試験の解答を載せることであったからである。子どもの作文は、模範的な解答の一つとして載っていたのである。たとえば、『学庭拾芳録』の創刊号は、「坂《ママ》本学校一月試験」の号となっている。そして、「坂《ママ》本学校」（第一大学区第一中学区第一番官立小学阪本学校。現在の東京都中央区立阪本小学校）の子どもの作文が載せられている。このように、子どもの作文は、あくまで解答例の一つとして載せられているにすぎなかったのである。また、阪本学校の子どもたちが自ら作文を投稿していたとはいい難いものだったのである。

また、『学庭拾芳録』は、子ども向けの雑誌であったかどうかも疑わしいものであった。なぜなら、さまざまな学校の教育実践が載っているため、教師向けの教材として作られていたのではないか、さらには、実際に主な読者は教師であったのではないかと考えることもできるからである。

他に、『学庭拾芳録』『穎才新誌』に先駆けて、『新聞小学』（報知社）が創刊されている。この雑誌は、一八七五（明治八）年に創刊されたといわれている（創刊月日、終刊年月日は不明）。そのため、『少年世界』（博文館）の編集者であった木村小舟《きむらしょうしゅう》は「少年雑誌（中略）の嚆矢」（木村　一九四二、一〇）と把握している。しかし、この雑誌は、子ども向けの新聞記事を集めたものであるため、雑誌ではなく新聞であるととらえたほうがよいとおもわれる。

そうであるとすると、『穎才新誌』こそ、日本初の子ども向けの雑誌であったということができる。上笙一郎は、この雑誌が、長期にわたって定期刊行されていたこと、全国規模で読者を獲得していたこと、著名な文化人を輩出するに至ったことをもってして「近代日本の〈児童雑誌〉の祖型」ととらえている（上　一九九三、五）。ここで『穎才新誌』を概観してみることとする。『穎才新誌』の創刊号は、大きさが菊倍判、価格が八厘、頁数がわずか四頁の号であった。表紙を見ると、表紙にあたる一頁目から、読者の絵画、作文が載っていることが見てとれる（図1－1）。まるでパンフレットのようである。刊行の形態は、週刊であった。また出版社については、一八七七年三月一〇日号から、一八八〇（明治一三）年一月一〇日号までは製紙分社、一八八〇年一月三一日号から、一八八〇年一〇月二三日号までは穎才新誌局、一八八〇年一〇月三〇日号は大日本商人録社、一八八〇年一一月六日号からは、穎才新誌社である。なお、この大日本商人録社は、発行事務の委託をされていた会社のようである。編集者については、創刊号は陽其二《ようきじ》・羽毛田侍郎《はけたじろう》である。その後、数人の編集者の交代を経て、一八八一（明治一四）年に、堀越修一郎《ほりこししゅういちろう》が編集主幹になっている。終刊を迎えた時期は不明であるが、上笙一郎（一九九三）によると、一八九九（明治三二）年から、『中学文園』（中学館）と合併して月刊になったとされ、また、一九〇一（明治三四）、一九〇二（明治三五）年ごろまで続いたとされている。この『穎才新誌』を実際に見てみると、最初の頁から最後の頁まで、子どもたちの作文、詩、短歌、俳句、絵画などで埋め尽くされていることがわかる。したがって、この

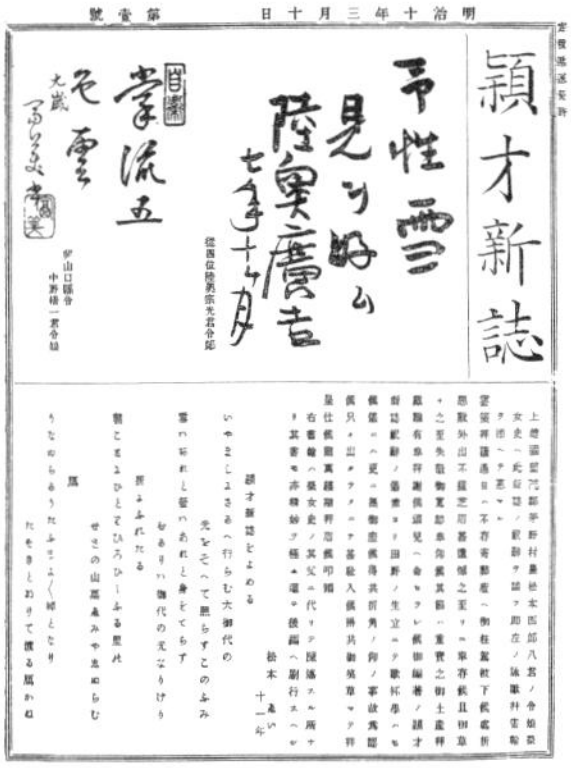

図１－１　『穎才新誌』
（1877年３月10日号。製紙分社。著者所蔵）

雑誌はまぎれもなく、作文投稿雑誌であったということができる。

さらに、上笙一郎は、『穎才新誌』を「日本近代文化の揺籃」ととらえている（上　一九九三、三）。なぜなら、後に著名な文化人となる、大町桂月《おおまちけいげつ》、尾崎紅葉《おざきこうよう》、田山花袋《たやまかたい》、三宅花圃《みやけかほ》、山田美妙《やまだびみょう》などが、子ども時代に作文を投稿していたからである。たとえば、田山花袋は子ども時代を次のようにふりかえっている。

漢詩を作つて、『穎才新誌』といふその頃唯一の少年投書雑誌であつた雑誌に投書して、それが紙上に載せられたのを天にでも登つたやうに喜んでゐる私、（中略）それが突然再び東京に出ることになつた。

（田山　一九一七、二八）

この引用を見ると、後に著名な文化人になる子どもたちが、『穎才新誌』に文芸作品を投稿することに熱狂していたことをうかがうことができる。

子どもたちが、『穎才新誌』に文芸作品を投稿することに夢中になっていたのは、一つには、『穎才新誌』が学校教育における作文教育と結びついていたからであるとおもわれる（齋藤　二〇〇五、今田　二〇〇七）。なぜなら、『穎才新誌』では、一つの学校の子どもたちの作文が、大量に載っていたからである。たとえば、『穎才新誌』一八七七年四月七日号には、桜川女学校の生徒による、「穎才新誌ヲ見ルノ記」という題の作文が、一三作品載せられている（『穎才新誌』一八七七〈明治一〇〉年四月七日号、一―三）。したがって、教師が、作文の授業の一環として、子どもたちに作文を書かせ、優れた作文をまとめて投稿していたことがうかがえるのである。

二つには、『穎才新誌』が「勝負の場」になっていたからであると考えられる。たとえば、作家の内田魯庵《うちだろあん》は次のように回想している。

其頃『穎才新誌』が初めて発行されたが、運動競技も唱歌も教へられなかつた当時の小学校生徒の他流仕合をするのは此の『穎才新誌』で、全国児童（重《ママ》に東京）小学校の児童の晴れの舞台だつた。

（内田　一九二七→一九八三、一〇八）

この文章を見ると、当時の子どもたちが、作文能力の優劣をめぐって、全国の子どもたちと競争をしていたことを見てとることができる。なぜ『穎才新誌』が「勝負の場」になっていたかというと、今日においては、小学生であれ中学生であれ、スポーツ、合唱、その他、さまざまなもので、他校の小学生・中学生と勝敗を競う機会があるが、当時においては、他校の子どもと勝ち負けを争う機会があったのは作文だけだったからである。だからこそ、当時の子どもたちは、作文の投稿に熱中していたのである。

三つには、『穎才新誌』に作文が載ることが、子どもたちにとって大きな名誉となっていたからであるとおもわれる。なぜなら、内田魯庵の回想にあるように、『穎才新誌』のほかに、全国の子どもたちと勝敗を競う場がなかったからである。さらに、『穎才新誌』に作文が載ることは、学校にとっても大きな名誉となっていたからであると考えられる。なぜなら、先に見たように、『穎才新誌』の投書文化は学校教育の作文教育と結びついていたため、優秀な子どもの優秀な作文は教師の指導によるものと考えられていたからである。それゆえ、『穎才新誌』には、子どもの氏名に加えて、子どもの学校名が載せられていたのであった。だからこそ教師は、子どもたちの投稿を支援していたのである。たとえば、先に見たように、教師が、子どもたちの作文をまとめて投稿することがあったのである。それゆえ、『穎才新誌』では、一つの学校の子どもたちの作文が大量に載っていたのである。

このように、子どもたちの投書文化が盛んであったため、作文投稿雑誌は繁栄をきわめることになった。たとえば、木村小舟は次のように自身の投稿少年時代、ならびに、少年雑誌編集者時代を回想している。

図1－2 『少年園』
(1888年11月3日号。少年園。日本近代文学館所蔵)

思ふに明治時代の少年は、（中略）競つて文章の練磨を事とし、其の作品を自己の愛読せる雑誌に投寄して、文名を世に挙ぐることを以て、唯一の希望とし且つ至大の名誉と感じたもので、延いては作文投書の隆盛を促す因ともなつた。

かかる情勢にあることとて、各雑誌に於ける少年の投書文は連日夥しき数に上り、従つて限ある紙面を以てしては、到底其の千分の一、若しくは万分の一をも掲載すること難く、他は悉く没書の悲運に遭遇する現状であつた。

（木村　一九四二、一七七－一七八）

このように、明治時代の少年たちは、作文を作文投稿雑誌に投稿することに熱中していたのである。だからこそ、作文投稿雑誌は繁栄を誇ったのである。

そのため、この時期、さまざまな出版社が作文投稿雑誌を生みだすことになった。たとえば、一八七九（明治一二）年一一月、興文社は作文投稿雑誌の『小学教文雑誌』を創刊した（終刊年月日は不明）。また、博文館は一八九一（明治二四）年三月から、一八九三（明治二六）年一二月まで、『日本全国小学生徒筆戦場』を刊行した。このように、子どもたちの投書文化の盛り上がりを受けて、出版社はさまざまな作文投稿雑誌を生み出していたのである。

しかし、作文投稿雑誌は、しだいに衰退していった。そして、少年雑誌が誕生していった。日本初の少年雑誌は、一八八八（明治二一）年に生まれている。一八八八年一一月三日に、少年園の『少年園』が創刊されたのである（図1－2）。この『少年園』は、日本初の少年雑誌といえるものであった。なぜなら、『少年園』は、「少年」向けの読みものを主に載せる雑誌だったからである。それゆえ、『少年園』は、子どもの文芸作品を載せる雑誌から、子どものための読みものを載せる雑誌へ、子ども向けの雑誌の方向を大きく転換させたといわれている（大阪国際児童文学館編　一九九三）。本書では、「少年」向けの読みものを主に載せる雑誌を「少年雑誌」とよぶこととする。

この少年雑誌は、しだいに読者の支持を獲得するようになった。さらに、作文投稿雑誌と入れ替わるように、子ども向けの雑誌の世界に君臨するようになった。そして、先に見たように、『穎才新誌』は、一九〇一年、一九〇二年ごろに終刊となったのであった（上　一九九三）。したがって、『少年園』が出るまでは、子ども向けの雑誌といえば、作文投稿雑誌だった。ところが、『少年園』が出た後は、子ども向けの雑誌といえば、少年雑誌になったのであった。

3　近世の子どもから近代の子どもへ

なぜ『穎才新誌』は生まれたのだろうか。いいかえると、なぜ子どものメディアというジャンルは生まれたのだろうか。今日のわたしたちにとっては、大人のメディアと子どものメディアが異なるということは、当たり前のことである。しかし、日本で初めて子ども向けのメディアが生まれた一八七七年の時点では、当たり前のことではなかったといえる。なぜなら、子どものメディアというジャンルが生まれる前は、大人のメディアと子どものメディアは異なるという考え方が存在しなかったと考えられるからである。にもかかわらず、なぜ人びとは子どものメディアと大人のメディアは異なるととらえ始めたのだろうか。

実は、『穎才新誌』という子どものメディアが生まれた一八七七年の五年前、子どもの世界を大きく変えるできごとがあった。それは、近代学校教育制度の誕生であった。日本における近代学校教育制度は、一八七二（明治五）年八月、学制が公布されたことによって始まった。この学制公布にあたって、文部省（現在の文部科学省）は、学制の公布の前日に「学事奨励に関する被仰出書」を出して、学制を支える教育理念を明らかにした。小山静子（二〇〇二）は、「学事奨励に関する被仰出書」で明らかにされた教育のあり方が、近世社会の教育のあり方と大きく異なる点として、三点を挙げている。第一は、

　人々自ら其身を立て、其産を治め、其業を昌にして以て其生を遂る所以のものは、他なし、身を修め、智を開き、才芸を長ずるによるなり、而て其身を修め、智を開き、才芸を長ずるは、学にあらざれば能はず。

とあるように、立身、治産、昌業を人びとの生活の基礎とし、その成就のために、学問が不可欠であるとしたことである。第二は、

　一般の人民（華士族農工商及婦女子）、必ず邑に不学の戸なく家に不学の人なからしめん事を期す。

とあるように、全国民にたいする教育を宣言したことである。第三は、

　幼童の子弟は男女の別なく小学に従事せしめざるものは其父兄の越度たるべき事。

とあるように、保護者が子どもを就学させなければならないとしたことである。このように、学制は、近世社会とは異なる教育目的を掲げ、その教育目的を果たすために、全国民にたいする教育をおこなうこと、さらには、その教育を子どもが受けることを、保護者に義務づけることにしたのである。

近世社会においては、さまざまな身分の子どもたちが存在して、それぞれがさまざまな教育を受けていた。このことについては、小山静子が明らかにしている。小山静子（二〇〇二）は、武士の男子が、幕府の作った学校である昌平坂学問所、あるいは、藩の作った学校である藩校において、教育を受けていたことを明らかにしている。また、武士の女子が、主に母親をとおして、読み書きなどの手ほどきを受けていたことを指摘している。さらに、町人の男子・女子が、寺子屋で教育を受けるなどして読み書き算盤を身につけ、加えて、家族とともに家業に従事しながら、ときには、奉公先で商業・工業に従事しながら、さまざまなことを教わっていたことを明らかにしている。そして、農民の男子・女子が、家族とともに農作業に従事しながら、ときには、寺子屋で教育を受けながら、さまざまなことを教わっていたことを指摘している。

ところが、近代社会においては、近代学校教育制度が誕生したことで、子どもたちの教育のあり方が変化することになった。その変化とは、すべての子どもたちが、一定の年齢になると、一定の期間、国家の定める共通の教育を受けるようになったということであった。

このことによって、子どもは大人とは異なる時間を生きる存在になった。一つに、子どもは、一定の期間、労働を免除されるようになった。そして、一定の期間、教育を受けるべき存在になった。二つに、一定の期間、労働を免除された子どもは、大人の労働に依存することになった。したがって、大人が保護するべき存在になった。まとめると、子どもたちは、大人と異なる存在になったのであった。なぜなら、子どもたちは、一つに教育を与えられる存在、二つに愛護される存在になったからであった。

このように、子どもは、大人と異なる存在になった。出版社はそこに目をつけたのであった。出版社は、子どもが大人とは異なる存在になったからこそ、大人向けの雑誌とは異なる、子ども向けの雑誌を作ろうとした。そして、子どもたちが、教育を与えられる存在になったからこそ、作文教育を支援する雑誌を作ることにした。それが、作文投稿雑誌であった。このように、出版社は、作文投稿雑誌を作って、子どものメディアというジャンルを作ることになったのであった。

4　漢文体・漢文訓読体から言文一致体へ

それでは、なぜ少年雑誌は生まれたのだろうか。先に見たように、作文投稿雑誌は衰退して、入れ替わるように、少年雑誌が隆盛した。この「作文投稿雑誌から少年雑誌へ」の転換の背景にあったのは、いったいどのようなことだったのだろうか。それは、第一に、文体の変化であった。いいかえると、子どもたちの操る文体が、漢文体・漢文訓読体から言文一致体へ変化したことであった。

近世社会において、武士の男子が身につけなければならなかったのは、漢文体であった。なぜなら、武士の男子は、幼いころから漢籍の素読をしていたからであった。漢籍には、四書（『大学』『中庸』『論語』『孟子』）、五経（『詩経』『書経』『易経』『春秋』『礼記』）、『小学』などがあった。たとえば、山川菊栄《やまかわきくえ》は、水戸藩の武家の出身である母親の青山千世《あおやまちせ》に、武家の暮らしについて聞き書きをしている。その聞き書きのなかで、青山千世は、武士の子どもたちによる漢籍の素読について次のように語っている。

お塾の方ではだんだんに集まってきた何十人の子供が、声をはりあげて、ある者は『論語』を、ある者は『孝経』を、それぞれ年と学力に応じて、いま自分の習っている所の素読をやっていますから、その賑やかなこと。

（山川　一九四三→一九八三、一一）

このように、武士の子どもたちは、漢籍の素読をとおして、いいかえると、漢籍を声に出してくりかえし読むことをとおして、漢文体を覚えていたのである。

そして、近世社会が幕を閉じて、近代社会を迎えても、このような作文教育はけっして衰えることはなかった。滑川道夫は、近代学校教育における作文教育が、一八七二年から、一八九八（明治三一）年までにおいては、「形式主義作文期」であったことを明らかにしている（滑川　一九七七、三一）。そして、この「形式主義作文期」の近代学校教育では、「名文暗誦主義」の作文教育が実施されていたことを指摘している（滑川　一九七七、四一）。この「名文暗誦主義」の作文教育とは、模範文の言いまわしを暗誦、暗記させ、その暗記した言いまわしを使って文を書かせるという教育であった。したがって、近代社会に入っても、そして、近代学校教育の作文教育においても、近世社会の武家の教育である漢籍の素読のように、模範文の素読をおこなっていたのである。たとえば、作家の内田魯庵は、当時の作文教育を次のようにふりかえっている。

先生の教授法は（頼《らい》）山陽《さんよう》や（加藤《かとう》）咄堂《とつどう》や（塩谷《しおのや》）宕陰《とういん》や（安井《やすい》）息軒《そっけん》の文章をボールドへ書いて生徒に写し取らせ一々文句の講釈をして暗誦させた。先生は作るよりは読めと教へ、山陽が史記の項羽本記を何十遍とか何百遍とか暗誦した咄なぞをして聴かして課題よりは古今の名文の暗誦を先きにした。

（内田　一九二七→一九八三、一〇八。（　）内は引用者）

このように、内田魯庵の受けた作文教育では、子どもたちは古今の名文を暗誦して、その古今の名文の言いまわしを暗記していたのである。

さらに、「名文暗誦主義」の作文教育においては、暗記した名文の言いまわしを使って書くということがおこなわれていたのである。たとえば、教育学者の佐々木吉三郎《ささききちさぶろう》は、当時の作文教育を次のように回想している。

> 私などは（恥かしいことでありますが）、十九歳になるまで海を見たことはなかつたのでありますが、十七歳の時の試験に、潮干狩の記を出されたことがありました、サア何うしても分りませんから、嘗て記事論説五百題を見たときに、何だかよく分らなかつたが、海の中で、何か拾ふやうな話が書いてあつたやうだから、丸で出鱈目を書いて間に合はしたことがありました、其れから又、「雪中梅を探るの記」などといふ文題も、私の郷里（宮城県）などでは全くないことであります、梅の花の咲くのは殆んど桜と一緒になるので、マサカ其のあたりは雪は降りません、従つて、雪中に梅が咲くなどといふことは、私の頭にはドウシテも考へられないことであつたけれども、「雪を犯して山の方へ梅の花を探りに行つた」、などといふ嘘八百並べて出したことがありますが、（中略）「竹を洗ふの記」などといふこともありました、竹を洗ふ！　などといふことは、物干竿でも洗ふことならば兎も角ですが、地に生えて居る竹を洗ふなどといふことは、田舎の子供などに、決して想像することも出来ないものであります、（中略）マア私共子供の時分には、作文といふものは嘘を書くもので、作文の上手といふものは、記事論説五百題や開化用文章などの、継ぎ接ぎの上手なものに外ならぬやうに考へて居りました（後略）。
>
> （佐々木　一九〇二→一九七五、一四七）

この引用にあるように、佐々木吉三郎は、作文の授業のなかで「潮干狩の記」を書かなければならなくなって、模範文の言いまわしをそのまま使い、でたらめを書いた。なぜなら、佐々木吉三郎は、海を見たことがなかったからである。また、「雪中梅を探るの記」を書かなければならなくなって、ふたたび虚偽の事実を書いた。なぜなら、佐々木吉三郎の生まれ育った宮城県では雪の降る時期に梅が咲くことなど、ぜったいにあり得なかったからである。

さらに、「竹を洗ふの記」を書かなければならなくなって、仰天した。なぜなら、地方の子どもにとっては、竹は生い茂っているものであって、竹垣として手入れをするものではなかったからである。したがって、またでたらめを書いた。しかし、それでよかったのである。作文というものは、でたらめを書いてすませばよいものだったのである。なぜなら、当時、作文を上手に書くということは、模範文の言いまわしのつぎはぎをするということに他ならないととらえられていたからであった。

このように、「名文暗誦主義」の作文教育とは、模範文を暗誦し、暗記して、その暗記した模範文の言いまわしを使って文を作るという教育だったのである。そしてそれは近世社会の漢籍の素読のありようそのままだったのである。したがって、近代社会に入っても、近代学校教育が始まっても、近世社会の作文教育をそっくりそのまま使った作文教育がおこなわれていたのである。つまるところ、近世社会の作文教育は廃れることはなかったのである。

ただ、近世社会の子どもたちと違って、近代社会の子どもたちが身につけなければならなかったのは、漢文体だけではなかった。漢文体に加えて、漢文訓読体を身につけなければならなかったのであった。漢文訓読体とは、漢字片仮名交りの文体である。なぜ漢文訓読体を身につけなければならなかったかというと、明治の時代に入るや、漢文訓読体こそが「普通文」となったからである。それゆえ漢文訓読体は、「明治普通文」「今体文（近体文）」とよばれて、人々の間に普及することになったのである。たとえば、有名なところでは、「教育勅語」（「教育ニ関スル勅語」）は「明治普通文」で書かれたものである。いいかえると、漢文訓読体で書かれたものである。したがって、明治の時代の子どもたちは、新しい時代に入ったことに伴い、新しい文体を身につけなければならなくなったのである。

とはいえ、漢文訓読体は、漢文体を覚えることで身につくものである。そして、漢文体を覚えるためには、長きにわたっておこなわれてきた漢籍の素読というやり方がある。したがって、子どもたちは、ますます近世社会の作文教育を模倣した作文教育で、漢文体と漢文訓読体を覚えることになったのである。いいかえると、子どもたちは、模範文を暗誦、暗記して、さらに、その模範文の言いまわしを使って書くということに励んでいたのである。

そして、『穎才新誌』の作文は、漢文体、および、漢文訓読体の文が多数を占めていたのである。たとえば、『穎才新誌』の漢文訓読体の作文は次のようなものである。

勤勉ハ幸福ノ基　　野澤元次郎　十三年十月

人ノ尤モ欲スルモノハ幸福ナリ、欲シテ而シテ得難キモノ亦コレナリ、蓋シ其ノ要ハ学事ヲ勉強スルニアレハ、豈何ソ苦労セス徒手箕坐シテ以テ得ベケンヤ、故ニ人タルモノハ幼年ノトキヨリ自己ノ確業ヲ定メ、其道ニ就テヨク堅忍不抜ノ志ヲ以テ懈怠スルナク勉強セハ、必ズ其功ヲ奏スルヲ得ベシ（中略）。

（『穎才新誌』一八七七（明治一〇）年八月一八日号、一〇。句読点は引用者）

このように、『穎才新誌』には、この漢文訓読体の作文のような文が大量に載っていたのである。

そして、『穎才新誌』の成功は、漢文体、および、漢文訓読体の作文を載せていたことにある。齋藤希史（二〇〇五）は、『学庭拾芳録』『穎才新誌』が、教師にとっては、明治普通文の文体を教えるための模範文例集になったこと、子どもたちにとっては、明治普通文の文体を学ぶための模範文例集になったことを明らかにしている。このように、『穎才新誌』は、漢文体、および、漢文訓読体の模範文を大量に載せていたのである。なぜなら、当時、漢文体、漢文訓読体は、子どもたちの身につけるべき文体だったからである。そしてその結果、『穎才新誌』は、子どもたちの支持を拡大したのである。

ところが、近代学校教育では、しだいに、言文一致体が重要視されるようになってきた。長志珠絵（一九九八）は、初等教育界において、しだいに言文一致体が重要視されるようになることを明らかにしている。長志珠絵は、初等教育界において、一八九九年、帝国教育会に国字改良部が作られたことに着目している。帝国教育会とは、全国の初等教育界の教師を組織化したものである。そして、上層には、文部省の官僚を配したものである。長志珠絵は、この国字改良部が、人びとにたいしては、機関誌の『教育広報』をとおして言文一致運動の啓蒙をおこなっていたこと、一方、帝国議会にたいしては、言文一致を推進するための請願書を出して圧力をかけていたことを指摘している。そして、この請願書では、漢文訓読体については、子どもにとっては負担を強いるものであり、日本国にとってはこの上なく不経済なものであると主張されていたと分析している。

その後、小学校の国語の教科書が、言文一致体になる。一九〇三（明治三六）年四月、小学校令が改正された。そして、このことによって、国定教科書制度が生まれることになった。したがって、一九〇四（明治三七）年四月から、小学校は国定教科書を使用するようになったのであった。塩澤和子は、この国定教科書が、全面言文一致体を採用していたことを明らかにしている（塩澤　一九七八）。ところで、国定教科書における言文一致体の文とはどのようなものであったかというと、いわゆる「標準語」とよばれる言葉を使った文である。そして、この「標準語」とは、東京山の手の中間層の言葉だったのである。

さらに、長志珠絵（一九九八）は、中等教育界においても、言文一致体が重視されるようになったと指摘している。たとえば、一八八六（明治一九）年の中学校令は、「国語及漢文科」を、「漢字交リ文、及漢文ノ購読、書取、作文」とした。長志珠絵は、この「国語及漢文科」が、一八九四（明治二七）年から、しだいに「国語」偏重のものに改変されていったことを明らかにしている。このように、初等教育界においても、中等教育界においても、漢文訓読体が否定されて、言文一致体が肯定されていったのである。

この結果、作文投稿雑誌は衰退せざるを得なくなった。子どもたちの身につけるべき文体が、漢文体・漢文訓読体から言文一致体に転換したことによって、漢文体・漢文訓読体の模範文を大量に掲載していた作文投稿雑誌は、その役目を終えることになったのであった。

一方、少年雑誌は、言文一致体の読みものを大量に載せることになった。ただ、最初の少年雑誌である『少年園』は、言文一致体も載っていたが、和文体、漢文体、漢文訓読体、和漢混交文体、候文体、英語も載っていた。たとえば、創刊号の「緒言」と「案内」は次のようなものであった。

今日は是れ我々日本人三千八百万の人民が最もめでたき日なりとして、謹て宝祚の無窮聖寿の万歳を祝し奉る天長節なり。（中略）

抑も明治の御代の日に文明に進み月に開化に向ふ有様は（中略）何が故なりや、（中略）主として明治の少年が年一年に増加し、日一日より教育の根を堅くし、此の麗しき明治の天地を造り出せるにあらざるなきを得んや。実に明治の少年は明治の花なり、此の明治の花あるにあらざれば明治の御代の此の春は来らざるなり、而して今此の少年園は既に多くの此の花を植ゑたり、されば之を明治少年の楽土園と謂ふべく、明治の御代の小宇宙と謂ふべきなり。明治の少年諸君、願くは来り遊べよ、来り楽めよ、少年園は（中略）長く明治の御代の喜望の天地たらんとす。（中略）天長節を祝し併て開園の緒言とする此の如し。

（編集者「天長節を祝し開園の緒言とす」『少年園』一八八八（明治二一）年一一月三日号、一―三）

来たまへ来たまへ、少年の君たちよ、来て観たまへ。少年園は今日から開きます。園の大さは至て広い、殆ど東京の半分ほどある。

（大森惟中「少年園の案内」『少年園』一八八八（明治二一）年一一月三日号、一七）

このように、『少年園』は、読者に向かって「少年」とよびかけている。そして、「少年」は「明治の花」であるとしている。さらに、明治の時代の進歩しているのは、「明治の花」のおかげであるととらえる。したがって、「少年園」とは、この「明治の花」である「少年」を集める花園を意味しているのである。この二つの文を見ると、「緒言」は漢文訓読体（和漢混交文体）、「案内」は言文一致体であることがわかる。したがって、『少年園』は、さまざまな文体を載せる少年雑誌だったのである。

そして、後に多数の読者を獲得する『少年世界』も、最初はさまざまな文体を載せる少年雑誌だったが、後に言文一致体のみを載せる少年雑誌となった。この『少年世界』は、第二章に見るように、一八九五（明治二八）年一月に、博文館から創刊された。そして、最初のころは、さまざまな文体を載せていた。ところが、『少年世界』は、一九〇三年一月号において、「空前の改革」（武田桜桃・木村小舟「少年新聞　明治三十六年を迎ふ」『少年世界』一九〇三〈明治三六〉年一月号、一三四）を実施したのである。その改革とは、『少年世界』の全文体を言文一致体にすることであった（久米　二〇一三）。なぜ『少年世界』が全面言文一致体導入に踏み切ったかというと、先に見たように、一九〇三年四月に、小学校令改正によって国定教科書制度が生まれ、一九〇四年四月に全面言文一致体の国定教科書が使用され始めたからであった。

このように、少年雑誌は、さまざまな文体を載せていた。しかし、小学校の国定教科書が全面言文一致体を導入するようになると、少年雑誌はそれに合わせるように全面言文一致体を載せるようになったのであった。

そして、少年雑誌が、言文一致体を全面導入するようになると、少年雑誌は、教師が言文一致体を教えるためには、あるいは、子どもたちが言文一致体を学ぶためには、この上なく利益のある雑誌となったのである。

また、言文一致体が浸透すると、漢文体・漢文訓読体の文は、しだいに読解が難解におもえるものになったが、言文一致体の文は、読解が容易におもえるものになった。むろん、今日のわたしたちにとっては、言文一致体の文は読解が容易におもえるし、漢文体・漢文訓読体の文は読解が難解におもえる。しかし、言文一致体が浸透する前は、そうとは限らなかったのである。なぜなら、先に見たように、言文一致体とは、東京山の手の中間層の言葉だったからである。したがって、さまざまな方言を使っていた地方の子どもたちにとっては、言文一致体は、未知の言葉であったため、読解が難解なものにおもえたのである。むしろ、漢文体・漢文訓読体を身につけていた地方の子どもたちにとっては、漢文体・漢文訓読体のほうが読解は容易であるようにおもえたのである。しかし、言文一致体が浸透すると、漢文体・漢文訓読体よりも言文一致体のほうが、読解が容易な文体となる。なぜなら、子どもたちは、小学校・中学校で、言文一致体の文をくりかえし学ぶことになったからである。たとえば、一九〇四年四月からは、小学校の国定教科書で目にすることになったといえる。したがって、作文投稿雑誌は、しだいに読解が困難な雑誌ととらえられるようになったのである。そして、少年雑誌は、読解が容易な雑誌ととらえられるようになったのである。このように、子どもたちの身につけるべき文体が、漢文体・漢文訓読体から言文一致体に転換した。そして、それに伴って、少年雑誌が隆盛するようになったのである。

5　大人の文から子どもの文へ

「作文投稿雑誌から少年雑誌へ」の転換の背景にあったのは、第二に文の内容の変化であった。

「形式主義作文期」の形式主義作文は、先に見たように、模範文を暗誦、暗記して、その上で、その模範文の言いまわしを使って文を作るという過程をとおして作られるものである。そうであるとすると、訓練でなんとかなるといえる。古今の模範文を覚えればよいのである。才能はまったく不要である。一方、今日の「戦後作文期」の戦後作文は、生活主義作文ともよばれるものである（滑川　一九七七、三〇―三二）。この戦後作文は、子どもが子どもたちの生活をありのままに描出するという過程をとおして作られるものである。そうであるとすると、真実を書きさえすればよいということになる。滑川道夫は、「形式主義作文期」の後、しだいに、文章を作るという行為が、「芸」から「真」に変化していったととらえている（滑川　一九七七、三七九）。今日、音声言語を巧みに操ることは「話芸」、文字言語を巧みに操ることは「文芸」とよばれている（滑川　一九七七、三八一）。この言葉があらわすように、もともと、人びとは、「芸道としての文章道をとらえ『修練』を重んじ」ていたのである（滑川　一九七七、三八一）。したがって、「文芸」は、「話芸」のように、長きにわたって訓練を積むことが必要不可欠であるとおもわれていたのである。しかし、その文章を作るという行為が、しだいに真実を書きさえすればよいという行為に変化していったのである。

そう考えると、模範文を大量に暗誦、暗記するためには、幼少のころからの訓練が必要不可欠だったのである。それゆえ、漢学塾に通わせてもらえる士族が有利となる。たとえば、内田魯庵は二人の漢学の師匠がいたことを告白している（内田　一九二七→一九八三）。さらに、よい模範文に出合うことが必要不可欠だったのである。それゆえ、子どもたちは、作文投稿雑誌、および、模範文集を購入していたといえる。そして、その作文投稿雑誌、および、模範文集に載っている作文を暗誦、暗記したのである。したがって、作文投稿雑誌、および、模範文集は大量に生み出されていたのである。

しかし、古今の模範文は大人の書いた文である。したがって、子どもたちは、大人の書いた文をそっくりそのまま暗誦、暗記して、その文の言いまわしをそっくりそのまま使って文を作っていたということになる。このようなことは、第一に、作文教育の場で実際におこなわれていたのである。たとえば、一八七二年生まれの佐々木吉三郎は、自身の受けてきた作文教育について次のように回想している。

ソレですから、紀行文といふと、「此の日や天気晴朗空に一点の雲なく……」と始めて、「一瓢を携へ……」とやつたもので、おしまひには、「灯下に是れが記を作る」と結んだものでありますが、ナアに、白昼書いて居るのであつて、未だ嘗て一瓢を携へた事がない、ソレで何時も吾々の紀行には天気晴朗だから、お天気がよい始末であつたのですが、実に今から考へて見る《ママ》と、一種のコメディー（滑稽劇）でありますが、当時は先生も吾々も其れが当り前である様に思つて居つたのであります（後略）。

（佐々木　一九〇二→一九七五、一四七―一四八）

この「一瓢を携へ……」とは、酒の入った瓢簞を携えるという意味である。したがって、佐々木吉三郎は、子ども時代、酒を飲んだことがないにもかかわらず、紀行文を書くときには必ず酒の入った瓢簞を携えて出かけたと書いたというのである。このように、大人の文を暗誦、暗記して文を作るということは、子どもの現実とはかけ離れたできごとを暗誦、暗記して、そのできごとを使って文を作るということなのである。佐々木吉三郎は、このことをとらえて、「今から考へて見ると、一種のコメディー」であったとしている。しかし当時は、教師も生徒も、それが当たり前のこととしてとらえていたのである。

また、一八七〇（明治三）年生まれの安井《やすい》てつは、一八七六（明治九）年に入学した迎高小学校のことを次のように回想している。

今のやうに片仮名や平仮名から習ひ初めたのでなく、初めから漢字のまじつたむづかしい本を読まされたやうに記憶します。生徒の中には小学校に入学する前、邸内の私塾で漢文などを既に習つて居た年長者も居ましたから、先生の代りに習字などを教へてもらつた事を記憶して居ます。（中略）

迎高学校に在学中私が最も苦しんだ学科は作文でした。今の国民学校の生徒さん達は自由に又巧みに文章をお書きになりますが、私の小学校時代には模範文を暗記するのでした。其の文も「飛鳥山に遊ぶの記」といつたやうな題で、青年か壮年男子の書くやうな文章ですから、少年の生徒にもぴつたりしませんが、まして少女の思想や経験には縁の遠いもので、面白くないばかりか、暗記するのが困難でした。も一つは色々の証書の書き方で、滑稽なのは十歳位の子供に借金の証書や借家の証書の書方を教へることです。商家に育つた子供には、幾分か其の意味が解るかも知れませんが、金銭をもつた事のない私達には何の事やら少しも解らず、ただ暗記して書式を覚えるだけでした。（安井てつ「わが少女の日」『少女の友』一九四二〔昭和一七〕年八月号、二九―三〇）

このように、安井てつは、小学校の作文教育のなかで、一つに大人の文を暗記させられたこと、二つに大人の用いる証書の文を暗記させられたことを回想しているのである。

たしかに、当時の作文教科書を見ると、一つに大人の模範文、二つに大人の証書の文が大量に載っている。たとえば『小学中等作文教授本　上巻』『小学中等作文教授本　下巻』には、小学四年生から小学六年生までの児童に向けた模範文が載っている（関口・小俣編　一八八三a、一八八三b）。これを見ると、「日用書類」として、「人を招く書」「入校同伴を頼む書」「雇人を頼む書」などが載っている。また、「証書類」として、「養子ノ証」「詫状」「離縁ノ証」などが載っている。さらに、「願書類」として、「小学入校願」「営業願」「職務辞表」などが、「届書類」として、「結婚届」「出産届」「婿養子届」などが載っている。そう考えると、安井てつが証言するように、当時の子どもたちは、結婚・離婚をしたことがないにもかかわらず、「離縁ノ証」を暗誦、暗記していたということになる。また、出産をしたことがないにもかかわらず、「出産届」を暗誦、暗記していたことになるのである。

第二に、子どもたちが、大人の書いた文をそっくりそのまま暗誦、暗記して、その文の言いまわしをそっくりそ

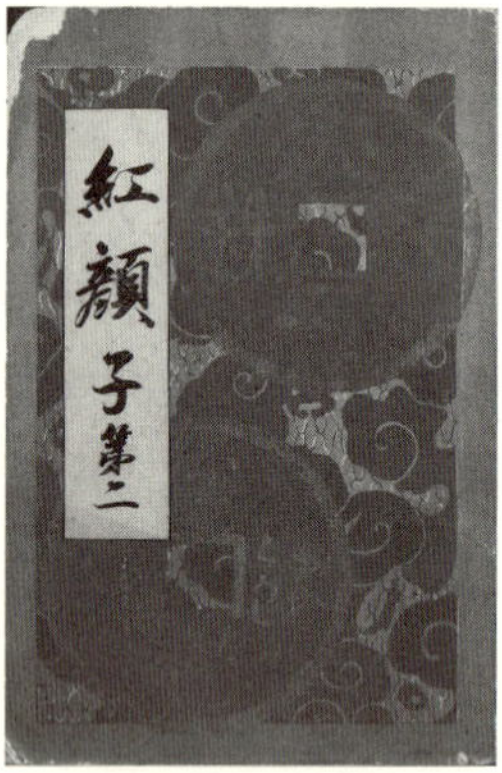

図1－3　『紅顔子』
（1891年7月30日号。学齢館。著者所蔵）

のまま使って文を作っていたことは、作文投稿雑誌という場で実際におこなわれていたのである。たとえば、石井《いしい》研堂《けんどう》は、少年雑誌の『小国民』（学齢館）の別冊である『紅顔子』（学齢館）一八九一年七月三〇日号（図1－3）で、そのことについて警鐘を鳴らしている。この『紅顔子』は、作文投稿雑誌の形で刊行されている。石井研堂は、『紅顔子』一八九一年七月三〇日号に掲載された文芸作品について、次のように評価している。

文題ニシテ最モ多カリシハ、観梅、遊山ノ記、惰生ヲ戒ムル文、忍耐、立志、惜陰、案山子、不倒翁ノ説等ナリ。而シテ、旧套ヲ墨守セル者多ク、新機軸ヲ出シタル者稀ナリ。

作文ヲ学ブニハ、記事文ヲ以テ先トシ、記事文トハ、観花遊山ノ記ノミヲ謂フニ非ザルコト、諸子ノ既ニ熟知スル所ナリ。而シテ、多クハ此種ノ文ヲ作ルハ何ゾヤ。世ノ教育家ノ眼ハ、未ダ此ニ及バザルカ。

遊記文ニシテ、「一瓢ヲ携ヘ」「縦飲放歌」等ノ句アル者甚ダ多シ。試ミニ、記事体ノ第一章ヨリ、追次之ヲ検セシニ、五十七章ノ中、飲酒ノ記事アル者二十七ニシテ、殆ンド半数ニ達セリ。文ヲ作リテ、世道人心ニ益ナクンバ、文ヲ作ラザルニ如カザルナリ。幼年ニシテ、飲酒泥酔ノ文ヲ作ルハ、果シテ世道人心ニ益アルカ。予甚ダ惑フ。然レドモ、敢テ之ヲ斥ケズシテ採録セル者ハ、コレ、作者ノ罪ニアラズ、坊間ニ流布セル作文書ノ罪ニシテ、唯其害毒ニ感染セシノミニ止リ、深ク悪ムベキニ非ザレバナリ。作者ノ猛省ヲ煩ハス。

（中略）

明治二十四年六月初日。日本橋浜町ノ寓居ニ於テ識ス。

（石井研堂「紅顔子第二集　研堂漫評」『紅顔子』一八九一（明治二四）年七月三〇日号、一―二）

このように、石井研堂が、『紅顔子』一八九一年七月三〇日号における記事体の文を調査した結果、その文のほぼ半数が飲酒に関するものであったというのである。さらには、「一瓢を携へ」「縦飲放歌」の文句を使っている文が多数を占めていたというのである。

しかし、『小国民』が想定していた読者は小学生である（上田　二〇〇二）。したがって、この『小国民』の別冊である『紅顔子』が想定していた読者も、小学生であるとおもわれる。それゆえ、『紅顔子』の読者は、酒を飲んだことがないはずである。にもかかわらず、『紅顔子』の読者は、酒に関する記事文を投稿してきたというのである。ただ、石井研堂は、作文を投稿してきた読者に罪があるのではなく、世に出回っている作文書に罪があるとしている。なぜなら、読者はただ作文書の文を暗誦、暗記して、その文の言いまわしを使って文を作っていただけだったからである。

また、『穎才新誌』においても、子どもたちは、自分たちの現実とは異なる文を投稿している。たとえば、常連投稿者の茅原華山《かやはらかざん》は、『穎才新誌』一八八一年七月二三日号に、「新橋竹枝」という題の漢詩を載せている。次のようなものである。

翠簾深処晩風微。紅袖丹唇鸚鴒妃。見説高楼春総好。此時幽興最芳菲。

（茅原廉太郎〔華山〕「新橋竹枝」『穎才新誌』一八八一（明治一四）年七月二三日号、四）

これを読むと、花街を詠んだ漢詩であることがわかる。漢詩の横には、「茅原廉太郎」「年齢不詳」とある。しかし、茅原華山は、一八七〇年生まれであるため、このとき一一歳である。それゆえ、茅原華山が花街に出入りしていたとは、到底考えられないのである。

しかし、茅原華山は、『穎才新誌』に大人びた漢詩を次々に載せていった。そして、常連投稿者として、その名を轟かせていったのであった。そしてついに、常連投稿者仲間が茅原華山を訪ねてきた。茅原華山は、そのときのことを次のようにふりかえっている。

或る年の正月（明治何年であつたか瞭然しないが）私が屋根の上で紙鳶を揚げてゐると訪問した人々があつた、それはその時代の青年漢詩人綾部梅窓外二三人の人々であつた、すると人々は下から紙鳶を揚げてゐる私に向つて、

「茅原華山といふ人は此方にゐられますか」

私は屋上から、

「ええ私です、私が茅原華山」

するとこれには流石の綾部氏も吃驚したらしい――といふのは外でもない私は余りに小供であつた、十五六の腕白盛りの小供であつた。

綾部梅窓先生、それつきり、

「さうですか。では左様なら」

とサツサツと逃げて帰つた。

（茅原 一九一六、一四九―一五〇）

この引用によると、ある日茅原華山のもとに、常連投稿者の綾部梅窓《あやべばいそう》という青年が、仲間を引き連れてやってき

たというのである。ところがこのとき、茅原華山はまだ無邪気な子どもで、凧揚げに夢中になっていた。そのため、綾部梅窓は仰天して逃げ帰ったというのである。おそらく、綾部梅窓は、茅原華山が花街に出入りするような年齢の青年であるとおもいこんでいたとおもわれる。むろん、それは、茅原華山が花街に関する漢詩を書いていたからである。しかし、事実はそうではなかった。茅原華山は、まだ凧揚げに夢中になっている子どもだったのである。だからこそ、綾部梅窓は、驚愕して逃げ帰ったのである。このように、子どもたちが自分たちの現実とかけ離れたできごとを書いた文を暗誦、暗記して、そのできごとを使って文を作っていたため、ときには大きな誤解が生まれることがあったのである。

実は、『穎才新誌』の作文には、「酒」「煙草」「花街」に関する詩文が、大量に載っている。しかし、投稿者は、小学生・中学生であるため、酒も煙草も嗜んだことがないとおもわれる。もちろん、花街にも足を踏み入れたことがないと考えられる。にもかかわらず、このような詩文が、大量に掲載されていたのは、古今の漢詩文・模範文に、「酒」「煙草」「花街」に関する詩文が多数存在していたからである。子どもたちは、その漢詩文・模範文の言いまわしを暗誦、暗記して、その言いまわしをそっくりそのまま使って詩文を書いていただけなのである。

まとめると、小学校の作文教育という場、また、作文投稿雑誌の投稿という場において、子どもたちは、子どもたちの現実とかけ離れたできごとを書いた文を暗誦、暗記して、その文の言いまわしをそっくりそのまま使って文を作っていたのである。先に見たように、石井研堂は、このようなあり方を批判している。しかし、石井研堂のように、このようなあり方に批判のまなざしを向ける者は、ごく少数であったとおもわれる。なぜなら、石井研堂によると、作文書の作者はこのようなあり方をまったく問題視していないとされていたからである。だからこそ、石井研堂は作文書の作者を批判していたのである。このように、近世社会においても、そして、近代社会の初めのころにおいても、子どもたちが自分たちの現実とかけ離れたできごとを書いた文を暗誦、暗記して、その文の言いまわしをそっくりそのまま使って文を作っていたが、このことはまったく問題視されていなかったのである。

しかし、このようなあり方は、しだいに問題視されるようになってくる。滑川道夫は、近代学校教育の作文教育においては、「形式主義作文期」の後、一八九九年から一九一二（明治四五）年まで、「自由発表主義作文期」になること、さらに、一九一二（大正元）年から、一九一七（大正六）年まで、「写生主義綴方期」になることを明らかにしている（滑川　一九七七、三一）。したがって、「形式主義作文期」は、一八九九年には、終わりを告げるのである。

なぜなら、子どもには、子どもにふさわしい文を書かせるべきであるという考え方が出てきたからである。たとえば、上田万年《うえだかずとし》は、『作文教授法』（富山房、一八九九（明治三二）年）で、次のように論じている。

作文教授の要は、思想を達者に書き表すのと、同時に又思想を健全に書き表すとに《ママ》あります。

（上田　一八九九→一九七五、一七三）

小学校で作文教授の目的を達するのに、最も善き手段は、（中略）小児に先づ言葉通りを書かせるのでありませう。（中略）其結果は或は方言的になるかも知れませぬ。しかし、方言的になつても、思想が思ふ儘に書けさへすれば、中古的の文体の怪しいのよりは、遙かに便利でもあるし、又遙かに美くしくもあります。（中略）方言ですら自分の考を言ひ表すことの出来ない者に、中古体の文章であるとか、或は今日の所謂普通文であるとか云ふものを、作らせようとする人があります。普通文の言ひまはしで日用の文章が書けもしない生徒に、直訳流や漢文流の記事論説文を書かせようとする教育家があります。是等は皆今日の悪弊である、と申して宜からうと思ひます。右の次第故、私は熱心に、尋常小学の国語科は、寧ろ高等小学のも、言文一致を以つて進めと主張致します。

（上田　一八九九→一九七五、一七八―一七九）

このように、上田万年は、作文教育の要とは、子どもたちに、子どもたちのおもったこと、考えたことを書かせることであると考えているのである。そのためには、尋常小学校・高等小学校の間は、言文一致体を使わせるのがよいとしている。そして、ときには方言を使わせてもかまわないと論じているのである。

また、樋口勘次郎《ひぐちかんじろう》は、『統合主義新教授法』（同文館、一八九九（明治三二）年）において、次のように論じている。

作文は児童各自の思想を発表せしむべきものなるに、只教師の思想を綴らしむるを以て足れりとするものあり。甚しきは単に教師より与へられたる字句を点綴せしむるに過ぎざることあり。これ等も亦形式的弊害に陥れるものなりとす。

（樋口　一八九九→一九七五、四四九―四五〇）

文体につきては、或は言文一致を唱へ、或は文章体を主張するものあれども、余は児童のかくがままに任ぜむとす。

（樋口　一八九九→一九七五、四六三）

このように、樋口勘次郎は、作文教育とは、子どもたちそれぞれの思想を書かせるものであるととらえているのである。ところが、現実には、教師の思想を書かせるものになっていると批判しているのである。また、文体については、子どもの書きたい文体で書くのがよいとしているのである。

そして、この上田万年、樋口勘次郎の作文教育にたいする考え方は、国語教育界に大きな影響を与えることになった。その結果、国語教育と作文教育のあり方は、しだいに変化してきた。たとえば、一九〇〇（明治三三）年八月、小学校令が改正されて、「国語」という科目が生まれることになった。なぜなら、一八九〇（明治二三）年一〇月の小学校令では、「尋常小学校ノ教科目ハ修身、読書、作文、習字、算術、体操トス」（第三条）とされていたが、この小学校令の改正では、「尋常小学校ノ教科目ハ修身、国語、算術、体操トス」（第一九条）とされていたからであった。つまるところ、小学校令の「読書、作文、習字」が、小学校令の改正の「国語」に改まったということである。

さらに、一九〇〇年八月、小学校令施行規則が定められて、「作文」は「綴り方」に変更された。それとともに、大人の文である「日用書類等」を書かせることをやめた。なぜなら、小学校令施行規則の第三条で、作文教育にたいして、次のように決められたからであった。

国語ハ普通ノ言語、日常須知ノ文字及文章ヲ知ラシメ正確ニ思想ヲ表彰スルノ能ヲ養ヒ兼テ智徳ヲ啓発スルヲ以テ要旨トス

尋常小学校ニ於テハ初ハ発音ヲ正シ仮名ノ読ミ方、書キ方、綴リ方ヲ知ラシメ漸ク進ミテハ日常須知ノ文字及近易ナル普通文ニ及ホシ又言語ヲ練習セシムヘシ

（中略）

文章ノ綴リ方ハ読ミ方又ハ他ノ教科目ニ於テ授ケタル事項児童ノ日常見聞セル事項及処世ニ必須ナル事項ヲ記述セシメ其ノ行文ハ平易ニシテ旨趣明瞭ナランコトヲ要ス

このように、「国語」は、「読ミ方、書キ方、綴リ方」の三つの要素からなるものとしてとらえられるようになったのである。したがって、「作文」は、「読ミ方」「書キ方」と合わせる形で、「綴リ方」という名称でとらえられる

ようになったのである。

さらに、ここには、大人の文である「日用書類等」を書かせることについては、触れられていないといえる。ところが、一八九一年一一月の小学校教則大綱の第三条では、次のように書かれていたのである。

尋常小学校ニ於テハ近易適切ナル事物ニ就キ平易ニ談話シ其言語ヲ練習シテ仮名ノ読ミ方、書キ方、綴リ方ヲ知ラシメ次ニ仮名ノ短文及近易ナル漢字交リノ短文ヲ授ケ漸ク進ミテハ読書作文ノ教授時間ヲ別チ読書ハ仮名文及近易ナル漢字交リ文ヲ授ケ作文ハ仮名文、近易ナル漢字交リ文、日用書類等ヲ授クヘシ

（中略）

作文ハ読書又ハ其他ノ教科目ニ於テ授ケタル事項、児童ノ日常見聞セル事項及処世ニ必須ナル事項ヲ記述セシメ行文平易ニシテ旨趣明瞭ナラシメンコトヲ要ス

このように、一八九一年一一月の小学校教則大綱の第三条には、「日用書類等ヲ授クヘシ」とあったのである。したがって、実用的な文章を書くことが必要であるとされていたのである。しかし、一九〇〇年八月の小学校令施行規則の第三条では、その規定がなくなったのである。いいかえると、一九〇〇年八月の小学校令改正、および、小学校令施行規則によって、「国語」が誕生した。そして、「作文」が「綴リ方」になった。これに伴って、「綴リ方」は、大人の文である「日用書類等」を書かせることをやめたのであった。このように、一九〇〇年八月の小学校令改正、および、小学校令施行規則は、上田万年、樋口勘次郎が訴えたように、大人の文を子どもに書かせることをやめる方向に向かっていたのである。

まとめると、「形式主義作文期」は、一八九九年には終焉を迎える。なぜなら、一つには、子どもには、子ども

にふさわしい文を書かせるべきであるという考え方が生まれたからである。二つには、このような考え方に影響を受けて、一九〇〇年八月、小学校令の改正、および、小学校令施行規則の制定がおこなわれたからである。そして、「国語」とその「国語」の一つである「綴リ方」が生まれて、子どもには、子どもにふさわしい文を書かせることが企図されていったからである。このような変化が生じたため、作文投稿雑誌は、廃刊に追い込まれていった。なぜなら、作文投稿雑誌は、子どもたちに模範文を与えていたからであった。そして、子どもたちは、作文投稿雑誌の模範文を暗誦、暗記して、その模範文の言いまわしを使って文を作っていたからであった。しかし、子どもたちが、見たまま、おもったままを文に書き始めれば模範文は不要になる。そうなると、模範文を載せていた作文投稿雑誌も不要になるのである。このように、作文投稿雑誌は、子どもたちに、不要のものと見なされるようになった。そして、衰退を余儀なくされていったのであった。

このように、ここまで「作文投稿雑誌から少年雑誌へ」の変化を見てきた。そして、その背景の一つに「漢文体・漢文訓読体から言文一致体へ」という文体の変化、二つに「大人の文から子どもの文へ」という文の内容の変化があることを見てきた。このような変化を見ると、人びとが、「子どもとは何か」を模索していたことがわかる。そして、人びとが、「子ども」を「大人」とは異なる存在として把握しようとし始めたことが見てとれる。

今日のわたしたちからすると、子どもたちに、大人の文体、大人の文の内容を教え込んでいたこと、そして、それにほとんど批判がなかったことに驚かされる。なぜなら、今日のわたしたちからすると、喫煙・飲酒・性的な事柄を暗誦、暗記させること、書かせることは、「子どもの教育上よくないことである」として批判されることだからである。

先に見たように、近代社会の子どもは、近世社会の子どもとは異なる存在であった。どのように異なっていたかというと、近代社会の子どもは、近世社会の子どもと異なって、近代学校教育を受ける存在だったのであった。ただし、近代社会の子どもは、新時代の存在であったため、人びとは、それがどのような存在なのかを把握することが困難だったと考えられる。それゆえ、人びとは、「子どもとは何か」を模索し始めることになったのである。これまで見てきたように、一つに「漢文体・漢文訓読体から言文一致体へ」という文体の変化、二つに「大人の文から子どもの文へ」という文の内容の変化は、人びとが「子どもとは何か」を模索し始めるようになったことのあらわれとしてとらえることができる。それは、人びとが、「大人」と「子ども」を異なるものとして把握し始めたということとして見ることができるのである。

そこで、当時の出版社は、作文投稿雑誌の代わりに、少年雑誌を生み出していった。いいかえると、出版社は「少年」のメディアというジャンルを作っていったのであった。出版社は、「少年」という言葉を雑誌名に掲げることをとおして、近代社会の子どもに、「少年」という名前を与えていったのであった。したがって、「少年」とは、近代社会の子どものことであった。言葉をかえると、近代学校教育を受ける存在、大人とは異なる存在のことであった。逆にいうと、「少年」は、近世社会には存在しないということになる。つまるところ、全国民が学校で教育を受けるシステムの存在しない社会には存在しないということになるのである。

しかし、だからといって、少年雑誌は、子どもにふさわしい文体、および、子どもにふさわしい内容の文を明確にもっていたわけではなかった。第一に、少年雑誌は、子どもにふさわしい文体を明確化していたわけではなかった。たとえば、『少年園』はあらゆる文体を載せていた。また、『少年世界』は、一九〇二年一二月号まであらゆる文体を載せていた。さらに、一九〇四年四月から、言文一致体の国定教科書が使われるようになっても、そもそも言文一致体そのものが明確なものではなかった。たとえば、一九〇四年四月から使われるようになる第一期国定教科書の『尋常小学読本』では、「がっこう」が「がっこー」とされるなど、長音が「ー」で記される「棒引き仮名遣い」が使われていたのである（長　一九九八、七四）。また、少年雑誌が生まれ始めたころには、東京山の手の中間層の言葉である言文一致体は、まだ人びとの間に浸透していたわけではなかったのである。

第二に、少年雑誌は、子どもにふさわしい内容の文を明確化していたわけではなかった。なぜなら、そもそも「少年」がどのような存在なのかが明確であったわけではなかったため、「少年」にふさわしい内容の文を明確にすることができなかったからである。一つに、そもそも「少年」の年齢は明確ではなかった。たとえば、一九〇〇年代、『少女界』（金港堂書籍）、『少女世界』（博文館）、『少女の友』（実業之日本社）の抒情画を見ると、ときには「少女」の範疇に幼女を入れて描いて、ときには「少女」の範疇に女学生を入れて描いていたことがわかっている（今田　二〇〇七）。そのため、出版社は「少女」の境界を模索していたと考えることができる（今田　二〇〇七）。したがって、出版社は、『幼年雑誌』（博文館、一八九一〔明治二四〕年一月号〜一八九四〔明治二七〕年一二月号）、『幼年世界』（博文館、一九〇〇〔明治三三〕年一月号〜一二月号）、『幼年の友』（実業之日本社、一九〇九〔明治四二〕年一月号〜終刊不明）、『幼年画報』（博文館、一九〇六〔明治三九〕年一月号〜一九三五〔昭和一〇〕年一二月号）、『幼年の友』（実業之日本社、一九〇九〔明治四二〕年一月号〜終刊不明）を生み出すことで、「幼年」を作っていった。そして、就学前の子どもを「幼年」として、就学後の子どもを「少年」としていったのであった。しかし、この時期、学校教育制度そのものがさまざまに変化していたため、「就学後の子ども」の年齢もさまざまに変化していたのである。とくに上限に関しては、小学校の修業年限を何年にするかによって、さまざまにも変化していたのである。もう一つに、第二章に見るように、そもそも「少年」のジェンダーは明確ではなかった。なぜなら、この時期、「少年」は男子・女子を含む言葉だったからである。

そのため、出版社は、子どものメディアを「少年」のメディアとして名付けて、子どもを「少年」として名付けた。しかし、その「少年」がどのようなものかを明確化することはできなかったのであった。ただ、漢文体・漢文訓読体を排除すること、大人の内容の文を排除することは、はっきりしていた。だからこそ、作文投稿雑誌は衰退して、少年雑誌が勃興したのであった。

6　近代の子どもとは何か

最後に、本章で明らかになったことをまとめることとする。一八七七年三月一〇日に、『穎才新誌』が生まれた。この『穎才新誌』は作文投稿雑誌で、なおかつ、日本初の子ども向けのメディアであった。作文投稿雑誌は、子どものメディアというジャンルを作ったのであった。

この子どものメディアというジャンルが誕生した背景にあったのは、近代学校教育制度の誕生であった。近代学校教育制度の誕生によって、すべての子どもたちが、一定の年齢になると、一定の期間、国家の定める共通の教育を受けるようになった。これによって、子どもは大人とは異なる時間を生きる存在になった。

そして、出版社は、子どもが大人とは異なる存在になったからこそ、子ども向けの雑誌を作ろうとした。そして、子どもが教育を与えられる存在になったからこそ、作文教育を支援する雑誌を作ろうとした。それが、作文投稿雑誌であった。

しかし、作文投稿雑誌はしだいに衰退していった。そして、入れ替わるように少年雑誌が生まれていった。一八八八年一一月に、『少年園』が生まれた。この『少年園』は、日本初の少年雑誌であった。そして、少年雑誌はしだいに隆盛していった。

このように、子ども向けの雑誌は、「作文投稿雑誌から少年雑誌へ」と転換した。この転換を促したのは、第一に文体の変化、第二に文の内容の変化であった。第一の文体の変化は、「漢文体・漢文訓読体から言文一致体へ」という変化である。第二の文の内容の変化は、「大人の文から子どもの文へ」という変化である。第一の変化は、子どもには、子どもにふさわしい文体を使わせることをめざすようになったということである。いいかえると、大人とは異なる文体を使わせることをめざすようになったということである。それが言文一致体であった。第二の変化は、子どもには、子どもにふさわしい内容の文を書かせることをめざすようになったということである。いいかえると、大人とは異なる内容の文を書かせることをめざすようになったということである。

近代社会の子どもは、近世社会の子どもとは異なる存在であった。なぜなら、近代社会の子どもは、近世社会の子どもと異なって、近代学校教育を受ける存在だったからであった。したがって、このような存在は、近世社会には存在しないものであった。だからこそ、人びとは、それがどのような存在なのかを把握することが困難であった。それゆえ、人びとは、「子どもとは何か」を模索し始めることになったのであった。

だからこそ、出版社は少年雑誌を生み出した。そして、「少年」というメディアを作った。出版社は、「少年」という言葉を雑誌名に掲げることをとおして、近代社会の子どもに「少年」という名前を与えていったのであった。

しかし、だからといって、少年雑誌は、子どもにふさわしい文体、および、子どもにふさわしい内容の文を明確にもっていたわけではなかった。第一に、少年雑誌は、子どもにふさわしい文体を明確にしていたわけではなかった。なぜなら、少年雑誌は、一九〇二年一二月まであらゆる文体を載せていたからであった。さらに、一九〇四年四月から言文一致体の国定教科書が使われるようになっても、そもそも言文一致体そのものが明確なものではなかったからであった。また、少年雑誌が生まれ始めたころにおいては、東京山の手の中間層の言葉である言文一致体が、まだ人びとの間に浸透していたわけではなかったからであった。

第二に、少年雑誌は、子どもにふさわしい内容の文を明確にしていたわけではなかった。なぜなら、そもそも「少年」がどのような存在なのかが明確であったわけではなかったため、「少年」にふさわしい内容の文を明確にすることができなかったからであった。たとえば、「少年」の年齢は明確ではなかった。また、第二章に見るように、「少年」のジェンダーも明確ではなかったのであった。

そのため、出版社は、子どものメディアを「少年」のメディアとして名付けて、子どもを「少年」として名付けた。しかし、その「少年」がどのようなものかを明確化することはできなかったのであった。

引用文献

今田絵里香『「少女」の社会史』勁草書房、二〇〇七年。

上田万年『作文教授法』富山房、一八九九年。→「作文教授法」井上敏夫他編『近代国語教育論大系　2　明治期Ⅱ』光村図書、一九七五年、一六五―二一九頁。

上田信道「大衆少年雑誌の成立と展開――明治期「小国民」から大正期「日本少年」まで」『国文学 解釈と教材の研究』第四六巻第六号、二〇〇一年、九八―一〇四頁。

内田魯庵「明治十年前後の小学校」『太陽』一九二七年七月号。→『内田魯庵全集　第三巻』ゆまに書房、一九八三年、一〇三―一一一頁。

大阪国際児童文学館編『日本児童文学大事典　第二巻』大日本図書、一九九三年。

長志珠絵『近代日本と国語ナショナリズム』吉川弘文館、一九九八年。

上笙一郎「『穎才新誌』解説――日本近代文化の揺籃として」『穎才新誌　解説・総目次・索引』不二出版、一九九三年、一―一〇頁。

茅原華山『半生の懺悔』実業之日本社、一九一六年。

河合章男「『穎才新誌』における俳句欄の登場――明治二〇年における俳句文化の一側面」『情報メディア研究』第三巻第一号、二〇〇五年、一一―二四頁。

木村小舟『少年文学史　明治篇　上巻』童話春秋社、一九四二年。

久米依子『「少女小説」の生成――ジェンダー・ポリティクスの世紀』青弓社、二〇一三年。

小山静子『子どもたちの近代――学校教育と家庭教育』吉川弘文館、二〇〇二年。

齋藤希史『漢文脈の近代――清末=明治の文学圏』名古屋大学出版会、二〇〇五年。

佐々木吉三郎『國語教授撮要』育成会、一九〇二年。→「國語教授撮要」井上敏夫他編『近代国語教育論大系　3　明治期Ⅲ』光村図書、一九七五年、七一―一八七頁。

塩澤和子「明治期の国定国語教科書――言文一致体の確定に果した役割」『上智大学国文学論集』第一一号、一九七八年、一一七―一六〇頁。

関口直吉・小俣孝太郎編『小学中等作文教授本　上巻』阪上半七、一八八三年a。

関口直吉・小俣孝太郎編『小学中等作文教授本　下巻』阪上半七、一八八三年b。

田山花袋『東京の三十年』博文館、一九一七年。

滑川道夫『日本作文綴方教育史　1　明治篇』国土社、一九七七年。

樋口勘次郎『統合主義新教授法』同文館、一八九九年。→「統合主義新教授法」井上敏夫他編『近代国語教育論大系　2　明治期Ⅱ』光村図書、一九七五年、三九五―四六八頁。

藤本芳則「雑誌「学庭拾芳録」について」『児童文学資料研究』第一〇六号、二〇〇六年、四―五頁。

山川菊栄『武家の女性』三国書房、一九四三年。→岩波書店、一九八三年。

史　料

『紅顔子』一八九一年七月三〇日号。

『少女の友』一九四二年八月号。

『復刻版　穎才新誌　第一巻』～『復刻版　穎才新誌　第二〇巻』『穎才新誌　解説・総目次・索引』不二出版、一九九一年～一九九三年。

『復刻版　少年園　第一巻』～『復刻版　少年園　第一三巻』『少年園　解説・総目次・索引』不二出版、一九八八年。

第二章　「少年」のメディアから「少年」「少女」のメディアへ
――少年雑誌から少年少女雑誌へ――

1　「少年」「少女」のメディアの誕生

本章の目的は、一つは、「少女」のメディアはどのようにして生まれたのかを、もう一つは、「少女」のメディアはなぜ生まれたのかを明らかにすることである。

前章では、子どものメディアが生まれて、その後、「少年」のメディアが生まれたことを見てきた。そして、「少年」のメディアは、子どものメディアに「少年」のメディアという名前を付けたこと、ただし、その「少年」の意味は明確化されていなかったことを確かめてきた。そうであるとすると、新たな疑問が生まれてくる。「少年」のメディアは、どのように「少年」を明確化したのかという疑問である。年齢に関しては、前章で見たように、「幼年」という呼称を生み出すことで、就学前の子どもを排除していくことになった。そして、就学後の子どもの年齢の上限・下限は、近代学校教育制度が整備されるにつれて自ずと明確化されていくことになった。しかし、ジェンダーに関しては、どのように明確化されていくことになったのだろうか。

そこで、本章では、一つは、「少女」のメディアはどのようにして生まれたのかを、もう一つは、「少女」のメディアはなぜ生まれたのかを考えることをとおして、「少年」「少女」のメディアが「少年」のジェンダーをどのように明確化したのかを考えることとする。詳しくいうと、本章の目的は、少年雑誌が生まれ、その後に少女雑誌が生まれたことを見ることで、そして、「少年」が生まれ、その後に「少年」が「少女」を分離させたことを見ることで、「少年」の明確化がどのようにおこなわれたのかを明らかにしていくことにある。

そのために、分析期間として、最初の少年雑誌の『少年園』が生まれた一八八八（明治二一）年から、商業上の成功を収めた少年少女雑誌の『少年世界』『少女世界』（両雑誌とも博文館）、『日本少年』『少女の友』（両雑誌とも実業之日本社）が出揃った一九〇〇年代末までを見ることとする。

また、分析史料として、『少年世界』『少女世界』『日本少年』『少女の友』に着目することとする。なぜなら、『少年世界』『少女世界』『日本少年』『少女の友』は最初に商業上の成功を収めた少年少女雑誌であるため、少年少女雑誌の基礎を築いたと考えられるからである。加えて、この分析期間に出版された雑誌、書籍も適宜分析することとする。

2　少年雑誌から少年少女雑誌へ

先に見たように、日本初の子ども向けの雑誌として作文投稿雑誌が誕生した。しかし、作文投稿雑誌は衰退し、それと入れ替わるようにして少年雑誌が勃興した。最初に生まれた少年雑誌は『少年園』であった。『少年園』は、一八八八年一一月、少年園から創刊された。この『少年園』は、「少年」のための読みものを主に載せる雑誌を意味していた。それまで、子ども向けの雑誌といえば、子どもの作品を主に載せる雑誌を意味していた。したがって、『少年園』は、日本初の少年雑誌としてとらえることができる。この『少年園』は、一八九五（明治二八）年四月に終刊を迎えることとなった。

そして、『少年園』が生まれた後、二つの共通点をもった少年雑誌が続々と生み出されることになった。その共通点とは、一つは「少年」のための読みものを主に載せるものであること、二つは「少年」という言葉を雑誌名に入れているものであることであった。戦前の少年雑誌をすべて列挙することは、今なお見つかっていないものがあるとおもわれるため、困難をきわめるが、『日本児童文学大事典　第二巻』（大阪国際児童文学館編）の「逐次刊行物」（五一五―六二九頁）に掲載されている全雑誌を手がかりにして少年雑誌を抽出すると、一八八八年から一九六九（昭和四四）年までに生まれた少年雑誌は、附表1のとおりになる。これを見ると、『少年園』が誕生した後、「少年」という言葉を雑誌名に掲げた少年雑誌が次々に世に出たことがわかる。

『少年園』の後に生まれた少年雑誌のなかで、読者を多数獲得したのは『少年世界』（博文館）、『日本少年』（実業之日本社）、『少年倶楽部』（大日本雄弁会講談社）である。ここで、それぞれの変遷を辿ってみることにする。『少年園』が出た後、一八九五年一月、『少年世界』が博文館によって創刊される（図2－1）。そして、一九三三（昭和八）年一月、『少年世界』は終刊となる。『少年世界』の後、一九〇六（明治三九）年一月、『日本少年』が実業之日本社によって生み出される（図2－2）。そして、一九三八（昭和一三）年一〇月、『日本少年』は終刊を迎える。その後、一九一四（大正三）年一一月、『少年倶楽部』が大日本雄弁会講談社によって創刊される。そして、一九四六（昭和二一）年四月号から『少年クラブ』に雑誌名が変更され、一九五八（昭和三三）年一二月号から講談社に出版社名が変更される。さらに、一九六二（昭和三七）年一二月、『少年倶楽部』は終刊となる。

一方、日本初の少年雑誌が誕生した後一四年を経て、日本初の少女雑誌が誕生した。それは、『少女界』という雑誌であった（図2－3）。『少女界』は、金港堂書籍から一九〇二（明治三五）年四月に創刊された。終刊は不明である。この『少女界』は、「少女」向けの読みものを主に載せる雑誌であった。本書では、このような「少女」向けの読みものを主に載せる雑誌を「少女雑誌」とよぶこととする。

図2－1　『少年世界』
（1895年４月１日号。博文館。大阪府立中央図書館国際児童文学館所蔵）

図2－2　『日本少年』
（1906年５月号。実業之日本社。東京都立多摩図書館所蔵）

図2－3　『少女界』
（1902年４月号。金港堂書籍。神奈川近代文学館所蔵）

少年雑誌と同じように、『少女界』が生み出された後、二つの共通点をもった少女雑誌が続々と誕生した。その共通点とは、一つに「少女」のための読みものを載せるものであること、二つに「少女」という言葉を雑誌名に入れているものであることである。附表1と同じように、『日本児童文学大事典　第二巻』（大阪国際児童文学館編）の「逐次刊行物」（五一五―六二九頁）に掲載されている全雑誌を手がかりにして少女雑誌を抽出すると、一九〇二年から一九六九年までに生まれた少女雑誌は、附表2のとおりになる。これを見ると、『少女界』の誕生の後、「少女」を雑誌名に掲げた少女雑誌が絶え間なく生みだされたことがわかる。

さらに、『少女界』の後に世に出た少女雑誌のなかで、読者を多数獲得した少女雑誌は、『少女世界』（博文館）、『少女の友』（実業之日本社）、『少女画報』（東京社）、『少女倶楽部』（大日本雄弁会講談社）である。ここで、それぞれの変遷を辿ってみることにする。『少女界』が出た後、一九〇六年九月、『少女世界』が博文館から創刊される（図2-4）。そして、一九三一（昭和六）年一〇月、『少女世界』は終刊を迎える。『少女世界』の後、一九〇八（明治四一）年二月、『少女

図２－４『少女世界』
（1909年11月号。博文館。竹久夢二。大阪府立中央図書館国際児童文学館所蔵）

図２－５『少女の友』
（1908年５月号。実業之日本社。東京都立多摩図書館所蔵）

の友』が実業之日本社から創刊される（図２－５）。そして、一九五五（昭和三〇）年六月、『少女の友』は終刊となる。『少女の友』の後、一九一二（明治四五）年一月、『少女画報』が東京社から創刊される。そして、一九三一年七月、出版社が新泉社に変更となる。さらに、一九四二（昭和一七）年三月、『少女画報』は終刊を迎え、同年四月、『少女の友』に合併される（実業之日本社社史編纂委員会編　一九九七）。『少女画報』の後、一九二三（大正一二）年一月、『少女倶楽部』が大日本雄弁会講談社から創刊される。そして、一九四六年四月号から『少女クラブ』に雑誌名が変更され、一九五八年一二月号から講談社に出版社名が変更される。さらに、一九六二年一二月、『少女倶楽部』は終刊となる。

このように、最初に少年雑誌が生み出され、次に少女雑誌が生み出されたのである。

先に見たように、少年少女雑誌が作文投稿雑誌と異なるところは、「少年」「少女」のための読みものを主に載せていたところである。このことを図２－６、図２－７から確かめることとする。図２－６は、『日本少年』（一九三五（昭和一〇）年六月号）の構成、図２－７は、『少女の友』（一九三五（昭和一〇）年六月号）の構成を明らかにしたものである。なぜ一九三五（昭和一〇）年六月号を見たかというと、『日本少年』『少女の友』の頁数は、一九三〇年代の号がもっとも多かったため、しかも時代が下がるにつれて増加していったためである（今田　二〇〇七）。ただ、第九章で見るように、一九三七（昭和一二）年から、戦時の統制が始まるため、一九三七年以降の号と、その準備

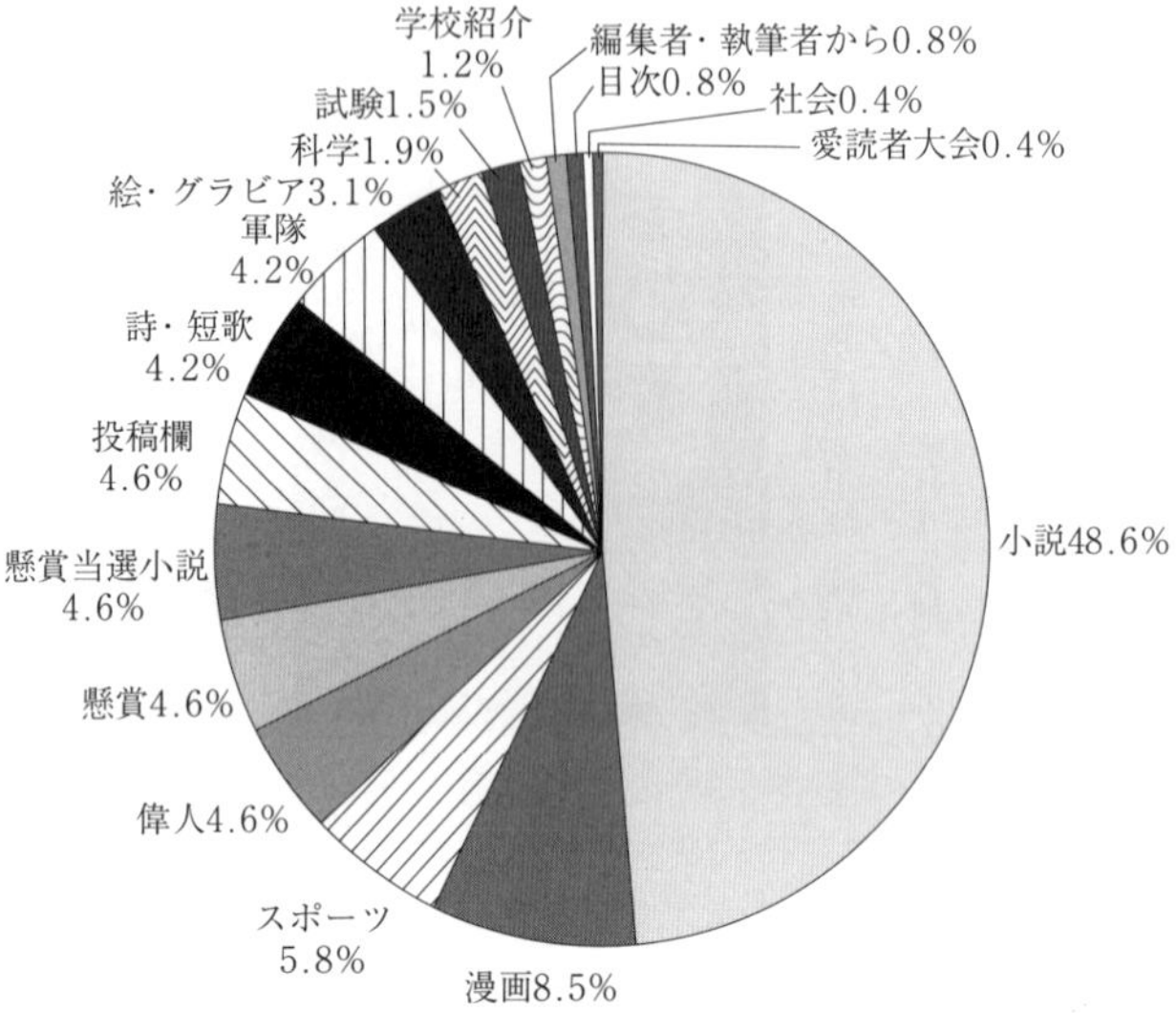

図2-6 『日本少年』(1935年6月号)の誌面構成

出典:今田(2007)より作成。

段階にあるとおもわれる前年の号を排除して、一九三五年の号を見ることにした。さらに、行事が少ない月であるため、六月号を把握することにした。これを見ると『日本少年』は全体のうちの四八・六パーセント、『少女の友』は全体のうちの四三・九パーセントが、少年小説・少女小説で占められていたことがわかる。したがって、『日本少年』も『少女の友』も、「少年」あるいは「少女」のための読みものを主に載せていた雑誌であると考えることができるのである。

さらに、作文投稿雑誌は子どもたちの作文能力の向上をめざしていたが、少年少女雑誌はどのようなことをめざしていたのだろうか。このことは、少年少女雑誌の創刊の言葉からうかがうことができる。たとえば、『日本少年』の創刊の言葉は次のとおりである。この言葉は、読者の保護者・教師に向けたものである。

吾れ吾れ日本帝国臣民は、日露戦争によりて、まことに光栄ある勝利を獲ましたが、又其結果として激烈なる世界の競争と断えず奮闘しなければならぬ

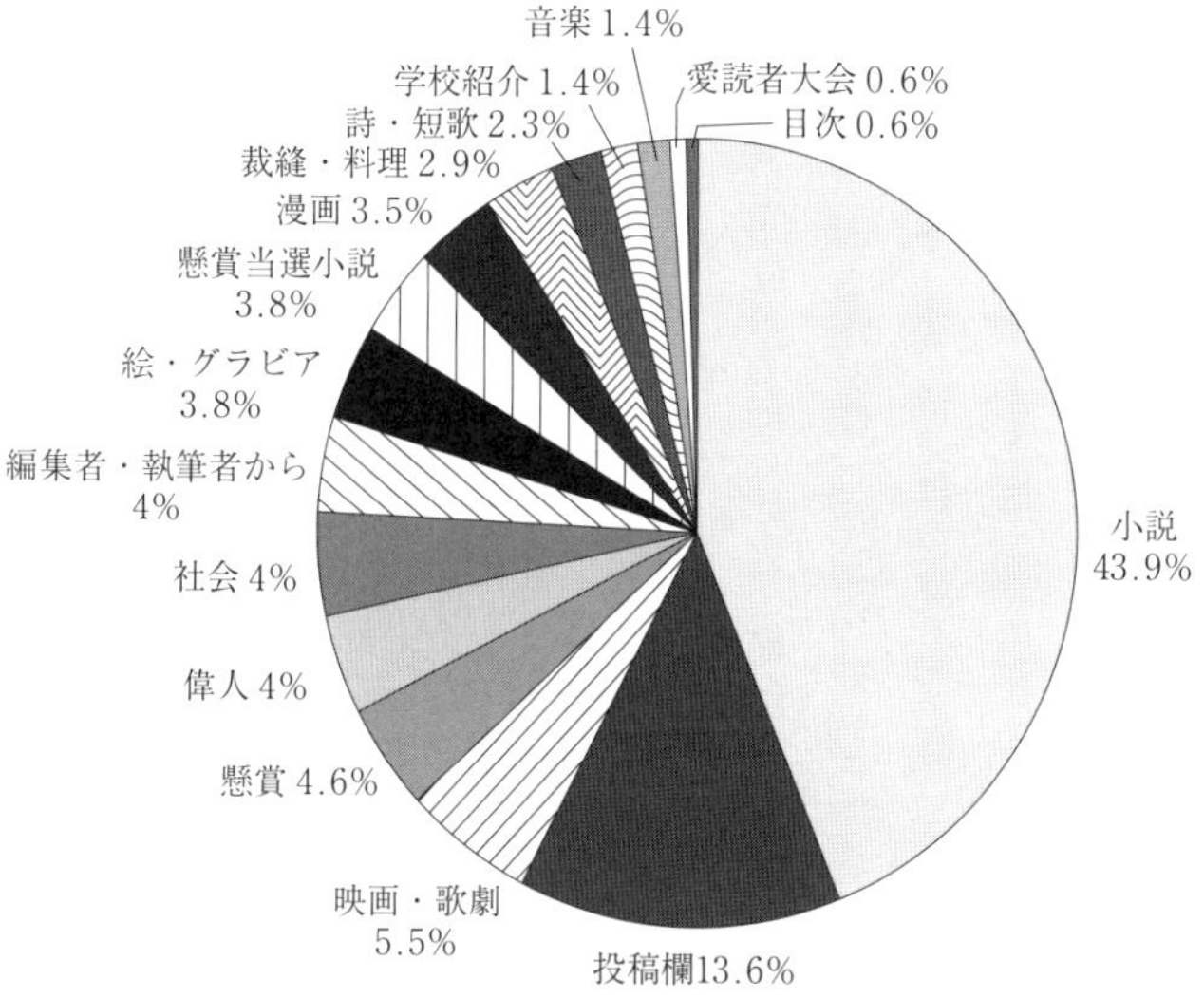

図2-7 『少女の友』(1935年6月号)の誌面構成

出典：今田(2007)より作成。

位地に立つこととなりました。

(中略)十年の計は樹、百年の計は人と申ますが、真理に古今の別なしとすれば、帝国今日の大計は、要するに独立の精神自助の気風を養成する少年教育を以て最大急務としなければなりますまい。東西の歴史を見ましても、古来国家の勃興は、一に少年教育の盛んなる国に限られて居ります。(中略)

言ふまでもなく少年教育は、第一学校教育、第二家庭教育、第三社会教育、此三つが統一連絡しなければ、決して完全に其目的を達することが出来ぬものであります。然るに現今我少年少女の社会教育者となつて居る雑誌又は単行本などに就て研究して見ますると、其等の多数が、学校教育と密接の連絡を保つて居ないのは、如何にも遺憾なる次第であります。将来大日本帝国の運命を双肩に担うて、世界の大舞台に華々しき競争を試むべき大国民を養成する社会教育機関としては、必ず学校教育と連絡を保つて、品性の修養上にも、智能の啓発上にも、統一する教育を少年少女に施す読物がなければならぬと信じます。

我『日本少年』は実に此新たなる方針を以て、痛切なる時代の要求に応ぜんが為に生れたのであります。愛らしき而して大切なる大日本帝国少年少女を教育して世界一の大国民たらしむべき学校教育の任に当らるる小学校教職員諸君、並に家庭教育の任に当たらるる父兄諸君、何卒如上の趣意を諒せられて、常に高教育指導の労を吝み給はぬことを希ひます。

（実業之日本社「『日本少年』の発刊に就て　小学校職員家庭の父兄に告ぐ」『日本少年』一九〇六〔明治三九〕年一月号、頁数なし）

このように、日露戦争の勝利の後、日本は、さまざまな国と熾烈な競争をしなければならなくなったとするのである。そして、その熾烈な競争に耐えられる国家を作るためには、「少年」の教育が急務であるとする。さらに、その「少年」の教育には、一つに学校教育、二つに家庭教育、三つに社会教育が揃っていることが必要であるため、『日本少年』はその社会教育の機関の一つになることを宣言する。そして、学校教育、家庭教育と協力して、大日本帝国の「少年」を大日本帝国の「大国民」に養成すると宣誓するのである。ひとことでいうと、『日本少年』がめざしていたことは、社会教育の機関であることを自覚して、学校教育、家庭教育と協力し合い、「少年」を「大国民」に養成することだったのである。ただし、この引用を見ると、その「大国民」に養成する「少年」とは、「大日本帝国少年少女」であることがわかる。したがって、『日本少年』の「少年」は、男子・女子を含むものだったのである。

さらに、『日本少年』の創刊号には、「発刊に就て」に加えて、「発刊の辞」が載っている。この言葉は、読者に向けたもので、次のようなものである。

親愛なる少年少女諸君よ、まづ明けましておめでたう。

わが『日本少年』は、このおめでたい正月に、旭日の如き勢を以て生れました。『日本少年』は、愉快かぎりなき少年です。

記者は、諸君が此『日本少年』と、特に親密なる交際を結ばれんことを希望いたします。

（編集者「発刊の辞」『日本少年』一九〇六〈明治三九〉年一月号、一）

このように、この「発刊の辞」では、読者に向かって「少年少女諸君」とよびかけているのである。したがって、『日本少年』の「少年」は、男子・女子を意味するものであったのである。

一方、『少女の友』の創刊の言葉は次のようなものである。

少女の時代ほど愛らしくもあり、また恐ろしきものはありません。如何なる色にでもすぐに染まり易く、また一たび染った悪習慣は容易に直すことが出来ません。それが為に、いつしか悪い友達と交って悪い習慣を作り、親の言ふ事を聴かず、先生の教にも従はず、他人に嫌はれ笑はれるやうな娘になって、遂に一生を過つ者が少なくありません。

比悪い習慣を防ぐには、学校と家庭との外に、少女に取りて面白く有益な読み物が最も必要であります。然るに、かやうな良い読み物はまだ我国にはありません。依て我社は最良の婦人雑誌『婦人世界』の妹雑誌として、少女の為に、面白く、且有益なる『少女の友』を発行するに至りました。此「友」こそ実に我が少女を導いて、やさしく、うるはしく、人に敬愛せらるる婦人となるに無二の師友であると信じます。

（編集者「発刊の辞」『少女の友』一九〇八〈明治四一〉年二月号、頁数なし）

このように、『少女の友』の想定する読者は、「娘」「妹」「婦人」という言葉でいいかえていることから、女子に限定されているといえる。したがって、『少女の友』の「少女」は、女子を意味しているのである。そして、『少女の友』は、この「少女」についてどのようにとらえているのかというと、「少女の時代ほど愛らしくもあり、また恐ろしきものはありません」と把握しているといえる。したがって、少女時代をあらゆる時代に比べて特別な時代としてとらえているのである。

この『日本少年』『少女の友』の創刊の言葉を比較すると、第一に、『日本少年』の「少年」は、男子・女子を意味するものとしてとらえていたといえる。第二に、『少女の友』の「少女」は女子を意味するものとして把握されていたといえる。第三に、『少女の友』の「少女」という時代は、魅力ある時代、また逆に、おそるべき時代としてとらえられていたといえる。

しかし、第一の「少年」の把握の仕方は、今日の「少年」の把握の仕方と異なるといえる。なぜなら、今日のわたしたちは、「少年」は男子を意味するものとして把握しているからである。また、第二の「少女」の把握の仕方は、今日の「少女」の把握の仕方と共通しているが、第三の「少女時代」の把握の仕方は、今日の「少女時代」の把握の仕方として、存在しないとはいいきれないものの、この時代独特の把握の仕方であるようにおもわれる。このような「少年」「少女」の把握の仕方、いいかえると、「少年」「少女」のジェンダーの把握の仕方については、次節で考察することとする。

3　「少年」から「少年」「少女」へ

なぜ少年雑誌が生まれて、その後に少女雑誌が生まれたのだろうか。そして、少年少女雑誌は、どのように「少年」「少女」のジェンダーを把握していたのだろうか。この「最初に少年雑誌、次に少女雑誌が生まれて、少年少女雑誌が出揃った」という変遷の背後にあったのは、「少年」「少女」の言葉における変容である。

少年少女という存在が、遙か昔から存在していたことを考えると、「少年」「少女」という言葉も、遙か昔から存在していたようにおもえる。たしかに「少年」「少女」という言葉は、遙か昔からあったようである。しかし、今日のような使われ方ではなかったのである。

もともと、「少年」という言葉は、男子・女子を含む言葉として使われていた。たとえば、島崎藤村《しまざきとうそん》の『破戒』（島崎　一九〇六→二〇〇五、三六五）では、「少年」という言葉は、「男女の少年の監督に忙しい間に」（島崎　一九〇六→二〇〇五、一二三九）、「男女の少年は今、小学校を指して急ぐのであった」（島崎　一九〇六（明治三九）年）という使われ方をしている。また、島崎藤村の『眼鏡』（実業之日本社、一九一三（大正二）年）では、「男や女の少年にも逢ひました」（島崎　一九一三→一九七四、二二）という用いられ方をしている。したがって、少なくともこの一九〇六年、あるいは、一九一三年の時点においては、「少年」という言葉は、男子・女子を含んだ言葉だったのである。いうならば、「少年」という言葉は、年少者全体を意味する言葉だったのである。

ところが、「少年」から「少女」が分離して、「少年」が男子、「少女」が女子を意味するものになった。この「少年」の言葉の変容については、今田絵里香（二〇〇七）が、『穎才新誌』を分析することで明らかにしている。この研究では、一八七七（明治一〇）年から一八九八（明治三一）年にかけて、『穎才新誌』の作文の題目に含まれている「男子」「女子」「少年」「少女」を調査して、それらがいつごろから使われるようになるのかを確かめている。その結果が、表2-1である。この表2-1を見ると、『穎才新誌』では一八七七年から一八八九（明治二二）年まで、「少女」は一切使われていなかったことがわかる。ところが、一八九〇（明治二三）年から一八九八年にかけて、用いられていない年もあるものの、「少女」が用いられるようになることが見てとれる。また、「少年」は、

表 2-1　『穎才新誌』の作文タイトルにおける「男子」「女子」「少年」「少女」

	「男子」（「男児」）	「女子」（「女児」）	「少年」	「少女」（「小女」）
1877年（1-43号）	0	1	3	0
1878年（44-95号）	1	3	1	0
1879年（96-140号）	0	3	2	0
1880年（141-157号）	2	1	2	0
1881年（190-239号）	1	0	0	0
1882年（240-290号）	0	2	0	0
1883年（291-341号）	0	0	1	0
1884年（342-393号）	0	0	0	0
1885年（394-445号）	1	0	0	0
1886年（446-496号）	1	4	1	0
1887年（497-547号）	0	4	1	0
1888年（548-599号）	2	2	0	0
1889年（600-650号）	2	14	4	0
1890年（651-701附録号）	0	8	11	1
1891年（702-752附録号）	0	5	9	1
1892年（753-804附録号）	4	0	8	1
1893年（805-854附録号）	4	0	3	1
1894年（855-905附録号）	2	2	5	0
1895年（906-957附録号）	3	4	4	2
1896年（958-1009附録号）	2	0	6	0
1897年（1010-1052号）	0	2	3	3
1898年（1053-1102号）	0	0	6	5

出典：今田（2007）。

一八七七年から一八九八年にかけて、使われていない年もあるものの、おおむね使われ続けていることがわかるのである。

そして、この研究では、『穎才新誌』の「少年」は、一八七七年から一八八九年まで、男子・女子を意味する言葉として用いられていたことがわかっている。さらに、「少年」は、学問に打ち込むべき存在であるとされていたことも明らかになっている。そして、「少年」が男子・女子を意味する言葉であったからこそ、女子投稿者が、自己を「少年」としてとらえて、なおかつ、男子投稿者と同じように自己を学問に打ち込むべき存在であると把握していたこともわかっている。たとえば、ある女子投稿者は次のように語っている。

我輩孜々学テ、而シテ欲スル処ハ、智識ヲ拡充シテ、倫理ヲ明シ、物理ヲ推究シテ、利用ヲ弁《わきま》ヘ、而シテ後家産ヲ隆盛ニシテ、富国ノ基礎ヲ立テ、職業ヲ黽勉《びんべん》シテ、真宰ノ化育ヲ助ケ、聊《いささか》以テ覆載鴻恩ノ万一ニ謝セントスルニアリ。

（柴崎はつ「勤学要旨」『穎才新誌』一八七七（明治一〇）年三月二四日号、三）

このように、女子投稿者は、自己が学問に打ち込むことで、家を興隆させ、国家の繁栄を促すことができるとこの時点ではとらえていることがわかっているのである。

ところが、先に見たように、一八九〇年から一八九八年にかけて、「少女」が使われるようになる。そして、このことによって、「少年」「少女」は異なる存在となる。そのため、「少女」は価値のあるもの、また逆に、おそるべきものとして把握されるようになることが明らかになっている。たとえば、一八九八年の『穎才新誌』においては、土井《どい》秋風《しゅうふう》という男子投稿者が、「少女とは如何なる者ぞ」という作文を載せている。次のとおりである。

蓋し少女時代は、女子生涯における特別なる時代なればなり、最も深く女子の胸中に刻まれたる時代なればなり、故に少女時代追懐の情は、其襁褓《きょうほう》時代よりも、新婚時代よりも、小児養育時代よりも、多くの感触を女子に与ふるなり。

（土井秋風「少女とは如何なる者ぞ」『穎才新誌』一八九八（明治三一）年一〇月二二日号、二）

世の清きもの、少女の清きより清きはなし、而も世の汚きもの、少女の汚きより汚きはなし、其秋の月の如く、花の露の如きは、清きものなり、天下の清絶なるものなり、而も其正義を疑ひ、清きものを憎み、泥水の如く、溜水の如きは、汚きものなり、天下の至りて汚きものなり。

（土井秋風「少女とは如何なる者ぞ」『穎才新誌』一八九八（明治三一）年一〇月二九日号、一）

この作文では、「少女時代」は、女の一生のなかで特別な時代としてとらえられている。そして「少女」は、魅力あるもの、また逆に、おそるべきものとして把握されている。このような「少女」の把握の仕方は、先の『少女の友』のそれと共通するものである。

実は、このような「少女」の把握の仕方は、文壇においておこなわれていたものであった。久米依子（二〇一三）は、田山花袋《たやまかたい》が『少女世界』に少女小説を執筆することによって、また、大人向けの雑誌に「少女病」（『太陽』一九〇七〔明治四〇〕年五月号）、「蒲団」（『新小説』一九〇七〔明治四〇〕年九月号）を執筆することによって、「少女」を価値あるものとしてとらえるまなざし、いいかえると、「少女」にたいする新時代のまなざしを人びとに伝えていたことを明らかにしている。このように、「少女」を価値あるもの、また逆に、おそるべきものとして把握する把握の仕方は、文壇において、また少年少女向けのメディアにおいて、広く共有されていたことがうかがえるのである。

一方、今田絵里香（二〇〇七）では、『穎才新誌』の「少年」は、「少年」から「少女」が分離した後においても、引き続き、学問に打ち込むべき存在であるとされていたことが明らかになっている。ただし、「少年」は、「少年」から「少女」が分離した後においては、男子のみをあらわす言葉となったことがわかっている。そして、その時代の『穎才新誌』においては、「少年」は、「春」であるととらえられていたことも明らかになっている。というのは、男の一生というものは、人生の「春」である「少年」の時代に学問をおさめ、人生の「夏」である「青年」の時代にそれまでの努力が花開き、人生の「秋」である「壮年」の時代にそれまでの努力が多数の果実になって、人生の「冬」である「老年」の時代にすべてが枯れるとされていたのである。したがって、「少年」は、その後の人生で花をつけ、実をつけるための準備期間であるとされていたことがわかっているのである。

しかし、「少女」の場合、「少女時代」は、前の時代とも、後の時代とも異なる、特別な時代であるとされていると考えることができる。それは、前の時代とも後の時代とも断絶があるということである。本田和子（一九九〇）は、戦前の女学生が、まさに前後の時代から断絶された時代に生きていたことを明らかにしている。そして、それを「宙吊り的な身分特性」ととらえている（本田　一九九〇、一八六）。なぜ女学生が宙吊り的な身分をもっていたかというと、「女学生たちの行手は、中学生のそれと異なって、進学の道も実業に就く道も、すべて曖昧に閉ざされている」からであると指摘している（本田　一九九〇、一八七）。そして、その前後の時代から断絶された時代に焦点を当てたのが、戦前の少女雑誌であったと分析しているのである。したがって、「少女時代」が、前後の時代から断絶された時代であるととらえられたのは、女学生そのものが、進学の道も就職の道も制限された存在であったからなのである。

このように、「少年」から「少女」が分離して、「少年」が男子、「少女」が女子を意味するようになった。そして、「少年」は後の時代に成功するための準備の時代として、一方、「少女」は前後の時代から断絶された宙吊りの時代として、表象されるようになったのである。

つまるところ、「少年」も「少女」も、価値を与えられるようになったのである。しかし、その価値を与える根拠が、それぞれ異なっていたのである。「少年」は、後の「大人」の時代と連続しているととらえられている。そして、連続しているからこそ、種を植える時代として重要視されるようになったのである。しかし、「少女」は、前の時代とも後の時代とも断絶していると把握されている。そして、断絶しているからこそ、希少な時代として尊ばれるようになったのである。

4 少年雑誌の少女欄から少女雑誌へ

前節で見たように、『穎才新誌』は「少女」を「少年」から分離させた。そして、「少女」を魅力あるもの、また逆に、おそるべきものとして表象するようになった。一方、「少年」は、一貫して学問に打ち込むべき存在として、表象していた。いいかえると、「少女」は前後の時代から断絶するものとして、「少年」は後の時代と連続するものとして、表象していたのであった。

しかし、先に見たように、作文投稿雑誌は衰退した。そして、少年雑誌が隆盛した。したがって、今度は少年雑誌が、作文投稿雑誌の代わりに「少年」のジェンダーの明確化をはかっていくことになった。というのも、その後、『少年世界』が、「少年」から「少女」を分離させたからであった。そして、『少年世界』は、「少女」欄を作り出したからであった。

最初、少年雑誌は、「少年」のジェンダーを明確化していなかった。それゆえ、少年雑誌の「少年」は、男子・女子を意味するものとしてとらえられていた。たとえば『少年世界』は、その雑誌名の英語訳として、「The Youth's World」という訳を充てていた（『少年世界』一八九五（明治二八）年一〇月一日号、表紙）。また、一八九九（明治三二）年一一月創刊の『少年乃とも』（公益図書。終刊年月日は不明）は、その雑誌名の英語訳として、「The Friend for Boys and Girls」という訳を表紙に載せていた（大阪国際児童文学館編　一九九三）。さらに、先に見たように、『日本少年』は、創刊の言葉において、「少年」を「大日本帝国少年少女」「少年少女諸君」ととらえていた。したがって、少年雑誌の「少年」は、男子・女子を含んだ年少者全体を示すカテゴリーとして使用されていたのである。

ところが、その後、『少年世界』は、他の少年雑誌に先駆けて「少女」欄を作った。久米依子（二〇一三）は、『少年世界』が、一八九五年九月号から「少女」欄を設置したことを明らかにしている。そして、この『少年世界』の「少女」欄が、少年雑誌における最初の女子専用欄であったこと、さらには、この欄が、後に夥しい数の少女雑誌を生み出していく契機となったことを指摘している。

そして、一九〇六年九月、『少女世界』が創刊された。この『少女世界』の創刊については、『少年世界』では、次のようにとらえられていた。

従来本誌の、号して少年世界と云へる中には、無論少女をも含ませて居るのだ。然し近来の社会の進歩は、遂に少女の独立を促したのである。（巖谷小波「僕の演壇」『少年世界』一九〇六〔明治三九〕年九月号、一二）

この引用を見ると、『少年世界』は、「少年」を一貫して男子・女子を含むものとして把握していたことがわかる。しかし、社会は「進歩」を果たしたととらえているのである。この引用の「進歩」とは、高等女学校令が出されて、女学生が増加したことをあらわしていると考えられる。そして、『少年世界』は、この「進歩」を受けて、『少女世界』を『少年世界』から分離させたととらえているのである。

このように、最初に、作文投稿雑誌において、「少女」が「少年」から切り離され、「少年」とは異なる意味を与えられるようになった。そして、その後に、少年雑誌において、「少女」が「少年」から切り離され、なおかつ、少女雑誌が少年雑誌から切り離されたのであった。

5　男女別学による「少年」「少女」の分離

前節に見たように、「少女」は「少年」から切り離されて、少女雑誌は少年雑誌から切り離された。なぜそのようなことがおこったのだろうか。

この「『少年』から『少年』『少女』へ」の転換を促進させたのは、中等教育における男女別学化であった。先に見たように、一八七二（明治五）年八月に公布された学制は、近代学校教育を開始させることになった。ただ、この学制は、中学校を男子のみの教育機関とすることはなかった。むろん、高等女学校を女子のみの中等教育機関とすることもなかった。

ところが、一八七九（明治一二）年九月の教育令は、それを大きく変えることになった。なぜなら、この教育令は、中等教育機関を男女別学としたからであった。たとえば、教育令の第四二条には、次のような文言が入れられていた。

凡学校ニ於テハ男女教場ヲ同クスルコトヲ得ス。
但小学校ニ於テハ男女教場ヲ同クスルモ妨ケナシ。

このように、教育令の第四二条は、初等教育機関においては男女共学でかまわないとしていたが、中等教育機関においては男女別学を原則とするとしていたのである。

この教育令の後、中等教育機関の男女別学化が推し進められていった。最初に、一八八六（明治一九）年三月、

表 2-2 戦前の中等普通教育機関の生徒数（1875〜1890年）

	官立中学校生徒		公立中学校生徒		私立中学校生徒		高等女学校生徒		
	男子	女子	男子	女子	男子	女子	（官立）	（公立）	（私立）
1875年			1,052	2	4,385	181			
1876年			2,025	10	8,515	1020			
1877年			3,079	192	16,331	920			
1878年			4,437	57	22,813	1,711			
1879年			7,478	308	29,803	2,440			
1880年			8,608	302	3,259	87			
1881年	70		11,010	204	1,031				
1882年	99		12,218	78	687	6		5	
1883年	219		13,929		615		101	349	
1884年	268		14,539		293		102	488	
1885年	964		13,783		301		112	504	
1886年	1,585		9,991		309		134	764	
1887年	1,658		9,262		915		134	1,101	1,128
1888年	3,939		8,903		1,538		155	1,061	1,383
1889年	3,911		9,831		1,625		176	1,502	1,596
1890年	4,422		9,916		1,638		132	1,426	1,562

出典：『文部省年報』各年度より作成。

中学校令が公布された。これによって、男子の中等教育機関が整った。その後に、一八九九年二月、高等女学校令が公布された。これに伴って、女子の中等教育機関の基礎が整ったのであった。このように、男子・女子の中等教育機関が、それぞれ整備されていったのであった。

中等教育機関の男女別学化が整備されると、男子・女子はそれぞれ異なる教育機関に進学するようになる。そのことは、表2-2からうかがうことができる。表2-2は、一八七五（明治八）年から一八九〇年まで、中等普通教育機関の生徒数を調査したものである。これを見ると、一八七五年から一八八二（明治一五）年までは、中学校に女子生徒が存在することがわかる。ところが、一八八三（明治一六）年からは、中学校から女子生徒がいなくなる。そして、入れ替わるようにして、高等女学校に女子生徒があらわれる。そして、その数を増加させるのである。

また、戦前の男女別学は、戦後の男女別学と違い、男女別学、なおかつ、男女別カリキュラムであった。

表2－3 中学校・高等女学校の週あたり授業時間数の比較

	1901（明治34）年 中学校令施行規則					1901（明治34）年 高等女学校令施行規則			
	1年	2年	3年	4年	5年	1年	2年	3年	4年
修身	1	1	1	1	1	2	2	2	2
国語						6	6	5	5
国語及漢文	7	7	7	6	6				
外国語	7	7	7	7	6	(3)	(3)	(3)	(3)
歴史・地理	3	3	3	3	3	3	3	2	3
数学	3	3	5	5	4	2	2	2	2
理科						2	2	2	1
博物	2	2	2						
物理及化学				4	4				
法制及経済					(3)				
図画	1	1	1	1		1	1	1	1
家事								2	2
裁縫						4	4	4	4
音楽						2	2	2	2
唱歌	(1)	(1)	(1)						
体操	3	3	3	3	3	3	3	3	3
合計	28	28	30	30	30	28	28	28	28

注：(　) は随意科目。
出典：小山（1991）より作成。

そのことは、表2-3から見てとることができる。表2-3は、小山静子（一九九一）による、中学校・高等女学校の一週間の授業時間数を比較したものである。これを見ると、中学校修業年限五年、高等女学校修業年限四年となっていることがわかる。なぜなら、中学校は修業年限を五年としていたが、高等女学校は土地によっては一年伸縮ができることになっていたものの、現実には修業年限を四年とする高等女学校がほとんどであったからである（小山 一九九一）。また、中学校・高等女学校は、それぞれ異なる教育内容をもっていたことが見てとれる。高等女学校には、漢文、博物、物理及化学、法制及経済が学科目として存在しないことがわかる。加えて、外国語は随意科目扱いである。逆に、中学校には、家事、裁縫、音楽が学科目として存在しないことがわかる。さらに、高等女学校は、中学校と比較すると、数学、外国語の授業時

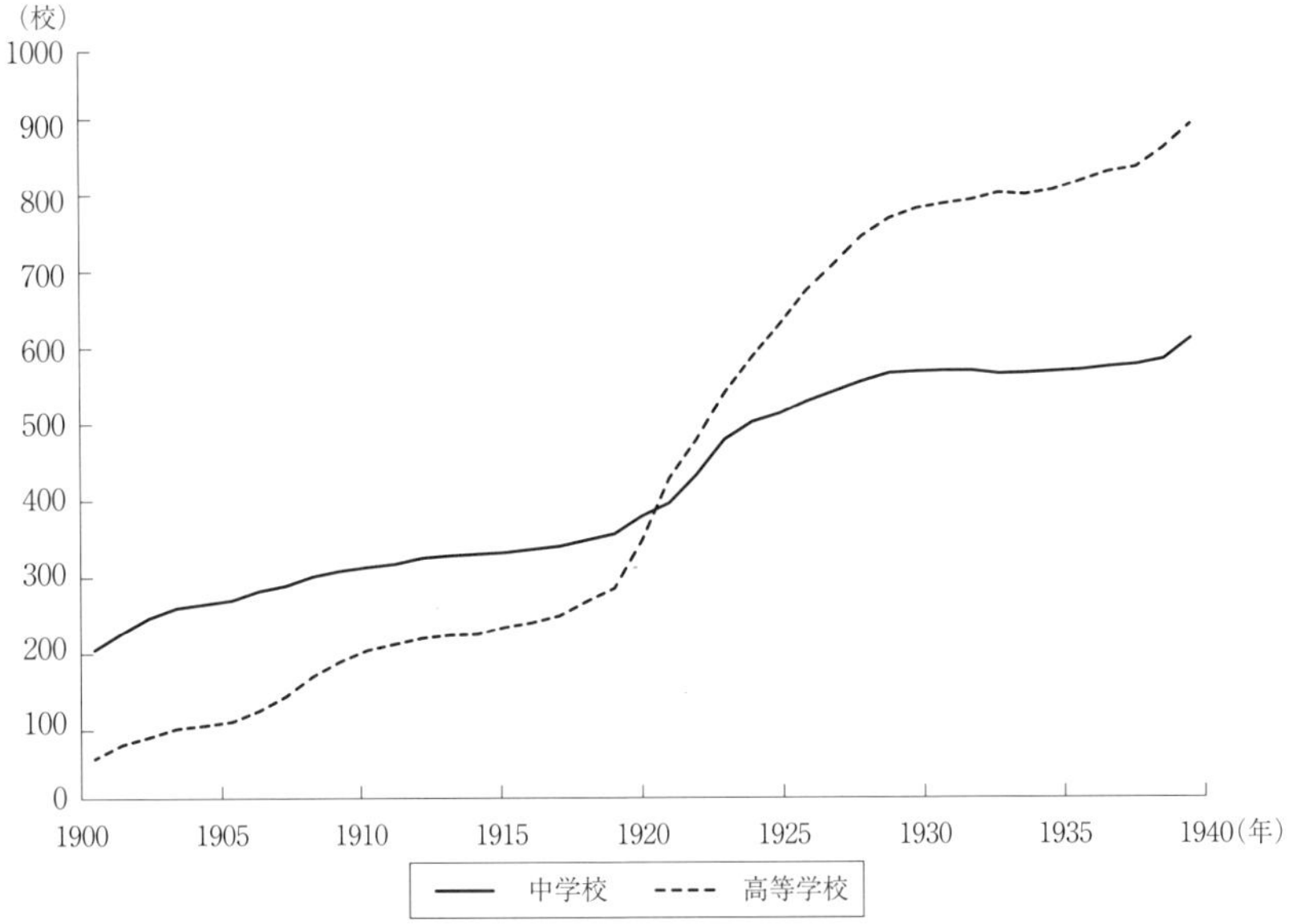

図2－8　高等女学校・中学校数推移

出典：文部省（1972）より作成。

間数が少なく、その代わり、修身、家事、裁縫、音楽の授業時間数が多くなっている。また、この表の学科目の他に、教育、手芸を随意科目とすることが許されていたといわれている（小山　一九九一）。このように、戦前の男女別学は、戦後の男女別学と違い、男子・女子がまるっきり異なる教育を受けるという形のものであった。そして、むろん、男子の教育のほうが、学力レベルにおいても、社会的重要度においても、女子の教育より上に置かれていたのであった。

そして、中等教育機関が整ったことで、中学生・女学生は増加した。そのことは、図2－8、図2－9からうかがうことができる。図2－8は、一九〇〇（明治三三）年から一九四〇（昭和一五）年までの高等女学校数・中学校数の推移を把握したものである。さらに、図2－9は、一九〇〇年から一九四〇年までの中学校本科生徒数・高等女学校本科生徒数の推移を把握したものである。これらを見ると、中学校数・中学校生徒数、および、高等女学校数・高

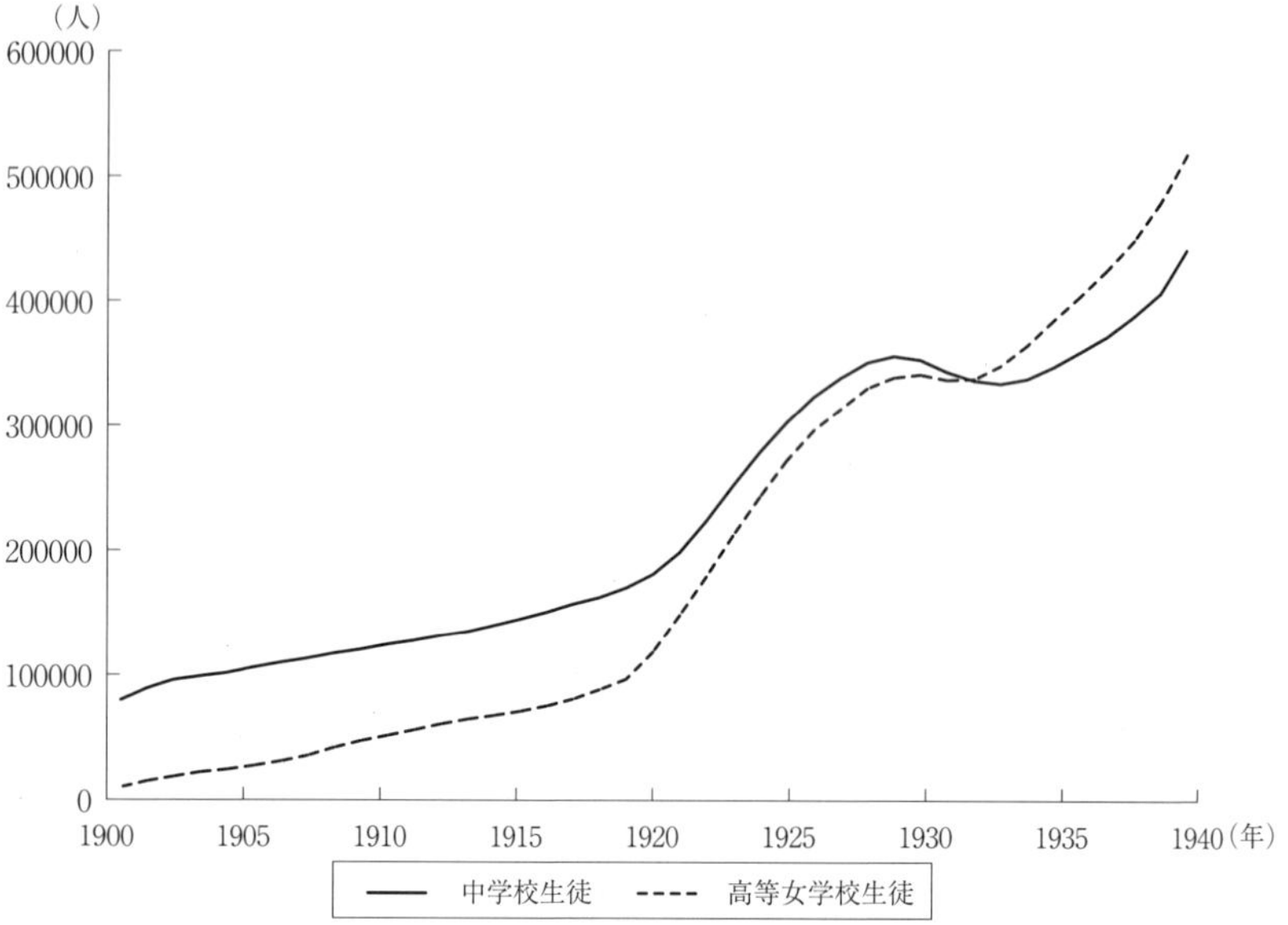

図2-9 中学校・高等女学校の本科生徒数推移

出典：文部省（1972）より作成。

等女学校生徒数は、多少の変動はあるとはいえ、おおむね増加の一途を辿っていることがわかる。とくに、一九二〇（大正九）年七月に、高等女学校令の改正、および、高等女学校令施行規則の改正が公布された後は、高等女学校数・高等女学校生徒数が凄まじい増加を見せるようになっている。

そこで、出版社は、このように日ごとに増加する中学生・女学生に狙いをつけて、少年少女雑誌を出版したのであった。なぜなら、中学校令の後、あるいは高等女学校令の後に、少年少女雑誌が雨後の筍のように生まれているからである。たとえば、中学校令公布の二年後に『少年園』が生まれている。さらに、『少年園』の生まれた後、複数の少年雑誌が次々に誕生している。また、高等女学校令公布の三年後に、『少女界』が生まれている。さらに、『少女界』の後、複数の少女雑誌が次々に誕生している。したがって出版社は、中学校令が中学生を増大させること、また、高等女学校令が女学生を増大させることを予期して、少年少女雑誌を生み出したと考えることができる。

このように、中等教育機関の男女別学化によって、男子・女子は、異なる道に進むようになった。つまるところ、中間層においては、男子は中学校、女子は高等女学校に進学することになったのであった。そして、男子は、中学校卒業後、高等学校、帝国大学に進学することができた。さらに、その後、その学歴を媒介にして職業を獲得することができた。ところが、女子は、高等女学校卒業後、進学の道も職業獲得の道も、男子のそれと比べると、ごく限られたものしか存在しなかった。したがって、ほとんどの女子は、高等女学校卒業後、中間層の男子と結婚することになったのであった。むろん、中等教育機関の男女別学化前に、男子・女子が共通の道を進むことができていたかというと、それはできていなかった。ただ、中等教育機関の男女別学化は、男子・女子が、まるっきり異なる道に進むことを制度として整備されたことを意味していたのであった。このことによって、男子・女子が異なることが、なおかつ男子・女子が異なる道を進むことが、誰の目にも明らかになったのであった。したがって、「少年」を男子・女子を意味するものとしてひとまとめにして、さらに、学問に打ち込むべき存在としてひとまとめにすることは、できなくなったのであった。そこで、「少年」から「少女」が切り離されて、「少年」が男子、「少女」が女子を意味するようになった。そして、それぞれ異なる意味を与えられるようになった。というのも、「少年」は後の時代と連続する存在、「少女」は前後の時代から切り離された存在として、とらえられるようになったからであった。なぜなら、「少女」には、進学の道も職業獲得の道も、ごく限られたものしか存在しなかったからであった。そして、少女雑誌が少年雑誌から切り離されて、少年雑誌・少女雑誌が生み出された。さらに、少年雑誌・少女雑誌は、「少年」「少女」という言葉を広めていったのであった。

6　近代の子どものジェンダーとは何か

最後に、本章で明らかになったことをまとめることとする。日本初の少年雑誌は、『少年園』であった。『少年園』は、一八八八年一一月、少年園から創刊された。これは「少年」のための読みものを主に載せる雑誌であった。そして、『少年園』が誕生した後、複数の少年雑誌が誕生した。その少年雑誌は、一つに「少年」のための読みものを主に載せていた点、二つに「少年」という言葉を雑誌名に入れていた点を共通点にもっていた。とくに、読者を獲得したのは、『少年世界』『日本少年』『少年倶楽部』であった。

一方、日本初の少女雑誌は『少女界』であった。『少女界』は、一九〇二年四月、金港堂書籍によって創刊された。これは「少女」のための読みものを主に載せる雑誌であった。

そして、『少女界』が誕生した後、複数の少女雑誌が誕生した。その少女雑誌は、一つに「少女」のための読みものを主に載せていた点、二つに「少女」という言葉を雑誌名に入れていた点を共通点にもっていた。とくに、読者を獲得したのは、『少女世界』『少女の友』『少女画報』『少女倶楽部』であった。

この「最初に少年雑誌、次に少女雑誌が生まれて、少年少女雑誌が出揃った」という変化の背後にあったのは、「少年」「少女」の言葉における変化であった。もともと、「少年」という言葉は、男子・女子を含む言葉として使われていた。しかし、「少女」が「少年」から分離した。そして「少年」が男子、「少女」が女子を意味するものになったのであった。

最初にそれをおこなったのは、作文投稿雑誌であった。『穎才新誌』の「少年」は、最初のうちは、男子・女子を含んでいた。そして、その「少年」は学問に打ち込むべき存在であるとしていた。ところが、「少年」から「少女」を分離させた。そして、「少女」は魅力あるもの、また逆におそるべきものとして表象するようになった。一方、「少年」は、学問に打ち込むべき存在であるとして表象し続けた。ただ、その「少年」は、男子のみをあらわすものであった。さらに、「少女時代」は、前後の時代から断絶された時代であるとした。一方、「少年時代」は、後の時代に成功するための準備を実施する時代であるとしたのであった。

ただ、作文投稿雑誌は衰退した。そして、少年雑誌が隆盛した。したがって、今度は少年雑誌が作文投稿雑誌に代わって「少年」から「少女」を分離させ、「少年」を男子、「少女」を女子としてとらえるようになった。それを他の少年雑誌に先駆けておこなったのが、『少年世界』であった。『少年世界』は、「少女」欄を作った。そして、『少女世界』の誕生を促した。したがって、少年雑誌は、「少年」から「少女」を分離させて、少年雑誌から少女雑誌を分離させたのであった。

そして、この「『少年』から『少年』『少女』へ」の転換の背後にあったのは、中等教育の男女別学化であった。一八七九年九月の教育令は、中等教育機関を原則として男女別学とした。さらに、一八八六年三月の中学校令は、男子の中等教育機関を整えた。また、一八九九年二月の高等女学校令は、女子の中等教育機関を整備した。このように、男子・女子が、異なる道に進むようになったことで、「少年」から「少女」が切り離され、「少年」が男子、「少女」が女子を意味するようになった。そして、「少年」は後の時代と連続する存在、「少女」は前後の時代と断続する存在として、とらえられるようになった。なぜなら、男子には進学の道、職業獲得の道があったが、女子には男女別学化によって、進学の道、職業獲得の道が制度の上でごく限られたものになっていたからであった。

さらに、「少年」も「少女」も価値を与えられるようになったが、その価値を与える根拠は、それぞれ異なっていた。「少年」は、後の「大人」の時代と連続しているととらえられていた。そして、連続しているからこそ、種を植える時代として重要視されるようになった。しかし、「少女」は、前の時代とも後の時代とも断絶していると把握されていた。そして、断絶しているからこそ、希少な時代として尊ばれるようになったのであった。

さらに、少年雑誌から少女雑誌が切り離されて、少年雑誌・少女雑誌が生まれた。そして、この少年雑誌・少女雑誌は、「少年」「少女」という言葉を広めることになったのであった。このように、少年少女雑誌は、「少年」のジェンダーを明確化していったのであった。

引用文献

葦原邦子『夫　中原淳一』中央公論新社、一九七四年。→平凡社、二〇〇〇年。

今田絵里香『「少女」の社会史』勁草書房、二〇〇七年。

大阪国際児童文学館編『日本児童文学事典　第二巻』大日本図書、一九九三年。

久米依子『「少女小説」の生成——ジェンダー・ポリティクスの世紀』青弓社、二〇一三年。

講談社社史編纂委員会編『講談社の歩んだ五十年　昭和編』講談社、一九五九年。

小山静子『良妻賢母という規範』勁草書房、一九九一年。

実業之日本社社史編纂委員会編『実業之日本社百年史』実業之日本社、一九九七年。

島崎藤村『破戒』(自費出版)一九〇六年。→『破戒』新潮社、二〇〇五年。

島崎藤村『眼鏡』実業之日本社、一九一三年。→『眼鏡　名著復刻　日本児童文学館　第二集　五』ほるぷ出版、一九七四年。

集英社社史編纂室編『集英社七〇年の歴史』集英社、一九九七年。

堀江あき子編『乙女のロマンス手帖』河出書房新社、二〇〇三年。

本田和子『女学生の系譜——彩色される明治』青土社、一九九〇年。

文部省編『学制百年史　資料編』一九七二年。

史　料

『少女世界』博文館、一九〇六年九月号〜一九〇九年一二月号。

『少女の友』実業之日本社、一九〇八年二月号〜一九〇九年一二月号。

『少年世界』博文館、一八九五年一月一日号〜一九〇九年一二月号。

『復刻版　少年世界　一（一―六）』〜『復刻版　少年世界　九（一三―一六）』名著普及会、一九九〇〜一九九一年。

『日本少年』実業之日本社、一九〇六年一月号〜一九〇九年一二月号。

『日本少年　マイクロフィッシュ版　第一巻』〜『日本少年　マイクロフィッシュ版　第六巻』早稲田大学図書館編、雄松堂フィルム出版、二〇〇五年。

第三章　大人と異なる存在としての「少年」「少女」へ
――『少年世界』『少女世界』から『日本少年』『少女の友』へ――

1　大人と異なる存在としての「少年」「少女」のメディアの誕生

本章の目的は、一八八八（明治二一）年に生まれた「少年」のメディア、一九〇二（明治三五）年に生まれた「少女」のメディアが、一つは、どのようにして「少年」「少女」を明確化したのか、もう一つは、「少年」のメディア、「少女」のメディアが、なぜ「少年」「少女」を明確化したのかを明らかにすることである。

第一章では、子どものメディアが生まれ、その後、「少年」のメディアが生まれたことを見た。そして、「少年」のメディアは、子どものメディアに「少年」のメディアという名前を付けたこと、ただし、その「少年」の意味は明確化されていなかったことを確かめた。さらに、第二章では、「少年」のメディアが、「少年」「少女」のメディアになったことを見た。そして、「少年」「少女」のメディアは、「少年」のジェンダーを明確化したこと、いいかえると、「少年」から「少女」を分離させ、「少年」は男子、「少女」は女子を意味するものとしたことを確かめた。ただ、「少年」「少女」のメディアは、「少年」のジェンダーを明確化したにすぎなかった。したがって、「少年」「少女」のメディアが生まれた時点では、「少年」「少女」の意味は曖昧なままであった。そうであるとすると、その後、「少年」「少女」のメディアは、どのように「少年」「少女」を明確化したのだろうか。

そこで、本章は、このことを明らかにすることとする。そのために、分析期間として、『少年世界』が生まれた一八九五（明治二八）年から、都市新中間層の量的拡大がおこった一九一〇年代末までを見ることとする。また、分析史料として、『少年世界』『少女世界』『日本少年』『少女の友』に着目することとする。この四冊は、前の二冊が博文館の少年少女雑誌、後の二冊が実業之日本社の少年少女雑誌であるといえる。なぜこの二つの出版社の少年少女雑誌に着目するかというと、この二つの出版社は、読者獲得競争を繰り広げるなかで差異化をはかっていき、「少年」「少女」のメディアにおける「少年」「少女」の明確化を促したからである。加えて、この分析期間に出版された雑誌、書籍も適宜分析することとする。

2　『少年世界』『少女世界』から『日本少年』『少女の友』へ

前章で見たように、少年雑誌が生まれた後、少女雑誌が生まれた。そして、最初に多数の読者を獲得して商業上の成功を果たしたのは、『少年世界』『少女世界』であった。ここで『少年世界』『少女世界』を概観することにする。『少年世界』は、一八九五年一月に生まれた。この『少年世界』は、少年小説など、「少年」のための読みものを主に載せる雑誌であった。創刊号は、大きさが菊判、定価が五銭、総頁数が一二〇頁であった。刊行形態は、最初は月二回、一九〇〇（明治三三）年一月号からは月一回である。編集主筆は、創刊号から一九一七（大正六）年七月号までを巖谷小波《いわやさざなみ》が務めた。この『少年世界』は、先に見たように、最初はあらゆる文体の文を載せていたが、一九〇三（明治三六）年一月号から、全面言文一致体の文を載せるようになった（久米 二〇一三）。

さらに、『少年世界』の一九〇〇年代、一九一〇年代の代表的な作家は、巖谷小波、江見水蔭《えみすいいん》、川上眉山《かわかみびざん》、大橋乙羽《おおはしおとわ》、石橋思案《いしばししあん》、幸田露伴《こうだろはん》、依田学海《よだがっかい》、武田桜桃《たけだおうとう》、木村小舟《きむらしょうしゅう》、西村渚山《にしむらしょざん》などであった。

一方、『少女世界』は、一九〇六（明治三九）年九月に生まれた。この『少女世界』は、少女小説など、「少女」のための読みものを主に載せる雑誌であった。創刊号は、大きさが菊判、定価が一〇銭、総頁が一一二頁であった。刊行形態は、月刊である。編集者は、創刊号においては、海賀變哲《かいがへんてつ》が主任、巖谷小波が編集兼発行人を務めた。しかし、半年後、沼田笠峰《ぬまたりゅうほう》が主任となった。

また、『少女世界』の一九〇〇年代、一九一〇年代の代表的な作家は、巖谷小波、久留島武彦《くるしまたけひこ》、沼田笠峰、押川《おしかわ》春浪《しゅんろう》、江見水蔭、田山花袋《たやまかたい》、石橋思案、黒田湖山《くろだこざん》、与謝野晶子《よさのあきこ》、尾崎翠《おざきみどり》、三宅花圃《みやけかほ》などであった。

しかし、その後、『日本少年』『少女の友』が、読者の支持を獲得して商業上の成功を収めることになった。ここで『日本少年』『少女の友』を概観することとする。『日本少年』は、一九〇六年一月に生まれた。この『日本少年』は、少年小説など、「少年」のための読みものを主に載せる雑誌であった。創刊号は、大きさが菊判、定価が一〇銭、総頁が一一二頁であった。なお、一九〇七（明治四〇）年においては、かけそばは一杯三銭である（森永監修 二〇〇八）。刊行形態は、月刊である。初代の編集主筆は星野水裏《ほしのすいり》であった。

さらに、『日本少年』の少年詩・少年小説の代表的な作家としては、明治・大正期には、武田仰天子《たけだぎょうてんし》、小川未明《おがわみめい》、田山花袋、宇野浩二《うのこうじ》、上司小剣《かみつかさしょうけん》、吉田絃二郎《よしだげんじろう》、広津和郎《ひろつかずお》、川路柳虹《かわじりゅうこう》、岡本綺堂《おかもときどう》、半井桃水《なからいとうすい》、池田芙蓉《いけだふよう》らが、昭和戦前期には、太田黒克彦《おおたぐろかつひこ》、平田晋策《ひらたしんさく》、山中峯太郎《やまなかみねたろう》らがいた。抒情画の代表的な画家としては、明治期には、竹久《たけひさ》夢二《ゆめじ》、大正期には、川端龍子《かわばたりゅうし》、昭和戦前期には、高畠華宵《たかばたけかしょう》らがいた。

一方、『少女の友』は、一九〇八（明治四一）年二月に生まれた。この『少女の友』は、少女小説など、「少女」のための読みものを主に載せる雑誌であった。創刊号は、大きさが菊判、定価が一〇銭、総頁が一〇四頁であった。刊行形態は、月刊である。初代主筆は、星野水裏であった。

また、『少女の友』の少女詩・少女小説の代表的な作家としては、明治・大正期には、与謝野晶子、野上弥生子《のがみやえこ》らが、昭和戦前期には、川端康成《かわばたやすなり》、吉田絃二郎、西條八十《さいじょうやそ》、吉屋信子《よしやのぶこ》、横山美智子《よこやまみちこ》、上田《うえだ》エルザ、由利聖子《ゆりせいこ》らが、戦後期には引き続いて、吉屋信子、横山美智子らが、また新規の作家としては、大佛次郎《おさらぎじろう》、三木澄子《みきすみこ》らがいた。抒情画の代表的な画家としては、明治期には竹久夢二らが、大正期には川端龍子らが、昭和戦前期には高畠華宵、蕗《ふき》谷虹児《やこうじ》、須藤《すどう》しげる、深谷美保子《ふかやみほこ》、中原淳一《なかはらじゅんいち》、松本《まつもと》かつぢ、松野一夫《まつのかずお》らが、戦後期には、松本昌美《まつもとまさみ》、藤井千秋《ふじいちあき》らがいた。

この『日本少年』『少女の友』は、『少年世界』『少女世界』を追い抜き、少年少女雑誌界の頂点に君臨することになった。このことは、実業之日本社の社史においても、指摘されている。たとえば、『日本少年』は、その誕生の五年後には、『少年世界』などの先行する少年雑誌を凌駕するようになったとされている（実業之日本社社史編纂委員会編　一九九七）。また、『少年世界』の編集者であった木村小舟にも次のように指摘されている。「『日本少年』と『少女の友』とが、兄妹肩を駢べて、天下の信用を高め、且またこれが発行部数を増加して、断然斯界の第一人者を以て任ずるに至りしは」、一九一二（明治四五）年五月における、実業之日本社主催の「全国小学校児童成績品展覧会」の開催が契機であった（木村　一九四二、二八三）。さらに、『少女の友』の編集者であった渋沢青花《しぶさわせいか》にも、「少年少女雑誌の黄金時代を明治に築いたのは博文館で、（中略）大正に入ってからは実業之日本社の時代で、（中略）昭和に移ると講談社の時代」（渋沢　一九八一、二五九）と把握されている。したがって、『日本少年』『少女の友』は、大正の時代に入るころには、他の少年少女雑誌を圧倒するようになったのである。

このように、少年少女雑誌の変遷を辿ると、多数の読者を獲得し商業上の成功を収めたのは、最初が『少年世界』『少女世界』、その後が『日本少年』『少女の友』であったといえるのである。

3　「少年文学」叢書から「愛子叢書」へ

なぜ『日本少年』『少女の友』が『少年世界』『少女世界』に勝利したのだろうか。少年少女雑誌の王者が、『少年世界』『少女世界』から『日本少年』『少女の友』へ移り変わるなかで、その背後には、子どもをめぐる大きな変化がおこっていた。第一に、子ども向けの読みものの変化である。その変化とは、「少年文学」叢書から「愛子《あいし》叢書」への変化である。本節ではこのことを見ていくこととする。

「少年文学」叢書とは、博文館によって刊行された叢書である。河原和枝（一九九七）は、「少年文学」叢書が「お伽噺」の前身であったことを指摘している。この「お伽噺」とは、明治時代の子ども向けの読みものに与えられていた呼称であるというのである。そして、この呼称を子ども向けの読みものに与えたのは、巌谷小波であることを明らかにしている。この「お伽噺」の前身である「少年文学」叢書は、全三二編からなる叢書である。この「少年文学」叢書の全三二編をまとめたものが、表3-1である。これを見ると、執筆者は、尾崎紅葉《おざきこうよう》、山田美妙《やまだびみょう》、川上眉山、江見水蔭、巌谷小波など、硯友社の作家が多数を占めていたことがわかる。硯友社とは、一八八五（明治一八）年に作られた文学結社である。この「少年文学」叢書の第一編は、『こがね丸』（第一編、巌谷小波、博文館、一八九一（明治二四）年）である（図3-1）。そして、『こがね丸』は、一八九一（明治二四）年一月に刊行されている。定価は一二銭で、執筆者は巌谷小波である。

この『こがね丸』は、日本初の創作児童文学であったといわれている（関口　一九九七）。したがって、『こがね丸』が世に出る前は、子ども向けに創作された読みものは存在しなかったということになる。そうであるとすると、『こがね丸』が刊行される前は、子どもたちはどのような読みものを読んでいたのかと疑問がわいてくる。実は、

表3－1　「少年文学」叢書全編

編	作　者	タイトル
第1編	巖谷小波	『こがね丸』
第2編	尾崎紅葉	『二人むく助』
第3編	江見水蔭	『今弁慶』
第4編	北村紫山	『維新三傑』
第5編	山田美妙	『雨の日ぐらし』
第6編	川上眉山	『宝の山』
第7編	幸田露伴	『二宮尊徳翁』
第8編	嵯峨の屋おむろ	『姉と弟』
第9編	巖谷小波	『当世少年気質』
第10編	宮崎三昧	『親の恩』
第11編	村井弦斎	『紀文大尽』
第12編	原抱一庵	『大石良雄』
第13編	巖谷小波	『暑中休暇』
第14編	村井弦斎	『近江聖人』
第15編	高橋太華	『河村瑞賢』
第16編	南新二	『甲子待』
第17編	高橋太華	『太閤秀吉』
第18編	矢部五州	『徳川家康』
第19編	尾崎紅葉	『侠黒児』
第20編	幸堂得知	『みちのく長者』
第21編	高橋太華	『新太郎少将』
第22編	三宅青軒	『頼山陽』
第23編	渡部乙羽	『上杉鷹山公』
第24編	遅塚麗水	『菅相丞』
第25編	幸田露伴	『日蓮上人』
第26編	中村花瘦	『五少年』
第27編	武田仰天子	『二代忠孝』
第28編	水谷不倒	『平賀源内』
第29編	村上浪六	『高山彦九郎』
第30編	石橋思案	『寧馨児』
第31編	江見水蔭	『加藤清正』
第32編	宇田川文海	『契沖阿闍梨』

子どもたちは、大人向けの読みものを読んでいたのである。そもそも、近代学校教育制度が誕生する前は、大人であっても、もちろん子どもであっても、文字を読みこなす能力はさまざまだったと考えられる。だからこそ、大人向けの読みもの、子ども向けの読みものという区分は、今日のようには有効に機能しなかったのである。ただ『こがね丸』が世に出る前にも、民間伝承をもとにした児童文学、翻訳された児童文学は世に出ていた。しかし、今日のわたしたちが「児童文学」としてとらえる創作の児童文学は、まだ生み出されていなかったのである。

日本初の創作児童文学とされる『こがね丸』の書き出しは、次のとおりである。

むかし或る深山の奥に、一匹の虎住みけり。幾星霜をや経たりけん、躰尋常の犢よりも大く、眼は百錬の鏡を欺き、髭は一束の針に似て、一度吼ゆれば声山谷を轟かして、梢の鳥も落ちなんばかり。一山の豺狼麋鹿畏れ従はぬものとてなかりしば、虎はますます猛威を逞うして、自ら金眸大王と名乗り、数多の獣類を眼下に見下して、一山万獣の君とはなりけり。

（巖谷　一八九一→一九九四、六二）

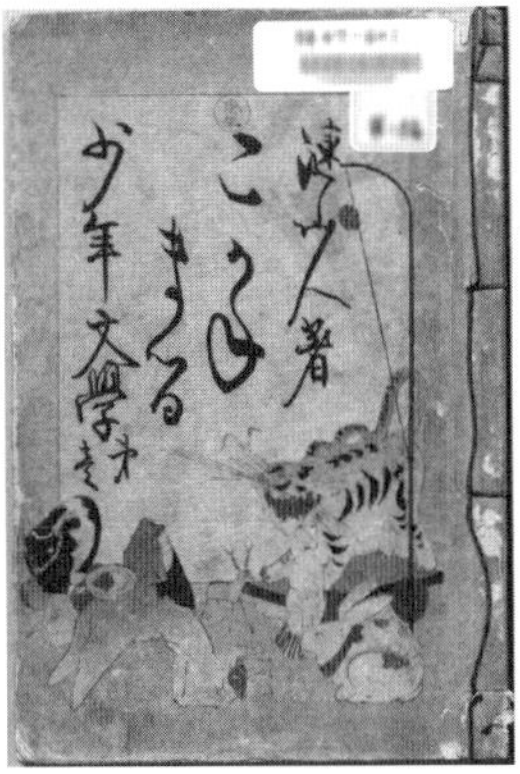
図3−1　巖谷小波『こがね丸』（博文館。国立国会図書館所蔵）

この引用を読むと、『こがね丸』は文語体で書かれていることがわかる。それゆえ、今日のわたしたちからすると、読解が困難であるようにおもえる。そして、子ども向けの読みものとはとうていおもえないものに見える。ただ、前章に見たように、言文一致体が浸透するのは、この後のことである。そう考えると、さまざまな方言を使っていた当時の少年少女にとっては、むしろ、東京山の手の中間層の言葉である言文一致体のほうが、読み難かったのである。そして、文語体のほうが読み易かったのである。なぜなら、初・中等教育機関に言文一致体が導入される前においては、人びとが言文一致体を身につけることは容易ではなかったからである。一方、文語体は、たとえば、漢文体、漢文訓読体、和文体、和漢混交文体などは、中間層の子どもならば、初・中等教育機関、祖父・父親などの身近な大人、私塾、模範文集、作文投稿雑誌などをとおして、身につけることが容易であったからである。先に見たように、言文一致体とは、東京山の手の中間層の言葉である。しかし、当時の人びとは、さまざまな土地の言葉を用いて意思疎通をはかっていたといえる。だからこそ、誰かに東京山の手の中間層の言葉を教えてもらわなければ、その言葉を身につけることができなかったのである。今日、わたしたちが、それぞれの土地の言葉も、東京山の手の中間層の言葉も、どちらも使用することができるのは、初・中等教育機関、テレビ、ラジオ、新聞、雑誌、書籍などをとおして、東京山の手の中間層の言葉を学んでいるからなのである。したがって、言文一致体を身につける機会が乏しかった時代においては、言文一致体は著しく難解な文体だったのである。そのことは、『こがね丸』の凡例においてうかがうことができる。『こがね丸』の凡例には、「ひたすら少年の読みやすからんを願ふてわざと例の言文一致も廃しつ」と書かれている（巖谷　一八九一→一九九四、六〇）。したがって、『こがね丸』の凡例では、言文一致体は読解が難解な文体、文語体は読解が容易な文体としてとらえられているのである。だからこそ、『こがね丸』には文語体が用いられていたのである。

この『こがね丸』は、こがね丸という名前の犬が、仇討ちをする作品である。あらすじは、以下のとおりである。こがね丸は、まだ母犬の胎内にいる時代に、虎の金眸大王に父犬を殺された。そして、こがね丸の母犬は、こがね丸を産んだ後、金眸大王を怨みつつ死去した。したがって、こがね丸は天涯孤独の身となった。しかし、牛の文角・牡丹夫婦に育てられることになった。やがて、大きく成長したこがね丸は、母犬と父犬の死の真相を知った。そこで、こがね丸は仇討ちを果たすため、修行の旅に出ることにしたのであった。この修行の旅では、こがね丸は、猟犬の鷲郎、鼠の阿駒に出合うことになった。その後、こがね丸は、鷲郎、阿駒の協力を得て、金眸大王の手下である狐の聴水、猫の黒衣を倒した。そして、ついには金眸大王を討ちとった。以上が、『こがね丸』のあらすじである。

さらに、この『こがね丸』は、圧倒的な売れゆきを示したといわれている（河原　一九九八）。当時、読者の一人であった、劇作家の小山内薫《おさないかおる》は、次のように回想している。なお、小山内薫は、一八八一（明治一四）年生まれである。

> 私は十歳の折り大病をして、長い間床の中にゐました。その頃から書物といふものを熱愛するやうになりました。丁度その時分の事です、私が始《マ》めて《マ》「こがね丸」を手にしましたのは。何は措いて、私はその本の美しいのに心を奪はれました。活字の大きいのも気に入りました。袋紙になつた日本紙の表装がケバケバになる程繰り返し繰り返し読みました。夜も抱いて寝ました。
> （小山内　一九二二→一九七四、一九五一―一九六八）

この回想を見ると、『こがね丸』は、当時の少年少女の支持を得ていたことがわかる。

ただし、『こがね丸』は、今日のわたしたちのイメージする児童文学とは異なる点もある。『こがね丸』について指摘できる点は三つある。第一に、硯友社の作家によって書かれている点である。第二に、先に見たように、文語体である点である。

第三に、残酷な事柄・性的な事柄が描かれている点である。なぜなら、『こがね丸』は、勧善懲悪の仇討ちを主題としているため、父親を殺される、父親を殺した金眸大王を討ちとるなど、残酷な事柄の描写が見てとれるからである。もちろん、仇討を主題にした読みものにおいては、尊敬している人を殺されること、そして、その殺した人にたいして仇討することは、必要不可欠な描写であるとおもわれる。たとえば、「忠臣蔵」には、忠誠を誓った人を殺されること、そして、その殺した人にたいして仇討することが描かれている。そして、この「忠臣蔵」は、今なお、人びとに支持されているといえる。たとえば、二〇一六（平成二八）年九月二四日から、NHK総合テレビにおいて、毎週土曜日午後六時一〇分から四五分まで、「忠臣蔵の恋——四十八人目の忠臣」と題したテレビドラマが、二〇回にわたって放映されている。このテレビドラマは、諸田玲子《もろたれいこ》『四十八人目の忠臣』（毎日新聞社、二〇一一（平成二三）年）を原作とするものである。また、二〇一七（平成二九）年一月一四日から、NHK総合テレビにおいて、毎週土曜日午後六時一〇分から四五分まで、「忠臣蔵の恋——四十八人目の忠臣」の「大奥編」が、二〇回にわたって放映されているのである。ただ、「忠臣蔵」は、今日においては大人向けの読みものとされている。そうであるとすると、今日では、尊敬している人を殺されること、そして、その殺した人にたいして仇討することは、大人向けの読みものではありふれたものであるが、子ども向けの読みものにおいてはありふれたものではないということになる。また、金眸大王の妾である鹿が描かれるなど、性的な事柄の描写が見られるからである。この性的な事柄の描写についても、今日、大人向けの読みものではありふれたものである。しかし、子ども向けの読みものにおいては、避けられているものであるとおもわれる。

　そして、この三つの点は、「少年文学」叢書全体について、指摘できる点である。第一に、先に見たように、硯友社の作家が多数である点、第二に、文語体が多数を占める点である。なぜなら、「少年文学」叢書では、言文一致体の作品は、『雨の日ぐらし』（第五編、山田美妙、博文館、一八九一（明治二四）年）、『姉と弟』（第八編、嵯峨《さが》の屋《や》おむろ、博文館、一八九二（明治二五）年）、『当世少年気質』（第九編、巌谷小波、博文館、一八九二（明治二五）年）、『暑中休暇』（第一三編、巌谷小波、博文館、一八九二（明治二五）年）のみだからである。それゆえ、多数を占めているのは、文語体の作品だといえるのである。

第三に、残酷な事柄・性的な事柄の描写がある作品が見られる点である。たとえば、『五少年』（第二六編、中村《なかむら》花痩《かそう》、博文館、一八九四〔明治二七〕年）の「俤曾我」では、母親の姦通相手に父親を殺されること、その母親の姦通相手にたいして、兄弟が仇討ちをすることが描写されている。また、『二人むく助』（第二編、尾崎紅葉、博文館、一八九一〔明治二四〕年）では、小椋助、大椋助が描かれ、大椋助が母親を殺すこと、大椋助が殺されることが描かれている。このように、親と親密な人を殺害する、親を殺害する、自己が殺害されるなど、残酷な事柄の描写が見られるのである。また、『甲子待』（第一六編、南新二《みなみしんじ》、博文館、一八九三〔明治二六〕年）の「庚申待」では、女郎買いが描写されている。さらに、先に見たように、『五少年』（第二六編、中村花痩、博文館、一八九四〔明治二七〕年）の「俤曾我」では、母親の姦通が描かれている。このように、性的な事柄の描写が見られるのである。

このことは、河原和枝がすでに明らかにしている。河原和枝（一九九八）は、「少年文学」叢書が、性的な事柄を扱っていること、また、それに加えて利害のかけひきを重視する事柄を扱っていることを明らかにしている。そして、「少年文学」叢書が、そのような大人の事柄から、子どもを切り離そうとは、まったく考えていなかったことを指摘している。

今日のわたしたちからすると、児童文学が残酷な事柄・性的な事柄を描写するということは、驚くべきことである。なぜなら、今日のわたしたちからすると、少年少女にたいして、残酷な事柄・性的な事柄を見せないように努力することは、「当たり前」のことだからである。たとえば、今日の日本社会では、青少年の保護を目的とする表現の規制がさまざまな形で存在する。したがって、今日の日本社会では、児童文学の残酷な事柄・性的な事柄に関する描写は、取り締まるべきことなのである。

しかし、この日本初の創作児童文学は、当時の人たちにとっては驚くべきものでも、取り締まるべきものでもなかったのである。なぜなら、それは、人びとの熱烈な歓迎を受けたからである。つまるところ、驚異の売れゆきを示したからなのである。

それでは、なぜ日本初の創作児童文学、および、「少年文学」叢書は、成功を収めたのだろうか。「少年文学」叢書が成功した理由は、河原和枝（一九九八）によると二つ挙げられるとされている。第一は、「少年文学」叢書が、少年少女向けのメディアが誕生して間もない時期に出版されたことであると指摘されている。第一章で見たように、一八八八年一一月、『少年園』が誕生している。そして、その後、複数の少年雑誌が大量に刊行されている。このように、「少年文学」叢書が世に出たときには、すでに少年雑誌が大量に世に生み出されていたのである。したがって、出版社が、「少年」のジャンルを開拓した後、この「少年文学」叢書が生まれたため、人びとにとっては受け入れやすかったのである。

第二に、河原和枝によると、このような少年少女向けのメディアの読者を生み出すような新しい学校環境・家庭環境が作りだされていたことであるとされている。この新しい学校環境、家庭環境とは、近代学校教育制度の誕生、「家庭」の誕生である。たとえば、牟田和恵（一九九八）は、一八八七（明治二〇）年から、総合雑誌などで、「家庭（ホーム）」と名付けられた家族が、理想的な家族として、論じられるようになったことを明らかにしている。そして、この「家庭（ホーム）」とは、西欧の近代家族を輸入したものに他ならなかったことを指摘している。このように、「少年文学」叢書が生まれた時期においては、近代学校教育制度の誕生、そして、西欧の近代家族の輸入がおこなわれていたのである。だからこそ、新時代の児童文学は、新時代の教育環境・家庭環境にふさわしいものとして、人びとにとらえられたのである。

ただ、「少年文学」叢書は、「お伽噺」ではないといえる。なぜなら、「少年文学」と名付けられていたからである。この「少年文学」という呼称を考案したのは、巖谷小波である（河原 一九九八）。たとえば、『こがね丸』の凡例には、次のように記載されている。

この書題して「少年文学」といへるは、少年用文学との意味にて、独逸語の Jugendschrift（juvenile literatuere）より来れるなれど、我邦に適当の熟語なければ、仮にかくは名付けつ。

（巖谷　一八九一→一九九四、六〇）

この凡例を見ると、巖谷小波は、ドイツ語を参照して「少年文学」という呼称を作ったことがわかる。したがって、「少年文学」叢書は「お伽噺」ではないのである。

しかし、「少年文学」叢書は、「お伽噺」の前身としてとらえることができる。なぜなら、「少年文学」叢書と後の「お伽噺」は、三つの共通点をもっていたからである。後の「お伽噺」は、第一に、硯友社の作家によって主に手がけられていた。第二に、文語体で書かれていた。第三に、残酷な事柄・性的な事柄を描写していた。そして、この三つの点は、先に見たように、「少年文学」叢書にも当てはまる点であった。したがって、「少年文学」叢書は、「お伽噺」の前身であるととらえることができるのである。

そのため、「少年文学」叢書が生まれた後、「お伽噺」が生まれたと把握できるのである。「お伽噺」を生み出したのは、巖谷小波である（河原　一九九八）。一八九三（明治二六）年、巖谷小波は、『幼年雑誌』に「おとぎ話」欄を設置して、「お伽噺」を載せるようになった。このことを契機として、「お伽噺」が、少年少女の読みものを意味する呼称として、使われるようになったのである（河原　一九九八）。したがって、「お伽噺」は、『幼年雑誌』をとおして、広く人びとの間に受け入れられるようになったのである。

そして、『幼年雑誌』の終刊後、「お伽噺」は『少年世界』に受け継がれるようになった。なぜなら、『幼年雑誌』は、他の複数の少年雑誌とともに整理統合されて、一八九五年一月、『少年世界』として生まれ変わることになったからである（大阪国際児童文学館編　一九九三）。そのため、『幼年雑誌』の事業は、『少年世界』に受け継がれることになったのである。そして、『少年世界』は、巖谷小波を編集主筆として迎え入れたのである。なぜなら、巖谷小波が、『幼年雑誌』の「おとぎ話」欄に「お伽噺」を載せて、読者の支持を集めていたからである。それゆえ、「お伽噺」も『少年世界』に引き継がれることになったのである。このように、『幼年雑誌』の「お伽噺」は、『少年世界』に受け継がれて、大量に掲載されるようになったのである。

第一章で見たように、作文投稿雑誌の『穎才新誌』は、子どものメディアというジャンルを開拓した。そして、少年雑誌はその無名の子どものメディアを「少年」のメディアというジャンルとして名付けたのであった。しかし、この「少年」のメディアというジャンルとは、そのジャンルが世に出した「お伽噺」を見る限りでは、今日のわたしたちのおもうところの「少年」のメディアというジャンルとは、異なるものであったことがわかる。この「少年」のメディアというジャンルが、今日のそれとどのような点で異なっていたかというと、今まで見てきたように、この「少年」のメディアというジャンルには、大人の事柄と「少年」の事柄を分離するという視点が存在しなかったという点で、今日のわたしたちのおもうところの「少年」のメディアというジャンルとは大きく異なっていたのである。このことを、河原和枝は次のように指摘している。「わが国最初の『少年文学』は、『少年向け』と読者を特定したことにおいて『児童文学』への第一歩を踏み出してはいたものの、大人とは異なる特別な存在として〈子ども〉をとらえる」こととは、「ほとんど無縁のものであった」（河原 一九九八、三四）と。

ところが、繁栄をきわめた「お伽噺」は、衰退することになった。そして、「童話」にとってかわられた。河原和枝（一九九八）は、明治時代から大正時代に移り変わるなかで、子ども向けの読みもののジャンルが、「お伽噺」から「童話」へ移り変わったことを明らかにしている。そして、それを促したのは、一九一八（大正七）年七月創刊の児童雑誌『赤い鳥』（赤い鳥社）であるとしている。本書も、それを支持する。ただ、『赤い鳥』の創刊の前において、実業之日本社の叢書、および、少年少女雑誌が果たした役割はけっして小さいものではなかったとおもわ

表3－2　「愛子叢書」全編

編	作者	タイトル
第1編	島崎藤村	『眼鏡』
第2編	田山花袋	『小さな鳩』
第3編	徳田秋声	『めぐりあひ』
第4編	与謝野晶子	『八つの夜』
第5編	野上弥生子	『人形の望』

れる。なぜなら、『赤い鳥』は商業上の成功を果たすことはなかったが、実業之日本社の叢書、および、少年少女雑誌は商業上の成功を果たしたからである。いいかえると、多数の少年少女に支持されたからである。それゆえ、ここでそのことを指摘しておきたいと考えている。なお、本書は、「児童（男子児童・女子児童）」向けの読みものを主に載せる雑誌を「児童雑誌」とよぶこととする。

　実業之日本社は、「お伽噺」の道とは、異なる道を開拓することになった。実業之日本社は、一九一三（大正二）年、「愛子叢書」を刊行した。この「愛子叢書」は、実業之日本社の編集者である東草水《ひがしそうすい》が、「少年文学」叢書にヒントを得て企画したものであるといわれている（実業之日本社社史編纂委員会編　一九九七）。しかし、「愛子叢書」は「少年文学」叢書とはまるっきり異なるものである。その相違点は三点ある。第一に、すでに文壇において名声を獲得していた作家を揃えていた点である。このことは、表3－2からうかがうことができる。表3－2は、この「愛子叢書」五編をまとめたものである。これを見ると、島崎藤村《しまざきとうそん》、田山花袋、徳田秋声《とくだしゅうせい》、与謝野晶子、野上弥生子によって手がけられていたことがわかる。この五人の作家は、文壇の実力者としてすでに名を馳せていた作家であるといえる。また、「お伽噺」作家である硯友社の作家は、排除されていることがわかる。第二に、言文一致体を用いていた点である。第三に、残酷な事柄・性的な事柄など、大人の事柄を排除していた点である。いいかえると、「愛子叢書」は、「少年」「少女」を大人とは異なる存在としてとらえていたのである。

　この第一の点、第三の点は、「愛子叢書」の予告からうかがうことができる。実業之日本社は、『日本少年』に、「愛子叢書」の予告を載せている。次のとおりである。

　少年少女の読物として出版された書物は世間に少なくありませぬが、真に諸君の為になる書物、安心してお薦めの出来る書物は残念ながら殆どありませぬ。是は少年少女読書界の為に一大恨事で、今度我社は此欠陥を補ふ為、我文壇第一流の大家たる、
森鷗外先生、島崎藤村先生、高浜虚子先生、徳田秋声先生、島村抱月先生、田山花袋先生、夏目漱石先生、
等にお願ひいたし、親が可愛い我が子に読ませる最善最良の読物を出版する事とし、既にその御快諾を得ました。

上記の諸先生は、我文壇で第一流の大家であると同時に、御各自の御家庭では、諸君と同年配のお子さんのあるお父様です。

上記の諸先生は種種の小説をお書きになりますが、此愛子叢書の為には全然筆を改めて、御各自のお子さん達の為に上品な健全な、そして面白い有益なお話を一冊宛書いて下さるのです。

（編集者「愛子叢書新刊予告愛読者諸君へ」『日本少年』一九一二〔大正元〕年一一月号、八三）

この予告をながめると、第一の点、いいかえると、文壇で名声を獲得していた作家を揃えていたという点を見てとることができる。なぜなら、「我文壇第一流の大家」という言葉がくりかえされているからである。この予告が掲載された時点においては、島崎藤村、徳田秋声、田山花袋の他に、森鷗外《もりおうがい》、高浜虚子《たかはまきょし》、島村抱月《しまむらほうげつ》、夏目漱石《なつめそうせき》に依頼をしていたことがわかる。ただ、森鷗外、高浜虚子、島村抱月、夏目漱石の執筆は、なんらかの理由で実現されなかったようである。また、この予告が掲載された時点においては、与謝野晶子、野上弥生子には、依頼をしていなかったことがわかる。おそらく、森鷗外、高浜虚子、島村抱月、夏目漱石の執筆が実現しなかったため、その後に、与謝野晶子、野上弥生子に依頼をしたのだとおもわれる。

また、第三の点、いいかえると、大人の事柄を排除しているという点もうかがうことができる。それは、「安心

してお薦めの出来る書物」「親が可愛い我が子に読ませる最善最良の読物」「御各自のお子さん達の為に上品な健全な、そして面白い有益なお話」という言葉から見てとることができる。このように、「安心」「最善」「最良」「上品」「健全」「有益」という言葉をならべることで、性的な事柄・残酷な事柄を扱っていないことをほのめかせているといえるのである。

ところで、この「愛子叢書」の「愛子」とは、愛しい我が子という意味であるとおもわれる。なぜなら、この予告には、親が愛しい我が子のために与えるべき作品群であることが、強調されているからである。「親が可愛い我が子に読ませる最善最良の読物」と。さらに、親が我が子のために作った作品群であることが、ほのめかされているからである。「御各自の御家庭では、諸君と同年配のお子さんのあるお父様です」「御各自のお子さん達の為に上品な健全な、そして面白い有益なお話を」と。加えて、「愛子叢書」全編の中表紙には、必ず作者と作者の子どもの写真が掲載されていたのである。たとえば、図３－２は、「愛子叢書」第一編の『眼鏡』の中表紙である。これを見ると、この中表紙には、島崎藤村と島崎藤村の子どもたちの写真が掲載されていたことがわかる。このように、「愛子叢書」は、両親が特別な配慮をするもの、愛するもの、かわいがるものとして、子どもをとらえていたのである。したがって、「愛子叢書」は、大人と異なるものとして、子どもを把握していたのである。

著者と令息

図３－２　島崎藤村『眼鏡』中表紙（実業之日本社。著者所蔵）

図３－３　島崎藤村『眼鏡』（実業之日本社。著者所蔵）

第二の点である言文一致体を用いていた点は、「愛子叢書」第一編の『眼鏡』から見てとることができる（図3－3）。『眼鏡』の書き出しは、次のとおりである。

眼鏡が斯様な話を始めました。

私はもと東京の本郷切通坂上にある眼鏡屋に居たものです。その眼鏡屋の店先に、他の朋輩と一緒に狭いところへ押し込められて、窮屈な思をして居りました。そして毎日毎日欠伸ばかりしながら、眼鏡屋の隠居が玉を磨る音を聞いて居りました。

ある日、二十一二ばかりに成る年の若い男の客がその眼鏡屋の店先へ来まして、好さそうな眼鏡を見せて貰ひたいと言ひました。（中略）

その日から、私は斯の客を自分の主人として、何処へでも一緒に行くやうに成りました。

（島崎　一九一三→一九七四、一一―七）

この書き出しを読むと、言文一致体で書かれていることがわかる。さらには「ですます」体であることがわかる。今日のわたしたちからすると、読み易い文体であるといえる。

この『眼鏡』は、擬人化された眼鏡が、主人である若い男と諸国をめぐる作品である。あらすじは、以下のとおりである。眼鏡は長い間、本郷の眼鏡屋で箱に閉じ込められて退屈していた。しかし、ある日、若い男が眼鏡を購入してくれ、外に連れ出してくれた。眼鏡は、感動を覚えて、若い男を「旦那」とよぶようになった。正月、「旦那」は諸国をめぐることになった。眼鏡は、うれしくてたまらなかった。「旦那」は、眼鏡を連れて、鎌倉市、名古屋市の熱田、四日市市、大津市、神戸市、奈良市、高知市などをめぐった。そして、その後、大津市の石山で一部屋を借りた。その石山で「旦那」は堀井來助と出会った。來助はかつて刀鍛冶であったが、明治維新によって刀が不要になったため、鳥居川村で隠居していたのであった。「旦那」は來助と親しくなった。その後、「旦那」は、神奈川県の箱根町、岩手県の一関市をめぐった。そして、九月、東京に戻った。二年後、來助が「旦那」の家を訪ねてきた。來助は上京して、再び刀鍛冶になっていた。というのも、戦争が始まったため、刀が必要になったからであった。以上が、あらすじである。

このあらすじをながめると、島崎藤村の関西放浪を描いた作品であることがわかる。島崎藤村は、一八九二（明治二五）年、二〇歳のときに、明治女学校高等科英文科の教師となったが、教え子の佐《さ》藤《とう》輔《すけ》子《こ》を愛したため、一八九三年、教師を辞めることになった。そして、苦しみ抜いた末、関西放浪をしたのであった。この『眼鏡』は、その島崎藤村の関西放浪を描いたものであるといえる。しかし、この作品からは、「旦那」の諸国めぐりが、恋愛の苦しみによる放浪であるとは、まったくうかがうことができないのである。なぜなら、一つに、「旦那」の視点が完全に排除されているからである。この作品は、最初から最後まで、眼鏡の視点で描かれているのである。眼鏡の視点からすると、眼鏡屋の暮らしは不自由なものであり、旦那との諸国めぐりは自由なものである。したがって、眼鏡は、最初から最後まで、諸国めぐりを楽しんでいるのである。

もう一つに、「旦那」と意思疎通をすることが避けられているからである。眼鏡は、擬人化された鳥、虫などに、「斯うして咲かして置いて下さいな」などと、「可愛らしい小さな声で」声をかけられて、たわむれるのみなのである（島崎　一九一三→一九七四、一二二―一二三）。したがって、最初から最後まで、「旦那」の内的世界は語られないままなのである。このように、「旦那」の視点を排除すること、また、「旦那」との意思疎通を避けることによって、この作品は「旦那」の内的世界に迫ることを拒否して、結果として、大人の事柄を排除することに成功しているのである。

さらに、実業之日本社は、『日本少年』『少女の友』においても、このような読みものを載せていた。最初に、『日本少年』を検討する。『日本少年』は、第一に、編集者、また、文壇の実力者の作品を載せていた。そして、「お伽噺」作家である硯友社の作家の作品をほとんど載せていなかった。なぜなら、実業之日本社は、自社の編集者に雅号を用いらせて、読みものを書かせるという編集のやり方をとっていたからである。たとえば、『日本少年』の創刊号を見ると、硯友社の作家である江見水蔭の「江湖の風雪」も載っているが、沖野《おきの》かもめの「勝太郎さん万歳」も載っている。さらに、実業之日本社の編集者である星野水裏、高信峡水《たかのぶきょうすい》の共有の雅号である。さらに、実業之日本社は、「愛子叢書」の刊行の年である一九一三年から、『日本少年』に文壇で名声を得ている作家の読みものを載せるようになるのである。なぜなら、一九一三年の一月号から、有本芳水《ありもとほうすい》が編集主筆になると、小川未明、田山花袋、吉田絃二郎、広津和郎、川路柳虹など、文壇の実力者の読みものを掲載するようになるからである（大阪国際児童文学館編　一九九三）。もちろん、有本芳水など、編集者の手による読みものも引き続き掲載されている。

第二に、言文一致体の読みものを、第三に、大人の事柄を排除した読みものを載せていた。この第二、第三の点は、第四章で見る有本芳水の「愛馬のわかれ」から、見てとることができる（有本芳水「愛馬のわかれ」『日本少年』一九一三（大正二）年一月号）。この「愛馬のわかれ」は、言文一致体で書かれている。そして、大人の事柄は完全に排除されている。この「愛馬のわかれ」は、少年が亡父のかわいがっていた馬と別離するという内容になっている。そのため、子どもの亡父を慕ういじらしさ、馬を弟のようにかわいがる愛らしさ、純真さが、描かれているといえる。

そして、『日本少年』では、『日本少年』に掲載している読みものを「少年小説」とよんでいる。なぜなら、実業之日本社の編集者は、『日本少年』一九〇九（明治四二）年五月号から、『日本少年』に掲載されている読みものを

「少年小説」と名付けるようになるからである。

次に、『少女の友』を検討する。『少女の友』でも、『日本少年』と同じことがおこなわれているといえる。第一に、編集者、また、文壇の実力者の作品を載せている。そして、硯友社の作家の作品はほとんど載せていないといえる。たとえば、『少女の友』の創刊号を見ると、実業之日本社の編集者である高信峡水の「光ちゃんの人形」が載せられている。このように、実業之日本社は、編集者に読みものを書かせているのである。さらに、創刊号から数えて三巻目の号（『少女の友』一九〇八〔明治四一〕四月号）には、与謝野晶子が読みものを載せている。これは「女中代理鬼の子」というタイトルの読みものである。そして、その後、与謝野晶子は、毎号のように読みものを載せるようになっている。このように、実業之日本社は、文壇の実力者である与謝野晶子に、読みものを書かせているのである。

第二に、言文一致体の作品を、第三に、大人の事柄を排除した作品を載せている。この第二、第三の点は、第六章で見る与謝野晶子の「環の一年間」から、うかがうことができる（与謝野晶子「環の一年間」『少女の友』一九一二〔明治四五〕年一月号〜一九一二〔大正元〕年一二月号）。この「環の一年間」は、言文一致体で書かれている。さらに、大人の事柄は排除されている。この「環の一年間」は、少女が幽閉されている少女を助け出す内容になっている。そのため、少女が危険を冒して少女を助けるいじらしさ、純粋さが描かれているといえる。また、『少女の友』の編集主筆であった星野水裏は、『少女の友』では、「妾」「芸者」「半玉」「継母」「尻」を載せないようにしていることを告白している。次のとおりである。

少女の友の誌上に於て、私がわざと使用しない文字が大分あるが、其主なる物を挙げれば次のやうなものである。

妾、芸者或いは半玉、継母、尻。

前の二つの言葉は、数多い読者の中には其意味を知つてゐる人もあるだらうが、又知らない人も多いに違ひない。其知らない人に知らせる必要がないと思ふから私は使用しないのである。処が此二つの言葉は、深い考へのない寄稿家などが、好んで使ひたがる言葉なので、我が少女の友への寄稿中にも、どれくらゐ使つてあつたか数へきれないのである。

けれども私は、すべて其文字を削り去つた。（中略）そして私は、他の少女雑誌が、平気でそれを使つてゐるのを見て、ますます私の主義を堅くした。

これが為に私は、或華族の落胤と生れながら、母が華族と別れた為め、今迄通つて居つた女学校をやめ、母がもと勤めてゐた新橋から、自分も芸者となつて現はれたといふ女の、あはれな手紙の一通をも発表する事が出来なかつた。

（中略）今日ではもう継母とさへ言へば、残酷、無慈悲といふ事を連想させるのである。（中略）私も亦継母に育てられた一人である。然し私の継母は、私を非常に可愛がつてくれた。

（中略）尻、（中略）一体少女や婦人の読み物に、下品な文字を使ふといふ事は、最も慎まねばならぬ事だが、我々は往々この不注意をする事があるのである。

それで此文字は、ただもうよくない文字であるから私は始めから決して使はない事にしてゐた。処が第二巻頃であつたと思ふ、与謝野晶子さん（中略）が蛍のお噺をかかれた事がある。

（中略）

蛍のお尻が光るといふ事は、誰でも普通言ふ言葉なので、こればかりは別に下品とも失礼とも思はれないやうなものであるが、然し晶子さんは一字もお使ひにならなかつた。

（中略）
晶子さんは其お尻と書かねばならぬ処へは、すべて後とお書きになつた。（中略）この時私は深く感じたのである。なるほど女の人はかういふ文字に注意してゐる、決して使はないやうに気をつけてゐる、といふ事に感じたのである。だからこれ以後私はますますかたく此誓ひを守つた。

（星野水裏「編集しながら」『少女の友』一九一五〔大正四〕年一〇月増刊号、九一―九五）

このように、『少女の友』では、「妾」「芸者」「半玉」「継母」「尻」をけっして載せなかったのである。そして、「妾」「芸者」「半玉」「尻」を載せなかったのは、性的な事柄を排除しようとしたため、「継母」を載せなかったのは、残酷な事柄を排除しようとしたためだったのである。この引用からわかるのは、編集主筆が性的な事柄・残酷な事柄の描写を排除しようとしていたこと、そして、そのために、編集主筆が執筆者の作品に手を入れることも辞さなかったことである。このように、『少女の友』では、性的な事柄・残酷な事柄を徹底的に排除しようとしていたということができるのである。

そして、『少女の友』では、『少女の友』に掲載されている読みものを「少女小説」とよんでいる。なぜなら、実業之日本社の編集者は、『少女の友』一九〇八年九月号から、『少女の友』に掲載されている読みものを「少女小説」と名付けるようになるからである。

こう見てくると、『日本少年』『少女の友』の「少年小説」「少女小説」は、「愛子叢書」の作品と、ほぼ共通するものであったことが見えてくる。その共通点とは、第一に編集者、あるいは文壇の実力者によって書かれていた点、第二に言文一致体が使われていた点、第三に大人の事柄を排除していた点である。

さらに、「愛子叢書」、および、『日本少年』『少女の友』の「少年小説」「少女小説」は、後の『赤い鳥』の「童話」と、共通する点をもっていた。なぜなら、『赤い鳥』の「童話」は、第一に文壇の実力者（芥川龍之介《あくたがわりゅうのすけ》、有島武郎《ありしまたけお》、小川未明、北原白秋《きたはらはくしゅう》、野口雨情《のぐちうじょう》など）によって書かれ、第二に言文一致体が用いられ、第三に大人の事柄を排除していたからである。この三点は、「愛子叢書」、および、『日本少年』『少女の友』の「少年小説」「少女小説」とほぼ共通する点であるといえる。たとえば、『赤い鳥』を創刊した鈴木三重吉《すずきみえきち》は、次のように、『赤い鳥』の「童話」をとらえている。

> 現在世間に流行してゐる子供の読物の最も多くは、その俗悪な表紙が多面的に象徴してゐる如く、種々の意味に於て、いかにも下劣極まるものである。こんなものが子供の真純を侵害しつつあるといふことは、単に思考するだけでも怖ろしい。
>
> 西洋人と違つて、われわれ日本人は、哀れにも殆未だ嘗て、子供のために純麗な読み物を授ける、真の芸術家の存在を誇り得た例がない。
>
> 「赤い鳥」は世俗的な下卑た子供の読みものを排除して、子供の純性を保全開発するために、現代第一流の芸術家の真摯なる努力を集め、兼て、若き子供のための創作家の出現を迎ふる、一大区画的運動の先駆である。
>
> （鈴木三重吉「『赤い鳥』の標榜語（モットー）」『赤い鳥』一九一八〔大正七〕年七月号、頁数なし）

このように、『赤い鳥』は、第一に文壇の実力者、いいかえると、「現代第一流の芸術家」の読みものを載せること、第二に大人の事柄を排除した読みもの、いいかえると、「子供の純性を保全開発する」読みものを載せることを宣言していたのである。第三に、たとえば芥川龍之介の「蜘蛛の糸」（芥川龍之介「蜘蛛の糸」『赤い鳥』一九一八〔大正七〕年七月号）に見られるように、言文一致体を用いた読みものを載せていたことが指摘できる。この「蜘蛛の糸」の書き出しは、次のとおりである。「或日のことでございます。お釈迦様は極楽の蓮池のふちを、独りでぶらぶらお歩きになつていらつしやいました」（芥川龍之介「蜘蛛の糸」『赤い鳥』一九一八〔大正七〕年七月号、八）。このように、言文一致体が用いられていたのである。

こう見てくると、実業之日本社の叢書、少年少女雑誌は、大人とは異なる存在として、「少年」「少女」を描いていったといえる。そして、商業上の成功を収めるなかで、それらを人びとに広めていったと考えることができる。いいかえると、実業之日本社は、新しい子どもに関する知を掲げたといえる。そして、人びとは、その実業之日本社の子どもに関する知を支持したのである。だからこそ、実業之日本社は、大正時代を代表する出版社として成長を遂げたのである（実業之日本社社史編纂委員会編 一九九七）。

日本で最初の児童文学は、わたしたちが考える児童文学とはまったく異なるものであった。ただ、その最初の児童文学は、人びとに支持された。ということは、それが出版されたときは、「大人」と「子ども」を区別する考え方は、人びとのなかに存在しなかったということである。しかし実業之日本社は、わたしたちが考える児童文学に類似したものを打ち出していった。実業之日本社は、「大人」と「子ども」を区別する考え方を人びとに提案したのである。そして、人びとは、実業之日本社の「子ども」に関する知を支持したのである。ということは、人びとのなかに、「大人」と「子ども」を区別する考え方が、生まれ始めていたということなのである。

4　子どもの文から「少年」「少女」のありのままの文へ

第二に、「『少年世界』『少女世界』から『日本少年』『少女の友』へ」の転換の背後に存在したのは、文の内容の変化である。滑川道夫によると、近代学校教育の作文教育は、「自由発表主義作文期」の後、一九一二（大正元）年から一九一七年にかけて、「写生主義綴方期」になるというのである（滑川　一九七七、三一）。なぜなら、近代学校教育の作文教育は、文壇における写生主義の影響を受けるようになるからである。そして、『日本少年』『少女の友』は、その写生主義作文の影響を受けるようになるのである。本節ではこのことを見てみることとする。

「写生主義綴方期」の代表的な作文教育者は、芦田恵之助《あしだえのすけ》である。芦田恵之助の代表的な作文教育書は、『綴り方教授』（育英書院、一九一三〔大正二〕年）、『綴り方教授法』（育英書院、一九一四〔大正三〕年）、『綴り方教授に関する教師の修養』（育英書院、一九一五〔大正四〕年）である。芦田恵之助は、このような作文教育書を世に出して、児童に、見たまま、おもったままを綴らせることを訴えたのである。

綴り方とは精神生活を文字によつて書きあらはす作業で、綴り方教授とは綴り方に関する知識を授けて、之に熟達せしむる教師の努力と、学習に関する児童の努力とをあはせたものである。（中略）児童の実生活より来る必要な題目によつて、発表しなければならぬ境遇を作り、ここに児童を置いて、実感を綴らせるのである。かの児童が「先生うそを書いてもよろしいか」といふやうな綴り方教授は、余の主張する意義の中には存在することを許さぬ。

（芦田　一九一三、二〇—二一）

話し方でも、綴り方でも自己を語り、自己を書かせるといふが眼目である。いかに立派な談話でも、文章でも、それが他人のものをそのままに模倣したのであつたら、何等称すべき所はない。これに反して、いかにまづくとも、自己の談話・文章であれば、根ざしの深い草木のやうなもので、将来の発展ははかり知ることが出来ぬ。

（芦田　一九一五→一九七五、二九四—二九五）

このように、芦田恵之助は、児童に他人の模倣をさせることを許さなかったのである。児童には、あくまで、「自己を書かせる」ように仕向けることを推奨していたのである。

このような作文教育は、一八七二（明治五）年から一八九八（明治三一）年までの「形式主義作文期」（滑川 一九七七、三二）の作文教育とは、まったく異なるものである。なぜなら、先に見たように、「形式主義作文期」の作文教育は、模範文を模倣させるものだったからである。ところが、「写生主義綴方期」の作文教育は、「形式主義作文期」と違い、逆に、模範文を模倣させることを禁止していたのである。

この「写生主義綴方期」の作文教育は、明らかに文壇の写生主義の影響を受けているといえる。たとえば、芦田恵之助は、作文教育書のなかで、次のように把握している。

ホトトギス社一派の文章には多くの美点をそなへたものがあると思ふ。（芦田 一九一四→一九七三、一五六）

このように、芦田恵之助は、文壇の写生主義を称賛していたのである。

この文壇における写生主義は、「写生主義綴方期」の前に勃興した。一八九七（明治三〇）年一月、『ホトトギス』（ホトトギス社）が創刊された。そして、『ホトトギス』の一八九八年一〇月号に、正岡子規《まさおかしき》の「小園の記」、高浜虚子の「浅草寺のくさぐさ」が載った。この「浅草寺のくさぐさ」は、『ホトトギス』の一八九八年一〇月号から一一月号まで、および、一八九九（明治三二）年二月号から三月号までにおいて連載された。そして、これらの作品をきっかけにして、写生文が一世を風靡するようになったのである。

先に見たように、「写生主義綴方期」の前は、「自由発表主義作文期」であったとされている（滑川 一九七七、三一）。この「自由発表主義作文期」は、一八九九年から一九一二（明治四五）年までであったとされている。そして、この「自由発表主義作文期」の作文教育は、「形式主義作文期」の作文教育を批判して勃興してきたものである。したがって、「自由発表主義作文期」の作文教育は、子どもに大人の文を模倣させることを批判して、子どもには「子どもの文」を書かせることを奨励していたのである。そして、この「自由発表主義作文期」の代表的な論者は、樋口勘次郎《ひぐちかんじろう》である。したがって、「写生主義綴方期」の作文教育は、文壇における写生主義を味方につけることで、その「自由発表主義作文期」の推奨したことをさらに推進させることになったととらえることができる。つまるところ、「写生主義綴方期」の作文教育は、子どもに大人の文を模倣させることを批判して、子どもには子どもの見たまま、おもったままの文を書かせることを奨励したのである。そして、この「写生主義綴方期」の代表的な論者は、樋口勘次郎に師事していた芦田恵之助なのである。

一方、『日本少年』『少女の友』は、通信欄・文芸欄において、写生主義、および、童心主義を支持していたことがわかっている。今田絵里香（二〇一五）は、『日本少年』『少女の友』の通信欄・文芸欄を、一九〇〇年代から一九一〇年代にかけて分析して（『日本少年』は一九〇六〔明治三九〕～一九一九〔大正八〕年、『少女の友』は一九〇八〔明治四二〕～一九一九〔大正八〕年）、『日本少年』『少女の友』が、第一に、写生主義を支持していたことを明らかにしている。たとえば、『日本少年』の編集者は、次のように訴えかけているとしている。

写生画といふものは、成るたけ実物に似るように描かなければなりません。俳句は丁度写生画見《ママ》た様なもので、実物其儘をよまなければいけません。
実際見た事、思ふ事が、自然に心に浮んだ時、それを調子よく十七字にお並べなさい、きつといい句が出来ます。
（石塚月亭「俳句注意」『日本少年』一九〇六〔明治三九〕年九月号、九一）

作文も和歌も俳句も総て、自分の眼で見、自分の頭で考へた物でなければいけません。
（編集者「投稿注意」『日本少年』一九〇六〔明治三九〕年二月号、九四）

また、『少女の友』の編集者も、次のように期待をかけていると指摘している。

自分の知ってるだけの文字で、自分の考へた事を書き現はすといふ文が見たい。他人の文などに構はず、自分は自分のよいと思ふ方面に向って作った文が見たい。
（編集者「総評」『少女の友』一九一二〔明治四五〕年三月増刊号、九一）

このように、『日本少年』においても、『少女の友』においても、少年少女の見たまま、おもったままを文芸作品にあらわすことが歓迎されていたとしているのである。

そして、『日本少年』『少女の友』の写生主義は、文壇の写生主義の影響によって形作られていることが明らかにされている。たとえば、先の引用では、「写生画」という言葉が使われている。また、『日本少年』の編集者は、次のように読者に告げているとしている。

諸君も知らるる通り、俳句は近来著しく進歩した。（中略）一般の俳句界が、斯くの如く進歩発達してゐるにも拘らず、単り本欄の俳句は、頗《すこぶ》る退歩的である。毎月集る句数は数万といふ数に達してゐるが、その大方は極めて陳腐な月並のものばかりだ。
（編集者「偶言」『日本少年』一九〇九〔明治四二〕年七月号、九九）

この引用の「俳句界」の「進歩」とは、正岡子規、高浜虚子による写生主義の運動をあらわしていると考えられる。このように、『日本少年』『少女の友』は、文壇の写生主義の影響を受けて写生主義を掲げていたことが明らかになっているのである。

第二に、この研究は、『日本少年』『少女の友』が童心主義を支持していたことを指摘している。たとえば、『日本少年』『少女の友』の編集者は、次のように訴えているとしている。

少年らしい句をお作りなさい。少年らしい句とは、新しい句のことであります。愉快な句のことであります。活発な句のことであります。それは『日本少年』が愛する句であります。

（石塚月亭「注意」『日本少年』一九〇六〔明治三九〕年六月号、九三）

少女の友は少女の雑誌ですから、なるべく少女らしい作文を歓迎いたします。

（編集者「選者言」『少女の友』一九一二〔大正元〕年八月号、九九）

このように、『日本少年』では「少年らしい」文芸作品、『少女の友』では「少女らしい」文芸作品が歓迎されていたと指摘しているのである。童心主義については、後に詳しく論じることにする。

こう見てくると、少年少女の文の内容にたいするまなざしは、大きく変容したと考えることができる。先に見たように、一八七七（明治一〇）年に生まれた『穎才新誌』は、大人の模範文を模倣することを称揚していた。ところが、一九〇六年に生まれた『日本少年』、一九〇八年に生まれた『少女の友』は、大人の模範文を模倣することを批判していたのである。前者と後者の考え方には、大きな差異がある。したがって、『穎才新誌』が衰退して、

『日本少年』『少女の友』が勃興するなかで、前者の考え方が衰退して、後者の考え方が勃興するようになったと考えることができる。

つまるところ、『日本少年』『少女の友』は、第一に写生主義を標榜し、少年少女には、少年少女の見たまま、おもったままの文を書かせようとしていたのである。そして、第二に童心主義を標榜し、少年少女には、少年少女のありのままを書かせようとしていたのである。いいかえると、写生主義、および、童心主義を掲げて、少年少女のありのままを讃美していたといえる。そう考えると、『日本少年』『少女の友』は、少年少女の独自のありようを、したがって、大人とは異なる独自のありようを見出そうとしていたと考えることができる。

5　都市新中間層の男子・女子

なぜ『日本少年』『少女の友』は、人びとに支持されたのだろうか。『少年世界』『少女世界』と『日本少年』『少女の友』を比較すると、前者は「お伽噺」を掲載して、「少年」（後には「少年」「少女」）のメディアというジャンルは作っていたものの、その「少年」（後には「少年」「少女」）がどのようなものであるのかを明確化していなかった。いいかえると、「大人」と「少年」「少女」の区別が設けられていなかった。しかし、後者は「少年小説」「少女小説」を掲載し、さらには、写生主義・童心主義を標榜し、「少年」（後には「少年」「少女」）のメディアというジャンルを作って、なおかつ、その「少年」（後には「少年」「少女」）がどのようなものであるのかを明確化していた。いいかえると、「大人」と「少年」「少女」の区別を設けていた。両者はこのような差異をもっていたのである。そして、後者のほうが商業上の成功を収めることになったのである。つまるところ、人びとに支持されたのである。これはなぜなのだろうか。

『日本少年』『少女の友』の商業上の成功の背景にあったのは、一九一〇年代における都市新中間層の量的拡大である。いいかえると、『日本少年』『少女の友』は、量的拡大を遂げた都市新中間層の人びとに、支持されたということなのである。

そもそも、少年少女雑誌が、読者として想定していたのは、あらゆる女子・男子ではないのである。いいかえると、少年少女雑誌が、「少年」「少女」としてとらえていたのは、日本社会におけるあらゆる男子・女子のことを意味しないのである。

それでは、少年少女雑誌は、どのような男子・女子を「少年」「少女」としてとらえていたのであろうか。第一に、年齢は、小学校入学から中学校卒業までの男子・小学校入学から高等女学校卒業までの女子である。いいかえると、学齢期の男子・女子であるといえる。なぜなら、小学校、中学校ないしは高等女学校に通っている男子・女子のみが、「少年時代」「少女時代」をすごしているとしてとらえられるからである。先に見たように、男子・女子は、近代学校教育制度が誕生したからこそ、労働を免除され、教育を受けられるようになったのである。そして、大人と異なる時間をすごすようになったのである。さらに、少年少女雑誌が、その大人と異なる時間をすごすようになった男子・女子にたいして、「少年」「少女」という呼称を与えたのである。したがって、大人と異なる時間をすごすようになった男子・女子は、「少年」として、あるいは、「少女」としての時間をすごすようになったととらえられるのである。だからこそ、近代学校教育制度の恩恵を受けている者のみが、「少年」「少女」として把握されるようになったといえるのである。

第二に、階層は、中学校・高等女学校に通っている、なおかつ、少年少女雑誌を買い与えられている男子・女子である。なぜなら、先に見たように、小学校、中学校ないしは高等女学校に通わなければ、「少年時代」「少女時代」をすごしていることにならないからである。そして、少年少女雑誌を買い与えられなければ、「少年」「少女」

がどのようなものなのかについて、知ることができないからである。

このように、「少年」「少女」とは、あらゆる男子・女子を意味しないのである。一つに、近代学校教育を受け、もう一つに、少年少女雑誌を買い与えられている男子・女子のみが、「少年」「少女」に該当するのである。

しかし、一九一〇年代、一つに、近代学校教育を受け、もう一つに、少年少女雑誌を買い与えられている男子・女子は、ごく少数であった。なぜなら、そのような男子・女子になるためには、三つの条件が必要不可欠だったからである。その第一は、親が中間層以上の経済力を有していることである。なぜなら、一九一〇年代、男子・女子が義務教育ではない中学校ないしは高等女学校に進学するためには、さらに、少年少女雑誌を購入するためには、中間層以上の経済力が必要だったからである。というのも、先に見たように、少年少女雑誌は、高価だったからである。たとえば、作家の新美《にいみ》南吉《なんきち》は、一九一三年、畳屋の息子として生まれた。そして、愛知県の半田町立半田第二尋常小学校（現在の半田市立岩滑小学校）、愛知県立半田中学校（現在の愛知県立半田高等学校）で学んだ。しかし、新美南吉は、少年時代、少年雑誌を定期購読することができなかったため、裕福な友人から『日本少年』『少年倶楽部』を借りて読んでいたのであった（新美　一九八二）。したがって、中学校ないしは高等女学校に進学する、なおかつ、少年少女雑誌を買い与えられるためには、中間層以上の経済力が必要不可欠なのである。

第二は、親が教育熱心であることである。なぜなら、義務教育ではない中学校ないしは高等女学校に進学する、なおかつ、少年少女雑誌を買い与えられるためには、親が経済力を有していることに加えて、親がそれらを男子・女子に与える教育的配慮を有することが必要不可欠だからである。

第三は、親が都市文化を受け入れていることである。中学校ないし高等女学校は、都市にあることが少なくないし、その先の高等学校、帝国大学・専門学校などの高等教育機関はさらに都市にあることが少なくないといえる。そのため、子どもが都市の教育機関に通うことを受け入れることが必要となる。また、少年少女雑誌は、都市文化そのものである。また、都市文化を描き出すものでもある。たとえば、少年少女雑誌では、雑誌、書籍、映画、歌劇、百貨店、繁華街など、都市文化を象徴するものごとが記事になっている。あるいは、少年少女小説に描かれている。したがって、このような都市文化にたいして、批判のまなざしを向ける人は、少年少女雑誌を購入することに、ためらいを覚えることになる。事実、地方の人びとのなかには、都市文化に批判のまなざしを向ける人も存在していたのである。たとえば、土田陽子（二〇一四）は、和歌山県立和歌山高等女学校において、許可なく作文を投稿すること、宝塚少女歌劇団の劇を模倣した学校劇をすること、宝塚音楽学校を受験することが、ことごとく禁止されていたことを明らかにしている。また、第五章で見るように、『少女の友』の女子読者の投書によると、地方の高等女学校では、女子読者が少女雑誌に文芸作品を投稿することにたいして、批判のまなざしを向けることがあったこと、さらに、校則で禁止することがあったことがうかがえるのである。加えて、女子読者の投書によると、少女雑誌を読むことそのものを校則で禁止している女学校があったことも見てとれるのである。たとえば、次のとおりである。

今度私の学校（京都府立京都第一高等女学校――引用者）でも少女の友は読むことを許されました。今までは許されずによんでゐましたが、これからは安心して読むことが出来ます。少女雑誌で本誌だけ許されてをりますから、よけいにうれしうございますわ。

（読者「通信」『少女の友』一九一二〔大正元〕年九月号、一〇七）

この女子読者の投書によると、京都府立京都第一高等女学校（現在の京都府立鴨沂高等学校）では、『少女の友』を読むことを禁じていたというのである。しかし、後に、あらゆる少女雑誌のなかで『少女の友』のみ購読することを受け入れるようになったというのである。したがって、都市の人びと、あるいは、地方の人びとのなかで、都市文化を受け入れている人びとしか、中学校・高等女学校に進学、なおかつ、少年少女雑誌を購読することができなかったのである。

このように、この三つの条件を有した男子・女子のみが、少年少女雑誌を購読することができていたのである。そして、この三つの条件を有利に有することができたのが、都市新中間層の男子・女子だったのである。都市新中間層とはどのような階層だろうか。都市新中間層、あるいは、新中間層とよばれる人たちとは、官公吏、教員、銀行員、会社員、職業軍人、弁護士、医師など、近代社会において生まれた職業に就いた人たちのことである（小山　一九九九）。いいかえると、このような職業は、近代学校教育制度の学歴を獲得して、その学歴を媒介として獲得したものなのである。そして、一九一〇年代、この都市新中間層、あるいは、新中間層とよばれる階層が量的に拡大したのである（小山　一九九九）。

ただ、都市新中間層は、数としてはごく少数であった。門脇厚司（一九八八）は、一九二〇（大正九）年において は、新中間層は全国の就業者総数の四パーセント、新中間層がもっとも多かった東京府でも一二・九パーセントにすぎなかったことを明らかにしている。

それでは、都市新中間層とは、どのような暮らしをしていた人たちといえるのだろうか。第一に、俸給生活を送る人たちである。それゆえ、夫は家から離れた職場に通勤して、妻は家で家事・育児をするという暮らしをしている人びとである。このような暮らしにおいては、近隣の人びとと、農作業などを協力しておこなうということが少なくなる。もっというと、近隣の人びとと、協力して育児をおこなうということがなくなる。それゆえ、親だけが子どもの教育の全責任を負うことになる。

第二に、性別役割分業をおこなう人たちである。したがって、夫が仕事をして、妻が家事・育児をしている人たちなのである。ところが、当時は、大多数の人が、農業、商業などの家業をもっていた。そして、夫も妻もなんらかの形で家業に関わるのは、当たり前のことであった。したがって、家事・育児だけをしている「専業主婦」は少なかったのである。そのなかで、都市新中間層の人たちは、他の階層に先駆けて、夫は仕事、妻は家事・育児をするという暮らしを始めたのであった。ただ、妻が一人で家事・育児をしていた人たちばかりではなかった。なぜなら、この時代、女中を雇って家事・育児をすることはありふれたことだったからである。そして、先に見たように、都市新中間層は、親が子どもの教育の全責任を負っていたが、ただ、妻が家事・育児を担当していたということを考慮するならば、母親が子どもの教育の全責任を負っていたと考えることができる。

第三に、子どもに継がせる家業がない人たちである。農業をしている人なら子どもに土地を、商業をしている人なら子どもに店を与えることができる。そして、農業ないし商業という仕事を子どもに継がせることができる。しかし、たとえば、教員は、学歴を獲得して、教員の資格を得て、教員になったのであるから、それらを子どもに譲ることはできないといえる。だからこそ、都市新中間層の人たちは、子どもに学歴を獲得させ、さらに、学歴を媒介にして職業を獲得させることに、夢中にならざるを得なかったのである。

第四に、子どもの数を少なくしている人たちである。都市新中間層の人たちは、子どもの数を少なくして、子ども一人ひとりにかける教育費を多くしていたのである。

まとめると、都市新中間層の人たちは、親が子どもの教育に全責任をもっていた。とくに母親が子どもの教育に全責任をもって、子どもの教育にあたっていた。そして、継がせる家業がないからこそ、子どもの教育に力を入れざるを得なかった。それゆえ、子どもの数を少なくして、子ども一人ひとりに充分に教育費を投入していたのであった。

そうであるとすると、この都市新中間層の人たちこそ、子どもに中学校・高等女学校に進学させる、なおかつ、少年少女雑誌を購読させるための先の三つの条件を有利に獲得している人たちであると考えることができる。この先の三つの条件とは、いうまでもなく、親が中間層以上の経済力を有すること、親が教育熱心であること、親が都市文化を受け入れていることである。なぜなら、都市新中間層は、第一に、「中間層」であるため、子どもを中学校ないしは高等女学校に進学させる、なおかつ、少年少女雑誌を購読させるための経済力を有している。第二に、子どもに継がせる家業がないため、子どもの教育に関心をもたざるを得ないといえる。第三に、都市に居住しているため、あるいは、自身が都市の教育機関に進学していたため、あるいはまた、子どもを都市の教育機関に進学させることを希望しているため、都市文化を受け入れている。したがって、少年少女雑誌の「少年」「少女」とは、都市新中間層の男子・女子だと考えることができるのである。

さらに、このことが正しいとすると、一九一〇年代、都市新中間層が量的拡大を遂げると、少年少女雑誌を購入する層が増加するということになる。さらには、少年少女雑誌の発行部数が、量的拡大を遂げるということになる。事実、『日本少年』『少女の友』の発行部数は、増加の一途を辿ったのである。ところが、『少年世界』『少女世界』は、『日本少年』『少女の友』に発行部数の上では敗北したのである。そうであるとすると、量的拡大を遂げた都市新中間層は、『少年世界』『少女世界』ではなく、『日本少年』『少女の友』を購入したと考えることができる。

なぜ都市新中間層は、『少年世界』『少女世界』ではなく、『日本少年』『少女の友』を購読したのだろうか。それは『日本少年』『少女の友』の少年少女にたいするまなざしが、都市新中間層の少年少女にたいするまなざしと、一致したからであるとおもわれる。そのまなざしとは、童心主義、教育主義のまなざしである。沢山美果子は、都市新中間層の少年少女にたいするまなざしが、「童心を賛美する、つまり子どもの純真さや無垢という教育以前の状態を讃美する童心主義と、教育、学歴をつけることで無知な状態から子どもを脱却させるという矛盾した心性の併存」(沢山　二〇一三、一九一)であったことを明らかにしている。したがって、都市新中間層の少年少女にたいするまなざしとは、第一に童心主義のまなざしである。これは「少年」「少女」が、純真無垢な存在であるととらえること、そして、その純真無垢であることにたいして賛美することである。したがって、このまなざしは、大人と子どもを区別するまなざしである。いいかえると、大人は打算的な存在であるとらえて批判を加え、なおかつ、子どもは純真無垢な存在であるととらえて讃美を与えるということだといえる。

第二に、都市新中間層の子どもにたいするまなざしとは、教育主義のまなざしである。これは、少年少女にたいして、教育を受けさせて、学歴を獲得させようとするまなざしである。

そして、『日本少年』『少女の友』の「少年小説」「少女小説」に見られるまなざしは、第一の童心主義のまなざしと一致するものだったといえる。なぜなら、『日本少年』『少女の友』の「少年小説」「少女小説」は、大人の事柄を排除して、大人と少年少女を区別しようとしていたからである。そして、『日本少年』『少女の友』の通信欄・文芸欄に見られるまなざしも、第一の童心主義のまなざしと一致するものだったといえる。なぜなら、『日本少年』『少女の友』の通信欄・文芸欄は、写生主義、童心主義を掲げて、男子読者・女子読者に、大人の文を模倣することを禁じて、少年少女の見たまま、おもったままの文を書かせようとしていたからである。したがって、大人と少年少女を区別していたのである。このように、『日本少年』『少女の友』のまなざしは、都市新中間層の童心主義のまなざしと重なり合うものだったのである。

ただ、第一の童心主義は、ジェンダーによって異なるものだったとおもわれる。たとえば、河原和枝（一九九八）は、『赤い鳥』の童心主義とは、近代人があらゆるしがらみから抜け出して、自我の解放をめざすことを基礎としていたこと、そして、その自我の解放を果たした姿を子どものなかに見出そうとしていたことであったと指摘している。そして、その自我の解放がめざされていたのは、あくまで男性のみであったことを明らかにしている。また、今田絵里香（二〇〇七）は、一九三〇年代の『少女の友』が、「少年」には童心主義、「少女」にはその童心主義に類する清純主義のまなざしを向けていたことを明らかにしている。そして、この「少年」の童心主義と「少女」の清純主義の共通点は、「少年」「少女」を純真無垢な存在としてとらえることであったが、相違点は、「少年」の童心主義が自我の解放を推奨していたこと、「少女」の清純主義は自我の解放を禁止していたことであったと指摘している。

また、第二の教育主義も、ジェンダーによって異なるものだったとおもわれる。たとえば、小山静子（二〇〇二）は、都市新中間層が子どもに継がせる家業をもっていなかったことを考慮すると、教育を受けさせ、学歴を獲得させ、学歴を媒介にして職業を獲得させることに関して、大きな期待を寄せていたのは男子のほうであったと指摘している。また、今田絵里香（二〇〇七）は、一九三〇年代の『少女の友』が、「少年」には教育主義、「少女」にはその教育主義に類する芸術主義のまなざしを向けていたことを明らかにしている。そして、この「少女」の芸術主義と「少年」の教育主義の共通点は、「少年」「少女」に教育を与えることに価値を見出すことであったが、相違点は、「少年」の教育主義は学力の向上をめざしていたこと、「少女」の芸術主義は芸術的能力の向上をめざしていたことであったと指摘している。したがって、童心主義も、教育主義も、どちらかというと、都市新中間層の男子に向けられていたまなざしであったと考えてよいとおもわれる。ただ、都市新中間層の女子にも、その童心主義、教育主義に類するまなざしが向けられていたと考えることができる。

それでは、現実に、少年少女雑誌の男子・女子読者が、都市新中間層の男子・女子と考えてよいのかを考えてみることにする。しかし、戦前の少年少女雑誌の男子・女子読者に関する調査は、充分におこなわれているとはいえないため、少年少女雑誌の男子・女子読者の把握は困難である（永嶺　一九九七）。ただ、永嶺重敏（一九九七）は、数少ない調査結果を収集して、少年少女雑誌の男子・女子読者の実態を明らかにしている。ここでは、これに依拠して、少年少女雑誌の男子・女子読者について見てみることにする。

最初に、少女雑誌の女子読者について検証する。戦前の女学生の読書調査を見ると、東京府の女学生は少女雑誌を購読しているが、地方の女学生は購読していないことが見てとれる。このことは、表3－3からうかがうことができる。表3－3は、永嶺重敏（一九九七）の収集による、女学生の読書調査結果である。このなかで、①～⑤は、東京府の女学生の読書調査結果である。この①～⑤を見ると、『少年倶楽部』『少女の友』『少女世界』などの少女雑誌を購読する女学生が、多数を占めていることがわかる。ただ、②⑤からわかるように、高等女学校の上の学年になると、婦人雑誌を読む女学生が増加する。また、時代による移り変わりも見てとれる。①②は、一九一四（大正三）年ごろにおこなわれた調査であるため、『少女の友』『少女世界』を購読する女学生が多数であるが、③④は、一九三〇（昭和五）年、一九三一（昭和六）年におこなわれた調査であるため、『少女倶楽部』『少女の友』を購読する女学生が多数である。このように、時代によって少女雑誌の盛衰が見てとれるのである。しかし、表3－3の⑥は、秋田県由利郡本荘町（現在の由利本荘市）の女学生の読書調査結果である。そして、この⑥を見ると、少女雑誌を購読する女学生は、皆無に近かったことがわかる。このように、少女雑誌を購読していたのは、東京府の女学生であったことが見てとれるのである。

また、永嶺重敏（一九九七）は、東京府の女子小学生も、東京府の職業婦人も、少女雑誌を購読している者が多数を占めることを明らかにしている。そして、東京府であっても、女工に関しては、少女雑誌を購読している者は少数であることを指摘している。それゆえ、婦人雑誌について、「職業婦人・女学生に代表される都市中産層の読書文化と女工に代表されるより下層の文化圏という、二つの読書文化圏の存在」（永嶺 一九九七、一九八）があったと分析している。このことは、少女雑誌についてもいえることである。ただ、永嶺重敏は、「しかし、大正後期からこの二分法が揺らぎ始める」（永嶺 一九九七、二〇〇）とも把握している。したがって、少女雑誌については、東京府の女学生、東京府の女子小学生が読者の多数を占めていたと考えることができる。また、年齢からいうと、多数かどうかはわからないが、高等女学校を卒業した職業婦人も、読者のなかに含まれていたととらえることがで

表３－３　女学生における雑誌購読状況

	①		②		③		④		⑤		⑥	
調査年	1914年頃		1914年頃		1931年		1932年		1933年		1932年	
調査地	東京		東京		東京		東京		東京		秋田県由利郡本荘町	
調査人数	226		90		994		1,060		700		322	
購読雑誌（人）	少女世界	89	女学世界	49	少女倶楽部	398	少女倶楽部	512	少女倶楽部	218	キング	107
	少女の友	72	婦人世界	42	少女の友	259	少女の友	212	婦人倶楽部	192	主婦の友	42
	女学世界	55	少女の友	38	キング	189	少女画報	154	キング	191	婦人クラブ	40
	婦人世界	43	少女世界	22	少年倶楽部	164	少年倶楽部	148	主婦之友	176	家庭	19
	婦人画報	21	女子文壇	13	婦人倶楽部	130	令女界	132	令女界	144	婦人公論	13
	少女界	16	実業之日本	9	主婦之友	124	少女世界	108	少女之友	120	家の光	11
	日本少年	11	冒険世界	8	幼年倶楽部	104	キング	108	婦人公論	116	婦女界	9
	婦女界	11	婦女界	8	少女画報	98	婦人倶楽部	92	（以下不明）		改造	8
	少年	10	婦人画報	8	少女世界	86	幼年倶楽部	88			現代	8
	女子文壇	10	少女界	7	婦人公論	86	新青年	80			雄弁	7
	冒険世界	8	日本少年	5	令女界	80	子供の科学	70			婦人世界	7
	婦人界	5	婦人の鑑	4	婦女界	55	婦人公論	64			中央公論	6
	文章世界	5	少年世界	3	文藝春秋	40	婦女界	61			（以下不明）	
	実業之日本	5	家庭	3	子供の科学	39	主婦の友	56				
	中学世界	4	中央公論	2	漫画倶楽部	36	若草	50				
	太陽	4	少年	2	富士	32	文藝春秋	46				
	婦人クラブ	3	探検世界	2	新青年	28	野球界	38				
	新世界	3	幼年の友	2	改造	27	女人芸術	28				
	明治之家庭	3	文章世界	2	科学画報	24	面白い理科	21				
	早稲田文学	3	（以下略）		中央公論	23	文学時代	20				
	女学生	2			婦人世界	18	改造	19				
	幼年の友	2			野球界	17	子供の国	19				
	婦人の友	2			朝日	16	映画と演芸	19				
	（以下略）				スポーツ	11	富士	18				
					婦人之友	10	婦人画報	18				
					婦人サロン	9	明るい家	17				
					（以下不明）		（以下略）					
合計		399		238		(2,103)		2,327		(1,157)		(277)

注１：対象者は以下のとおりである。①東京の某高等女学生，②東京の某高等女学校本科３，４年生，③東京府立第五高等女学校全生徒，④東京府立第三高等女学校全生徒，⑤東京府下数校の高等女学校生４・５年生，⑥秋田県立本荘高等女学校全生徒。

注２：『少女之友』は『少女の友』のことである。

注３：合計の（　）は，全数が不明の場合の判明分である。

資料：①②松崎天民『社会観察万年筆』1914年，③「女学生の読物調べ」『東京朝日新聞』1932年１月８日付，④「女学生の読む雑誌（東京府立第三高女調査）」図書研究会『総合出版年鑑』1932年版，961-962，⑤河崎なつ「最近女学生の読書傾向」『新女性読本』文藝春秋社，1933年，⑥「これは複雑なお嬢さんの時代性」『秋田魁新報』1932年６月26日付。

出典：永嶺（1997）。

表3－4　男子小学生における雑誌購読状況

	①		②	
調査年	1925年		1929年	
調査地	東京市		東京市	
調査人数	12,383		591	
購読雑誌（人）	少年倶楽部	3,139	少年クラブ	682
	日本少年	1,497	キング	591
	少年世界	717	譚海	367
	譚海	635	富士	339
	キング	523	日活	329
	子供の科学	350	幼年クラブ	319
	少年王	314	講談クラブ	318
	四年生	240	少年世界	300
	五年生	213	日本少年	273
	少年	171	婦人クラブ	251
	小学少年	144	少女倶楽部	219
	飛行少年	144	子供の科学	204
	武侠少年	130	松竹	199
	良友	102	朝日	173
	六年生	112	主婦の友	154
	講談雑誌	111	婦女界	153
	五六年の小学生	110	講談雑誌	146
	少年少女	104	帝キネ	136
	金の星	99	キネマ	126
	赤い鳥	96	蒲田	125
	幼年の友	96	東亜	116
	金の船	91	面白クラブ	108
	童話	65	少女の友	104
	男子の友	63	映画と演芸	99
	絵本	57	金の星	93
	（以下略）		（以下略）	
合計		(9,513)		7,328

注1：対象者は，以下のとおりである。①東京市内の45小学校の尋常4・5・6年生，②東京市本所高等小学校男子生徒。
注2：『少年クラブ』は『少年倶楽部』のことである。
注3：合計の（　）は，全数が不明の場合の判明分である。
資料：①東京市社会局『小学児童思想及読書傾向調査』1926年，25-35，②矢島三郎「上級児童の雑誌閲覧傾向――東京市本所高等小学校での調査」『図書館雑誌』122号，1930年1月，12-13。
出典：永嶺（1997）。

きる。

次に、少年雑誌の男子読者について検証する。戦前の男子小学生の読書調査を見ると、大都市の男子小学生は少年雑誌を購読していたことがわかる。このことは、表3－4からうかがうことができる。表3－4は、永嶺重敏（一九九七）の収集による、東京市の男子小学生の読書調査結果である。これを見ると、『少年倶楽部』『日本少年』『少年世界』などの少年雑誌を購読する小学生が、多数を占めていることがわかる。このなかで、①は一九二五（大正一四）年、②は一九二九（昭和四）年におこなわれた調査であるため、『少年倶楽部』を購読する小学生が多数である。このころには、『少年倶楽部』が、圧倒的多数の支持を獲得していたことが見てとれる。このように、少年雑誌を購読していたのは、大都市の男子小学生であったことがわかるのである。ただ、永嶺重敏（一九九七）は、少年工においても『少年倶楽部』を購読していた者が多数存在したことを明らかにしている。そう考えると、少年雑誌については、東京市の男子小学生が読者の多数を占めていたと把握できるが、ただ、『少年倶楽部』については、少年工も読者のなかに含まれていたととらえることができるのである。なお、『少年倶楽部』の読者に少年工が含まれていたことについては、第八章で詳しく論じることにする。

さらに、『日本少年』『少女の友』の投稿欄・懸賞欄を見ると、大都市居住者が圧倒的多数であったことが見てとれる。このことは、今田絵里香（二〇〇七）による、表3－5、表3－6からうかがうことができる。表3－5は、『日本少年』一九三七（昭和一二）年二月号の、表3－6は、『少女の友』一九三七年二月号の投稿欄の掲載者、および、懸賞欄の懸賞当選者を調査したものである。実は、少年少女雑誌の投稿欄の掲載者、および、懸賞欄の懸賞当選者は、居住地が記載されていることがある。したがって、『日本少年』『少女の友』の投稿欄の掲載者、および、懸賞欄の懸賞当選者の居住地を抽出して、現在の都道府県別に分類し、掲載者、および、懸賞当選者の多数を占める県から順にならべてみたのである。ただ、このなかで、懸賞当選者の居住地の分布が、『日本少年』『少女の友』の購読者の分布に近いのではないかとおもわれる。なぜなら、投稿欄掲載者は、文芸的能力に秀でた者であるため、偏りが大きいとおもわれるが、懸賞当選者は、なんらかの能力がある者ではないため、偏りが小さいとおもわれるからである。最初に、表3－5について検証する。これを見ると、『日本少年』の投稿欄の掲載者については、居住地が記載されている者が少数であるため、把握が困難であることがわかる。懸賞欄の懸賞当選者については、東京都（当時は東京府）、大阪府、兵庫県、京都府といった、大都市居住者が多数を占めることが見てとれる。また、旧植民地の居住者も、多数を占めることがわかる。そして、その次に多数であるのは、北海道、愛知県、福岡県と

表3－5　『日本少年』（1937年2月号）投稿欄掲載者・懸賞当選者の居住地

	投稿欄掲載者（実数／人）	投稿欄掲載者（割合／%）
表記なし	260	79.8
東京	16	4.9
北海道	6	1.8
台湾	5	1.5
大阪	4	1.2
京都	4	1.2
「朝鮮」	4	1.2
群馬	4	1.2
神奈川	3	0.9
愛知	3	0.9
長崎	2	0.6
埼玉	2	0.6
栃木	2	0.6
千葉	2	0.6
新潟	1	0.3
福井	1	0.3
奈良	1	0.3
その他	6	1.8
合計	326	100.0

	懸賞当選者（実数／人）	懸賞当選者（割合／%）
東京	356	7.6
台湾	352	7.5
大阪	292	6.2
兵庫	262	5.6
北海道	202	4.3
「朝鮮」	201	4.3
京都	165	3.5
新潟	145	3.1
表記なし	130	2.8
愛知	123	2.6
福岡	123	2.6
長崎	114	2.4
「満洲」	114	2.4
宮崎	114	2.4
石川	103	2.2
静岡	97	2.1
山口	95	2.0
その他	1719	36.5
合計	4707	100.0

注1：18位以下は「その他」に含めた。
注2：読者の居住地は，「仙台」「札幌」などと細かく区分されているものもあったが，すべて現在の都道府県区分に改めた。
注3：「　」の表記は現在では不適当なものであるが，当時の時代状況をあらわすため，「　」をつけてそのまま表記することとした。
資料：『日本少年』1937年2月号。大阪府立中央図書館国際児童文学館所蔵。
出典：今田（2007）。

いった、人口規模の大きな都市の存在する都道府県の居住者であることが見てとれる。ただ、新潟県の居住者が、愛知県、福岡県の居住者より多数である。これは、実業之日本社の社長の増《ます》田《だ》義《ぎ》一《いち》、編集者の星野水裏、高信峡水が新潟県の出身であることによって、なんらかの影響がもたらされているとおもわれる。

　次に、表3－6について検証する。これを見ると、『少女の友』は、投稿欄の掲載者も、懸賞欄の懸賞当選者も、東京都（当時は東京府）、大阪府、兵庫県、京都府といった、大都市居住者が多数を占めていることがわかる。そして、その次に多数

表3-6　『少女の友』（1937年2月号）投稿欄掲載者・懸賞当選者の居住地

	投稿欄掲載者（実数／人）	投稿欄掲載者（割合／%）
東京	249	19.6
大阪	101	7.9
兵庫	98	7.7
京都	74	5.8
「朝鮮」	66	5.2
北海道	57	4.5
神奈川	35	2.8
福岡	35	2.8
愛知	34	2.7
広島	34	2.7
「支那」	31	2.4
鹿児島	30	2.4
宮城	23	1.8
静岡	23	1.8
長崎	23	1.8
岡山	22	1.7
埼玉	18	1.4
その他	318	25.0
合計	1271	100.0

	懸賞当選者（実数／人）	懸賞当選者（割合／%）
東京	2157	19.7
大阪	1041	9.5
兵庫	862	7.9
京都	498	4.6
「朝鮮」	442	4.0
「満洲」・「支那」	431	3.9
神奈川	415	3.8
北海道	354	3.2
福岡	352	3.2
愛知	349	3.2
広島	269	2.5
静岡	245	2.2
宮城	209	1.9
長崎	189	1.7
新潟	166	1.5
山口	160	1.5
千葉	154	1.4
その他	2638	24.1
合計	10931	100.0

注1：18位以下は「その他」に含めた。
注2：読者の居住地は，「仙台」「札幌」などと細かく区分されているものもあったが，すべて現在の都道府県区分に改めた。
注3：「　」の表記は現在では不適当なものであるが，当時の時代状況をあらわすため，「　」をつけてそのまま表記することとした。
資料：『少女の友』1937年2月号。大阪府立中央図書館国際児童文学館所蔵。
出典：今田（2007）。

であるのは、旧植民地の居住者、また、神奈川県、北海道、福岡県、愛知県、広島県といった、人口規模の大きな都市が存在する都道府県の居住者である。さらに、この表3-5、表3-6から、懸賞欄の懸賞当選者全体における東京都（当時は東京府）居住者の割合を算出すると、『日本少年』は、七・六パーセントであるが、『少女の友』は一九・七パーセントである。したがって、『少女の友』に関しては、大都市居住者に支持されていたと考えることができる。『日本少年』に関しても、大都市居住者に支持されていたととらえることができるが、『少女の友』と比べると、他の都市の読者にも支持されていたととらえることができる。

このように、少年少女雑誌の男子・女子読者は、都市の男子・女子が多数を占めていたといえるのである。そして、都市の男子・女子のなかでも、『日本少年』『少女の友』の読者に関しては、女工・少年工などの都市下層の男子・女子は読者に含まれていなかったのである。また、都市上層の男子・女子は、そもそも数が少ないといえる。したがって、少年少女雑誌の男子・女子読者、とくに、『日本少年』『少女の友』の男子・女子読者に関しては、都市中間層が多数を占めていたと把握することができる。もちろん、これまで見てきた読者調査結果においては、男子・女子読者の父親の職業が明らかにはなっていないため、その都市中間層が、都市新中間層か、農業・商工業を営んでいる都市旧中間層かはわからないが、読者調査結果において女学生が多数を占めていたこと、『日本少年』『少女の友』が小学生・中学生ないしは女学生を読者としてとらえていたことを考慮すると、男子・女子読者は学歴獲得志向を有すると考えられるため、都市新中間層の男子・女子が、あるいは、都市新中間層をめざしている都市旧中間層の男子・女子が多数を占めていたのではないかと考えられる。都市新中間層をめざしている都市旧中間層というのは、どのような存在かというと、都市旧中間層ではあるが、男子・女子に学歴を獲得させて、その学歴を媒介にして職業獲得ないしは結婚させることで、都市新中間層に転身させることを希望している人たちということである。

6　都市新中間層の子どもとは何か

最後に、本章で明らかになったことをまとめることとする。少年少女雑誌の王者の変遷を辿ると、『少年世界』『少女世界』から『日本少年』『少女の友』に移り変わることがわかった。一九〇〇年代、商業上の成功を収め、少年少女雑誌界の頂点に君臨したのは、『少年世界』『少女世界』であった。その後、一九一〇年代、少年少女雑誌界の頂点に君臨したのは、『日本少年』『少女の友』であった。

この「『少年世界』『少女世界』から『日本少年』『少女の友』へ」の移り変わりの背後にあったのは、第一に、子ども向けの読みものの変化である。「少年文学」叢書、および、『少年世界』『少女世界』は、「お伽噺」を広めていった。そして、それは、わたしたちのおもうところの児童文学とは、まるっきり異なるものであった。「お伽噺」は、第一に、硯友社の作家が中心になって執筆にあたっていた。第二に、文語体で書かれていた。第三に、残酷な事柄・性的な事柄など、大人の事柄を描写していた。したがって、「お伽噺」は、「大人」と「少年」「少女」を区別する視点をもっていなかったのである。

その後、「愛子叢書」、および、『日本少年』『少女の友』は、「少年小説」「少女小説」を広めていった。それは、わたしたちがおもうところの児童文学そのものであった。第一に、文壇で名声を得ている作家が執筆にあたっていた。第二に、言文一致体で書かれていた。第三に、残酷な事柄・性的な事柄など、大人の事柄を排除していた。したがって、「少年小説」「少女小説」は、「大人」と「少年」「少女」を区別する視点をもっていたのである。

「『少年世界』『少女世界』から『日本少年』『少女の友』へ」の移り変わりの背後にあったのは、第二に、文の内容の変化である。『日本少年』『少女の友』は、第一に写生主義、第二に童心主義を標榜して、「少年」「少女」の見たまま、おもったままの文を讃美していた。したがって、『日本少年』『少女の友』は、「少年」「少女」の独自のあり方、いいかえると、大人とは異なる独自のあり方を称揚していたのである。

『日本少年』『少女の友』は、人びとに支持された。その背景にあったのは、都市新中間層の量的拡大であった。都市新中間層は、第一に教育主義、第二に童心主義のまなざしをもっていた。第一の教育主義のまなざしとは、子どもに教育を受けさせることに価値を見出すまなざしで、第二の童心主義のまなざしとは、大人と子どもを区別して、子どもの純真無垢であることを讃美するまなざしである。そして、『日本少年』『少女の友』は、童心主義のまなざしをもっていた。『日本少年』『少女の友』は、「少年小説」「少女小説」をとおして、大人と「少年」「少女」を区別して、「少年」「少女」の純真無垢であることを称揚していた。また、『日本少年』『少女の友』は、写生主義、童心主義を掲げて、大人と子どもの文を区別して、子どもたちが大人の文を模倣することを禁止し、「少年」「少女」のありのままの文を作ることを讃美していた。それゆえ、『日本少年』『少女の友』は、童心主義のまなざしをもっていたのであった。いいかえると、大人と「少年」「少女」を区別して、「少年」「少女」の純真無垢であることを称揚していたのであった。したがって、『日本少年』『少女の友』の童心主義のまなざしは、都市新中間層の童心主義のまなざしと一致していたのである。だからこそ、都市新中間層の人びとは、『日本少年』『少女の友』を支持したのであった。

それゆえ、『日本少年』『少女の友』の「少年」「少女」は、あらゆる男子・女子を意味していなかった。『日本少年』『少女の友』の「少年」「少女」は、都市新中間層の男子・女子を意味していたのであった。

このように、『日本少年』『少女の友』は、「少年」「少女」を明確化していった。したがって、『日本少年』『少女の友』は、「少年」「少女」を大人とは異なるものとして意味づけて、「少年」「少女」を純真無垢な存在として描いていったのであった。

引用文献

芦田恵之助『綴り方教授』育英書院、一九一三年。

芦田恵之助『綴り方教授法』育英書院、一九一四年→「綴り方教授法」『綴り方教授法・綴り方教授に関する教師の修養』玉川大学出版部、一九七三年、一―二二四頁。

芦田恵之助『綴り方教授に関する教師の修養』育英書院、一九一五年→「綴り方教授に関する教師の修養」井上敏夫他編『近

代国語教育論大系　四　大正期I』光村図書、一九七五年、二五三―三一九頁。

今田絵里香『「少女」の社会史』勁草書房、二〇〇七年。

今田絵里香「少年少女の投書文化のジェンダー比較――一九〇〇～一九一〇年代の『日本少年』『少女の友』分析を通して」小山静子編『男女別学の時代――戦前期中等教育のジェンダー比較』柏書房、二〇一五年、二〇九―二五二頁。

巖谷小波『こがね丸』博文館、一八九一年。

巖谷小波『こがね丸』博文館、一八九一年。→「こがね丸」桑原三郎・千葉俊二編『日本児童文学名作集　上』岩波書店、一九九四年、五七―一一四頁。

小山内薫「夜も抱いて」巖谷小波『三十年目書き直しこがね丸』博文館、一九二一年。→『三十年目書き直しこがね丸　名著複刻　日本児童文学館　第二集　一四』ほるぷ出版、一九七四年、一九五―一九六頁。

大阪国際児童文学館編『日本児童文学大事典　第二巻』大日本図書、一九九三年。

河原和枝「〈子供〉の発見と児童文学」関口安義・日本児童文学学会編『児童文学の思想史・社会史』東京書籍、一九九七年、四七―七二頁。

河原和枝『子ども観の近代――『赤い鳥』と「童心」の理想』中央公論社、一九九八年。

門脇厚司「新中間層の量的変化と生活水準の推移」日本リサーチ総合研究所編『生活水準の歴史的分析』総合研究開発機構、一九八八年、二一三―二四九頁。

木村小舟『少年文学史　明治篇　下巻』童話春秋社、一九四二年。

久米依子『「少女小説」の生成――ジェンダー・ポリティクスの世紀』青弓社、二〇一三年。

小山静子『家庭の生成と女性の国民化』勁草書房、一九九九年。

小山静子『子どもたちの近代――学校教育と家庭教育』吉川弘文館、二〇〇二年。

沢山美果子『近代家族と子育て』吉川弘文館、二〇一三年。

実業之日本社社史編纂委員会編『実業之日本社百年史』実業之日本社、一九九七年。

渋沢青花『大正の『日本少年』と『少女の友』――編集の思い出』千人社、一九八一年。

島崎藤村『眼鏡』実業之日本社、一九一三年→『眼鏡　名著復刻　日本児童文学館　第二集　五』ほるぷ出版、一九七四年。

関口安義「日本児童文学の成立――思想史・社会史の視点から」関口安義・日本児童文学学会編『児童文学の思想史・社会史』東京書籍、一九九七年、一一―四三頁。

土田陽子『公立高等女学校にみるジェンダー秩序と階層構造――学校・生徒・メディアのダイナミズム』ミネルヴァ書房、二〇一四年。

永嶺重敏『雑誌と読者の近代』日本エディタースクール出版部、一九九七年。

滑川道夫『日本作文綴方教育史　1　明治篇』国土社、一九七七年。

新美南吉『校定新美南吉全集』第一〇巻、大日本図書、一九八一年。

牟田和恵『戦略としての家族――近代日本の国民国家形成と女性』新曜社、一九九六年。

森永卓郎監修『明治・大正・昭和・平成　物価の文化史事典』展望社、二〇〇八年。

史　料

『赤い鳥』赤い鳥社、一九一八年七月号。

『赤い鳥 CD-ROM版　創刊九〇周年記念』大空社、二〇〇八年。

『少女世界』博文館、一九〇六年九月号～一九一九年一二月号（欠号：一九一七年九月号、一九一九年九～一〇月号）。

『少女の友』実業之日本社、一九〇八年二月号～一九一九年一二月号。

『少年世界』博文館、一八九五年一月一日号～一九一九年一二月号。

『日本少年』実業之日本社、一九〇六年一月号～一九一九年一二月号。

『日本少年　マイクロフィッシュ版　第一巻』～『日本少年　マイクロフィッシュ版　第六巻』早稲田大学図書館編、雄松堂フィルム出版、二〇〇五年。

『復刻版　少年世界　一（一―六）』～『復刻版　少年世界　九（一三―一六）』名著普及会、一九九〇～一九九一年。

第Ⅱ部　「少年」「少女」の展開

第四章　新体詩の名手と口語詩の名手
――『日本少年』『少女の友』の少年少女詩の差異――

1　『日本少年』『少女の友』の「少年」「少女」はどのようなものだったのか
――少年少女詩から見る

第Ⅰ部では、『日本少年』『少女の友』が「少年」「少女」に関する知を明確化したことを見てきた。そこで、第Ⅱ部では、第一に、この『日本少年』『少女の友』における「少年」「少女」に関する知がそれぞれどのようなものであったのか、第二に、それらがそれぞれどのように変遷したのかを明らかにする。

そのために、分析史料として、『日本少年』『少女の友』を中心に見ることとする。数ある少年少女雑誌のなかで、『日本少年』と『少女の友』を分析するのは、一つに、第三章に見たように、『日本少年』『少女の友』が、「少年」「少女」を明確化したからである。二つに、長期にわたって継続した少年少女雑誌だからである。これは、長期にわたる変遷を明らかにするためには、不可欠な条件である。三つに、同じ出版社の少年少女雑誌だからである。これは、比較をするためには、欠かすことのできない条件である。たとえば、附表1、附表2を見ると、創刊号から、終戦の一九四五（昭和二〇）年八月号まで、もっとも長期間にわたって刊行されているのは、少年雑誌では『少年世界』、少女雑誌では『少女の友』であることがわかる。したがって、もっとも長きにわたって「少年」「少女」に関する知の変遷を明らかにすることができるのは、『少年世界』『少女の友』の組み合わせである。しかし、『少年世界』『少女の友』は、異なる出版社の少年少女雑誌であるため、比較が困難である。抽出した相違が少年少女雑誌間の相違なのか、出版社間の相違なのかを判断することが困難だからである。そこで、長期にわたって継続して刊行されていること、および、同じ出版社であることを条件にすると、もっともその二条件にあてはまるのは『日本少年』『少女の友』となる。したがって、『日本少年』『少女の友』を分析することにしたのである。

また、分析期間として、第四章では少年少女詩に、第五章では投書欄に焦点を当てているため、それらが支持を集めた一九〇〇、一九一〇年代に着目することとする。さらに、第六章では、『少女の友』の抒情画・伝記・少女小説に、第七章では、『日本少年』の抒情画・伝記・少年小説に焦点を当てているが、抒情画・伝記・少年少女小説は、あらゆる年代で支持を集めている。そのため、第六章では、『少女の友』の抒情画・伝記・少女小説に焦点を当て、最初の少女雑誌である『少女界』の生まれた一九〇二（明治三五）年から、終戦となった一九四五年までを分析することとする。そして、第七章では、『日本少年』の抒情画・伝記・少年小説に焦点を当て、最初に商業上の成功を収めた少年雑誌である『少年世界』の生まれた一八九五（明治二八）年から、終戦となった一九四五年までを分析することとする。ただ、『日本少年』の「少年」に関する知、『少女の友』の「少女」に関する知を見ると、『少女の友』の「少女」に関する知は、一九二〇（大正九）年に変容が、『日本少年』の「少年」に関する知は、一九二六（大正一五・昭和元）年から一九三五（昭和一〇）年までの一〇年の間に変容が見られるため、第六章では一九二〇年の変容に、第七章では一九二六年から一九三五年までの変容に着目することとする。

本章は、一九〇〇、一九一〇年代の『日本少年』『少女の友』の少年少女詩に焦点を当てる。そして、『日本少年』『少女の友』の少年少女詩における「少年」「少女」に関する知は、それぞれどのようなものであったのかを明らかにする。そのために、第一に、『日本少年』『少女の友』の少年少女詩がどのようなものであったのかを、第二に、少年少女詩がどのように異なっていたのかを検証することにする。

本章が少年少女詩に着目するのは、少年少女詩が、少年少女雑誌において読者の支持を集めたジャンルの一つであったからである。とくに、一九一〇年代、『日本少年』では、有本芳水《ありもとほうすい》の少年詩が読者の絶大な支持を獲得したといわれている（実業之日本社社史編纂委員会編　一九九七）。たとえば、実業之日本社の社史は「有本は（中略）当時の少年たちを魅了した」（実業之日本社社史編纂委員会編　一九九七、六六）としている。また、日本児童文学事典は「芳水は（中略）七五調を基調とする独特の名調子で人気を集め、（中略）特に『芳水詩集』は三五〇版を重ねるという超ベストセラーになった」としている（大阪国際児童文学館編　一九九三、六〇二）。したがって、本章は、少年少女詩に着目することにしたのである。

そのため、一九〇〇、一九一〇年代の『日本少年』『少女の友』における少年少女詩、および、通信欄・文芸欄を分析する。したがって、『日本少年』は、一九〇六（明治三九）年から一九一九（大正八）年まで、『少女の友』は一九〇八（明治四一）年から一九一九年までを分析することになる。少年少女詩を分析するのは、先に見たように、少年少女詩の「少年」「少女」に関する知を明らかにするためであるが、通信欄・文芸欄を分析するのは、編集者、および読者が、少年少女詩を、そして少年少女詩における「少年」「少女」に関する知を、どのように把握しているかを明らかにするためである。

一九〇〇、一九一〇年代を分析するのは、第一に、一九一〇年代が、『日本少年』『少女の友』の黄金時代にあたるからである。いいかえると、もっとも男子・女子読者の支持を集めた時代だといえるからである。第三章で見たように、一九一〇年代、『日本少年』『少女の友』は、『少年世界』『少女世界』を凌駕して、少年少女雑誌界の頂点に君臨する。ここでこのことが『日本少年』でどのように把握されているのかを見てみることにする。たとえば、『日本少年』の編集者は、『日本少年』一九一一（明治四四）年一月号は、発行部数が一二万部であったと主張している。「諸君『日本少年』は正月、十二万刷ったんですよ。少年雑誌で十二万刷る雑誌が何処にあらうか」（滝沢素水「誌友会の成立に就いて」『日本少年』一九一一（明治四四）年一月号、六四）と。このように、『日本少年』の編集者は、発行部数が一二万部であったこと、かつ、その一二万部が少年雑誌界の最高発行部数であったことを豪語しているのである。また、一九一二（明治四五）年一月号は、発行部数が一五万部であったとしている。「去年のお正月に私は、日本少年の愛読者は十二万あると申しました。然るに一年後の今年のお正月には、驚くではありませんか。十五万の愛読者を有つやうになりました」（滝沢素水「談話倶楽部　インキ壺」『日本少年』一九一二（明治四五）年二月号、八八）と。さらに、一九一三（大正二）年一月号は、発行部数が二五万部であったととらえている。「その部数の如きは如何でせう、少年雑誌界第一と目さるるに至りました。殊に本号の如きは二十五万部と云ふ、日本の雑誌界に未だ一度としてなかつた大部数を印刷しました」（編集者「通信　記者より」『日本少年』一九一三（大正二）年一月号、一一〇）と。このように、編集者は、発行部数が二五万部であったこと、かつ、この二五万部が雑誌界の最高発行部数であったことを高言しているのである。また、一九一九年一月号は、発行部数が三五万部であったとしている。「新年号の如きは印刷部数三十五万といふに至つては、恐らく我国雑誌界のレコードであらうと思ひます」（編集者「通信　編集だより」『日本少年』一九一九（大正八）年一月号、九六）と。このように、編集者は、発行部数が三五万部であったこと、かつ、この三五万部が雑誌界の最高発行部数であったことを誇っているのである。

さらに、『少女の友』でどのように把握されていたのかを見てみることにする。たとえば、『少女の友』の編集者は、『少女の友』一九一三年二月号の発行部数が、少女雑誌界における最高発行部数であったととらえている。「少女の友が、日本一だの東洋一だのと言つてた時代は既に去りました。今ではもう他の雑誌とは比較にならない程の大部数を発刊してゐるのです。営業部よりの報告に依れば、他の少女雑誌総てを合せた部数と少女の友とは匹敵してゐるさうです。やがてその二倍にも三倍にもなる事でせう」（星野水裏「談話倶楽部　本誌編集上の刷新」『少女の友』

一九一三（大正二）年二月号、九七）と。このように、『少女の友』の編集者は、この号の発行部数が少女雑誌界の最高発行部数であったこと、かつ、その数が他の少女雑誌の全発行部数を合わせた数であったことを、高らかに宣言しているのである。このように見てくると、一九一〇年代は、『日本少年』『少女の友』が少年少女雑誌界の王者となる時代であるということができる。

第二に、一九一〇年代は、少年詩の名手であった有本芳水が、『日本少年』の編集にかかわった時代だからである。そのことを有本芳水の入社の時点から見てみることとする。有本芳水は、一九一〇（明治四三）年五月、実業之日本社に入社した。その後、一九一二年一月、『日本少年』の編集長となった。編集長とは、編集主筆の補佐をする役割である。この人事異動は、それまで編集長であった小倉紅楓《おぐらこうふう》が兵営に入ったことによっておこなわれたものである。

紅楓君が入営されたので有本芳水君が代つて編集長になりました。（中略）今まで裏面に於いて力を尽くしてをつた芳水君は、今度表面に現はれて大活動をなし『日本少年』の為に一段の光彩を添へることでございませう。（滝沢素水「談話倶楽部　思ひ出づる儘」『日本少年』一九一二（明治四五）年一月号、一〇〇―一〇二）

この引用を見ると、有本芳水は、入社した時点から、『日本少年』に作品を載せていたことがわかる。そして、編集者になった時点からは、『日本少年』にますます作品を載せることが期待されていたことが見てとれる。この人事異動によって、『日本少年』の編集主筆は滝沢素水《たきざわそすい》に、編集長は有本芳水になった。そして、その後、一九一二（大正元）年一二月、ついに有本芳水は編集主筆となった。そして、松山思水《まつやましすい》が編集長になった。ところが、その後、一九一九年八月号をもって、有本芳水は『実業之日本』に異動となった。そして、一九一九年九月号から、

『日本少年』の編集主筆は渋沢青花《しぶさわせいか》に、編集長は中島薄紅《なかじまはっこう》になったのであった。このように、一九一〇年代は、有本芳水が編集者として、また、少年詩の名手として、『日本少年』に貢献した時代であるといえるのである。

第三に、一九一〇年代は、少女詩の名手であった星野水裏《ほしのすいり》が、『少女の友』の編集にかかわった時代だからである。そのことを星野水裏の『日本少年』編集主筆就任の時点から見てみることとする。星野水裏は、『日本少年』の創刊号である一九〇六年一月号において、『日本少年』の編集主筆の任に就いた。ただし、この『日本少年』では、星野水裏は「星野白頭《ほしのはくとう》」の雅号を用いていた。ところが、『日本少年』一九〇六年一二月号から、星野水裏は志願兵として入営することになった。そのため、石塚月亭《いしづかげってい》が『日本少年』の編集主筆となった。星野水裏が復帰したのは、『日本少年』一九〇七（明治四〇）年一二月号からである。しかし、引き続き、石塚月亭が編集主筆の任を遂行している。その代わり、星野水裏は、『少女の友』の創刊号である一九〇八年二月号から、同雑誌の編集主筆の任に就くことになった。ただし、『少女の友』では、星野水裏は「星野水裏」の雅号を使うようになった。そのため、『日本少年』でも、一九〇九（明治四二）年七月号から、「星野白頭」を封印して、「星野水裏」を名乗るようになった（星野水裏「談話倶楽部　白頭を葬る辞」『日本少年』一九〇九（明治四二）年七月号、八四―八五）。なお、『少女の友』は、一九〇〇年代、一九一〇年代に関しては、『日本少年』と違い、編集主筆一人に編集の責任を負わせていたようである。その後、『少女の友』一九一三年二月号から、星野水裏は編集主筆を退き、代わりに、岩下小葉《いわしたしょうよう》が編集主筆の任に就いている。

本誌は本号から、多少の刷新を加へたつもりでございます。
別に大した理由と言つてはないのですが、只少し目先を変へて見たいといふ考から、かういふ事にしたのです。

然しこれが為めに、従来私が主として編集して来ましたのを、本号からは小葉君が主として編集する事になりました。

（星野水裏「談話倶楽部　本誌編集上の刷新」『少女の友』一九一三（大正二）年二月号、九六）

このように、一九一〇年代は、星野水裏が編集者として、また、少女詩の名手として、『少女の友』に貢献した時代であるといえるのである。

ただし、本章では、一九一〇年代に至る前の動向を把握するために、一九〇〇年代を助走の時代、一九一〇年代を飛躍の時代ととらえて、一九〇〇、一九一〇年代の変遷を把握することとする。そして、一九二〇年代からは、分析しないこととする。なぜなら、有本芳水が、一九一九年九月に『実業之日本』に異動すると、『日本少年』『少女の友』の少年少女詩の取り扱い方が大きく変わると考えられるからである。

本章では、助走の時代の一九〇〇年代、飛躍の時代の一九一〇年代を分析することで、男子・女子読者の支持を集めた文化がそれぞれどのようなものであったのか、そして、その文化はそれぞれどのように異なっていたのかを明らかにすることができると考えている。一九一〇年代、『日本少年』『少女の友』が読者の支持を集めるようになった。また、一九一〇年代、有本芳水が、『日本少年』の編集者として編集にかかわって、少年詩を大量に載せるようになった。そして、星野水裏が、『少女の友』の編集者として編集にかかわって、少女詩を大量に載せるようになった。そうであるとすると、前者の『日本少年』『少女の友』の支持拡大と後者の有本芳水・星野水裏の支持拡大は、大いに関連があるとおもわれる。したがって、一九一〇年代、少年少女詩の作りだした「少年」「少女」に関する知が、男子・女子読者の心を惹きつけていたのではないかと考えることができるのである。本章では、この知がいったいどのようなものであったのかを、明らかにすることにする。

2　新体詩の名手

一九一〇年、二人の編集者が実業之日本社に入社した。有本芳水と岩下小葉である。この二人は、『日本少年』では、まったく異なる型の編集者として表象されている。最初に、『日本少年』において紹介されたのは、有本芳水であった。これは一九一〇年五月号におけるできごとである。このころ、『日本少年』の編集主筆は滝沢素水が務めていた。『日本少年』の編集主筆は、星野水裏、石塚月亭、東草水《ひがしそうすい》に受け継がれて、一九一〇年三月号から、滝沢素水に交代していたのであった（東草水「通信　読者諸君」『日本少年』一九一〇〔明治四三〕年二月号、九七）。この号では、有本芳水は、編集主筆の滝沢素水によって次のように紹介されている。

その人は、姓は有本、名は歓之助、早稲田大学国語漢文科出の秀才で、芳水の二字は、久しく日本の新詩壇に重きをなしてゐる。『日本少年』が此有力なる記者を迎へて、更に一段の光彩を発揮すべきことはいふを待たない。（滝沢素水「談話倶楽部　芳水君を紹介す」『日本少年』一九一〇〔明治四三〕年五月号、七二）

このように、有本芳水は、早稲田大学国語漢文科出身の秀才とされているのである。そして、すでに新詩壇で名声を獲得しているとされているのである。この新詩とは、新体詩のことである。

次に、『日本少年』に紹介されたのが、岩下小葉であった。これは一九一〇年六月号におけるできごとである。この号では、岩下小葉は、編集主筆の滝沢素水によって次のように紹介されている。

さて今度新たに入って来た人は、小葉、岩下天年といふ。ちょっと聞くと号が二つあるやうだが、小葉は号で天年は名である。早稲田大学英文科出の秀才で、特に少年文学に多大の趣味を有し、学校時代から日本の小アンダーセンといはれてゐた。

（滝沢素水「談話倶楽部　小葉君を紹介す」『日本少年』一九一〇（明治四三）年六月号、七二）

このように、岩下小葉は、早稲田大学英文科出身の秀才と紹介されているのである。そして、すでに学生のころから、「日本の小アンダーセン」といわれているとされているのである。このアンダーセンとは、デンマークの児童文学作家であるハンス・クリスチャン・アンデルセンのことである。

まとめると、有本芳水は、国語漢文科出身で、新体詩の名手として紹介されている。一方、岩下小葉は、英文科出身で、西欧の児童文学の影響を受けている者として紹介されているのである。

さらに、有本芳水の入社の辞は、次のように技巧を凝らしたものであった。

今は春の盛りである。花は美しく咲き乱れ、鳥は楽しげに囀って居る。

（中略）

不才ながらも諸先輩諸氏の驥尾に附して力のある限り尽さうと思って居る。諸君は人生の春である、そして、諸君の満身の血潮は燃えて居る、私は又諸君に接するのを愉快に思ふ。

私は今花近き窓により、涼しい鳥の声を聞き、花やかな真昼の雲を見乍ら、諸君の事を思って居る。

顔を見ないけれども、私は諸君を自分の弟のやうに思ふ。

時は春、野には佐保姫の車きしり、海には波踊って自らなる歌をうたって居る、嗚呼諸君健全に居て呉れ給へ。

（有本芳水「談話倶楽部　入社の辞」『日本少年』一九一〇〈明治四三〉年五月号、七二）

このように、有本芳水の入社の辞は、まるで詩のような文であった。たとえば、この文に見られる「佐保姫」とは、春の神の名である。そして、詩歌によく詠まれる題材である。たとえば、正岡子規《まさおかしき》は、「佐保神の別れかなしも来ん春にふたたび逢はんわれならなくに」（正岡　一八八二〜一九〇二→一九五六、三六八）と詠んでいる。このように、有本芳水の入社の辞は、詩歌の題材を挿入しているため、新体詩の名手らしい文であるといえる。また、国語漢文科出身らしい文であるといってもよいとおもわれる。

一方、岩下小葉の入社の辞は、次のように、読み易い、かわいらしいものであった。

若葉の陰涼しき四月の末、名もなき小さな葉の一片が、何うした拍子かここの編集局の一隅へまぎれ込みました。まぎれ込んで驚いたことには編集局の中には美しい、鏡のやうな水が一ぱい、迚もこの小さい醜い身を容るることは出来ない。顔を赤らめて独りでマゴマゴして居ると、シャブリと微かに水の音が聞える。耳を傾けるとやさしい声だ、「さう遠慮しなくても好い。早くここへお出で」。小さい葉はとび立つ程のうれしい思ひで、とうとうその美しい水面に浮べて貰ふことになりました。

（岩下小葉「談話倶楽部　入社の辞」『日本少年』一九一〇〈明治四三〉年六月号、七二）

この文に見られる「小さな葉」とは、岩下小葉のことである。そして「美しい水」とは、実業之日本社の編集者の星野水裏、高信峡水《たかのぶきょうすい》、滝沢素水、東草水、大久保紫水《おおくぼしすい》、有本芳水のことである。たとえば、前年の『日本少年』一九〇九年八月号では、東草水が、早稲田大学英文科出身の大久保紫水を次のように紹介している。

水裏峡水素水草水と、撒水車の様に尻尾に水をくっつけた連中の多い中へ、又々水男が飛び込んで来た。かう河童の仲間ばかりが増えては、今に編集局が海水浴場となるかも知れぬ。

（東草水「談話倶楽部　紫水君を紹介す」『日本少年』一九〇九〔明治四二〕年八月号、七五）

これが示すように、実業之日本社の編集者には、「水」の字が入った雅号をもつ者が多数を占めていたのである。したがって、岩下小葉は、このような実業之日本社の編集者のあり方をとらえて、「美しい水」とあらわしたのである。この岩下小葉の入社の辞は、「小さな葉」を擬人化して冒険させるというストーリーになっているため、まるでメルヘンのような文だといえ、小アンデルセンと称される者らしい文だともといえる。なぜなら、まるで西欧の児童文学のような文だからである。また、英文科出身らしい文だといってもよいとおもわれる。

まとめると、入社の辞を見る限りは、有本芳水は詩のような文、岩下小葉はメルヘンのような文を書いているため、この二人はまるっきり異なる二人として表象されていたと考えることができる。

ただ、どちらかというと、岩下小葉のほうが、『日本少年』『少女の友』の「少年」「少女」に関する知に、ふさわしい知を作りだしていたようにおもえる。なぜなら、先に見たように、実業之日本社は、「愛子叢書」、および、『日本少年』『少女の友』の「少年小説」「少女小説」をとおして、大人と「少年」「少女」を区別し、「少年」「少女」を純真無垢の存在として表象していたからである。そして、岩下小葉は、「小さな葉」を純真無垢の存在として描いていたからである。したがって、岩下小葉の「少年」「少女」に関する知は、「少年」「少女」を純真無垢の存在として描き出しているという点において、『日本少年』『少女の友』の「少年」「少女」に関する知と共通点のあるものだったようにおもわれる。

ところが、男子読者が支持したのは、有本芳水のほうであった。有本芳水は、実業之日本社入社後、『日本少年』

に作品を載せ始めた。第三章で見たように、『日本少年』には、言文一致体の「少年小説」が大量に載っていた。にもかかわらず、有本芳水は、自在に文体を操ってさまざまな文体の文を載せていたのであった。したがって、有本芳水は、ときには言文一致体の少年小説を、ときには和文体の紀行文を、ときには和文体・言文一致体混合の紀行文を、ときには新体詩を載せていたのであった。そして、その有本芳水の作品は、たちまちのうちに、男子読者の支持を獲得することになったのであった。

たとえば、有本芳水の少年詩は、次のようなものである。

淡路島

歌の淡路の海越えて
絵島が磯に風立てば
秋やよき日のうるわしき
五色が浜に散る石の
一つ一つのいろどりに
旅の涙は湧き出でぬ。

島を南につらなれる
名も先山の頂の
巌にのぼり杖ついて
太古の姿しのぶれば

落日の名残むらさきに
神語をもしのばしむ。

小貝を拾い波に濡れ
千鳥の歌を聞きつつも
沙の上にただひとり
ちいさき城をつくるとき
袖をかざしてはるかなる
紀伊路の方を眺むれば。

音なく暮るる海の上に
由良より来る船ならむ
櫓拍子たかく船子等は
「あれは紀の国蜜柑船」
国のなまりの船唄を
たかく悲しく唄うかな。

思えばわれは旅の子の
磯松原の松かげに

松葉ひろいて焚きつつも
笠にかぎろう落日の
赤きいろいのたゆたいに
故郷恋いて泣きにしを。

やがて港の町に入り
赤き灯ともる旅籠屋に
脚絆をとりて笠ぬぎて
行燈の前に船の子が
港港のうつくしき
その物がたり聞かんかな。

（有本　一九一二→一九九六、二八四）

この詩にある「淡路島」は、有本芳水にとって、なつかしさを覚えさせる場所であったようである。なぜなら、有本芳水は兵庫県飾東郡飾磨津田町（現在の姫路市）の出身だからである。おそらく、有本芳水は、幼少時代においで、しばしば淡路島を訪れていたのではないかとおもわれる。したがって、この詩においては、淡路島を訪れた大人になった有本芳水が幼少時代のことをおもいだして、涙にむせんでいるさまがうたわれていると考えることができるのである。

この詩を見ると、有本芳水の少年詩は、第一に、新体詩であったことがわかる。いいかえると、文語定型詩であったといえる。たとえば、この「淡路島」は、和文体が用いられ、七・五のリズムがくりかえされている。第二に、有本芳水の少年詩は、悲哀が主題になっていたことが見てとれる。たとえば、この「淡路島」は、「旅の涙」「故郷恋いて泣きにしを」と書かれているため、旅愁、郷愁に涙するものとなっているととらえることができる。

そして、男子読者たちは、この有本芳水の少年詩を支持していたのである。なぜなら、『日本少年』通信欄には、男子読者たちからの有本芳水の少年詩を絶賛する投書であふれかえっていたからである。たとえば、この「淡路島」が『日本少年』の一九一二年九月号に載った後、この詩を絶賛する男子読者たちの投書が、『日本少年』の一九一二年一〇月号に掲載されたのである。

芳水先生、山里に住む男の子は先生のお懐しき名をお慕ひ申して居ります。私は久しい間淡路に住まつて居りました。絵島が磯に美しき石をひろつて遊びました。淳仁天皇の御陵の前に落日の景を眺めて昔日のイリユージヨンに耽けつたこともございました。ああ千鳥鳴き交ふ詩の国は懐かしい懐かしい私の第二の故の郷でございます。先生が九月号の「淡路島」は私にはなつかしく居《ママ》られません。私は先生が慕しくつてなりません。

（峰の人「通信」『日本少年』一九一二〔大正元〕年一〇月号、一一〇）

この「峰《みね》の人《ひと》」は、淡路島を第二の故郷であると考えているため、有本芳水と同じように、淡路島をなつかしくおもっているのである。だからこそ、有本芳水の「淡路島」を称賛しているのである。さらに、「峰の人」は、有本芳水自身を慕っているというのである。このように、男子読者は有本芳水の詩を絶賛していたのである。

また、有本芳水の紀行文は、次のようなものである。

あはれ廃れたる旧道の石！　そは幾度額白き武士、赤き脚絆の乙女、槍の穂先の供奴が、草鞋の下に踏みて躙られけむ。今はた、栄華の夢もまぼろしの絵と消えて、ただおもひでのみぞのこるなる。

追懐の念は新に泉と湧いて、ありしそのかみの光景など、夢の如くに目の前にあらはれ来りしが、されどいつまでかくあるべきにもあらず、其のうち日の暮れかかるに、暗くなりてはとて、ひた急ぎに急ぎて、灯のともる頃ほひ再び湯本にかへりつきぬ。

（有本芳水「箱根の旅」『日本少年』一九一四〔大正三〕年七月号、七五）

このように、有本芳水は技巧を凝らした和文体で、箱根の風景を描写していたのである。

この紀行文を見ると、第一に、和文体が用いられていたことがわかる。第二に、少年詩と同じように、悲哀が主題となっていたことが見てとれる。たとえば、この「箱根の旅」では、有本芳水は箱根の旧道をながめ、かつてはそこが東海道の難所として、人びとに盛んに利用されていたことにおもいを馳せる。そして、今はすっかり廃れてしまった旧道にたいして、哀れを誘われるのである。

そして、男子読者たちは、この有本芳水の紀行文に酔いしれていたのである。なぜなら、『日本少年』通信欄には、男子読者たちが有本芳水の紀行文に心酔する投書が大量に載っていたからである。たとえば、この「箱根の旅」が『日本少年』の一九一四（大正三）年七月号に載った後、男子読者たちの反響が『日本少年』一九一四年八月号に集まったのである。

芳水先生「箱根の旅」は実に詩的でしたね。全く詩をよむ通りだつた。

（読者「通信」『日本少年』一九一四〔大正三〕年八月号、一〇四）

芳水先生、「箱根の旅」は懐しうございました。古い錦絵を見るやうな――温い母の乳房にすがるやうな心

持で幾度も幾度も繰りかへして読みました。（横田匂秋「通信」『日本少年』一九一四〔大正三〕年八月号、一〇五）

このように、有本芳水の紀行文は、詩のようなもの、錦絵のようなものとして、男子読者によって讃美されていたのである。

また、有本芳水は、言文一致体の紀行文も載せている。とはいえ、言文一致体と和文体が混じった紀行文である。

見よその絶景！　海は緑の色を布いて、其上には無数の島島が眠れる如く浮んでゐる。近きは濃く、遠くは墨絵さながらに、白帆は夏霞の中を流れて、網ひく唄が風のまにまに聞えて来る。私はしばし恍としてその景に見とれた。

昼飯を茶亭に命じて置いて後、私はまたそこから四五丁隔つた談古嶺に行つて見た。（中略）あはれ花ちり花散る幾百春秋、鉄装黒黒の平氏の公達よ、義経よ、源氏の人人よ、卿等はそも今いづくにあるや。

（有本芳水「屋島みやげ」『日本少年』一九一七〔大正六〕年九月号、八五）

このように、有本芳水は、自在に文体を操って、ときには言文一致体で、ときには和文体で、紀行文を書いていたのである。

さらに、有本芳水の少年小説は、次のような書き出しで始まるものである。

健一のお父さんは陸軍騎兵の中佐であつた。過ぎし日露の戦役には弾丸雨飛の間を縦横に馳駆して余程の勲功を立てた人である。一度陣頭に立つや勇猛なる鬼の如くであつたから「鬼中佐」との綽名があつた。

（有本芳水「愛馬のわかれ」『日本少年』一九一三〔大正二〕年一月号、九二）

この引用を見ると、有本芳水の少年小説は、第一に、言文一致体で書かれていることがわかる。あらすじは、以下のとおりである。健一という名の少年の父親は、「鬼中佐」という綽名のあった軍人であったが、尺八を奏する趣味人で、「白妙」という名の馬を我が子のようにかわいがる人でもあった。白妙は、日露戦争のとき、素晴らしいはたらきを見せた。しかし、父親は病死する。そのため、母親、姉、健一の三人は、屋敷と白妙を売ることになった。白妙と別れる日、健一は「白妙、僕だよ」と叫んだ。母親も泣き崩れた。姉も「健ちゃん」と叫んだ。あらすじは、以上のとおりである。

このあらすじが示すように、この少年小説は悲哀に満ちたものである。そのため、有本芳水の少年小説は、第二に、少年詩、紀行文と同じように、悲哀を主題にしていたといえるのである。

そして、男子読者たちは、この有本芳水の少年小説を称賛していたのである。なぜなら、『日本少年』通信欄には、男子読者たちが有本芳水の少年小説を褒めちぎる投書がいやというほど載っていたからである。たとえば、この「愛馬のわかれ」が『日本少年』の一九一三年一月号に載った後、この少年小説を称賛する男子読者たちの投書が『日本少年』の一九一三年三月号に載ったのである。

芳水先生、私は新年号に出た先生の小説「愛馬のわかれ」を読んで思はず泣きました。先生私の身の上をお聞き下さいまし。（中略）父は馬を愛すること尋常一様でなく、世間から愛馬狂とまで云はれたくらゐです。そして多年飼養して居りました愛馬は、日露の戦役に満州の野に馳駆して幾多の功をたてたものであります。名を一雁と云つて、白妙の出所と同じ福島県三春であります。実に偶然ではありませんか。殊に我家の一雁は能く人意言語を解する能力を有して居りましたが、それを売らねばならぬことになりました。と云ふのは私の兄が盲腸炎といふ重病にかかり、二年余に及ぶも全快に至らずために医薬救療の費用に欠乏をつげ、止むなく我が子の如くにして居つた一雁も家屋も宅地も売ることになつたのです。先生「愛馬のわかれ」と私の境遇とは如斯に似て居ります。（中略）私は自分の身の上が小説になつて居るのですから泣かずには居られませんでした。

（読者「通信」『日本少年』一九一三〔大正二〕年三月号、一〇二―一〇三）

このように、有本芳水の少年小説は、男子読者たちに支持されていたのである。そして、この引用を見ると、有本芳水の少年小説で描かれる悲哀は、けっして男子読者たちのありようと距離のあるものではなかったことがわかる。だからこそ、有本芳水の少年小説は男子読者たちの支持を獲得することができたと考えることができる。

この「愛馬のわかれ」は、少年と家族（馬）の別れを描いたものである。そして、他にも、有本芳水の少年小説には、少年と家族の別離を描いたものが多数存在するのである。たとえば、一九一八（大正七）年一月号の「三年ぶり」が挙げられる。この「三年ぶり」は、次のような書き出しで始まっている。

姉のお葉が、良縁あつて、大阪へ嫁いで行つたのは要吉が十四の時であつた。それから三年の月日は夢の間に経つて、要吉は今年十六になり、既に小学校も卒業して、この頃では、彼の町から一里北にあるH市の商業学校へ通つてゐた。

（有本芳水「三年ぶり」『日本少年』一九一八〔大正七〕年一月号、七四）

あらすじは、以下のとおりである。要吉という名の少年が、瀬戸内海に面した古い港町に、両親、姉のお葉と住んでいた。しかし、要吉が一四歳のとき、お葉は大阪に嫁いだ。嫁ぎ先は大金持ちであった。要吉とお葉は別れる直前に、手紙を欠かさず交換しようと約束し合った。しかし、お葉は、三年間、要吉に一枚の葉書すらよこさなかった。あるとき、両親の態度がおかしかったため要吉は両親を問い詰めた。すると、両親は、お葉の嫁ぎ先が没落したと告げた。その後、要吉は、父親の仕事の手伝いで大阪に赴いた。そして、みすぼらしい格好で夕刊を売るお葉を見つけた。要吉とお葉は抱き合うと人目をはばからずに泣いた。あらすじは以上のとおりである。このように、「三年ぶり」は、悲哀に満ちた作品なのである。

そして、この「三年ぶり」にたいしても、男子読者たちの讃美の投書が寄せられたのである。

> 芳水先生の「三年ぶり」、私の心は、全くこの可愛相な姉弟に泣かされました。
>
> （KS生「通信」『日本少年』一九一八〔大正七〕年二月号、九七）

このように、有本芳水の作品は、少年詩であれ、紀行文であれ、少年小説であれ、悲哀を主題にするものだったのである。

そして、有本芳水は、一九一四年、第一詩集である『芳水詩集』を刊行する（図4-1）。『日本少年』は、この『芳水詩集』を、次のように紹介している。

> 花ちる日南国の海辺に漂白ひては巡礼の詠歌に泣き、月出づる時北国の港にただずみては浪に消え行く船唄に泣く、暮春のうらみ、秋の夜のかなしみ、或は少年の日を恋てはありしそのかみの事どもを歌ひいで、なつかしき故里を思ひては幼な馴染の人人をしのぶ。数へ立つれば数かぎりもないが、即ちこの詩集にはかくの如きローマンチックな、そしてセンチメンタルな詩許りが集められてある。一度見た人は誰でも知つてゐよう。

先生の詩には決して難解な句や分りにくい文字がなく朗朗として誦すべく、また歌ふに調のよいものばかりであることを……。

（編集者「出版だより　有本芳水先生著『芳水詩集』出づ」『日本少年』一九一四（大正三）年四月号、八四）

この引用にあるように、『日本少年』は、有本芳水の少年詩について、旅愁の涙、暮春のつらさ、秋の夜の悲しみ、追懐のおもい、郷愁のせつなさをうたったものであるとしているのである。そして、「ローマンチックな」「センチメンタルな」ものであるとしているのである。

図4－1　有本芳水『芳水詩集』（第一詩集。実業之日本社。著者所蔵）

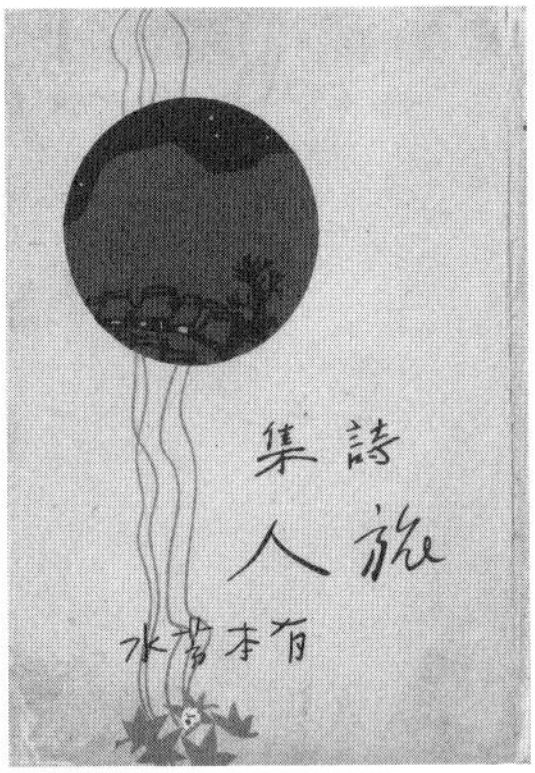

図4－2　有本芳水『旅人』（第二詩集。実業之日本社。著者所蔵）

このように、有本芳水は、第一詩集である『芳水詩集』を出版する。その後、一九一七（大正六）年には、第二詩集である『旅人』を刊行する（図4－2）。したがって、有本芳水の文芸作品のなかで、もっとも支持されたのは、少年詩であったということができる。たとえば、『日本少年』の通信欄を見ると、通信欄上の男子読者たちの投書の大多数が、有本芳水の少年詩を絶賛するものであることに驚かされるのである。たとえば、次のような投書である。

芳水先生、薫ばしい菊のかげに、晴れやかな紅葉の下に、
先生を慕つて泣く少年は誰でせう。先生それは私です。僕で

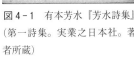

す。哀しい小説に美しい詩に、常に私の心をそそつてやまない先生、ああ先生何卒御自愛して下さい。

（本多青宮「通信」『日本少年』一九一四〔大正三〕年一一月号、一〇二）

芳水先生、先生の詩はわが学生界では大層な評判になつてゐます。大抵の者は皆芳水詩集を持つてゐます。先日も京都大学に在学してゐる私の兄と逢ひました時も、談たまたま先生の詩に及びました。兄の言ふには大学生でも盛んに少年の読むべき日本少年を愛読してゐるさうです。それは芳水先生の詩があるからだといひました。先生の詩は日本少年のほこりです。先生永久に詩をやめて下さいますな。

（山田紅牛「通信」『日本少年』一九一七〔大正六〕年七月号、一〇三）

また、社会学者の清水幾太郎《しみずいくたろう》も、少年時代、有本芳水の少年詩を愛していたことを告白している。

これらの詩は、古いもの、遠いもの、亡びたもの、敗れたもの、悲しいもの、そういうものの美しさを私に教えてくれた。

（清水　一九七九、二一〇）

このように、有本芳水の少年詩は、男子読者に熱狂的に迎え入れられていたのである。

さらに、他の編集者も、有本芳水が文芸的能力に秀でていることをみとめている。たとえば、滝沢素水が編集主筆、有本芳水が編集長となったとき、滝沢素水は、次のように有本芳水のことを紹介している。

芳水君は文芸に運動に多大の趣味を有してをる人で、今までも『日本少年』の為に尽したことは決して少少でございません。今まで裏面に於いて力を尽してをつた芳水君は、今度表面に現はれて大活動をなし『日本少年』の為に一段の光彩を添へることでございませう。

（滝沢素水「談話倶楽部　思ひ出づる儘」『日本少年』一九一二〔明治四五〕年一月号、一〇〇―一〇一）

このように、滝沢素水は有本芳水についてさまざまな文芸的能力を有している人間であるととらえているのである。そして、それに加えて、運動能力を有している人間であるとしているのである。運動能力については、有本芳水が、たとえば、早慶戦を熱狂的に観戦するなど、硬式野球観戦の趣味をもっていることを指している。

また、滝沢素水は、有本芳水について次のようにとらえている。

僕は（中略）文芸に対しては余り多くの趣味を有たず、俳句などは分りもせず、無論作れもしなかつた。それが近頃になつて大いに名句秀句を連発して芳水君等を煙に巻いてゐる。

（滝沢素水「出版だより　日本少年今昔物語」『日本少年』一九一五〔大正四〕年四月号、八二）

この引用によると、滝沢素水はかつては俳句を作ることができなかったが、最近は、名句、秀句を作ることができるようになって有本芳水を驚かせているというのである。いいかえると、有本芳水が詩歌の名手であることは、編集者のうちでも、読者のうちでも知られているため、だからこそ有本芳水を驚かせていることが、滝沢素水の大きな誇りとなっているということなのである。このように、他の編集者も、有本芳水の詩歌が秀でていることを、充分にわかっていたのである。

このように、『日本少年』では、有本芳水の少年詩が熱狂的に受け入れられていた。それは、第一に、文語定型詩、第二に、悲哀を主題とする詩であった。

3　口語詩の名手

一方、『少女の友』では、星野水裏が少女詩を盛んに載せていた。そして、それが女子読者たちの支持を集めていた。星野水裏は、有本芳水と同じように、早稲田大学国語漢文科出身である（大阪国際児童文学館編　一九九三）。先に見たように、星野水裏は、一九〇八年二月、『少女の友』が創刊されると、この雑誌の編集主筆に就任した。そして、少女詩、少女小説を載せ始めた。このなかで、星野水裏はとりわけ少女詩に秀でていた。したがって、少女詩が女子読者に支持されるようになった。そのため、星野水裏は、一九一一年七月、最初の少女詩集である『浜千鳥』を刊行することになった（図4－3）。この『浜千鳥』は、『少女の友』に掲載された九編の口語詩、三編の新体詩を収めた詩集である（星野水裏「掲示欄　口語詩新体詩浜千鳥　星野水裏作」『少女の友』一九一一（明治四四）年八月号、八九）。その後、一九一五（大正四）年六月、第二少女詩集である『宵のあかり』を刊行した（図4－4）。この『宵のあかり』は、はしがきによると、『少女の友』に掲載された一四編の口語詩を収めた詩集であるとされているが（星野　一九一五）、実際は、一三編の口語詩と一編の新体詩を収めた詩集である。

星野水裏の少女詩は、次のようなものである。

ジョンよもう帰らうよ
ジョンよもう帰らうよ
お前が頸に付けて来た

優さんのこの手紙には
悲しい事が書いてある

いつもお前が駆けて行つて
あの窓の下で鼻を鳴らすと

図4－3　星野水裏『浜千鳥』（第一詩集。実業之日本社。著者所蔵）

図4－4　星野水裏『宵のあかり』（第二詩集。実業之日本社。著者所蔵）

中から優さんの顔が出て
此方を見てニッコと笑ふ
（中略）
優さんのお父さんは
此町切つての金持で
其一人娘の優さんを
大切に大切にして居るのだ

それでその優さんが
僕のやうな貧しい家の
みすぼらしい少年などと
遊ぶのを非常にいやがつて居る
（中略）
優さんの此手紙には

修さんゆるして下さい
悲しいけれど私は
もう行く事が出来ません

あなたはあまり貧しい為に
私はあまり富んでる為に
もう逢ふことが出来ませんと
悲しい事が書いてある
（中略）
ジョンよもう帰らうよ
空も僕等の心を知つてか
うすドンヨリと曇つてゐる
ああ淋しい冬の日ではないか

ジョンよ　もう帰らうよ
いくら待つて居たとて
優さんはもう来ないのだ
仕方がない　もう帰らうよ。

（星野　一九一三↓一九一五、一一一七）

この引用の詩が示すように、星野水裏の少女詩は、まるで少女小説のようにストーリーのあるものである。この「ジョンよもう帰らうよ」は、『少女の友』一九一三年一月号に掲載された。この詩は、修という名の少年、優という名の少女、ジョンという名の犬が出てくる少女詩である。

あらすじは、以下のとおりである。修という名の少年は、ジョンという名の犬を連れて、優という名の少女とたびたび会っていた。二人は丘の上で絵について語り合うのが常であった。しかし、修は貧しい少年、優は大金持ちの少女であったため、優の父親は、優が修と会うことを禁じていた。そのため、二人は、こっそり会っていたのであった。しかしあるとき、二人が会っていることが優の父親に見つかってしまった。そこで、優はジョンに手紙を託した。その手紙には、今後修と会うことができないと書かれていた。しかしジョンにとっては、そのようなことはまったく知るよしもないことであった。そのため、ジョンは、いつもどおり優に会おうとした。しかし修は、ジョンにたいして「ジョンよ、もう帰ろうよ」と声をかけるのであった。以上が、あらすじである。

この「ジョンよもう帰らうよ」を見ると、星野水裏の少女詩は、第一に、口語自由詩であることがわかる。ただ、星野水裏は、『少女の友』に詩を載せ始めたころには、ときどき新体詩も作っている。したがって、第一少女詩集である『浜千鳥』には、口語詩九編、新体詩三編が収められているのである。しかし、星野水裏は、しだいに口語自由詩に重きを置くようになる。したがって、第二少女詩集である『宵のあかり』には、口語詩一三編、新体詩一編が収められているのである。そこから、星野水裏の少女詩は、口語自由詩が主なものであったということができる。

第二に、この「ジョンよもう帰らうよ」を見ると、悲哀が主題になっていたことが見てとれる。したがって、星野水裏の少女詩は、有本芳水の少年詩と同じように悲哀が主題になっていたのである。

そして、女子読者たちは、星野水裏の少女詩を支持していたのであった。なぜなら、『少女の友』の通信欄を見ると、星野水裏の少女詩を絶賛する投書が大量に載っているからである。たとえば、「ジョンよもう帰らうよ」にたいしては、次のような称賛の投書が載っている。

水裏先生、よみたいよみたいと思つて居たあの宵のあかり、先達お友達からかりて読みました。ジヨンよもう帰らうよ、私はなきました。私はこれが好きです。幾度も幾度もくり返してよみました。

（長子「通信」『少女の友』一九一六〔大正五〕年一二月号、一〇三）

また、第一少女詩集である『浜千鳥』、第二少女詩集である『宵のあかり』にたいしては、次のような絶賛の投書が載っている。

水裏先生の『浜千鳥』をよんで涙の落ちるのを禁じ得ませんでした。今度また四版になつたんですつてね。私読みますわ。なつかしい水裏先生よ。私は淋しい北国の町の熱心な愛読者ですもの。

（青森市の秀子「通信」『少女の友』一九一三〔大正二〕年一二月号、一〇六）

水裏先生、もういくつ寝ると先生の詩集（『宵のあかり』――引用者）が出ます。この里には先生の御本を持つてゐる子が沢山沢山をります。どうぞ早く出して下さい。暖かいミルクのやうな詩集を。

（濱江「通信」『少女の友』一九一五〔大正四〕年一二月号、一〇三）

そして、星野水裏自身、女子読者たちの反響があることを喜んでいる。次のとおりである。

近頃は嬉しい事が沢山ある。（中略）『浜千鳥』を読んだと言って批評やら所感やらを寄せられる方の多いのも其一つ。

（星野水裏「談話倶楽部　灯の前より」『少女の友』一九一一（明治四四）年一一月号、八四）

このように『少女の友』では、星野水裏の少女詩が支持されていたのである。そしてその少女詩は、第一に口語自由詩、第二に悲哀を主題とする詩だったのである。

4　文語体を操る男子・口語体を操る女子

なぜ『日本少年』では文語定型詩が、『少女の友』では口語自由詩が支持されたのだろうか。『日本少年』で支持された有本芳水の少年詩、そして『少女の友』で支持された星野水裏の少女詩は、両者とも悲哀を主題にするものであったが、前者は文語定型詩、後者は口語自由詩であった。この差異はなぜ生まれたのだろうか。

最初に『日本少年』から検討する。第三章に見たように、『日本少年』『少女の友』の通信欄・文芸欄は、写生主義、童心主義を掲げていた。そして、「少年」「少女」のありのままの文を称揚していた。さらに、『日本少年』『少女の友』は、「少年小説」「少女小説」をとおして、言文一致体、および、大人と「少年」「少女」を区別する童心主義のまなざしを称揚していた。そして、その背後にあったものの一つは、一九一〇年代の作文教育である。滑川道夫は、近代学校教育の作文教育が、一九一二（大正元）年から一九一七年まで、「写生主義綴方期」として把握できるとしている（滑川　一九七七、三二）。したがって、一九一〇年代は「写生主義綴方期」に当たるのである。そして「写生主義綴方期」の作文教育は、子どもたちに、見たまま、おもったままの文を書かせる教育だったのである。それゆえ『日本少年』『少女の友』は、この「写生主義綴方期」の作文教育の影響を受けていたのである。

だからこそ、『日本少年』でも『少女の友』でも、通信欄・文芸欄においては、言文一致体が多数を占めていたのである。たとえば、創刊号である『日本少年』一九〇六年一月号の作文欄では、三作品のうち和文体、候文体、言文一致体がそれぞれ一作品ずつであった。また、初めて読者の投稿作品を載せた号であるとおもわれる『日本少年』一九〇六年二月号の作文欄では、一〇作品のうち和文体が一、言文一致体が九作品であった。そして、言文一致体の内「である」体が七、「ですます」体が二作品であった。さらに、一九一〇年代の号である『日本少年』一九一〇年一月号の作文欄では、一四作品のすべてが言文一致体の「である」体であった。また、一九一〇年代の号である『少女の友』一九一〇年一月号の作文欄では、二五作品のうち和文体が一、候文体が一、言文一致体が二三作品であった。そして言文一致体のうち「である」体が四、「ですます」体が一九作品であった。したがって、『日本少年』『少女の友』の文芸欄の作文欄を見ると、言文一致体が多数を占めていたということができるのである。

そして、『日本少年』『少女の友』の通信欄・文芸欄に言文一致体があふれていることは、読者も、編集者も、充分にわかっていたのである。たとえば、『少女の友』では、編集者が、言文一致体について次のように把握している。

> 本誌には何故言文一致のものばかり採つて普通文のものを採らないかとの御質問をよく受けますが、これは飛《ママ》んでもない誤です。
> 選者は、言文一致でも普通文でも、決して其間に差別を置くわけでなく、只佳作をのみ選択して掲載するのです。
> 普通文でも佳作でさへあれば喜んで採ります。現に前号では北川千代子さんのが普通文でした。

普通文と申ましても、近来のは以前と違つて大分形が変つてをります。決してさうさう容易なものではありません。

併し、むづかしいからとて捨てる事なく、着々此方面へも努力せられん事を望みます。

（星野水裏「作文　選者一言」『少女の友』一九一〇（明治四三）年二月号、七九）

このように、星野水裏は、たびたび、読者に「何故言文一致のものばかり採つて普通文のものを採らないか」と尋ねられるとしている。しかし、編集者としては言文一致体のみを掲載しているわけではないとしているのである。したがって、編集者のほうでは、言文一致体のみを載せているつもりはなかったようである。なお、この引用に見られる「普通文」とは、明治普通文（今体文）のことである。いいかえると、漢文訓読体の文である。

しかし、言文一致体以外の文体では、「少年」「少女」の見たまま、おもったままを描写するのは、至難の業である。『少女の友』の常連投稿者は果敢に挑戦しているが、ことごとく失敗に終わっている。たとえば、常連投稿者の小林矢須子《こばやしやすこ》は、『少女の友』一九〇九年一一月号に、「木枯し」という和文体の作文を載せている。この作文の書き出しは、「夜は更けぬ。文机の上なる灯火も細う、法隆寺の読経も終りぬ。（中略）」（小林矢須子「木枯し」『少女の友』一九〇九（明治四二）年一一月号、七五）というものである。そして、この作文の内容は、母親が帰ってくるのを一人家で待っていると心細くなってくる、というものである。しかし、星野水裏は、「かういふ文体でかういふ事柄は少しむづかしいでせう。事柄によっていろいろ文体を変へて御覧なさい」（星野水裏「作文」『少女の友』一九〇九（明治四二）年一一月号、七五）と批評しているのである。このように、編集者は、「少女」の見たまま、おもったままを描写するためには、言文一致体がふさわしいととらえているため、どれほど女子読者が言文一致体以外の文体で作文を書いても、すべてが徒労に終わるのである。だからこそ、女子読者は、言文一致体で作文を書くようになったのである。したがって、『日本少年』『少女の友』では、言文一致体が多数を占めるようになったと考えられるのである。

ところが、有本芳水の少年詩は、和文体で作られたものである。そうであるとすると、有本芳水の少年詩の文体は、作文教育の推し進める文体、さらには、『日本少年』『少女の友』の推し進める文体と、まるっきり異なっていたことになる。

有本芳水が和文体の少年詩を載せていた理由は、二つあるとおもわれる。第一に、有本芳水が、少年時代、「形式主義作文期」の作文教育を受けていたことである。有本芳水の少年時代は、「形式主義作文期」に当たる。それゆえ有本芳水は「名文暗誦主義」の作文教育を受けていたのである。

第二に、有本芳水が少年時代、形式主義作文を投書していたことである。たとえば、有本芳水は、作文を投書していたことについて、次のように告白している。

私は熱心なる諸君の投書を見る毎に、何時も自分の投書時代を思ひ出す。これで私も少年の時には、大いに投書のために憂き身をやつしたものだ。一寸ここでその懺悔話をして見よう。

（中略）

私はその頃岡山にゐて、其処の中学の一年であつた。初めて「梅を観るの記」といふのを作つて、『少国民』に投書したと思ひたまへ。私の心持は如何であつたらう。当選を夢に見るやら、雑誌の出た時のことを想像するやら、じつとして居ることが出来ないのだ。それで発行期日が来ると、私は同地の金正堂といふ書店へお百度を踏んだ。

するとやつとのことで書店へ来た。私は手をブルブル慄はせながら、頁を広げて見ると、作文欄のドン尻に六号活字で出てゐる。その時のうれしさ！　胸はゾクゾクする、頭がガンガンする。私は雑誌を懐にねぢ込んで、宙をとんで夢中で家へかへつて来た。

それから私の投書は毎月続いて、一月も欠かさなかつた。論文、美文、和歌、新体詩、俳句、その他何でも来いに投書した。それで掲載されると、鬼の首でもとつたやうな心持がしたものだ。しかしその反対に没書されると、いまいましくつて、口惜しくつて、記者の頭をブンなぐつてやり度い気がした。

（中略）或時の如きは三百五十幾首かを半紙にズラリと書き列べて投書したことがある。如何にその数に制限が無かつたとは言へ、記者先生も驚いたであらう。そして掲載されたのがたつた五首。

当時『少国民』では我社の高信峡水君もまた投書家の一人で、しかもその暁将（常連投稿者──引用者）であつた。その上君は何時も当選の栄を担つて、その活動ぶりは天馬空を行くがごときものであつた。（中略）チと自慢するやうであるが、其後私もまた投書家の暁将と言はるるやうになつた。


（有本芳水「投書ローマンス」『日本少年』一九一六〔大正五〕年三月号、一〇九）


このように、有本芳水は『少国民』の常連投稿者として名を馳せていたのである。また、編集者の高信峡水も、『少国民』の常連投稿者として栄華を誇っていたのである。この高信峡水は、有本芳水と同じように、実業之日本社の編集者で、なおかつ、有本芳水、星野水裏と同じように早稲田大学国語漢文科の出身である。

この引用に出てくる『少国民』という雑誌は、第一章で見たように、小学生向けの雑誌である。この雑誌は、一八八九（明治二二）年七月、学齢館から創刊された。創刊当時は、『小国民』という雑誌名であった。しかし、一八九五年一一月一二日号から『少国民』と改題することになった。さらに、一八九六（明治二九）年一二月一五日号から出版社を北隆館に変更した。その後、一九〇二年一二月に終刊となった。

有本芳水は、『少国民』の他、『中学世界』（博文館）など、さまざまな雑誌に投書していたようである。『日本少年』の通信欄を見ると、男子読者たちがたびたびそのことを指摘していることがわかる。

芳水先生十三四年前の中学世界に「奥の院に歌かたらむの人も来ず青葉わか葉に雨しづかなり」といふ先生の和歌が天賞になつて居りますね。先生も昔は多いに投書して居られたのですね。（夏井生）

よくも見つけたものですね、さうです中学の二三年の頃には、中学世界だとか、青年界だとか、文庫だとか、新声だとかいふやうな雑誌に盛んに投書したものです。お互に投書の味はまた格別ですね。（有本芳水）

（「通信」『日本少年』一九一四〔大正三〕年七月号、一〇六）

芳水先生、明治三十六年の『中学世界』の一月号に「巡礼の親子すぎゆく枯野原たそがれそめて木枯の吹く」といふ歌を投書されてゐますねえ。（読者）

一等ビリの方にねえ。（有本芳水）

（「通信」『日本少年』一九一五〔大正四〕年五月号、一〇四）

芳水先生、中学世界の第七巻第一号に、「鹿なきて奈良はさびしきところなり七堂伽藍弁の夜の月」といふ歌が乗つてゐますね。（読者）

しかも選外でね。（有本芳水）

（「通信」『日本少年』一九一六〔大正五〕年三月号、一〇五）

芳水先生、十数年前の『中学世界』に、「祖母君のむかし話もつきはてて障子にあはき夏の月かげ」といふ歌が出てゐます。先生うれしかつたでせうね。（中道潟月）

うれしかつたですとも、丁度君の投書が掲載されたのと同じやうに……。（有本芳水）
（「通信」『日本少年』一九一七〔大正六〕年八月号、一〇二）

中学世界の古いのに「七八年前の投書家――三十六年の一月号の和歌のうちに有本芳波といふ名がある。文庫や新声や芸苑や時には早稲田文学などに新体詩をかいた有本芳水のことである」といふ記事が出てゐました。芳水先生も昔は中中の投書家であつたのですね。（読者）
投書の面白さは今もつて忘られませんよ。（有本芳水）
（「通信」『日本少年』一九一七〔大正六〕年一〇月号、九八―九九）

一月の中学世界に、「本誌過去の投書家」といふ記事が出てゐました。そしてその中に芳水先生も投書家で、和歌が天賞に当選してゐるとありましたが、先生、その時の賞品は何でしたか。（読者）
何であつたか、忘れました。（有本芳水）
（「通信」『日本少年』一九一八〔大正七〕年三月号、九六）

このように、有本芳水は、少年時代、さまざまな雑誌に投書していたのである。そして、常連投稿者として、栄華を誇っていたのである。
そして、有本芳水が投書していたのは、形式主義作文に他ならなかった。なぜなら、有本芳水の投書していた時代は、形式主義作文の全盛の時代であったからである。
こう見てくると、有本芳水は、第一に形式主義作文の教育を受け、第二に形式主義作文を投書していたといえる。だからこそ有本芳水は、形式主義作文にこだわっていたのである。さらに、有本芳水は、常連投稿者であったことを、誇りにおもっている。そのことは、先の引用を見ると明らかである。有本芳水は「チと自慢するやうであるが」と書いているのである。その有本芳水にとって形式主義作文は、自己の拠りどころとなるものである。だからこそよけいに形式主義作文に固執していたのである。

一方、岩下小葉は、早稲田大学英文科出身で、アンデルセンなどの西欧の児童文学を原書で読んでいた。したがって、形式主義作文を載せることはなかった。むしろ、「少年」「少女」にふさわしい文を模索していた。そして、一九一八年一月、フランシス・ホジソン・バーネットの『秘密の花園』を翻訳して、実業之日本社から刊行することになったのであった。

しかし男子読者たちは、有本芳水の少年詩を支持していた。ただ、男子読者たちにとっては、「形式主義作文期」の作文は、過去のものである。にもかかわらず男子読者たちは、有本芳水の少年詩の文体を支持したのであった。したがって、このズレは、ふしぎなものにおもえる。

実は、作文教育のあり方と、当時の男子読者たちのあり方には、ズレがあったのである。たとえば清水幾太郎は、有本芳水の少年詩に傾倒していた少年時代について、次のようにふりかえっている。

> 当時（一九一八〔大正七〕年――引用者）は、一方、美文時代は終ったものの、他方、思った通り、見た通りに書く技術がまだ完成していない――今も完成していないのかも知れぬ。――時代だったのである。（中略）綴方の好きな少年は、調子の高い文語体に或る魅力を感じてもいたし、また、文語体を駆使し得る自分に誇りを感じていたのである。
>
> （清水　一九五九、二一五―二一七）

この引用を見ると、一九一八年においては、作文教育で称揚している作文と、男子読者たちの支持する作文は、かならずしも一致していなかったということがわかる。一九一八年においては、美文時代、すなわち、「形式主義作文期」は、もちろん終焉を迎えている。それゆえ形式主義作文は過去のものとなっている。しかし、この引用が明らかにするのは、見たまま、おもったままを書くところの作文、すなわち、写生主義作文は、この時点においては、充分に定着していなかったということである。したがって、漢文体、漢文訓読体、和文体に魅了される男子読者たちが存在したということである。

そして、男子読者たちが過去の作文教育の称揚するものに惹かれていたことは、男子読者たちの少年詩の読み方をとおしてうかがうことができる。『日本少年』の通信欄をながめると、当時の男子読者たちが、当たり前のように少年詩の朗吟をおこなっていたことに驚かされる。たとえば男子読者たちは、次のような投書を寄せている。

> 私は小鳥の胸毛の様な草の上に転つた。無限な空には神秘な白い雲が南へ南へととんで行く。暖い春の微光は私の心を溶かした。私は新しい香のする『芳水詩集』を開いた。そして読んだり歌つたりした。私は芳水先生が一番好きだ。その言ひしられぬ悲のトーンの中に哀れな味ひのある詩……私は芳水の名からして好きだ。
>
> （佐佐木泡水「通信」『日本少年』一九一四〔大正三〕年五月号、一〇六）

> 芳水先生、私は一日として先生の『芳水詩集』を手から離したことがありません。暇さへあれば若草の丘に寝転んで朗吟して居ります。（中略）アア慄ひつきたい。
>
> （渡邊陸木「通信」『日本少年』一九一四〔大正三〕年七月号、一〇三）

このように男子読者たちは、少年詩を朗吟していたことを打ち明けているのである。

たしかに、有本芳水の少年詩は、朗吟に適している。なぜなら有本芳水の少年詩は、第一に、七・五、あるいは、五・七のリズムをもっていたからである。第二に、文語体独特のリズムももっていたからである。文語体は、口語体に比べて文字数を少なくすることができ、また、文末の形をさまざまに変えることができる。それゆえ独特のリズムが生まれるのである。

そして、詩吟が、漢詩の素読から生まれたものであることはよく知られている。第一章で見たように、「形式主義作文期」、少年少女たちは模範文の素読をしていた。そして、「形式主義作文期」、朗吟は名詩名文を素読するテクニックとして盛んにおこなわれていた。いいかえると、朗吟は「形式主義作文期」において、価値を見出されていたものなのである。したがって、『日本少年』の男子読者たちは、過去の作文教育が称揚していたものに、価値を見出していたということができるのである。

この時代の男子読者たちは、作文教育の過渡期に身を置いていたといえる。それゆえ男子読者たちのなかには、過去の作文教育が重きを置いていた文体にたいして、惹かれる者が存在したのである。

次に、『少女の友』を検討する。『少女の友』では、星野水裏の口語自由詩が支持されていた。ただ、星野水裏の新体詩を支持する女子読者たちも存在した。そして、星野水裏の新体詩を朗吟する女子読者たちも存在したのであった。なぜなら、星野水裏の第一少女詩集である『浜千鳥』、第二少女詩集である『宵のあかり』には、新体詩が収められていたからである。たとえば、女子読者たちは次のような投書を寄せている。

水裏先生の浜千鳥、大そう面白うございました。あの「淡路恋しや恋しやと泣いて通ひし浜千鳥」つといふ所、私口癖になつてしまいました。

（光子「通信」『少女の友』一九一二〔明治四五〕年三月号、九八）

水裏先生、私が『浜千鳥』を買ひましたらば妹は暇さへあれば面白い節をつけて歌ひますの。夜お床についてからもこの本をよんでよろこんでをります。

（読者「通信」『少女の友』一九一三〔大正二〕年四月号、一〇五）

このように、星野水裏の新体詩を朗吟する女子読者たちも存在したのである。

また、『少女の友』を見ると、星野水裏自身が、女子読者たちの前で、自作の新体詩を朗吟していたことを見てとることができる。というのも、一九一二年一月二日、『少女の友』の愛読者大会が岡山県で開催されて、その愛読者大会で星野水裏が自作の新体詩である「母掘り返せ」を朗吟したのである。ただ、『少女の友』の一九一二年二月号では、この愛読者大会は「岡山愛読者小集」とされている（有本芳水「岡山愛読者小集」『少女の友』一九一二〔明治四五〕年二月号、一〇六―一〇七）。したがって、この愛読者大会は、小規模の集まりであったようである。たとえば、女子読者たちは、その朗吟について次のような投書を寄せている。

水裏先生、会の晩は誠に失礼いたしました。あの「母掘り返せ」の朗吟、ああまだ耳の底に残つてをります。私むやみに母が恋しくなつて、とうとう泣きましたのよ、どうぞお笑ひ遊ばして下さい。

（読者「通信」『少女の友』一九一二〔明治四五〕年五月号、一〇六）

御自作「母掘り返せ」の御朗吟に涙誘はれた私共の幸多さ！　御推もじ下さいませ。八畳二間に集ふ十人の乙女、先生の御声には誠に懐しい潤ひがございました。

（読者「来し方を振り返りて　絵巻物」『少女の友』一九一八〔大正七〕年四月増刊号、六七）

このように、女子読者たちは、星野水裏の朗吟を絶賛しているのである。この「母掘り返せ」は、土葬した継母にもう一度会いたいというおもいをうたった詩である。そして、五・七のくりかえしからなる新体詩である（星野一九一二）。

しかし、『少女の友』の通信欄・文芸欄を見ると、朗吟する女子読者たちは、非常に少数であったといえる。なぜなら、星野水裏の詩の多数を占めていたのは、口語自由詩であったからである。したがって、そもそも星野水裏の新体詩が少数だったため、朗吟していると告白している女子読者たちもまた少数だったのである。それゆえ、『少女の友』の通信欄・文芸欄を見ると、多数の女子読者たちが口語自由詩を黙読して、称賛していたことが見てとれるのである。

しかし、女子読者たちは、男子読者たちと同じように、作文教育の過渡期に身を置いていたはずである。にもかかわらず、女子読者たちは、過去の作文教育で称揚されていた文語体には魅了されなかったということになる。なぜだろうか。

それは、過去の作文教育において、漢文体、漢文訓読体、和文体を身につけることで、学歴獲得、そして職業獲得を成し遂げていたのは、中間層以上の男子のみだったからである。たとえば、漢文体、漢文訓読体の投稿作文が載っていた『穎才新誌』においては、女子投稿者の投稿作文の割合は、数パーセント台から三〇パーセント台までだったのである（今田　二〇〇七）。なぜなら、表2‐3が明らかにしているように、一九〇一（明治三四）年の中学校令施行規則と高等女学校令施行規則では、漢文に関しては中学校には学科目として存在していたが、高等女学校には学科目として存在していなかったからである（小山　一九九一）。そのため、漢文体、漢文訓読体、和文体を身につけても、女子は男子のように、学歴獲得、そして職業獲得に結びつくとは限らなかったのである。だからこそ、『穎才新誌』などの作文投稿雑誌に、形式主義作文を投稿していたのは、男子が圧倒的多数を占めていたのである。

なぜなら、作文投稿雑誌に投稿することは、男子には大きな利益をもたらすことになったからである。したがって、女子は、「形式主義作文期」においても、一九一〇年代においても、形式主義作文の文体に接する機会が乏しかったといえるのである。

最後に、少年詩、および、少女詩が、悲哀を主題にしていたことについて考えてみる。『少女の友』では、「少女」と「悲哀」は切り離すことができないものとして把握されている。たとえば島村抱月《しまむらほうげつ》が、『少女の友』において、「少女と悲哀」という文を載せて、「少女」と「悲哀」が不可分のものであることを論じていたのである（島村抱月「少女と悲哀」『少女の友』一九一二（大正元）年九月増刊号、七―九）。

一方、『日本少年』でも、「少年」と「悲哀」は、不可分のものとしてとらえられている。なぜなら、少年が悲哀に浸ることは、少年詩でも少年小説でもごくふつうのこととして描かれていたからである。

わたしたちは、「少女」と「悲哀」が不可分のものであることを、自明のものと考えがちである。たとえば、総力戦が始まると、『少女の友』では、「少女」が「センチメンタリズム」と結びつけられて、批判されることがわかっている（今田　二〇〇七）。一方、わたしたちは、「少年」と「悲哀」が、不可分のものであることを、かならずしも自明のものとは考えていないといえる。しかし齋藤希史は、中国の士大夫が、後漢から六朝にかけて、官僚でもあり文人でもある生、すなわち、「公と私の二重性」を備えた生をもつようになると指摘している（齋藤　二〇〇七、二一八）。たとえば、官僚であり文人である白居易《はくきょい》が、自身の詩集を編むにあたって、諷喩・閑適・感傷の三つに分類したことを引き合いにして、諷喩は公、閑適・感傷は私の世界の詩であること、白居易にとってはどちらも欠かせなかったことを明らかにしている（齋藤　二〇〇七、二一八）。そして、このような士大夫のあり方は、東アジアの伝統として、ある時代まで日本においても見られたというのである（齋藤　二〇〇七、一一八―一一九）。一八七五（明治八）年、漢詩人の森春濤《もりしゅんとう》が、詩文雑誌の嚆矢である『新文詩』を創刊し、その投書欄において、伊藤《いとう》博文《ひろぶみ》、山県有朋《やまがたありとも》の詩が掲載されていた時点では、「政治家は知識人ないし教養人であるべきだという観念は、東アジアの伝統として、まだ生きてい」たというのである（齋藤　二〇〇七、一二九）。このように「公」（政治、漢文）と「私」（感傷、詩文）の充実が、教養ある知識人にとっては重要であるという伝統は、明治にはまだ生きていたというのである。そうであるとすると「少年」と「悲哀」が切り離せないものであることは、かつては自明のものであったといえる。そして、一九〇〇、一九一〇年代の『日本少年』には、まだその伝統が息づいていたと考えることができるのである。

5　二つの抒情

最後に、本章で明らかになったことをまとめることとする。本章では、一九〇〇、一九一〇年代の『日本少年』『少女の友』の少年少女詩を分析した。一九〇〇、一九一〇年代、『日本少年』においては、有本芳水の少年詩が男子読者たちによって支持されていた。有本芳水の少年詩は、第一に文語定型詩、第二に悲哀を主題にしたものであった。そして、『少女の友』においては、星野水裏の少女詩が女子読者たちによって支持されていた。そして、星野水裏の少女詩は、第一に口語自由詩、第二に悲哀を主題にしたものであった。

したがって、有本芳水の少年詩、星野水裏の少女詩の相違点は、前者が文語定型詩、後者が口語自由詩だった点であった。

一九〇〇、一九一〇年代の『日本少年』『少女の友』は、「少年」「少女」が見たまま、おもったままの文を書くことを賛美していた。いいかえると、作文教育において推し進められていた写生主義作文を支持していたのであった。それゆえ言文一致体を称揚していたのであった。

ところが、有本芳水は、第一に形式主義作文の教育を受け、第二に形式主義作文を投書していた。だからこそ有本芳水は、形式主義作文にこだわっていた。

そして、男子読者たちは、有本芳水の文語定型詩の少年詩を支持していた。ただ、男子読者たちは、写生主義作文の教育を受けていた。しかし、一九〇〇、一九一〇年代は、形式主義作文から写生主義作文に移り変わる過渡期にあった。したがって、まだ形式主義作文の魅力は失われていなかった。だからこそ、男子読者たちは形式主義作文に魅了されていた。そして、有本芳水の文語定型詩の少年詩を支持していたのであった。また、文語定型詩の朗吟をしていたのであった。

しかし女子読者たちは、星野水裏の口語自由詩の少女詩を支持していた。女子読者たちは、男子読者たちと同じように、写生主義作文の教育を受けていた。そして、一九〇〇、一九一〇年代においては、形式主義作文から写生主義作文に移り変わる過渡期にあった。ただし、形式主義作文の作文教育においては、男子読者たちにとっては、漢文体、漢文訓読体、和文体など、ありとあらゆる文体を操ることが、学歴獲得に結びついていた。しかし、女子読者たちにとっては、そうではなかった。したがって、女子読者たちは、口語自由詩を支持していたのであった。そして、文語定型詩を支持する女子読者たち、および、朗吟する女子読者たちは少数だったのであった。

また、有本芳水の少年詩、星野水裏の少女詩の共通点は、どちらも悲哀を主題にしていた点であった。

一九〇〇、一九一〇年代、『日本少年』『少女の友』では、「少年」も「少女」も、悲哀と結びつけられて把握されていた。したがって、男子が悲哀に浸ることも、女子が悲哀に浸ることも、ごくふつうのこととして、とらえられていたのであった。東アジアの伝統においては、教養ある知識人には「公」（政治、漢文）と「私」（感傷、詩文）の充実が不可欠であるとされていた（齋藤　二〇〇七）。したがって、その東アジアの伝統が、一九〇〇、一九一〇年代の『日本少年』において存続していたのであった。

このように、一九〇〇、一九一〇年代の『日本少年』『少女の友』には、二つの異なる抒情があったことが明らかになったのである。

引用文献

有本芳水「淡路島」『日本少年』一九一二年九月号。↓「淡路島」尾崎秀樹・小田切進・紀田順一郎監修、二上洋一・根本正義編『少年小説大系 第二七巻 少年短編小説・少年詩集』三一書房、一九九六年、二八四頁。

有本芳水『芳水詩集』実業之日本社、一九一四年。

有本芳水『旅人』実業之日本社、一九一七年。

今田絵里香『「少女」の社会史』勁草書房、二〇〇七年。

大阪国際児童文学館編『日本児童文学大事典 第二巻』大日本図書、一九九三年。

小山静子『良妻賢母という規範』勁草書房、一九九一年。

齋藤希史『漢文脈と近代日本――もう一つの言葉の世界』NHK出版、二〇〇七年。

清水幾太郎『論文の書き方』岩波書店、一九五九年。

清水幾太郎『本はどう読むか』講談社、一九七九年。

実業之日本社社史編纂委員会編『実業之日本社百年史』実業之日本社、一九九七年。

滑川道夫『日本作文綴方教育史 1 明治篇』国土社、一九七七年。

星野水裏『浜千鳥』実業之日本社、一九一一年。

星野水裏「ジョンよもう帰らうよ」『少女の友』一九一三年一月号。↓「ジョンよもう帰らうよ」『宵のあかり』実業之日本社、一九一五年、一一―一七頁。

星野水裏『宵のあかり』実業之日本社、一九一五年。

正岡子規『竹乃里歌』(自筆歌稿)、一八八二～一九〇二年。↓土屋文明・五味保義編『正岡子規全歌集 竹乃里歌』岩波書店、一九五六年。

史料

『少女の友』実業之日本社、一九〇八年二月号〜一九一九年一二月号。

『日本少年』実業之日本社、一九〇六年一月号〜一九一九年一二月号。

『日本少年　マイクロフィッシュ版　第一巻』〜『日本少年　マイクロフィッシュ版　第六巻』早稲田大学図書館編、雄松堂フィルム出版、二〇〇五年。

第五章　少女雑誌のアイドルと少年雑誌のアイドルの不在
――『日本少年』『少女の友』の投書欄の差異――

1　『日本少年』『少女の友』の「少年」「少女」はどのようなものだったのか
――投書欄から見る

本章は、一九〇〇、一九一〇年代の『日本少年』『少女の友』の投書欄に焦点を当てる。そして、『日本少年』『少女の友』の投書欄における「少年」「少女」に関する知は、それぞれどのようなものだったのかを明らかにする。そのために、第一に『日本少年』『少女の友』の投書欄がどのようなものであったのかを、『日本少年』『少女の友』の投書欄がどのように異なっていたのかを検証することにする。なお、投書欄には、読者の通信を載せる通信欄と読者の文芸作品を載せる文芸欄がある。本章は、その両方を分析することとする。

本章が投書欄に着目するのは、第一に、一九〇〇、一九一〇年代、投書欄が、少年少女雑誌において読者の支持を集めたジャンルであったからである。たとえば、後に見るように『日本少年』の最高投書数は、一九一〇（明治四三）年六月号の狂句の三万七句、『少女の友』の最高投書数は、一九〇八（明治四一）年一二月号の歌つなぎの一五二六首である。一か月の間に、『日本少年』は三万通ほど、『少女の友』では一〇〇〇通ほど、投書が殺到したといえる。このことを踏まえると、投書欄は読者の支持を集めていたと考えることができる。第二に、『日本少年』

『少女の友』は、他の雑誌と比較して投書欄に力を入れていたからである。たとえば、『日本少年』一九〇八年六月号において、「どんな事が日本少年の特色と思ふか」（編集者「通信」『日本少年』一九〇八（明治四一）年六月号、九九）というテーマで投書を募集した。すると、一九〇八年七月号に載った投書では、投書欄が充実していること、投書欄をつうじて編集者と読者が親しいことを挙げているものがほとんどであった。

通信欄が盛んなこと、投書にはすべて丁寧に添削して下さることが、本誌の特色と思ひます。
（読者「通信」『日本少年』一九〇八（明治四一）年七月号、九八）

記者読者間の親密なる事。投書欄の盛なる事。多くの読者を有してゐる事。
（読者「通信」『日本少年』一九〇八（明治四一）年七月号、九八）

記者と読者の間柄が非常に親密なのを、本誌の特色と思ひます。
（読者「通信」『日本少年』一九〇八（明治四一）年七月号、九八）

また、『少女の友』でも、創刊後五年の一九一三（大正二）年、一〇年の一九一八（大正七）年に、社長である増《ま す》田義一《だぎいち》、および、社員である編集者が、『少女の友』の秀でた点として通信欄が充実している点、および、通信欄をつうじて編集者と読者が親密である点を挙げていた。

本誌の通信欄は、たしかに少女雑誌界独特のものだと思ひます。それは、多少記者の苦心もありますけれども、また投書をなさる方が面白い材料を供給して下さるからであります。

（編集者「通信　編集部より」『少女の友』一九一三〔大正二〕年五月号、一〇二）

更に又此処に嬉しく感ずることがあります。それは雑誌と愛読者との関係が親密であるといふことでありま す。従つて少女の友の第一回の大会の時には赤いリボンをつけて来た少女が、十年後の大会には、もう子供の お母さんとなりながら、少女の友を懐しんでやはり来会するといふ風であります。（中略）これが私の第四の 喜びです。

（増田義一「古き追懐　私の喜び」『少女の友』一九一八〔大正七〕年四月増刊号、八六）

さらに、『日本少年』『少女の友』において、編集者と読者の間が親しかったことは、実業之日本社の社史においても把握されている。たとえば、「忘れてならないのは、『日本少年』の編集者と読者の心の結びつきである。（中略）編集者（記者）と読者とのこのような関係は『日本少年』に限らず、『少女の友』（中略）などにも共通し」（実業之日本社社史編纂委員会編　一九九七、四一―四二）ていたとしているのである。このように、投書欄の充実は『日本少年』『少女の友』がとくに力を入れていたことだったのである。したがって、本章では『日本少年』『少女の友』の投書欄を分析することにする。

そのために、一九〇〇、一九一〇年代の『日本少年』『少女の友』通信欄・文芸欄を分析することとする。ゆえに、『日本少年』は一九〇六（明治三九）年から一九一九（大正八）年までを、『少女の友』は一九〇八年から一九一九年までを分析するのである。通信欄・文芸欄を分析するのは、通信欄・文芸欄において、編集者と読者が、および、読者同士が、どのようなやりとりをしていたのかを明らかにするためである。

一九〇〇、一九一〇年代に着目するのは、第一に、第四章で見たように、一九一〇年代が『日本少年』『少女の友』の黄金時代であるため、一九〇〇年代を助走の時代、一九一〇年代を飛躍の時代ととらえて分析することにしたのである。第二に、編集者と読者が親しかったことは、一九一〇年代において、『日本少年』『少女の友』が、『少年世界』『少女世界』に勝利した理由であるが、一九二〇年代において、『少年倶楽部』『少女倶楽部』に敗北した理由であるととらえることができるためである。このことについては、実業之日本社の社史において、指摘されている。社史では、編集者と読者が親しかったことが、一九一〇年代の興隆の要因、そして、一九二〇年代の衰退の要因であるととらえられているのである。「編集者と読者の心の結びつき」は、「これらの雑誌の興隆の原動力でもあったが、後には衰退の要因となった」(実業之日本社社史編纂委員会編 一九九七、四一—四二)と。なぜなら、たとえば、絶大な支持を獲得していた有本芳水《ありもとほうすい》が一九一九年九月に『実業之日本』に移ったように、編集者は会社員として異動することがあったからである。そして、編集者が異動をくりかえすたびに、読者の支持を失うことになったからである。一方、大日本雄弁会講談社では、編集者は裏方に徹して、作家・画家を表に出していた。したがって、編集者の異動に左右されることが少なかったのである。このように、『日本少年』『少女の友』は、投書欄の充実をはかっていたが、その戦略は諸刃の剣であった。なぜなら、その戦略があったがために、一九一〇年代においては、読者の支持を獲得することに成功し、一九二〇年代においては、読者の支持を獲得することに失敗したからである。

したがって、一九〇〇、一九一〇年代の『日本少年』『少女の友』に着目することによって、その年代、男子・女子読者の支持を集めた投書文化とはそれぞれどのようなものであったのか、そして、その投書文化はそれぞれどのように異なっていたのかを明らかにすることができると考えられる。先に見たように、実業之日本社の『日本少年』『少女の友』は、投書欄を充実させることで他社の少年少女雑誌との差異化をはかっていた。そしてその差異化の戦略は、一九〇〇、一九一〇年代には成功していたのである。ところが、一九二〇年代には、その差異化の戦略はうまくいかなくなる。ということは、投書文化には一九〇〇、一九一〇年代の男子・女子読者を魅了していた何かがあったということになる。その男子・女子読者を魅了していたものとはそれぞれどのようなものであったのだろうか。そして、その男子・女子読者を魅了していたものがそれぞれどのように異なっていたのだろうか。本章はこのことを明らかにすることにする。

2 『日本少年』のアイドルの不在

『日本少年』『少女の友』の投書欄には、先に見たように、通信欄、文芸欄がある。そして、通信欄には、読者の通信、編集者の返信が載せられている。そこでは、読者と編集者のやりとり、読者同士のやりとりが見られる。また、文芸欄には、読者の文芸作品、編集者の文芸批評が掲載されている。そして、文芸欄で募集されている文芸作品は、主に、作文、短歌、俳句である。ただ、時代によっては、『日本少年』では狂句、新詩（新体詩）、四行詩、お伽文、笑い話、絵画、ポンチ（漫画）、習字、写真などが、『少女の友』では口語詩、笑い話、おどけ問答、絵画、ポンチ、習字などが募られていることがある。

そして、『日本少年』『少女の友』の通信欄・文芸欄に投書していた男子・女子読者の年齢は、『日本少年』では、男子小学生と男子中学生一、二年生であるととらえている。なぜなら、「投書者は小学校生徒及中学校初年級程の少年としてあります」（編集者「通信」『日本少年』一九〇六（明治三九）年七月号、九五）と編集者がことわっているからである。一方、『少女の友』では、女子小学生と女学生であるととらえていたようである。なぜなら、「十七歳以上の十八歳以上のと言って制限はいたしません」（編集者「談話倶楽部　年長者の投書に就て」『少女の友』一九〇九（明治四二）年七月号、七三）と編集者がとらえていたからである。これを見ると、編集者は、年齢制限を設けていない

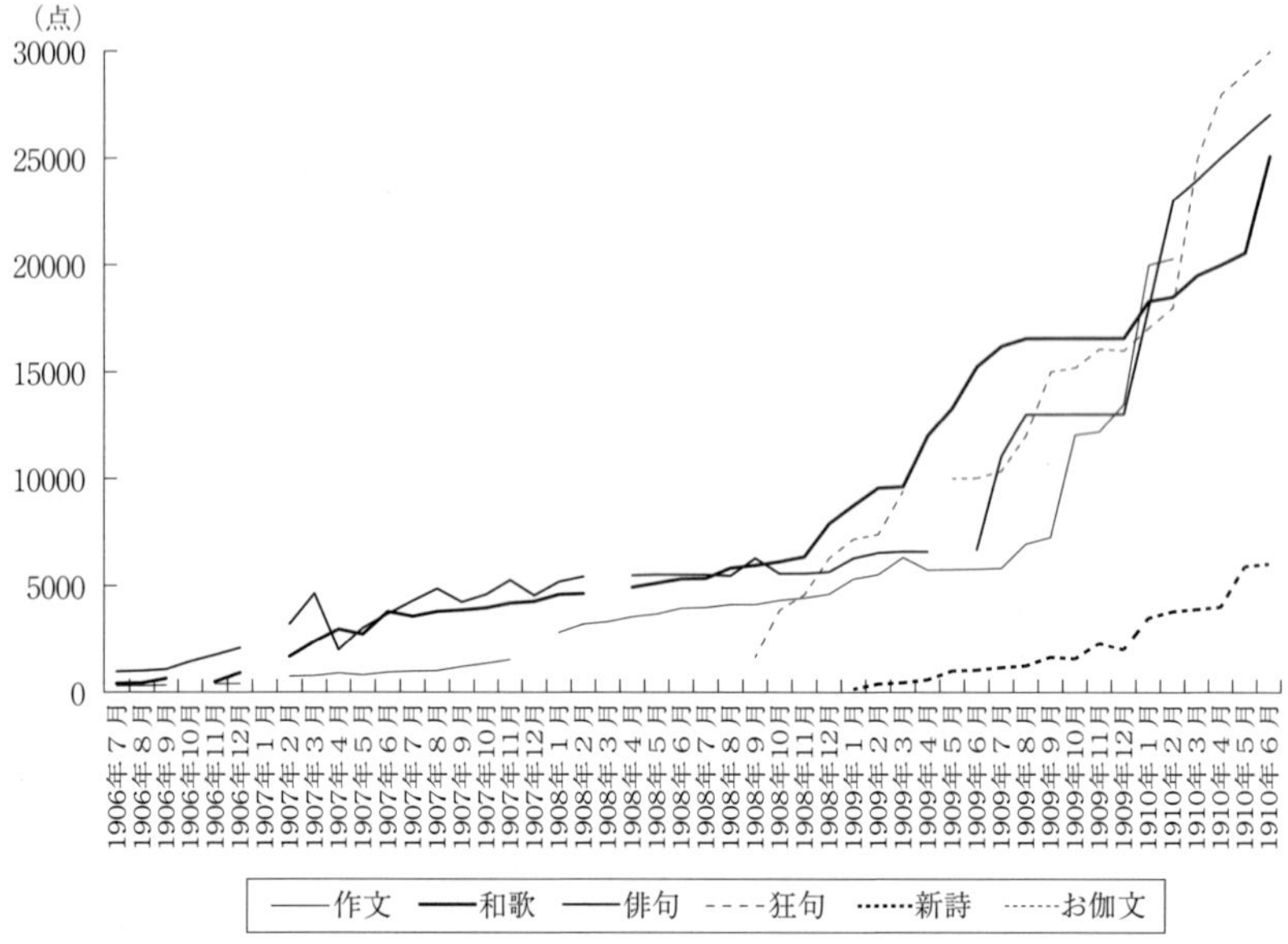

図5－1　『日本少年』の文芸欄における投書数（1906年7月号～1910年6月号）

出典：今田（2015）。

ようにおもえるが、高等女学校卒業生でもかまわないとわざわざことわっていることを考えると、編集者は卒業生が投書の躊躇われる年齢であるととらえていることがわかる。

さらに、『日本少年』『少女の友』の投書欄の投書数は、膨大な数になっている。このことは、図5－1、図5－2から、うかがうことができる。図5－1は、『日本少年』の文芸欄における投書数、図5－2は、『少女の友』の文芸欄における投書数である。そして、図5－1では、投書数が記載されている『日本少年』一九〇六年七月号から一九一〇年六月号までを、図5－2では、投書数が記載されている『少女の友』一九〇八年三月号から一二月号までを調査している。図5－1を見ると『日本少年』の最高投書数は、先に見たように、一九一〇年六月号の狂句の三万七句であることがわかる。文字数のある作文に限ると、最高投書数は、一九一〇（明治四五）年二月号の二万三〇八題であることが見てとれる。また、図5－2を見ると、『少女の友』の最

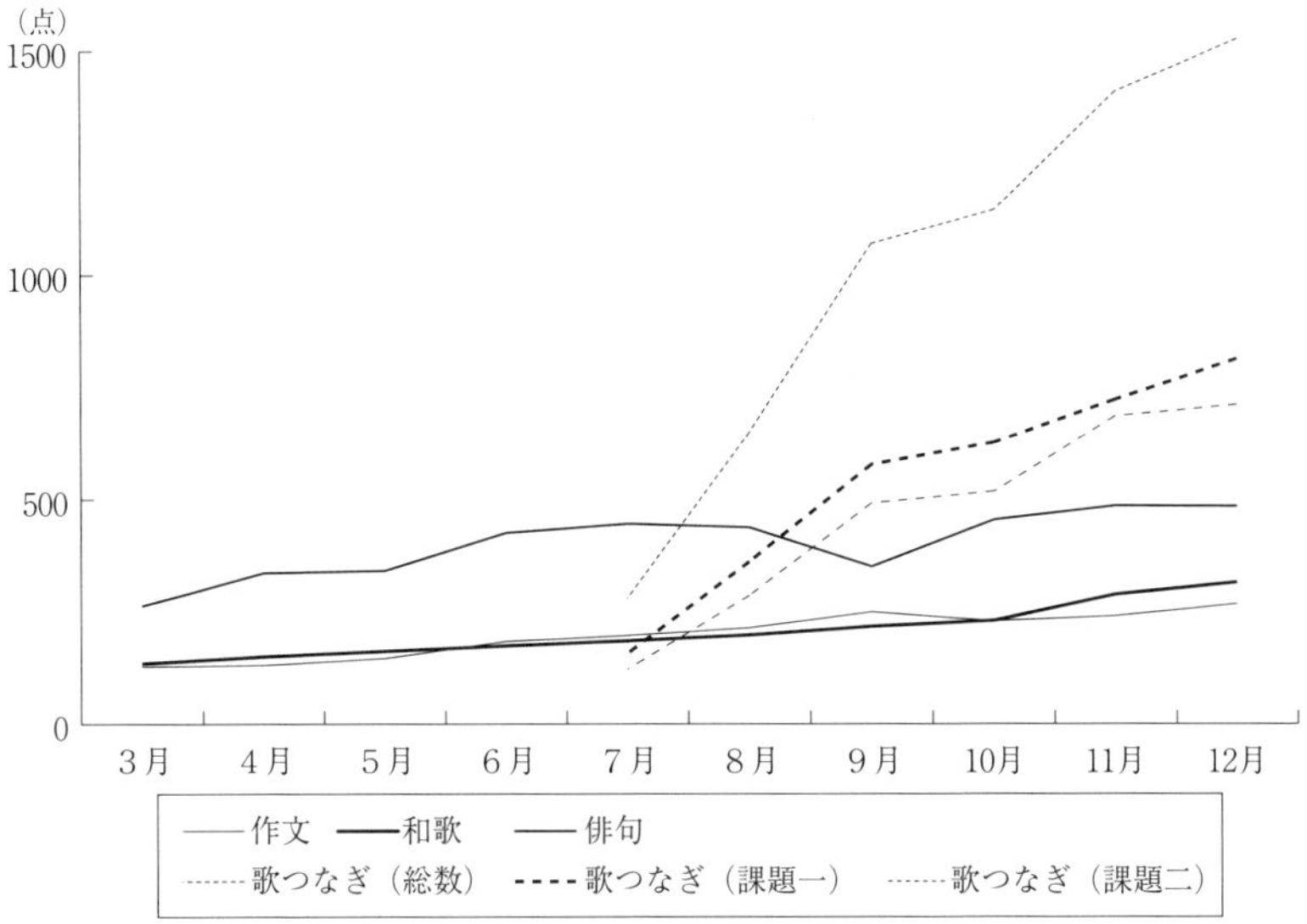

図5-2　『少女の友』の文芸欄における投書数（1908年3～12月号）

出典：今田（2015）。

高投書数は、一九〇八年一二月号の歌つなぎの一五二六首であることがわかる。文字数のある作文に限ると、一九〇八年一二月号の二六八題であることが見てとれる。したがって、この図5-1、図5-2を見ると、『日本少年』『少女の友』の投書欄は、膨大な数の投書数を有していたことがわかるのである。そして、それゆえに男子・女子読者の絶大な支持を集めていたことが見てとれるのである。

なぜ男子・女子読者は投書に熱狂したのだろうか。それは、投書をつうじて、男子読者は名誉、女子読者は読者同士の交際が得られるからである。今田絵里香（二〇一五）は、一九〇〇、一九一〇年代の『日本少年』『少女の友』の通信欄・文芸欄を分析して、この男子・女子読者の投書文化を明らかにしている。それによると、『日本少年』に投書する男子読者は、文芸作品が掲載されると、小・中学校でも、家庭でも、称賛されたため、その掲載の名誉を得ようとして投書していたことが明らかになっている。一方、『少女の友』の女子投稿者は、文芸作品が掲載されると、女学校によっては批判されることがあったため、その掲載をつうじて友人を得ようとして投書していたことが指摘されている。本章では、今田絵里香（二〇一五）の研究をさらに進めることとする。したがって、『日本少年』に投書していた男子読者が、どのようにして名誉を得ようとしていたのか、『少女の友』に投書していた女子読者が、どのようにして友人を得ようとしていたのかを明らかにすることとする。

最初に、『日本少年』の通信欄・文芸欄を見ることにする。『日本少年』の通信欄・文芸欄を見ると、『日本少年』に投書する男子読者は、掲載の名誉を得ようとして投書していたことがわかる。このことは、剽窃が多数おこなわれていたこと、そして、剽窃を批判する投書も多数載せられていたことから容易にうかがうことができる。たとえば、『日本少年』一九〇七（明治四〇）年三月号には、次のような読者の投書と編集者のコメントが載っているのである。

> 剽窃した者や焼き直した者は、当人から相当の弁解がない限り、其汚名を本誌巻頭に約一年間位掲載したら何うです。（小柳錦柳）
>
> さうしたらば、如何に鉄面皮の彼等でも、郷党の間に身の置き所がなくなつて、自然剽窃をしなくなるかも知れません。併し、さうすれば青春に富んだ可愛い少年を傷けなければなりません。傷けない前に美しい懺悔をして来はすまいかと、記者は心待ちに待つて居るのです。（編集者）
>
> （「通信」『日本少年』一九〇七〔明治四〇〕年三月号、九五）

記者様、剽窃するよーな者の投書は断然断つたら如何ですか。（読者）

記者も最う決する処があるのです。既に今回も聡明なる誌友諸君から通告された剽窃者が十七名ありました。

其十七名は只だ記者のノートに記したのみで、誌上にはわざと名を掲げません。名を掲げないのは記者が汚れたる少年に対してまだ幾分の同情を持つて居るからです。併し、一度記者のノートに記された者の投書は、其者から正直な弁解若しくは立派な懺悔のない以上、今後永久本誌上に掲載せぬことに致しました。（編集者）

（「通信」『日本少年』一九〇七〔明治四〇〕年三月号、九五）

このように、投稿者は剽窃をする投稿者にたいして怒っているのである。そして、剽窃をする投稿者になんらかの罰を与えてほしいと訴えているのである。そのため、編集者は剽窃をした投稿者に関して、謝罪がない限り、今後永久に『日本少年』に載せないことを決断するのである。

すると、この編集者の決断に驚いた剽窃者が、『日本少年』一九〇七年四月号に、謝罪を投書してきたのである。編集者によると、剽窃者一七名のなかで四名が謝罪をしてきたというのである。

博愛なる記者様、ゆるして下さいゆるして下さい。僕は決して記者様を欺くと云ふ心はなかつたのですけれど、唯だ一時の功名心にかられて、遂遂剽窃をしたのです。かくの如く愚なる僕に良心はあるのです。どうか大罪をゆるして下さい。（読者）

（中略）

記者は此等の諸君が美しい懺悔をして来たのを深く喜びます。諸君、美しい懺悔によつて亡びぬ罪はございません。記者はもう昔の事は忘れて此四人の罪を許しました。諸君も悪しみの心を捨てて此四人と以前のよーに仲善くして下さい。（編集者）

（「通信」『日本少年』一九〇七〔明治四〇〕年四月号、九四）

このように、剽窃者のなかには謝罪をした者もあったのである。そして、編集者は、その謝罪にたいして許しを与えたのである。

ところが、このようなやりとりがあったにもかかわらず、その後も剽窃者は後を絶たなかったのである。むしろ、剽窃者は増加の一途を辿るばかりだったのである。そのため、『日本少年』一九〇九（明治四二）年五月号には、剽窃者にたいする激怒の投書が載せられている。また、編集者の賛同のコメントも載せられている。

剽窃をやる卑劣漢は、どうせこんなものだらうと思ふ。極めて拙劣な文才に自惚れて少年文壇の勇将に成らう位の空想を抱き、盛んに投書をしてみる。が一向当選もしなければ隅っこへも出してもらへない。そこで原稿の末に細く書き込んで、ヤレ苦心の作だとか何の作だとかと哀願をする。しかしもともと拙い文章だから、いくら苦心の作だといったところで、掲載せられる訳のものであるまい。屹度没書になる。すると、「ああ一度掲載さへせられたなら十万の愛読者に吾が名を知られようものを」と、卑しい名誉心は次第に高まってきて、そろそろ他人の作物を焼き直して出す。次では大胆にも全部の剽窃をして、麗々しく自分の名を記し得々として、投書することとなる。

（中略）いくら天稟とか何とか言っても、勉強しないで巧く文章の書けるやうになる筈がない。ところが件の卑劣漢は、大抵勉強をしない連中である。愚にもつかぬ名誉心に駆られて、自ら充分修養を積む考へのない輩だ。（読者）

（中略）「不徳投書家の猛省を促す」と題して別項の一文を寄せられた。（中略）記者は更に之に蛇足を添ふるの愚をしない。（編集者）

（「通信」『日本少年』一九〇九〔明治四二〕年五月号、一〇二）

このように、剽窃に激怒する投書が、なおかつ、それに賛同する編集者のコメントが載せられているのである。そして、この投書・コメントの後に、投稿者による剽窃者の実名入りの告発文が大量に掲載されたのである。したがって、剽窃者の罪が白日のもとにさらされたのである。

ところが、このようなおそるべき措置をとったにもかかわらず、その後も剽窃はけっしてなくならなかったのである。むしろ、増加するばかりだったのである。なぜなら、その後も、『日本少年』の通信欄には、剽窃を暴露する投書が毎号のように載っているからである。また、剽窃者に激怒する投稿者の投書も、剽窃者に謝罪を迫る編集者のコメントも、くりかえし掲載されているからである。しかし、どのような措置を講じても、『日本少年』では、剽窃はけっしてなくならなかったのである。

なぜ剽窃がなくならなかったのかというと、先の剽窃者の懺悔があらわしているように、男子投稿者のなかに燃えたぎる「功名心」があったからだとおもわれる。逆にいうと、『日本少年』の男子投稿者は、掲載が大きな名誉になることを充分にわかっていたのである。だからこそ、『日本少年』の男子投稿者のなかには、剽窃する者が後を絶たなかったのである。

このように見てくると、『日本少年』の男子投稿者は、掲載の名誉を欲していたことがわかってくる。そして、だからこそ、剽窃をする者が後を絶たなかったことが見えてくる。

3　『少女の友』のアイドル

次に、『少女の友』の通信欄・文芸欄を見ることにする。これらの欄を見ると、女子投稿者は、『日本少年』の男子投稿者とは異なるものを得ようとしていたことがわかる。本節では、このことを見てみることとする。

先に見たように『少女の友』の女子投稿者は女学校において批判されることがあったのである。たとえば、女子投稿者は次のように訴えている。

皆様お聞き下さい。私共の名前が誌上の片隅にでも出ますと、クラスのある一部の人人にいろいろからかはれますのよ、本当にいやなところでございますわ。

（二少女「通信」『少女の友』一九一一〔明治四四〕年一二月号、一〇二）

先生、私が今まで通つてをりました新発田高等女学校では雑誌に投書することを禁じてございましたので、私も匿名で投書しようかと思ひましたけれども、校則を破つてまでするのは悪いと存じまして、残念乍ら止めてをりましたが、今度父がこちらの連隊へ転任いたしましたので、私も久留米の女学校へ入りました。当校では別に禁じてもございませんから投書いたさうと存じます。

（読者「通信」『少女の友』一九一二〔明治四五〕年三月号、九六―九七）

このように、女子投稿者の文芸作品が『少女の友』に掲載された場合、女学校で批判されること、なかには、女学校の校則に違反したと見なされることがあったのである。なお、この引用の「新発田高等女学校」とは、新潟県立新発田高等女学校（現在の新潟県立西新発田高等学校）である。

そのため、『少女の友』の女子投稿者は、筆名を使用する者が日に日に増加していたのである。たとえば、編集者は次のように指摘している。

作文や和歌を始めすべての投書に変名を用ゐる事が近来目に見えて多くなりました。変名は風流の為めに雅号として用ゐるのと、名前を知られると都合の悪い人が名前をかくす為めに用ゐるのと、大凡二通りありますが、そんな事とも知らずに、只無暗に人もやるから自分もやるんだといふやうな人が少なからずあるやうに見受けられます。

雅号として用ゐるなら真に風雅な名をお選びなさい。あまり馬鹿馬鹿しい名は其人の心の中も押しはかられていやなものです。

又かくす為に名を変へる人、私達はかういふ人達の投書はあまり好みませんが、然し絶対に禁ずるといふ程でもないと思ひますからまあこの儘にはして置きますが、其代り一旦変名をこしらへたならなるべくそれを変へないやうにして下さい。（編集者「談話倶楽部　変名に就て」『少女の友』一九一六〔大正五〕年一〇月号、一〇七）

このように、編集者は、筆名を用いる女子投稿者が増加しているととらえているのである。そして、その理由は、一つに雅号として使用している者が存在するため、二つに本名を知られることをおそれている者が存在するためであると把握しているのである。

ただし、筆名を使用すると、たしかに掲載を批判される機会はなくなるが、褒められる機会も少なくなる。なぜなら、筆名を使用すると、『少女の友』の通信欄上で編集者・投稿者によって褒められるか、せいぜい、その筆名を使用していることを知っている者によって褒められるか、そのどちらかしか褒められる機会がなくなるとおもわれるからである。

一方、本名を使用すると、本名を知っている大勢の者に褒められるのである。したがって、『日本少年』に投書する男子読者は、本名を使用して投書していたのである。なぜなら、一九〇〇、一九一〇年代の『日本少年』の通信欄・文芸欄では、編集者が、『少女の友』のように、筆名を使用することについて男子投稿者に苦言を呈することは、まったくなかったからである。

したがって、筆名を使用して投書することは、女子投稿者にとって利益が乏しいようにおもえるのである。しかし、それにもかかわらず、女子投稿者は増加の一途を辿ったのである。

『少女の友』の発展につれて、愛読者の増加は目ざましいほどでございます。愛読者が増加するにつれて、投書の数の殖えるのも驚くほどでございます。限りなく殖え行く投書を限りある誌面にのせるのですから、残念ながら掲載の出来ないのもあるかも知れませんが、其辺は充分お察しの上、悪しからずおゆるし下さい。

（編集者「通信　編集局より」『少女の友』一九一一〔明治四四〕年五月号、一〇一）

このように、編集者は、女子投稿者がいちじるしく増加していることを指摘しているのである。このことはおかしなことである。先に見たように、『少女の友』の女子投稿者は女学校で批判されるのである。にもかかわらず、女子投稿者は増加しているのである。実は、『少女の友』に投書することには、七つの利益があったのである。

第一に、先に見たように、友人を獲得できるという利益である（今田　二〇一五）。なぜなら、『少女の友』の通信欄を見ると、『少女の友』が投稿者同士のやりとりを禁じる一九一一（明治四四）年一一月号まで、女子投稿者同士のやりとりが見られる投書が、大量に載っているからである。たとえば、次のような投書である。

なつかしき妹！　こひしき友！　百合香様よ。ああ筆とれば言はうとする事の一つも書けません。胸が一ぱいで。嬉しき君が御言葉よ!!!　あざけりの心を偽りの笑にかくしてこびへつらひの益なき事をいやにおだて上る世の人よとうらみし中に、ただ一人の君を見出せしうれしさよ。百合香様、いつか云つた「谷の百合、峰のさくら」をお忘れなく、うつし世にたぐひもなきとたぐへられぬ迄も、たぐへもあらぬ清き心を保ちませなね。かずかずのお手紙、待ちてゐたきは山々なれど、ああ古郷を去る身には……この儘にしてあだし人の手にふれても本意なければ焔とします。おゆるし遊ばせな。

（黒田峰花「通信」『少女の友』一九一〇（明治四三）年一一月号、一〇五）

このように、この女子投稿者は、百合香《ゆりか》という筆名の女子投稿者にたいして、慕っていることを訴えているのである。ただ、この投書は、当の女子投稿者同士にしか意味がわからない私信になっているといえる。しかし、このような私信が、当時、『少女の友』の通信欄には大量に掲載されていたのである。佐藤（佐久間）りか（一九九六）は『少女界』が創刊される一九〇二（明治三五）年から、大正に入る直前の一九一二（明治四五）年七月まで、少女雑誌の『少女界』『少女世界』『少女の友』の通信欄において、投稿者同士の私信が溢れていたことを明らかにしている。したがって、このような通信欄上における投稿者同士の私信のやりとりは、『少女の友』だけでなく、さまざまな少女雑誌でおこなわれていたことだったのである。

それゆえ『少女の友』の女子投稿者は、女子投稿者の友人を得ようとしていたと考えることができる。だからこそ、『少女の友』の女子投稿者は、本名を使用して大勢に褒められることは期待していなかったのである。むしろ、筆名を使用して、『少女の友』の通信欄上で編集者・読者に褒められることを望んでいたのである。

第二に、大勢のファンが獲得できるという利益である。『少女の友』の常連投稿者になると、一人、二人のかけがえのない友人が得られることに加えて、大勢のファンが得られるのである。なぜなら、『少女の友』の文芸欄に文芸作品が掲載されると、全国の大勢の読者から、その文芸作品を称賛する投書が送られてくるからである。そうであるとすると、『少女の友』の文芸欄に文芸作品が載れば載るほど、その作品を称賛する投書が増加するということになる。したがって、常連の投稿者になると、大勢のファンを獲得することができるのである。たとえば、常連投稿者になると、『少女の友』の通信欄には、全国の読者による称賛の通信が、毎号のように載るようになるのである。そして、常連投稿者による、それにたいする返信も、毎号のように掲載されるようになるのである。次のとおりである。

小山桃代さま。私は一号からの愛読者で、いつもいつもあなたの作文や和歌を拝見して誠におなつかしく存じてをります。私のお友達に桃代さまと仰しやる美しい方がゐらつしやいました。お話ぶりなどあなたにそつくりでございましたが、とうとう東京へいらつしやいました。其後は桃代さまといふ名さへ拝見いたしますとおなつかしく存じますし、それにあなたの美しいお作を拝見しまして、一層おなつかしく存じてをります。不束なものでも今後どうぞお交際下さいませ。

（村岡たま子「通信」『少女の友』一九〇九〔明治四二〕年三月号、九三―九四）

北海道の村岡玉子様、貴女のお親しいお友達が、私と同じ名ださうでございますね。不思議でございますわ。私の一番好きな従姉も貴女と同じお名まへでございますよ。何となくよそのお方のよーな気がいたしません。不束ではございますが、末長くお交際くださいませ。

（小山桃代「通信」『少女の友』一九〇九〔明治四二〕年四月号、一〇二）

このように、常連投稿者は、毎号、全国の読者からファンレターをもらえるようになるのである。そして、その大勢のファンにたいして、まるでアイドルのようにふるまうことができるのである。なお、この投書の村岡《むらおか》たま子《こ》とは、後の作家の森田《もりた》たまである。

第三に、『少女の友』において、アイドル扱いをされるという利益である。『少女の友』の常連投稿者になると、読者からまるでアイドルのように扱われるようになるのである。もちろん『少女の友』のスターは、編集者・作家・画家である。『少女の友』の編集者・作家・画家は、読者から「先生」とよばれて尊敬を集めている。それゆえ『少女の友』で崇拝されていたのは、編集者・作家・画家であるといえる。なぜ尊敬を集めていたかというと、編集者・作家・画家は、『少女の友』に文芸作品・絵画作品を載せていたからである。そのなかでも、編集者は、編集者として編集をおこない、それに加えて、第四章の有本芳水、星野水裏《ほしのすいり》がそうであったように、詩歌、少年少女小説、紀行文、随筆文など、ありとあらゆる韻文・散文を掲載していたからである。それゆえ読者の絶大なる尊敬を集めていたのである。しかし、常連投稿者も、通信欄・文芸欄に限定されているが、文芸作品・絵画作品を載せている。その意味では、たんなる読者ではないといえる。したがって、常連投稿者は、編集者・作家・画家に近い存在であるが、編集者・作家・画家ではないといえる。常連投稿者は、ちょうど、編集者・作家・画家と読者の中間の存在なのである。仮に、編集者・作家・画家が雲の上の存在である「スター」であるとすると、常連投稿者は読者に身近な存在である「アイドル」であるといえる。ちょうど、少女向けファッション雑誌の「読者モデル」のような存在であるといえる。この少女向けファッション雑誌の「読者モデル」は、「モデル」ではないが、「読者」ではないといえる。したがって、「モデル」と「読者」の中間の存在なのである。ただ、読者モデルはルックス、あるいはファッションセンスに秀でた者であるが、常連投稿者は文芸的能力に秀でた者なのである。

一九一〇年前後、『少女の友』においてアイドルのように扱われていたのは、小山桃代《こやまももよ》、小林矢須子《こばやしやすこ》である。な

図５－３　「少女の友愛読者写真大会」
（『少女の友』1912年９月増刊号，グラビア。実業之日本社。大阪府立中央図書館国際児童文学館所蔵）

ぜなら、女子読者は、常連投稿者の小山桃代、小林矢須子にたいして、まるで編集者を崇拝するように接していたからである。たとえば、『少女の友』では、常連投稿者のグラビアがたびたび載っている（図５－３）。また、『少女の友』の通信欄には、編集者のルックスはどのようなものか、趣味嗜好はどのようなものか、癖はどのようなものかなど、編集者の人となりを想像する投書が大量に載っていた。なぜなら、先に見たように、一九一〇年前後、編集者は読者からスターとして崇拝されていたからである。しかし、小山桃代、小林矢須子に関しても、その人となりを想像する投書が載っていたのである。次のような投書である。

本誌の才媛小山もも代様と小林矢須子様の想像をして見ませう。

桃代様は何と言っても都（東京――引用者）の方ですから、そりゃハイカラでせう。（中略）矢須子様は至って質素な方と想像いたしますが、併し近々東京へゐらっしゃるさうですから、さうなったらきっとお人が違った様にお変りなさるでせう。

（読者「談話倶楽部　投書家の想像」『少女の友』一九〇九〔明治四二〕年四月号、八〇）

この投書は、女子読者が、常連投稿者の小山桃代、小林矢須子の人となりを想像するものとなっている。したがって、この投書の女子読者は、ちょうど編集者の人となりを想像するように、常連投稿者の人となりを想像していたのである。この投書からは、女子読者が、常連投稿者を編集者と同じように崇拝していたことがうかがえる。また、常連投稿者の小山桃代、小林矢須子のほうでも、まるで編集者のように、企画を提案していたからである。たとえば、常連投稿者の小山桃代は、『少女の友』一九〇九年八月号の通信欄上で、筆名を募集している。

私に初めてお手紙を下さるかたは、きまつたよーに、小山もも代つてほんに可愛らしい名だこと、一番気に入つてよと仰しやいます。私も桃代といふ名はいいと思つてをりますが、初めて私を御覧になつた方は、アラ、あれがもも代、名はいいけれど随分変ちきな方と仰しやるでせう。それで私は今度名を変へたいと思つてをります。なんとしたらよろしいでせう。丹波の山から出たての、おさんどん然とした所は、お鍋かおどらが丁度よろしいでせうし、キヤツキヤツと笑つて喋るところは、どうしてもおはねかがちやさんでなければ適しないと思ひます。もし皆様の中で、私に適当した奇抜な名がみあたりましたら、お知らせ下さいまし。

（小山桃代「通信」『少女の友』一九〇九〔明治四二〕年八月号、九四）

このように、小山桃代は、全国の読者に向かって、小山桃代という名前がかわいらしいと讃美されること、しかし、本人は変わり者であるため、かわいらしい名前が合わないとおもわれること、よって、変わり者にふさわしい筆名をつけてほしいことを訴えているのである。

すると、全国の読者から、筆名のアイディアが殺到したのである。小山桃代は、次のように投書を載せている。

皆様から沢山よい名をつけて下さいましたので、只今大汗を流して考へ中です。

（小山桃代「通信」『少女の友』一九〇九〔明治四二〕年九月号、九五）

このように、小山桃代は、筆名のアイディアがたくさん寄せられたこと、また、それを見て筆名を考えていることを報告しているのである。

ところが、小山桃代は、その後、次のような投書を載せている。

もも代といふ名を捨てるに忍びないよーな気がいたしますので、（中略）勝手な申分でございますが、今までの桃代で居りますから、皆様何卒悪しからず。

（小山桃代「通信」『少女の友』一九〇九〔明治四二〕年一〇月号、一〇一）

このように、小山桃代は、全国の読者から寄せられた筆名をすべて拒否したこと、今までどおり本名を使用することを宣言しているのである。したがって、小山桃代はまるで編集者のように全国の読者に筆名を募ることができたのである。そして、それにたいして、全国の読者から筆名案が多数集まったのである。それゆえ小山桃代は、女子読者ではあるが、他の女子読者とは明らかに異なる女子読者であったということができる。それは、まるで編集者のように、企画を提案できた女子読者だったのである。

第四に、スターである編集者と親しくなれるという利益がある。『少女の友』の常連投稿者になると、編集者から頻繁に手紙をもらえるようになるのである。そもそも、『少女の友』の編集者は、読者と盛んに手紙のやりとりをしていたのである。

　先日京都の或方から「狐狸が人をだますだまさんといふ事について店の者と只今大議論をしてをります。家族は店の者を入れて二三人ありますが、だまさないといふ者は私一人なのです。先生だますかだまさないか早く聞かして下さい」と、わざわざ郵便でおたづねでした。ハハアさすがは京都だな、秋の夜長のつれづれにこんな事を言ひ合つて笑つていらつしやるのだらうと、羨ましさとをかしさとを忍んで早速お返事をあげました。それは「よく昔からそんな事を言ひますが、一人もだまされた者はないやうですね。本社の社員は只今百人近くありますが、一人もだまされた者がありません」といふのでした。

（編集者「通信」『少女の友』一九一三年一一月号、一〇〇）

　このように、そもそも、編集者が読者と手紙のやりとりをすることはめずらしくなかったのである。しかし、常連投稿者になると、後に見る原初枝《はらはつえ》のように、編集者と頻繁に手紙のやりとりができるようになるのである。

第五に、記念時計がもらえるという利益がある。『少女の友』の常連投稿者になると、『少女の友』から、記念時計が与えられるようになるのである。『少女の友』が、常連投稿者に、記念時計を与えるようになったのは、『少女の友』一九一一年一月号からである。『少女の友』一九一〇年一二月号には、その予告が次のように載っている。

　本誌の作文、和歌、俳句、筆蹟、絵画等は懸賞ではございません。けれども本誌は、其投書家中、一回は一回より成績のよくなる方を選び、記念として懐中時計を贈呈する事にいたしました。新年号より毎月二個宛贈呈をいたしますが、今回は特に新年のお祝として、従来の投書家中から五名を選んで贈呈いたします。

（編集者「新年号の少女の友　記念懐中時計贈呈」『少女の友』一九一〇〔明治四三〕年一二月号、八九）

このように、編集者は、常連投稿者にたいして記念時計を与えることにしたのである。ここにあるように、第一回は新年の祝いとして五人の常連投稿者に与えることになったが、通常は毎回二人の常連投稿者に与えることになったのである。

そのため、一九一一年一月号では、五人の記念時計受領者が公表されている。次のとおりである。

新年のお祝ひとして記念懐中時計を贈呈する方は、左の五名ときまりました。

東京市　小山桃代

長野県　小林矢須子

（中略）

二月号からのものは、毎回其都度発表をいたします。前号にも申上げました通り、これは賞品ではなく記念品ですから、単に一回だけの秀逸者にあげるのでなく、一回は一回よりだんだんと上達された方、即ち進歩成績の優れた方にあげるのです。

（編集者「掲示欄　記念時計贈呈」『少女の友』一九一一〔明治四四〕年一月号、一〇九）

このように、記念時計受領者と記念時計受領者の選出基準が報告されているのである。ただ、この記念時計受領者の選出基準は、きわめて曖昧なものであったといえる。なぜなら、記念時計受領者は、作品が秀逸であった者ではなかったからである。そうではなく、編集者が進歩の著しい者として判断した者だったからである。そうであるとすると、常連投稿者になる必要が生じる。なぜなら、一回きりの掲載では進歩が著しいと判断されることはないからである。したがって、この記念時計の制度が始まった後は、投稿者は記念時計を獲得するため編集者に進歩が著しいと判断されるまで投書をくりかえすことになったのである。それゆえ投書がますます盛んになったのである。

この利益は、モノとしての懐中時計が手に入るということだけではなかったとおもわれる。なぜなら、この記念時計は、懐中時計として価値があったのはもちろんのことであるが、それに加えて、常連投稿者をあらわす記号として価値があったのだとおもわれるからである。したがって、この利益とは、モノとしての懐中時計が手に入るということだったのはもちろんのことであるが、それに加えて、常連投稿者である証が手に入るということだったのである。たとえば、第一回の記念時計受領者のなかには、小山桃代、小林矢須子がいた。そして、記念時計の受領をとおして、常連投稿者のお墨付きを与えられた小山桃代、小林矢須子は、常連投稿者として、先に見たように、さまざまな利益を得ることになったのであった。

第六に、愛読者大会の幹事になるという利益である。『少女の友』の常連投稿者になると、愛読者大会の幹事になれるのである。愛読者大会とは、全国各地の『日本少年』『少女の友』の男子・女子読者が、『日本少年』『少女の友』の編集者・作家・画家を招いて、劇、合唱、スピーチなど、さまざまな出しものを披露する会である。なかでも、『少女の友』の読者は、『日本少年』と比較して、多数の会を開催しているといえる。それは、表5－1から うかがうことができる。表5－1は、『日本少年』『少女の友』の愛読者大会開催数を調査したものである。この表5－1を見ると、『少女の友』のほうが、『日本少年』よりも、開催数が多数であることがわかる。実は、この愛読者大会は、編集者・作家・画家のよびかけで開催されるものではなく、読者のよびかけで開催されるものだったのである。したがって、読者は幹事になると、編集者・作家・画家に問い合わせをおこない、開催地の読者たちと打ち合わせをくりかえして、全国の読者たちに告知をすることになる。そして、当日のプログラムを考えて、当日の会の進行を担うことになるのである。そうであるとすると、幹事は、開催地の読者のとりまとめをすることになる。したがって、幹事は、開催地の常連投稿者が務めることになるのである。なぜなら、常連投稿者は、一方では、全国の読者たちにも、開催地の読者たちにも、名が知られ、ファンレターのやりとりをしていて、他方では、編集者たちにも名が知られ、手紙のやりとりをしていたからである。たとえば、東京都（東京府）の愛読者大会ならば小山桃代が、長野県の愛読者大会ならば小林矢須子が、それぞれ幹事をすることになったのである。だからこそ、

表5－1 『少女の友』と『日本少年』の愛読者大会開催頻度

	『少女の友』	『日本少年』	
		愛読者大会	少年東郷会
1906年			
1907年			
1908年			
1909年	1	1	
1910年	7	1	
1911年		1	
1912年			
1913年	7		
1914年	6	2	
1915年			
1916年			
1917年			
1918年	1		
1919年	1		
1920年	5		
1921年	3		
1922年			
1923年			
1924年	2	1	
1925年			
1926年			
1927年	1		
1928年		2	
1929年			2
1930年			2
1931年			
1932年			3
1933年			
1934年			
1935年			
1936年	8		
1937年	2		
1938年	10		
1939年	2		
1940年	4		
1941年	3		
1942年	1		
1943年	1		
1944年			
1945年			

出典：今田（2007）。

『少女の友』のほうが、『日本少年』より、愛読者大会の開催数が多数だったのである。なぜなら、『少女の友』の常連投稿者のほうが、『日本少年』の常連投稿者よりも、アイドル化されていて、全国の読者に知られていたからである。

たとえば、一九〇九年四月四日、東京都（東京府）の有楽座で東京少女の友大会が開催されて、小山桃代、小林矢須子、そして、北川千代子《きたがわちよこ》などが幹事を担うことになった。この北川千代子は、後の作家の北川千代《きたがわちよ》である。編集者は、『少女の友』で、「愈愈四月四日（日曜）の午後十二時半から、麹町丸の内の有楽座で開く事にいたしました」と告知している（編集者「談話倶楽部　東京少女の友大会開会」『少女の友』一九〇九（明治四二）年四月号、七九）。そして、愛読者大会開催の直前には、小林矢須子が、『少女の友』の通信欄上で次のようによびかけている。

小山もも代様、島津貞子様、私、四月の大会を待つて居ります、お目にかかられるのですもの。

（小林矢須子「通信」『少女の友』一九〇九（明治四二）年四月号、一〇二）

ここには、幹事を担うことにたいする誇らしいおもいを読みとることができる。

ところが、小林矢須子と北川千代子は、愛読者大会を欠席することになる。編集者の星野水裏は、次のように報告している。

小林矢須子さんは、三月の末頃に東京へお出でになる筈でございましたので、そしたら是非幹事になって頂かうと、実は楽みにして待ってをりましたのでございますが、急に祖母様の御病気がお悪くなった為、とうとうお出でになる事が出来なかったのでございます。（中略）幹事になって下さる筈の方で、当日御病気の為に出来なかった方が、島津貞子さん、北川千代子さん、黒川つるをさん、川崎千代野さんの四名、又、お家の都合で出来なかった方が、小林矢須子さんに高野光江さんの二名でございます。

（星野水裏「『少女の友』大会記事　余談雑録」『少女の友』一九〇九〔明治四二〕年五月号、七二―七三）

このように、小林矢須子は祖母の病気のため、北川千代子は自身の病気のため、愛読者大会を欠席せざるを得なかったのである。

しかし、愛読者大会の幹事として当日の進行を担当することになった常連投稿者は、幹事となったこと、そして、幹事として愛読者大会の進行にあたったことを、誇らしくおもっていたようである。なぜなら、幹事は、実業之日本社から幹事のしるしとして記章を贈られることになったからである。そして、愛読者大会では、それを胸につけて進行を担うことになったからである。したがって、大きな誇りを覚えることになったのである。たとえば、幹事となった常連投稿者は、次のように語っている。

あの盛大だつた日本少年少女の友合同大会は、丁度私が女学校へ入学した年の秋、神無月の十月に開かれたのでした。（中略）先生から送られた赤いリボンの幹事章を、弟と二人で――弟は日本少年の幹事でしたから――胸につけて見たり、箱に入れて見たり、幾度父や母に笑はれた事でせう。じつと眼を閉ぢて其時の事を追想すると、淡いながらも嬉しい思ひ出が、次から次へと浮んで参ります。

（読者「来し方を振返りて　次から次へ」『少女の友』一九一八〔大正七〕年四月増刊号、六四）

ほこらかに少女の友の紅の幹事の紀章《ママ》胸にとつけぬ、紀章《ママ》さし有楽座なる廊下など闊歩したりしわれなりしかな、我が友子（少女の友――引用者）十歳になりぬ美しう花の如くも十歳となりぬ。

（読者「来し方を振返りて　強き誇」『少女の友』一九一八〔大正七〕年四月増刊号、六六）

この文を見ると、この常連投稿者たちが幹事になったこと、そして、幹事として記章をつけ有楽座を闊歩したことを、嬉しく、そして誇らしくおもっていたことがわかる。愛読者大会の当日、幹事は、記章をつけることで、他の大勢の読者と差異化されたのである。そして、大勢の読者の羨望のまなざしを一身に集めることになったのである。

第七に、常連投稿者から、作家・画家になるという道を開拓することができたという利益である。『少女の友』の常連投稿者になると、作家・画家になる道が拓けることがあったのである。たとえば、後に『少女の友』の最大の人気作家となった吉屋信子《よしやのぶこ》は、投稿者から作家に転身した者の一人である。『少女の友』の編集者であった渋沢《しぶさわ》青花《せいか》は、次のように回想している。

編集部あてに、原稿を送って来た少女があった。住所は四谷浸礼教会の寄宿舎で、名は「吉屋信子」としてあった。

わたしは読んでみた。（中略）しかし『少女の友』向きのものではなかったので、わたしは返送した。（中略）しかしわたしは、それに返書を書いた。それが、文学少女をさとすような文面だったように思う。（中略）それからしばらくして、吉屋信子さんの名が、他の少女雑誌にだんだん現れるようになった。そして、やがて押しも押されもせぬ人気作家になった。わたしの不明と恥じていいのか。（中略）わたしは余計な忠告をしたようである。

（渋沢　一九八一、一三一）

このように、吉屋信子は、『少女の友』に少女小説を投稿していたのである。ただ、渋沢青花は、吉屋信子の原稿を受けつけなかったのである。したがって、吉屋信子は、「花物語」を『少女画報』(一九一六(大正五)年七月号～一九二四(大正一三)年一一月号)と『少女倶楽部』(一九二五(大正一四)年七月号～一九二六(大正一五)年三月号)に連載して、熱狂的な女子読者の支持を集めることになったのである。

また、『少女の友』の常連投稿者であった北川千代子も、常連投稿者から作家に転身した一人である。北川千代子は、常連投稿者であった時代には、先に見たように、一九〇九年四月四日の東京少女の友大会で、幹事になっている。また、常連投稿者であった時代には、その文才と美貌によって、アイドル的存在であったことが指摘されている(大阪国際児童文学館編　一九九三a)。たとえば、『少女の友』の編集者であった渋沢青花は、作家の「北川千代」の美貌について、次のように回想している。

江口千代さんは江口渙氏の夫人で、後に離別してもとの北川千代子となった。原稿を持って星野さんを訪ねて来る姿をよく廊下で見受けたが、水もしたたるような大一番の丸髷に結った、その美しい容姿は人目をひいた。編集のたれかれが覗いて、囁き合ったものである。(渋沢　一九八二、六七)

このように、渋沢青花は、「北川千代」が美しい容姿をもっていたことを指摘しているのである。この北川千代子は、『少女の友』一九一六(大正五)年四月増刊号の「洞窟から来た児」を皮切りにして、『少女の友』に少女小説を載せ始めている。ただ、この「洞窟から来た児」は、改姓後の「江口《えぐち》千代《ちよ》」の名で掲載されている。そして、一九一九年から、「北川千代」名義で、少女小説の単行本をあいついで出版しているのである(大阪国際児童文学館編　一九九三a)。

さらに、横山美智子《よこやまみちこ》も常連投稿者から作家に転身した一人である。横山美智子は、『少女の友』の常連投稿者として名を馳せていた。たとえば、横山美智子は、次のように常連投稿者時代をふりかえっている。

その頃（投書をしていた頃――引用者）、投書家の中で、西の大関と云はれた佐伯時子さんと手紙の交換で親しくなり、毎日のやうに美しい手紙をもらひ、「一生に一人の友」と囁かれたことは、私を育てる上に深い力となりました。時子さんは、後に家庭をもち、二十幾つかで亡くなられる時まで私のことを云ひつづけ、私の写真のとどくのを待つてゐて下すつたさうです。人のひたむきな愛情は、何といふ尊い心の支へでせう。（横山美智子「わが少女の日」『少女の友』一九四二〈昭和一七〉年七月号、三三二）

このように、横山美智子は、常連投稿者の佐伯時子《さえきときこ》と文通をしていたことをなつかしんでいるのである。この佐伯時子は、類まれな常連投稿者として「西の大関」と称えられていたというのである。この引用からは、常連投稿者同士が親密な関係を築いていたことをうかがうことができる。横山美智子は、その後、一〇代のころに広島県の尾道市から単身、上京を果たしている。そして、『少女の友』の編集者であった東草水《ひがしそうすい》の家に起居して、『少女の友』など、さまざまな少年少女雑誌に少年少女小説を載せるようになっている（大阪国際児童文学館編　一九九三b）。その後、横山美智子は、「嵐の小夜曲」を『少女の友』（一九二九〈昭和四〉年六月号～一九三〇〈昭和五〉年八月号）に連載して、女子読者の熱狂的な支持を集めることになったのである。

4　夭折の天才少女

『少女の友』の常連投稿者のなかでもっとも有名であったのは、原初枝である。なぜなら、原初枝は、編集主筆であった星野水裏によって夭折の天才少女として表象されることになったからである。

一九一二（明治四五・大正元）年、星野水裏は、『少女の友』において原初枝の死を報告した。星野水裏は、六月号、七月号、八月号に、「断腸の記」という随筆を掲載したのであった。そして、そこにおいて、常連投稿者である原初枝の死について、克明に描いていったのであった。

「断腸の記」によると、原初枝の生前から、原初枝と星野水裏はたびたび手紙の交換をしていたというのである。次のとおりである。

　私は、初枝さんからのお手紙が、初めのうちはどれもみんな涙で洗ったやうなものばかりなので、
「今後少しでも涙の影のあるお手紙は頂きません」
と申上げたら、其後初枝さんから、
「これならもういいでせう」
と、快活な面白い事ばかり書いて寄越されるやうになった。（中略）これが抑の原で、つひこんな手紙をやらないの、いや書かせて見せるのって冗談を言ひ合ふやうになったのだが、初枝さんは、私に手紙を書かせようって、度々いろんなお手紙を下すった。

（星野水裏「断腸の記（二）」『少女の友』一九一二（明治四五）年七月号、六二）

このように、生前、原初枝は星野水裏と盛んに手紙の交換をしていたのである。したがって、原初枝は、常連投稿者のなかでも、とくに星野水裏と親密にしていたといえる。

ところが、原初枝は、一九一二年三月一九日、一九歳で死去した。このことについて、星野水裏は、次のように嘆いている。

初枝さん！　私は泣いて居ます、も一度お眼を開いて見て下さい。私は泣いて居ます。澄子さんも春江さんもみんな泣いていらつしやるではありませんか。

（星野水裏「断腸の記（二）」『少女の友』一九一二（明治四五）年七月号、六四）

ただし、当時、常連投稿者が死去することは、めずらしいことではなかった。『少女の友』を見ると、たびたび、常連投稿者の訃報が載っていることがわかる。たとえば、『少女の友』一九一四（大正三）年一〇月号には、松居貞子《まついさだこ》という常連投稿者の訃報が掲載されている。

かねて本誌の愛読者で又度々投書もしていらした京都の松居貞子様は、今年の春大阪へお嫁にいらして楽しい家庭をお作り遊ばしたのも僅かの間で、この八月の二十九日には早や帰らぬ人の数に入られたさうです。

（編集者「談話倶楽部　松居貞子様の御逝去」『少女の友』一九一四（大正三）年一〇月号、一〇八）

このように、常連投稿者が亡くなることは、しばしばあったのである。そして、その訃報が掲載されることは、『少女の友』ではめずらしくなかったのである。

しかしながら、亡くなった後、三か月にわたって編集者に嘆かれるというのは、常連投稿者のなかでは原初枝ただ一人であった。いいかえると、一常連投稿者の死にたいして、編集者が三か月にわたって「断腸の記」という随筆を掲載し、悲嘆に暮れるというのは、『少女の友』においては、きわめて異例といえるものだったのである。

編集者・作家・画家の死去についても、長期にわたって、他の編集者・作家・画家が悲しみに暮れるということは皆無であった。たとえば、画家の渡辺与平《わたなべよへい》の訃報は、「断腸の記（二）」が掲載された号で報告された。渡辺与平といえば、長きにわたって『少女の友』の挿絵を手がけた画家であった。それにもかかわらず、渡辺与平の訃報を伝える記事は、一頁中、三段組の一段ほどを占めるだけのごく小さなものであった。そして、編集主筆の星野水裏以外の編集者が、手がけたものであった。

毎号の本誌に、無邪気な絵ばなしを描いて皆様から喜ばれて居た渡辺与平君は、随分長く病気で苦しんで居られましたが、薬有効なく、六月九日午前一時五十分、遂に永眠せられました。

（編集者「談話倶楽部　与平君逝く」『少女の友』一九一二（明治四五）年七月号、一一四）

このように、画家の渡辺与平の死にたいしては、星野水裏以外の編集者が、小さな訃報の記事を書いた一方、常連投稿者の原初枝の死にたいしては、編集主筆の星野水裏が、約八頁にわたる随筆を書いたのである。

このことについては、読者も、そして、星野水裏自身も、おかしいとおもったようである。『少女の友』一九一二（大正元）年一〇月号において、星野水裏は、次のように、弁明をおこなっている。

私が初枝さんの為には「断腸記」を三回も続けて居りながら、与平君の為には一の弔辞すらなかったといふので、いろんな事を仰しゃる方があるさうですが、然しこれはお考へ過ぎた事なので、別に何事のあるのでもなく、只書きにくかったから書かなかったといふまでの事なのです。

（星野水裏「与平君と私」『少女の友』一九一二〔大正元〕年一〇月号、九八）

このように、星野水裏は、原初枝の死去にたいしては随筆を三回掲載したが、渡辺与平の死去にたいしては一字も書かなかったことにたいして、「只書きにくかったから書かなかった」と弁解しているのである。

その後、星野水裏は、原初枝の手紙を集め始めた。星野水裏は、『少女の友』で次のようによびかけている。「亡くなった初枝さんからのお手紙をお持ちの方は、私に貸して下さいませんか」（星野水裏「談話倶楽部　初枝さんのお手紙」『少女の友』一九一二〔明治四五〕年七月号、一一四）と。

そして、星野水裏は、『少女の友』で、原初枝の遺稿集の『しのぶ草』を刊行することを告知した。最初に、『少女の友』一九一三年六月号で、星野水裏は、自身の編集によって、原初枝の遺稿集を刊行することを告げた（星野水裏「談話倶楽部　故原初枝嬢遺稿しのぶ草」『少女の友』一九一三〔大正二〕年六月号、一〇〇）。そして、『少女の友』一九一三年七月号で、原初枝の遺稿集について、次号で報告することを予告した（星野水裏「談話倶楽部　故原初枝嬢遺稿しのぶ草」『少女の友』一九一三〔大正二〕年七月号、九九）。さらに、『少女の友』一九一三年八月号で、原初枝の遺稿集の詳細について告知した（星野水裏「故原初枝嬢遺稿しのぶ草〔八月初旬出来ます〕」『少女の友』一九一三〔大正二〕年七月号、一〇三）。

この『少女の友』一九一三年八月号の告知を見ると、原初枝の遺稿集は、『しのぶ草』というタイトルのものであったことがわかる。そして、『しのぶ草』には、原初枝の写真、手紙、日記が収められていたことが見てとれる。また、原初枝の郷里である佐賀県唐津市に関する写真が載っていたことがわかる。さらに、編集者、読者によって、原初枝の思い出を綴った随筆が収められていることが見てとれる。また、一九一三年八月初旬刊行予定、非売品、五〇〇部発行とされていることがわかる。

そして、『しのぶ草』は、女子読者の熱狂的な支持を集めたのであった。先に見たように、『しのぶ草』は五〇〇部刊行の予定であった。ところが、「八月十四日までに四百五十部ばかりお申込があつ」たと報告された（星野水裏「談話倶楽部　萩咲く窓より」『少女の友』一九一三〔大正二〕年九月号、一〇九）。さらに、『少女の友』一九一四〔大正三〕年一〇月号では、再版を五〇〇部刊行することが告げられたのであった（編集者「談話倶楽部　しのぶ草再版成る」『少女の友』一九一四〔大正三〕年一〇月号、一〇八）。

その後、『少女の友』には、『しのぶ草』に関する女子読者の投書が載るようになった。たとえば、次のような投書である。

　半ば黄ばんだ木の葉が夢のやうに一つ二つ散る並木を通して、物すごい程皎々と照る月の光！　私はしのぶ草抱へて楓の木に近よりました。水晶のやうな月をじつと見つめて居ると、まぼろしのやうに浮んで来る初枝さんのあの俤《おもかげ》！　ああああつい涙が流れます。いつまでも泣かせて下さい。いえ泣かせて下さい。

（読者「通信」『少女の友』一九一三〔大正二〕年一一月号、九九）

　昨年の初秋頃、丁度十五に手がとどいて間もないころから、私は急に多感な涙もろい子になりました。物の哀れさを身にしんみりときざむ頃、夕方などじつと机によりかかつて庭を見守つて居ると、しらず知らずに涙が流れる――かういふ時私は、切に少女と生れた幸を感じます。白い鳥よの中の初枝さんの様に、又の世も又の世も私は少女と生れたいと思つて居ります。

（文子「談話倶楽部　一杯の胸」『少女の友』一九一四（大正三）年六月号、一〇八）

このように、『しのぶ草』に関する投書は、どの投書も悲哀に満ちたものとなっているのである。なぜなら、『しのぶ草』は原初枝の遺稿集だからである。そして、『しのぶ草』が悲哀を主題にした文を大量に載せていたからである。

この『しのぶ草』の文は、次のようなものである。

ああ私はなぜ罪の世に罪作りに生れて来たのでせう。衰へゆく私の頬……腕……おおそれもこの罪の子の……わざでは御座いますまいか。御憎しみ深き私の身はどうなりませうとも唯々貴女のもとの御元気におかへりの程を祈つて居ります。心のいたでには身まで衰へつひ病魔のとりことなつた私、追へども追へどもさりやらぬ君の御名、苦しんで苦しんで苦しみぬいたる其時は多くの人に心配かけて又しても罪作り「死ぬ」とまで驚かした程のおとろへやう……ああこんな事聞え上げるのではございませんでしたに我身の恙《つつが》得しは理の当然。

（星野編　一九一三、二一―二）

我が友よ！　御身らは華やかなる衣つけて広やかなるリボンかざして美しく粧ほひ給ひて楽しき夢をつづけ給ふや。君らの春はいかに暖たかなるべき。籠の中の小鳥よ！　汝は野山をこひてなくや。我も活社会のいとどこひし。小鳥の籠の戸はいつ開かるべき、我が望みはいつはたさるべき。

（星野編　一九一三、一八九）

この引用から、『しのぶ草』の文は、悲哀に満ちた文であることが見てとれるのである。

その後、星野水裏は、さらに原初枝を素晴らしい存在として表象するようになった。たとえば、一九一四年一月一七日から二〇日にかけて、『少女の友』の愛読者大会である「九州の読者大会」が開催された。そのとき、星野水裏は、原初枝の故郷である唐津市に赴いた。そして、『少女の友』一九一四年四月号、五月号、六月号において、「会終へてから」という随筆を連載したのであった。この「会終へてから」によると、星野水裏は唐津市に赴いて、原初枝が生前に歩いたという海辺を歩き、原初枝が生前に星野水裏が泊まっていることを想像しながら見ていたという有名旅館に泊まったというのであった。このように、「会終へてから」は、星野水裏が原初枝との思い出に浸るさまが描かれていたのであった。

荒い波の漸く収まり掛つた私の胸の海は、満潮のやうに今悲みの水が一杯湛えてゐるのです。少し動けば此水はこぼれるのです。

私が若し、此砂に伏して思ふままに泣いたなら、数知れぬ浜の砂は海嘯の波を冠つたやうに、しとどに濡れてしまふでせう。私は泣きませんでした。

私は此悲しい連想を、西の浜の島の如く美しい連想として長くしまつて置きます。

さやうなら初枝さん！

（中略）

私は、其日夕方唐津を立つて博多に向ひました。

（星野水裏「談話倶楽部　会を終へてから（続）」『少女の友』一九一四〔大正三〕年六月号、一一〇）

このように、星野水裏は、原初枝の思い出に浸るさまを描いたのである。そして、ますます原初枝を美化していったのである。

なぜ星野水裏は原初枝を美化したのであろうか。第三章で見たように、『日本少年』『少女の友』は、「少年」「少女」を大人と異なる存在とした。そして、純真無垢な存在として価値を見出していた。一方、原初枝は、「少女」のまま死去した存在であった。さらには、先の引用に見たように、原初枝は「少女」に生まれ変わることを夢みていたのであった。したがって、原初枝は、「少女」を大人と異なる存在と意味づけて、「少女」という存在に価値を見出していたのであった。そのため、『少女の友』の「少女」と原初枝の「少女」、ひいては、原初枝そのものが重なり合うものだったのであった。このように、原初枝は、『少女の友』のおもうところの「少女」「少女らしさ」を象徴するような存在だったのであった。

5　学校のネットワークと雑誌のネットワーク

最後に、本章で明らかになったことをまとめることとする。一九〇〇、一九一〇年代の『日本少年』『少女の友』の通信欄・文芸欄を分析すると、『日本少年』の男子読者は、名誉を獲得するために投書をしていたことがわかった。なぜなら、文芸作品が『日本少年』の文芸欄に載ると、家庭においても、小・中学校においても、称賛されるからであった。したがって、男子読者は本名で投書していた。

一方、『少女の友』の女子読者は、文芸作品が『少女の友』の文芸欄に載ると、女学校において、批判されることがあった。したがって、女子読者は筆名で投書していた。

そのため、『少女の友』の女子読者は、名誉とは異なるものを獲得するために投書をしていたのであった。第一は友人を得るため、第二は大勢のファンを得るため、第三はアイドル扱いをされるため、第四は編集者と親しくなるためである。第五は記念時計をもらって、「常連投稿者」という記号を獲得するため、第六は愛読者大会で幹事になって、同じように「常連投稿者」という記号を獲得するためである。第七は常連投稿者から作家になる道を開拓するためである。

このように、『少女の友』では、編集者はスターのように、常連投稿者はアイドルのように扱われていたのであった。そして、そのアイドルの最たる存在が、夭折の天才少女・原初枝であった。一方、『日本少年』の常連投稿者は、アイドルのように扱われることはなかったのであった。

このように見てくると、『少女の友』の女子読者のほうが、通信欄・文芸欄を媒介にしたネットワークを作ることに、力を入れていたということができる。そうであるとすると、『日本少年』の男子読者は、なぜ通信欄・文芸欄を媒介にしたネットワークを作ることに力を入れていなかったのかが疑問におもえてくる。

それは、『日本少年』の男子読者が、学校教育機関を媒介にしたネットワークを作ることに力を入れていたからであるとおもわれる。第三章で見たように、『日本少年』の男子読者は、都市新中間層の男子が多数であったと考えられる。そして、都市新中間層の男子は、小学校・中学校・高等学校・帝国大学に進学することが、めずらしくなかったのである。いいかえると、都市新中間層の男子は、学校教育機関に通う時間が長期にわたっていたと考えられるのである。そうであるとすると、都市新中間層の男子にとっては、学校教育機関でネットワークを作ることが、最重要の行為となってくる。なぜなら、都市新中間層の男子は、進学のとき、あるいは職業獲得のとき、あるいは職業の世界で生き抜いていくとき、この学校教育機関で作ったネットワークを大いに利用することができたからである。

たとえば、『日本少年』『少女の友』の編集者であった星野水裏と高信《たかのぶ》峡水《きょうすい》は、学校教育機関を媒介にして友人関係を育んだ。そして、二人は、互いの友人関係を利用して実業之日本社に入社することになった。さらに、二人は、互いの友人関係を利用して『日本少年』『少女の友』の編集の仕事を有利に進めることになった。このことを、星野水裏、高信峡水は、謎の作家「沖野《おきの》かもめ」の正体について告白することで明らかにしている。

本誌創刊以来、常に巻頭に署名して居た沖野かもめは、何を隠さうかく言ふ星野白頭（星野水裏――引用者）と、高信峡水との二人が世を忍ぶ仮の名であった。

（中略）

茲に高信峡水という男がある。学校に居る間も僕と同級で、卒業する時も僕と同時で、彼は婦人世界へ行き我は日本少年へ来たが、共に袖を連ねて入社したのだ。

（星野水裏が入営で不在にするため、「沖野かもめ」という雅号を――引用者）「僕が引受けよう」と峡水が言った。

僕は快諾して峡水に譲った。

何を書いても峡水は僕よりうまい。

沖野かもめの名を作ったのは僕だが、其僕の好きな名をして今日あらしめたのは、一に是れ峡水の大なる力に依るのである。

（星野白頭「記者読者談話会　沖野かもめの正体」『日本少年』一九〇九（明治四二）年一月号、八四―八五）

学校を卒業するとすぐ、白頭は実業之日本社に入るといふ。僕にも一緒に入らんかといって、白頭は、例のあらい紺飛白の羽織を着て、中折をかぶってやって来た。

「ヨシ、君がいふなら入らう」

と、その時、僕は答へた。

一昨年の冬十二月、白頭は病後の痩躯を提げて、雪が降る越後の国の兵隊さんになるべく京を去った。

（中略）

（「沖野かもめ」という雅号を譲ると星野水裏に言われて——引用者）「ヨシ、君がいふならやらう」

と、その時、僕は答へた。

（中略）

白頭は柄にない器用な男。

峡水は柄にある不器用な男。

（中略）わが妹つるちゃん、常に兄さんを罵って曰く、

「（中略）兄さんより星野さんの方がよっぽど上手だわ」

と、兄さん顔色なしだ。

（中略）

昨年十二月二日、白頭は例の紺飛白の羽織を着て寒い風に吹かれて、夜の十二時すぎに東京へ帰って来た。その頃、僕は腸を病んで一月ばかり家に寝てゐた。停車場まで迎へに行った渡辺白水と一緒に、彼は深更僕の家へ飛び込んだ。

（中略）

暁まで話して、それから寝た。

白頭も、丸くなって寝た。

（中略）

白頭半ヶ年、峡水二ヶ年半、沖野かもめの名も三年つづいた。

（中略）

沖野かもめも白頭時代はよかったが、峡水時代はつまらなかったと諸君は思ふに違ない。

（高信峡水「記者読者談話会　慙愧の記」『日本少年』一九〇九〔明治四二〕年一月号、八五―八七）

これらの引用にあるように、星野水裏と高信峡水は、同郷、同級生であった。というのも、星野水裏と高信峡水は、ともに新潟県に生まれたのであった。そして、ともに小学校・中学校・高等学校・大学を同級生としてすごしたのであった。そして二人は、この学校教育機関を媒介にして友人関係を築くことになった。高信峡水は、そのことを次のように把握している。「学校にゐる時分から、二人はよく喧嘩もした。しかし、あとはすぐ笑って、葱沢山の牛鍋をつつき合ふのが例であった」（高信峡水「記者読者談話会　慙愧の記」『日本少年』一九〇九〔明治四二〕年一月号、八五）と。そして、早稲田大学卒業後、星野水裏は高信峡水を誘って実業之日本社に入社した。おそらく、実業之日本社の社長である増田義一が新潟県出身、および、早稲田大学出身であるため、同郷のネットワークか、学校教育機関のネットワークか、なんらかのネットワークを利用したのだとおもわれる。いずれにせよ、高信峡水は、星野水裏の紹介で実業之日本社に入社を果たしたのであった。さらに、星野水裏と高信峡水は、『日本少年』『少女の友』で編集をするようになった。そして、星野水裏は、「沖野かもめ」という雅号で『日本少年』に少年小説を載せるようになった。ところが、星野水裏は入営のために一年間東京を離れることになった。そこで、友人の高信峡水に、「沖野かもめ」の雅号を譲ることにしたのであった。こうして、星野水裏は長きにわたって実業之日本社を離れることができた。それは、高信峡水が星野水裏の代替労働を引き受けたからに他ならなかった。一年間職場を離れるということは職場の人間に負担がかかるため、ふつうは躊躇われることであるが、星野水裏の場合、友人の高信峡水がその負担を引き受けてくれたため、躊躇うことがなかったのである。第四章で見たように、少年時代、高信峡水は有本芳水と同じように常連投稿者であった。したがって、高信峡水は、「沖野かもめ」を託すには、最適の人材であったのである。ただ、無理がたたったためか、高信峡水は腸の病に侵された。しかし、今度は星野水裏が病床の高信峡水に付き添ったのであった。このように、高信峡水は星野水裏の代替労働を引き受け、一方で、星野水裏は病床の高信峡水を夜が明けるまで労わっているのである。また、この引用によると、星野水裏は高信峡水の文才を、また、高信峡水は星野水裏の文才を、それぞれ大絶賛しているのである。このことから、二人の非常に親密な関係を見てとることができる。このように、二人は、学校教育機関で作ったネットワークを利用して、職業を獲得し、また、職業獲得の後、仕事を有利に進めていたのである。

都市新中間層の男子は、星野水裏、および、高信峡水のように、学校教育機関を媒介にしてネットワークを作っていたのである。だからこそ、雑誌を媒介にしてネットワークを作る必要はなかったのである。なぜなら、都市新中間層の男子に期待されていたのは、学歴獲得と、学歴を媒介にした職業獲得であったからである。したがって、都市新中間層の男子が獲得しようとしていたのは、第一に学力、第二に学校教育機関を媒介にしたネットワークだったのである。

一九〇〇、一九一〇年代、『日本少年』の通信欄・文芸欄では、男子読者が投書によって名誉を獲得しようとしていた。それは、第四章で見たように、一九〇〇、一九一〇年代が、形式主義作文から写生主義作文に移り変わる過渡期であったためであるとおもわれる。そして、同章で見たように、教養ある知識人には、「公」（政治、漢文）と「私」（感傷、詩文）の充実が不可欠であるという東アジアの伝統が、生きていたためであると考えられる（齋藤二〇〇七）。したがって、一九二〇年代、作文教育が写生主義作文に移行して、かつ、その背後の東アジアの伝統が

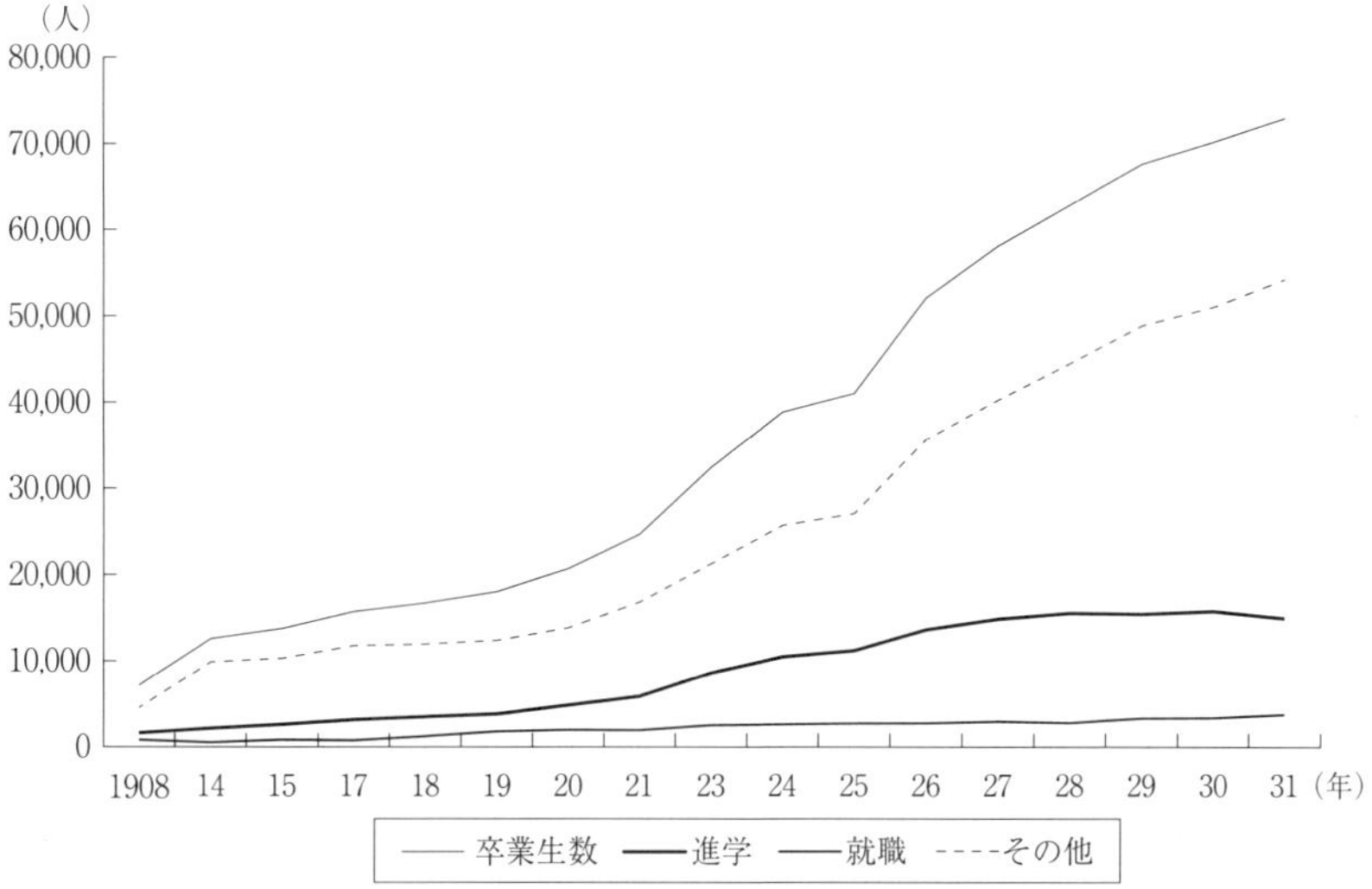

図5－4　前年度高等女学校本科卒業生の進路

出典：小山（1991）より作成。

衰退していくことで、『日本少年』の投書文化は力を失っていくとおもわれる。そして、その結果、『日本少年』は、『少年倶楽部』に敗北していくことになると考えられる。

一方、都市新中間層の女子には、学歴獲得と学歴獲得を媒介にした職業獲得は、ほとんど期待されていなかったといえる。なぜなら、都市新中間層の女子には、高等女学校卒業後、良妻賢母になることが期待されていたからである。そのことは、図5－4から、見てとることができる。図5－4は、前年度の高等女学校本科卒業生の進路をあらわしたグラフである。これによると、高等女学校本科卒業生の進路においては、しだいに「進学」「就職」が増加していくことがわかる。しかし、「その他」が多数を占めていることも、見てとることができる。それゆえ都市新中間層の女子にとっては、学校教育機関を媒介にしてネットワークを作ることは、男子ほど期待されていなかったといえる。さらに、学校教育機関に通う期間が限られていたため、学校教育機関を媒介にしたネットワークを作る機会が限られていたのである。そのため、都市新中間層の女子は、雑誌を媒介にしたネットワークを作る方向に向かっていったのである。
ただ、都市新中間層の女子は、保護者の援助で雑誌を購読できる期間さえ限られていたのである。なぜなら、先に見たように、都市新中間層の女子には、高等女学校卒業後、良妻賢母になることが期待されていたからである。しかし、そうであるからこそ、都市新中間層の女子は、雑誌を媒介にしたネットワークを作ることに貪欲になっていたと考えることができる。

また、都市新中間層の男子は、進学の機会に、あるいは、就職の機会に、全国の男子とネットワークを作ることができるが、進学の機会も、就職の機会も、そもそも得ることが難しかった都市新中間層の女子にとっては、全国の女子とネットワークを作ることが困難である。しかし、雑誌を媒介にしたネットワークでは、全国の女子とネットワークを作ることができるのである。だからこそ、都市新中間層の女子は、雑誌を媒介にしたネットワークを作ることに夢中になっていたと考えることができる。

さらに、都市新中間層の女子にとっては、雑誌を媒介にしたネットワークを作ることが作家になるという道を切り拓くことにつながっていたのである。ただし、その道は険しい道である。現実には、女子投稿者が作家になることは非常に困難なことだったとおもわれる。しかし、女子投稿者のなかには、第二の北川千代子になることをめざして、雑誌を媒介にしたネットワークを作っていた女子投稿者が存在したのではないかと考えられる。そして、一九二〇、一九三〇年代、そのような女子投稿者が増加したのではないかとおもわれる。なぜなら、『少女の友』に載っていた伝記を見ると、一九二〇（大正九）年を境に、芸術家が掲載されるようになっているからである（今田二〇〇七）。そして、この芸術家の一つが少女小説家であったからである（今田　二〇〇七）。さらに、一九三〇年代、カリスマ少女小説家として君臨することになる吉屋信子があらわれて、『少女の友』のグラビアを飾るようになるからである。これこそ、『少女の友』の功名な戦略であったとおもわれる。先に見たように、『少女の友』は、少女小説家というスターを作り出したのである。その頂点に君臨していたのは、一九一〇年代は北川千代子、一九二〇年代は横山美智子、一九三〇年代は吉屋信子であった。そして、スターの少女小説家と女子読者の間に、アイドルの常連投稿者を作りだしたのである。このように、『少女の友』は、スター、および、アイドルを作りだすことで、女子投稿者の欲望をかきたてたのである。そして、女子投稿者に、『少女の友』を購読させて、投書をさせていたのである。だからこそ、『少女の友』は、一九二〇年代になっても、投書文化を衰えさせることはなかったのである。そして、『少女倶楽部』に完全に敗北することはなかったのである。

引用文献

今田絵里香『「少女」の社会史』勁草書房、二〇〇七年。

今田絵里香「少年少女の投書文化のジェンダー比較――一九〇〇〜一九一〇年代の『日本少年』『少女の友』分析を通して」小山静子編『男女別学の時代――戦前期中等教育のジェンダー比較』柏書房、二〇一五年、二〇九―二五二頁。

大阪国際児童文学館編『日本児童文学大事典　第一巻』大日本図書、一九九三年a。

大阪国際児童文学館編『日本児童文学大事典　第二巻』大日本図書、一九九三年b。

小山静子『良妻賢母という規範』勁草書房、一九九一年。

齋藤希史『漢文脈と日本近代――もう一つの言葉の世界』NHK出版、二〇〇七年。

佐藤（佐久間）りか「『清き誌上でご交際を』――明治末期少女雑誌投書欄に見る読書共同体の研究」（『女性学』第四号、一九九六年、一一四―一四一頁。

実業之日本社社史編纂委員会編『実業之日本社百年史』実業之日本社、一九九七年。

渋沢青花『大正の『日本少年』と『少女の友』――編集の思い出』千人社、一九八二年。

星野水裏編『原初枝嬢遺稿　しのぶ草』実業之日本社、一九一三年。

史料

『少女の友』実業之日本社、一九〇八年二月号〜一九一九年一二月号。

『日本少年』実業之日本社、一九〇六年一月号〜一九一九年一二月号。

『日本少年　マイクロフィッシュ版　第一巻』〜『日本少年　マイクロフィッシュ版　第六巻』早稲田大学図書館編、雄松堂フィルム出版、二〇〇五年。

第六章　あこがれの才色兼備のお嬢さま
――『少女の友』の変化――

1　『少女の友』の「少女」はどのように変化したのか――抒情画・伝記・少女小説から見る

本章は、『少女の友』の抒情画・伝記・少女小説に着目する。そして、『少女の友』の「少女」に関する知がどのようなものだったのか、そして、その「少女」に関する知がどのように変遷していったのかを明らかにする。

そのために、分析史料として、『少女の友』を中心に見ることとする。ただ、抒情画に関しては、『少女界』『少女世界』『少女の友』『少女画報』『少女倶楽部』を分析することにする。

また、分析期間として、抒情画・伝記・少女小説は、あらゆる年代で支持を集めているため、最初の少女雑誌である『少女界』の生まれた一九〇二（明治三五）年から、終戦となった一九四五（昭和二〇）年までに着目することとする。ただし、後に見るように、「少女」に関する知は一九二〇（大正九）年に変容するため、この変容に着目することとする。

本章が、抒情画・伝記・少女小説に着目するのは、戦前の少女雑誌においては、それらが主要なジャンル、あるいは、必要不可欠なジャンルとして扱われていたからである。一つひとつ見ていくことにする。

最初に、少年少女小説は、戦前の少年少女雑誌においては、主要なジャンルと見なされていたということができる。このことは、図2－6、図2－7から確かめることができる。すでに見たように、図2－6、図2－7は、『日本少年』『少女の友』（一九三五〔昭和一〇〕年六月号）の構成を明らかにしたものである。これらを見ると、『日本少年』においても『少女の友』においても、少年少女小説は全体の四〇パーセント台を占めていることがわかる。したがって、少年少女小説は、あらゆるジャンルのなかで、もっとも多数の頁数が割かれていたジャンルであったといえる。そのため、『日本少年』においても、『少女の友』においても、少年少女小説は、主要なジャンルであったということができる。

さらに、伝記は、戦前の少年少女雑誌においては、少年少女小説に類似するジャンルであるといえる。たしかに、伝記はノンフィクション、少年少女小説はフィクションである。したがって、その意味ではまるっきり相反するものであるといえる。ただ逆にいうと、異なるのはノンフィクションかフィクションかという点のみであったのである。他の点では、散文で書かれていること、ストーリーをもっていること、少年、ないしは少女を主人公としていること、少年、ないしは少女があらゆる意味で成長を遂げることがテーマになっていることなど、共通する点が多数あったのである。したがって、その意味では、伝記と少年少女小説は、類似するジャンルであったといえる。たとえば、少年少女雑誌では、過去の実在の人物の一生を描いた散文が大量に載っている。しかしこのような散文は、伝記なのか、歴史小説なのかを判断することが困難である。事実、このような散文は、タイトル付近に、「歴史小説」「英雄小説」と記されていることもある一方（半井桃水「歴史小説　加藤孫六」『日本少年』一九二四〔大正一三〕年一月号、九六。千葉春村「英雄小説　西郷隆盛」『日本少年』一九三〇〔昭和五〕年七月号、二四）、「伝」「伝記小説」と記されていることもあるのである（神田伯山「少年講談　宮本武蔵伝」『日本少年』一九二九〔昭和四〕年二月号、七四。大河内翠山「武勇伝記小説　山田長政」『日本少年』一九三二〔昭和七〕年八月号、四六）。したがって、伝記は、少年少女小説のバリエーションの一つであったといえる。言葉としては矛盾を抱えているが、ノンフィクション版少年少女小説というべきものであったのである。それゆえ戦前の少年少女雑誌においては、伝記は少年少女小説と類似する扱いを受けていたのである。少年少女小説が主要なジャンルであったとすると、伝記はそのジャンルに付随する必要不可欠なジャンルであったのである。

そして、抒情画は、戦前の少年少女雑誌においては、少年少女小説に添えられる形が、もっともありふれた形である。なぜなら、抒情画は、少年少女小説の挿絵として載せられているものが多数を占めていたからである。抒情画は、戦前の少年少女雑誌においては表紙絵、口絵、挿絵として載せられていたが、そのなかで、数として多数を占めていたのは少年少女小説の挿絵として載せられていたものなのである。なぜなら、図２－６、図２－７からわかるように少年少女雑誌では、少年少女小説の掲載頁数が最多を誇っていたからである。したがって、抒情画というジャンルも、少年少女小説というジャンルに付随する必要不可欠なものだったのである。

まとめると、戦前の少年少女雑誌においては、少年少女小説は、主要なジャンルだったのである。加えて、伝記、抒情画は、この少年少女小説に付随するジャンルであったため、必要不可欠なものだったのである。

少年少女雑誌には、さまざまなジャンルのものが載っている。しかし一つに、少年少女雑誌の「少年」ないしは「少女」に関する知を明らかにするためには、主要なジャンルを分析することが必要不可欠である。なぜなら、少年少女雑誌の主要なジャンルは、少年少女雑誌がもっとも力を入れていたジャンルであると考えることができるからである。いいかえると、少年少女雑誌が読者にたいして、もっとも伝えたかったものが詰まっているジャンルであるということができる。それゆえ、少年少女雑誌の主要なジャンルを分析することで、少年少女雑誌が「少年」ないしは「少女」に関する知のなかで、もっとも重要視していたものを明らかにすることができる。

もう一つに、少年少女雑誌の「少年」および「少女」に関する知の変化を長期にわたって明らかにするためには、盛衰のくりかえしのあるジャンルは不向きであるといえる。したがって、一貫して主軸に据えられていたジャンル、そして、その主軸に据えられていたジャンルに付随していたジャンルを分析することが不可欠な作業である。そのため、本章は、主要なジャンル、および、主要なジャンルに付随するジャンルである抒情画・伝記・少女小説を分析することにする。

2　知的能力のある少女から知的能力・運動能力のある少女へ——『少女の友』の変化

本節は、『少女の友』の抒情画、伝記を分析して、「少女」に関する知、および、「少女」に関する知の変遷を明らかにする。

一つ目に、『少女の友』の抒情画を分析することにする。『少女の友』の抒情画を分析する視点は、どのような理想的行動が描かれているのかを見るということである。抒情画には、少女の理想的行動が描かれていると考えられる。したがって、その理想的行動がどのようなものかを明らかにすることとする。

『少女界』『少女世界』『少女の友』『少女画報』『少女倶楽部』の抒情画における理想的行動を長期にわたって分析してみると、その理想的行動は、三回、変化を遂げることがわかっている。ここでは、このような三回の変化を今田絵里香（二〇〇七）に依拠して見てみることにする。この研究では、一八九五（明治二八）年から一九四五年までの『少年世界』『日本少年』『少年倶楽部』『少女界』『少女世界』『少女の友』『少女画報』『少女倶楽部』の表紙絵における少年少女像を分析することで、①国家のシンボル、②一緒に描かれている大人、③髪型、④服装、⑤歯を見せる笑顔、⑥動作の六項目の変遷が明らかにされている。この研究を踏まえて、少女雑誌の表紙絵の少女像のみを分析して、⑥動作の変遷のみを明らかにしたものが、図6－1である。したがって、この図6－1は、どのようなものかというと、最初の少女雑誌誕生の一九〇二年から終戦の一九四五年までにおいて、『少女界』『少女世

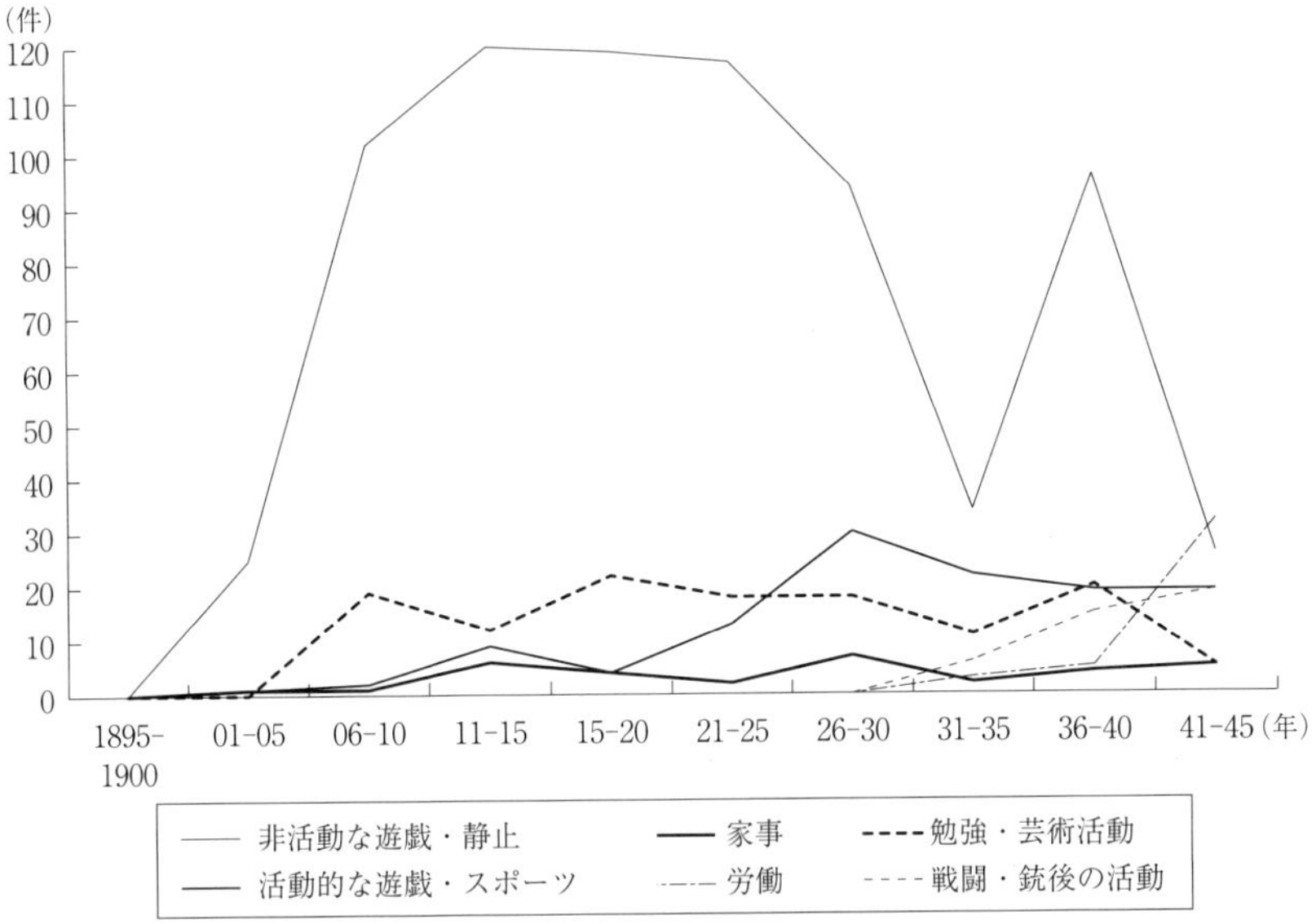

図6－1　少女雑誌表紙絵における動作の推移（実数）

注1：原則的に5年ずつの区切りになっているが，「1895-1900年」のみ，冊数が少ないため6年で区切ることにした。
注2：慰問袋を縫うなどの銃後の活動として実施する裁縫は，その意味合いを重視して，「家事」ではなく「戦闘・銃後の活動」に含めた。
注3：表紙絵は，迫力をもたせるため，ただ単に少年少女の顔を大きく描くことが多々見られる。それは，「静止」と判断して，「非活動的な遊戯・静止」に含めた。したがって，「非活動的な遊戯・静止」が，多数を占めている。
資料：『少女界』『少女世界』『少女の友』『少女画報』『少女倶楽部』。大阪府立中央図書館国際児童文学館，日本近代文学館，神奈川近代文学館所蔵。
出典：今田（2007）より作成。

界』『少女の友』『少女画報』『少女倶楽部』の表紙絵における少女像の動作に着目して、その動作を「非活動的な遊戯・静止」「家事」「勉強・芸術活動」「活動的な遊戯・スポーツ」「労働」「戦闘・銃後の活動」に分類したグラフである。

この図6－1を見ると、少女雑誌の表紙絵は、「非活動的な遊戯・静止」の絵が、多数を占めていたことがわかる。なぜなら、表紙絵では、写真におけるクローズアップのテクニックのように、少年少女の顔のみ、表紙いっぱいに大きく描くことがあるからである。おそらく、このテクニックが使われていたのは、迫力を出すためであったと

図6－2　『少女の友』（1917年10月号。実業之日本社。川端龍子。東京都立多摩図書館所蔵）

図6－3　『少女の友』（1920年10月号。実業之日本社。川端龍子。東京都立多摩図書館所蔵）

図6－4　『少女倶楽部』（1927年2月号。大日本雄弁会講談社。多田北烏。日本近代文学館所蔵）

おもわれる。したがって、この「非活動的な遊戯・静止」の絵が多数を占めているのである。そこで便宜上、この「非活動的な遊戯・静止」の絵を除外して、分析してみることとする。

「非活動的な遊戯・静止」の絵を除外すると、少女雑誌の表紙絵は、第一に一九二一（大正一〇）年、第二に一九三六（昭和一一）年、第三に一九四一（昭和一六）年において大きく変化を遂げることが見えてくる。

最初に、第一の変化を見ることにする。一九〇二年から一九二〇年までは、「勉強・芸術活動」の絵が多数描かれていることがわかる。たとえば、その期間においては、図6－2、図6－3のような表紙絵が多数見てとれるのである。図6－2の表紙絵には、絵を描いている少女が描かれている。また、図6－3の表紙絵には、ピアノを引いている少女が描かれている。

しかし、一九二一年から一九三五（昭和一〇）年にかけて、「活動的な遊戯・スポーツ」の絵が多数描かれるようになる。一九〇二年から一九二〇年までにおいては、「活動的な遊戯・スポーツ」の絵はほとんど描かれていないため、大きな変化であるということができる。たとえば図6－4、図6－5のような表紙絵が、多数描かれるようになるのである。図6－4の表

図6－5 『少女倶楽部』（1933年11月号。大日本雄弁会講談社。多田北烏。国立国会図書館所蔵）

図6－6 『少女画報』（1927年11月号。東京社〔現在のハースト婦人画報社〕。高畠華宵。神奈川近代文学館所蔵）

図6－7 『少女の友』（1935年6月号。実業之日本社。中原淳一。著者所蔵）Ⓒ JUNICHI NAKAHARA/HIMAWARIYA

紙絵には、スキーをしている少女が描かれている。また、図6－5の表紙絵には、なわとびをしている少女たちが描かれている。

ただ、「勉強・芸術活動」の絵は、描かれなくなったわけではないといえる。「勉強・芸術活動」の絵は、一九二一年をすぎても引き続き、多数描かれている。たとえば、図6－6、図6－7の表紙絵である。図6－6の表紙絵には、読書をしている少女が描かれている。また、図6－7の表紙絵には、手紙を懐に入れている少女が描かれている。

まとめると『少女界』『少女世界』『少女の友』『少女画報』『少女倶楽部』の表紙絵においては、一九〇二年から一九二〇年までは、「勉強・芸術活動」をする少女が多数描かれていたが、一九二一年から一九三五年までは、一つに「勉強・芸術活動」、二つに「活動的な遊戯・スポーツ」をする少女が多数描かれるようになったといえるのである。

次に、第二の変化を見ることにする。この変化は、一九三六年におとずれている。一九三六年から、「戦闘・銃後の活動」の絵が多数描かれるようになるのである。ただし、一九三六年以後においても引き続き、「活動的な遊戯・スポーツ」「勉強・芸術活動」の絵は多数描かれているといえる。
最後に、第三の変化を見ることにする。一九四一年から「労働」の絵が増加するようになる。そして、多数を占めるようになるのである。一方、その代わりに「勉強・芸術活動」の絵が減少するようになる。そして、少数になるのである。ただし、一九四一年以後においても引き続き、「活動的な遊戯・スポーツ」「戦闘・銃後の活動」の絵は多数を占めている。

まとめると、一九三六年から一九四〇（昭和一五）年までは、一つに「勉強・芸術活動」、二つに「活動的な遊戯・スポーツ」、三つに「戦闘・銃後の活動」をする少女が多数描かれるようになったといえる。ところが、一九四一年から一九四五年までは、一つに「活動的な遊戯・スポーツ」、二つに「戦闘・銃後の活動」、三つに「労働」をする少女が多数描かれるようになったといえるのである。この第二、第三の変化は、第九章で詳しく見ることにする。本章では、第一の変化に着目する。すなわち、一九二一年から、「勉強・芸術活動」をする少女、および、「活動的な遊戯・スポーツ」をする少女に変化したことに着目することとする。

二つ目に、『少女の友』の伝記を分析する。『少女の友』の伝記を分析する視点は、伝記の女性がどのような社会的地位にあるのかを見るというものである。なぜなら、伝記にとりあげられている女性像は、少女にとって理想的な将来像であるとして、編集者・執筆者によって判断されているとおもわれるからである。いいかえると、少女にとって理想的な到達点であると編集者・執筆者によってとらえられていると考えられるからである。

『少女の友』創刊の一九〇八（明治四一）年から終戦の一九四五年までにおいて、『少女の友』の伝記の女性像を分析すると、その女性像は二回、変化を遂げることがわかっている。ここでは、このような二回の変化を、今田絵里香（二〇〇七）に依拠して見てみることにする。この研究では、『少女界』創刊の一九〇二年から終戦の一九四五年までにおいて、『少女界』『少女世界』『少女の友』『少女画報』『少女倶楽部』における伝記の女性像を抽出し、

表6-1 『少女の友』における理想の女性の分類カテゴリー

1　皇族・華族	皇族，華族，有名人の令嬢
2　エリート	学者，医者，教育者，政治家
3　芸術家	画家，音楽家，作家，歌人，俳人
4　スター	映画俳優，歌劇のスター
5　スポーツ選手	
6　良妻賢母	妻，母
7　孝行娘	
8　労働者	職業婦人（タイピストなど），労働婦人（女工など），看護婦，保母，助産婦，飛行士，起業家
9　運動家	運動家，革命家，宗教家
10　軍人・武士	女剣士，女兵士

出典：今田（2007）。

その女性像を表6-1のように、「皇族・華族」「エリート」「芸術家」「スター」「スポーツ選手」「良妻賢母」「孝行娘」「労働者」「運動家」「軍人・武士」に分類して、時代ごとの推移を明らかにしている。この研究を踏まえて、『少女の友』の伝記の女性像における推移のみをとりだしたのが、図6-8、図6-9である。したがって、この図6-8、図6-9は、『少女の友』の伝記における女性像を抽出して、その女性像を表6-1のように分類したものである。

この図6-8、図6-9を見ると、第一に一九二〇年前後、第二に一九四〇年前後に、大きな変化がおとずれていることがわかる。

最初に、第一の変化を見ることにする。『少女の友』の伝記における女性像は、一九〇八年から一九二〇年前後までにおいては、一つに「皇族・華族」、二つに「エリート」が多数を占めることがわかる。なお、この「エリート」の内訳は、女子教育者がほとんどである。細かく見てみると、「皇族・華族」は、一九〇八年から一九一二（明治四五・大正元）年までにおいては多数を占めているが、一九一三（大正二）年からは減少する。また、「エリート」は、一九〇八年から一九一七（大正六）年までにおいては多

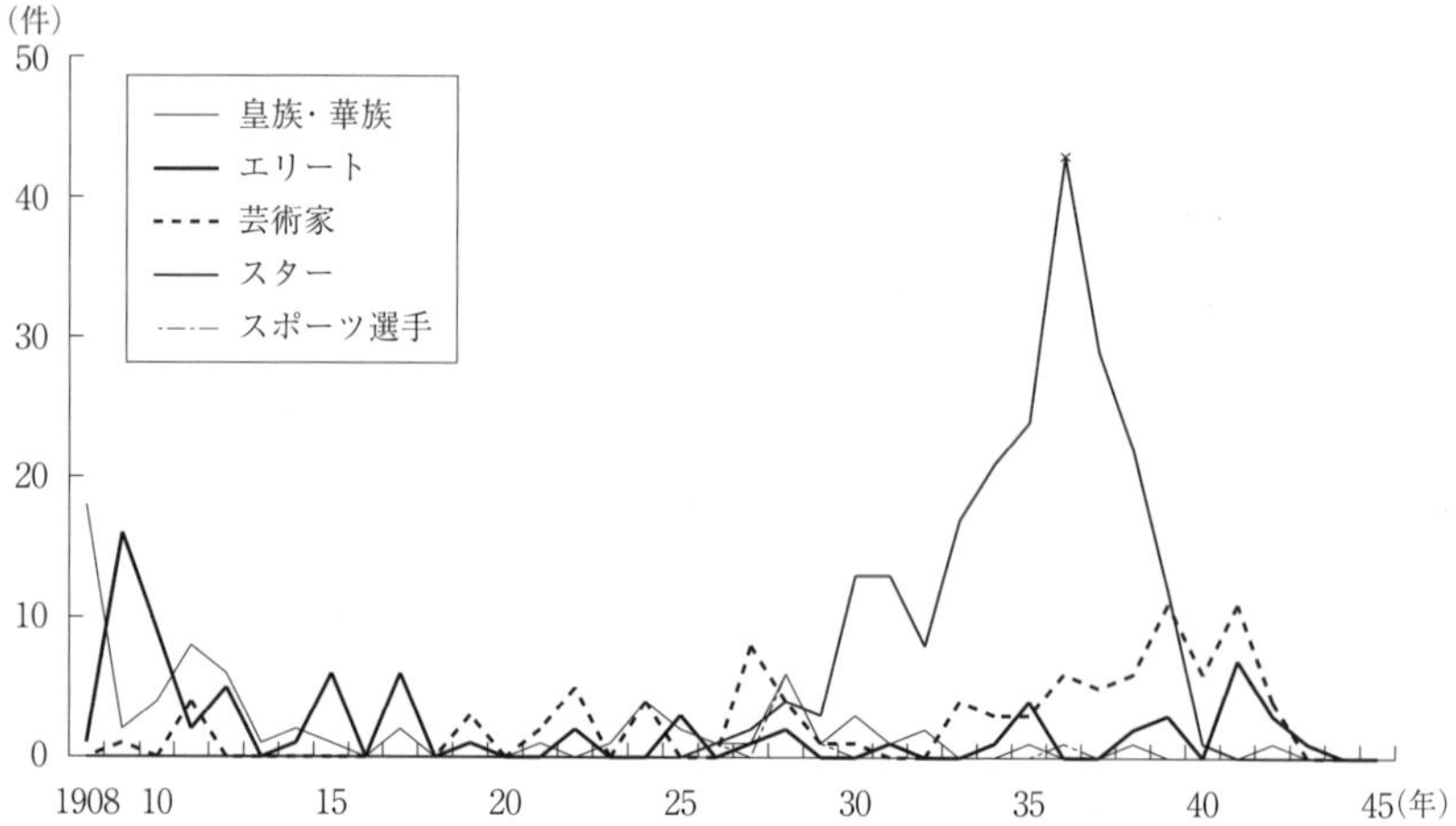

図6－8　『少女の友』における理想の女性の変遷①
（皇族・華族，エリート，芸術家，スター，スポーツ選手）

資料：『少女の友』。大阪府立中央図書館国際児童文学館・日本近代文学館・神奈川近代文学館所蔵。
出典：今田（2007）より作成。

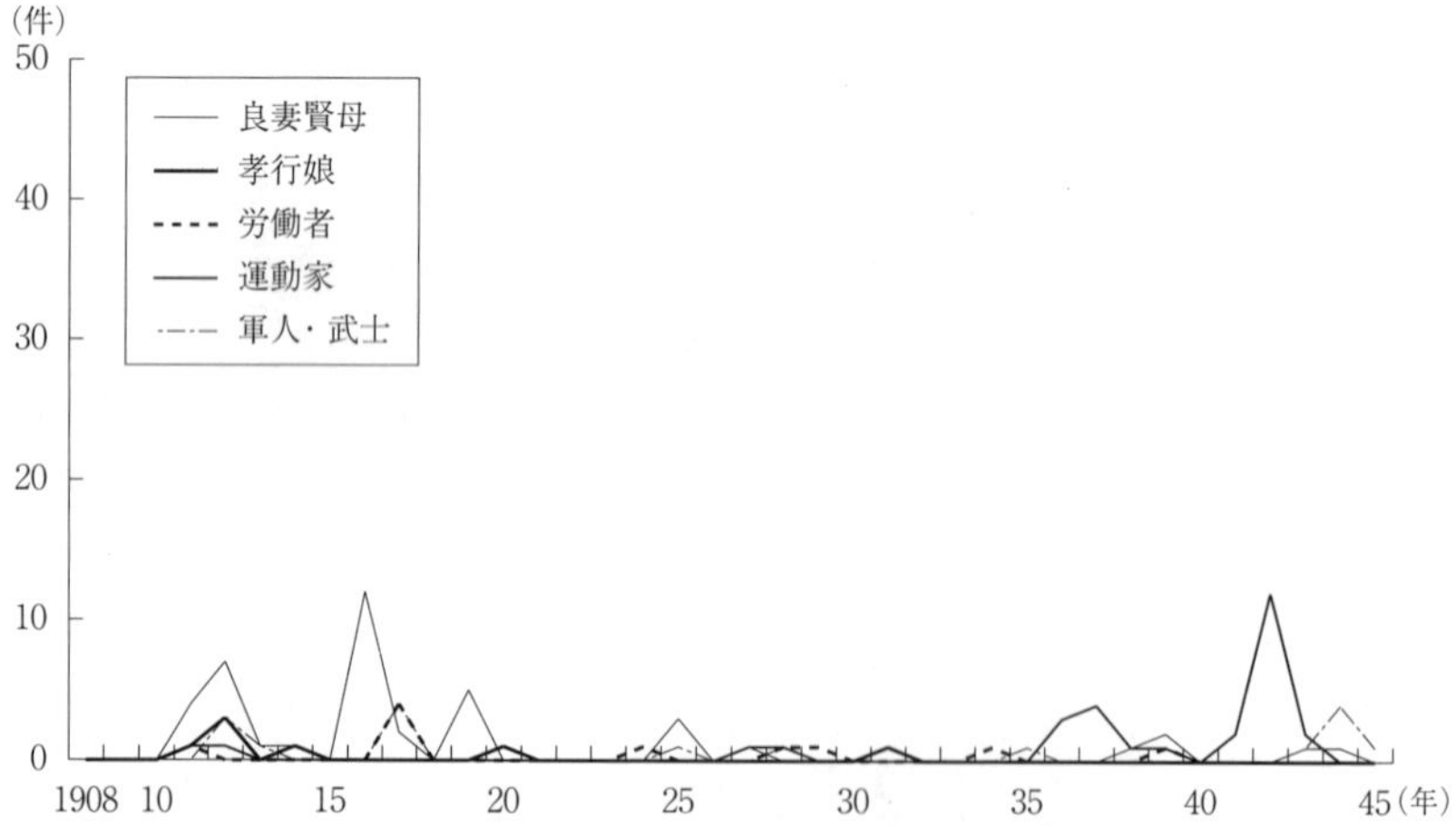

図6－9　『少女の友』における理想の女性の変遷②
（良妻賢母，孝行娘，労働者，運動家，軍人・武士）

資料：『少女の友』。大阪府立中央図書館国際児童文学館・日本近代文学館・神奈川近代文学館所蔵。
出典：今田（2007）より作成。

数を占めているが、一九一八（大正七）年から増減をくりかえしながら減少する。

そして、一九二〇年前後を境にして、変化がおとずれる。『少女の友』の伝記における女性像は、一九二〇年前後から一九四〇年前後までにおいて、一つに「芸術家」、二つに「スター」が多数を占めるようになるのである。細かく見てみると、一九一七年から一九四二（昭和一七）年までは、「芸術家」が増加する。また、一九二六（大正一五・昭和元）年から一九三九（昭和一四）年までは、「スター」が増加する。とりわけ、一九三〇（昭和五）年からは「スター」が圧倒的多数になる。

次に、第二の変化を見てみることにする。第二の変化は一九四〇年前後におとずれる。一九四〇年前後から一九四五年までにおいては、一つに「芸術家」、二つに「エリート」、三つに「運動家」、四つに「軍人・武士」が多数を占めるようになるのである。細かく見てみると、「スター」が一九四〇年から急激に減少する。一方、「芸術家」は多数を維持する。そして「スター」と入れ替わるようにして、「エリート」「運動家」「軍人・武士」が増加し始める。「エリート」「運動家」は、一九四一年から増加する。また、「軍人・武士」は、一九四三（昭和一八）年から増加し始める。

第二の変化については、第九章で詳しく見ることにする。よって、本章では第一の変化に着目する。一九二〇年前後から、伝記の女性像においては、「皇族・華族」「エリート」が「芸術家」「スター」になる。このことに着目することとする。

3　才色兼備のお嬢さまとその変化——『少女の友』の少女小説の変化

本節では、『少女の友』の少女小説を分析して、「少女」に関する知、および「少女」に関する知の変遷を明らかにする。先に見たように『少女の友』は、抒情画、伝記を分析すると、一九二〇年代に変化があったといえる。本節では、このことを考慮して、一九一〇年代、一九三〇年代を代表する『少女の友』の少女小説を分析して、一つには、少女小説の「少女」に関する知がどのようなものであったのかを、もう一つには、少女小説の「少女」に関する知が、一九一〇年代から一九三〇年代にかけてどのように変遷したのかを明らかにする。

少女小説を分析する視点は二点ある。第一は、どのような理想像が描かれているのかという点である。第二は、その理想像がどのような理想的行動をとっているのかという点である。なぜなら、少女小説には、理想的な少女が描かれているとおもわれるからである。加えて、理想的な少女による理想的な行動が描かれていると考えられるからである。したがって、本節ではこのようにとらえて、理想的な少女、および理想的な少女による理想的な行動とはどのようなものであったのかを明らかにする。

最初に、一九一〇年代の少女小説を分析することとする。『少女の友』の歴史のなかで、一九一〇年代を代表する作家は、与謝野晶子《よさのあきこ》、野上弥生子《のがみやえこ》であるとおもわれる。なぜなら、与謝野晶子、野上弥生子は、一つに『少女の友』の常連作家、二つに、第三章で見たように、「愛子叢書」の作家であったからである。一九一〇年代、『少女の友』に毎号のように少女小説を載せ、なおかつ「愛子叢書」に少女小説を執筆したのは、与謝野晶子、野上弥生子のみである。『少女の友』に毎号のように少女小説を載せていたということは、読者の支持を集めていたととらえることができる。さらに「愛子叢書」の作家であるということは、実業之日本社の編集者から、文壇の有名作家であるとしてお墨付きを与えられた作家であると考えることができる。なぜなら、第三章で見たように「愛子叢書」は、文壇の有名作家の作品を集めた叢書だったからである。少なくとも実業之日本社の編集者は、そのように宣伝していたのである。このように、読者の支持を集めているという点において、そして、文壇の知名度という点において、一九一〇年代の『少女の友』の作家のなかでは、与謝野晶子、野上弥生子は、他の追随を許さなかったと考えることができる。

本節では、与謝野晶子の「環の一年間」を分析することとする。なぜなら、与謝野晶子、野上弥生子が手がけた少女小説のなかで、連載小説であったのは、この少女小説のみであったからである。連載小説のほうが、一つに、理想像、および理想的行動を把握しやすいといえる。というのも、ある程度分量があったほうが、それらを把握しやすいからである。もう一つに、長期継続した連載小説は、読者の支持を集めていたと判断できるといえる。なぜなら、連載小説は、読者の支持が得られているかどうかを点検しながら、連載を続けるかどうかを判断していたと考えられるからである。

「環の一年間」は、『少女の友』に一九一二（明治四五）年一月号から一九一二（大正元）年一二月号まで掲載されている。ストーリーは、一三歳の須川環が、東京から京都に引っ越し、東京時代の同級生である松浦林子、貴婦人の「君様」に出会い、「君様」の支援によって、幽閉されていた林子を助けるというものである。

あらすじは以下のとおりである。一三歳の須川環は、東京から京都に引っ越した。一月、環は、「京都ホテル」の新年会に出席した。そこで最上の身分を有する四〇代の貴婦人「君様」に出会った。さらに、東京の小学校の同級生であった松浦林子に再会した。しかし、林子は沈んだ顔をしていた。林子の外交官の父親は、母親と一緒にスウェーデンに渡っていた。ゆえに、林子は祖母の家に住んでいた。しかしその家は、「化物屋敷」と噂される屋敷だったのであった。

その後、環は「京都高等女学院」に転入し、あわただしい日を過ごした。しかし、ふと林子のことをおもいだして、林子の屋敷に赴いた。屋敷は表門が閉ざされていた。環はなんとか入口を見つけ、屋敷の敷地内に入ると、玄関までたどり着いた。玄関の正面の壁には環に宛てた手紙が貼り付けてあった。手紙には、屋敷の入り方が書かれていた。林子は、環が訪ねてくることを信じていたのであった。環は涙をこぼした。しかし、唸り声と「誰だ」という声が聞こえたため、逃げ出してしまった。

三月、環はもう一度、林子の屋敷を訪ねた。すると、林子が布を被って出てきて、奥の部屋に環を連れていった。林子によると、昔、林子の祖母は若くして娘を亡くしてしまい、以後、少女を死なせることを異常におそれるようになって、身内の少女を軟禁するようになったというのであった。そして、林子の叔母は、林子の祖母に軟禁され心を病んでしまったのであった。林子もまた軟禁されていた。

ただ、林子の祖母は「君様」のみ崇拝していた。環は、「君様」の屋敷で催された観桜会、および空木の会に出席した。そして「君様」に、林子を助けてほしいと懇願した。「君様」は、それを聞き入れた。その後、「君様」は林子の祖母を説き伏せて、林子の軟禁をとかせた。

七月、「君様」は、環、林子を連れて、ヨーロッパ旅行に出かけた。三人は、ウラジオストク、パリ、ロンドン、アントワープをめぐった。林子は、また正月を環と一緒にすごせることを、心から喜んだ。以上があらすじである。

「環の一年間」の主要登場人物は、須川環、松浦林子、「君様」である。この三人をとおして、どのような理想像が描かれているのかというと、ひとことでいうとするなら、才色兼備のお嬢さまが描かれているといえる。このことは四点から明らかにすることができる。

第一に、環、林子、「君様」は、美貌をもっている。環は、天使のような美少女であるとされている。たとえば、次の描写である。

母様は（中略）乳母と二人がかりで環を出来るだけ美くしく粧わせなさいました。環は綺麗な玉のような顔をした子ですから、こうしては真実の天使のようにも見えるのでした。　（与謝野　一九一二→二〇〇七、六）

このように、環は「綺麗な玉」「真実の天使」として、その美貌が称賛されているのである。そして、林子も美少女である。たとえば、次のように描写されている。

こんな目立たない姿をして居るものですから、誰からも余り注意を引きませんが、目や眉のあたりの美くしさは名人の彫刻師が作ったような、鼻や口元は環にも優るとも劣ることはない顔です。

（与謝野　一九一二→二〇〇七、八）

このように林子は、環に匹敵する美少女であるとして描写されているのである。

さらに、「君様」も美貌の人とされている。たとえば、次の描写である。

お年はもう四十あまりにおなりになるのですが、お美くしいものですから三十そこそこに誰も思って居ました。

（与謝野　一九一二→二〇〇七、二九）

このように、「君様」も容貌の美しさが描写されているのである。

第二に、環と林子、「君様」は、知的能力に秀でている。環と林子は、同級生として机をならべていたときには、級のなかでも優れた学業成績を修めていたとされている。次の描写である。

環も林子も五年前までは東京の或る区の小学校に学んで居た生徒だったのです。それは一年級と二年級と二年間だけでしたが、同じように級の中で勝れた学問の成績を得て居た二人は運動も好きで、学校の広場で毎日手をつないで遊んだ仲でした。

（与謝野　一九一二→二〇〇七、八―九）

このように、環と林子は、級のなかでも、優れた学業成績を修めていた少女として描写されているのである。一方、「君様」は、「趣味の高い」ことが、称賛されている。そのため、京都の女たちは「君様」を理想化しているとされているのである。次のとおりである。

趣味の高い慈悲の深い方で、京都の女は皆この方のようになりたいと云うことを理想にして居ました。いろいろな慈善事業にも力を貸しておいでになるのです。

（与謝野　一九一二→二〇〇七、二九）

このように、「君様」は、「趣味の高い」人であるとされているのである。

第三に、環と林子、「君様」は、財力をもっている。環の父親は少将を友人にもっている。そして、「京都ホテル」の新年会、「君様」の屋敷で開催された観桜会、卯木の会など、京都の社交界で催される会に、環を出席させている。したがって、環の父親は、京都の上層の人びとと社交ができるくらいの階層であると考えることができる。たとえば、次のような描写である。

お父様の古いお友達で立井と云う予備少将が京都ホテルでお催しになった新年会へ環がお父様とお母様と三人で招かれて行きましたのは、環の一家が京都へ移ってから丁度一月になる一月の十日の晩でした。

（与謝野　一九一二→二〇〇七、六）

このように、環の父親は上層の階層に属していることがうかがえるのである。
そして、林子の父親は外交官である。次のとおりである。

父である人が外交官である以上両親とも遠い国へ行って傍に居ない事などは世の中の普通の事と思わねばならないのですが、（中略）一通りでない秘密が友の上にあるのに決って居ると環は思って居るのでした。

（与謝野　一九一二→二〇〇七、一二）

このように、林子の父親は、外交官であるとされているのである。
そもそも、環と林子は東京では同級生であったため、同程度の階層であったのではないかと推測できる。
さらに、「君様」は、京都では、最上層の身分であるとされている。次のとおりである。

こうお云いになった方は、京都で一番好い地位をお持ちになる三十位の貴婦人で、他の人が皆、君様とお名を云って居る方でした。

（与謝野　一九一二→二〇〇七、七）

このように、「君様」は、環と林子より上の階層であることがうかがえるのである。
第四に、環と「君様」は、抒情を理解・表現できる能力をもっている。たとえば、「君様」の屋敷で開催された卯木の会で、環と「君様」は琴の演奏をしている。次の場面である。

「あなた音楽が好きですか」

「はあ」

と云った環は観桜会の時の船の楽のことを思い出して居ました。

「琴をお弾きになるの」

と君様はお尋ねになりました。

「まだ下手で御座いますの」

「でもお聞かせなさいな。私も弾きますから」

と君様はお云いになりまして、小間使いに琴をお出させになりました。（中略）君様は小督の曲をお弾きになるのでした。

（与謝野 一九一二→二〇〇七、三七）


このように、環と「君様」は、琴を演奏しているのである。

環と林子、「君様」をとおして描かれている理想的な行動は、少女が少女を助けるという行動であると考えられる。たとえば、環は祖母に軟禁されている林子を助けようとした。そして、「君様」は、環のそのおもいに心を動かされて、環の支援をした。その結果、林子の祖母は心を入れ替えて、林子は解放された。このように、この少女小説においては、少女が少女を助けるということが一貫して描かれていると考えることができる。

次に、一九三〇年代の『少女の友』を代表する少女小説を見ることにする。一九三〇年代の『少女の友』を代表する作家の一人は、川端康成《かわばたやすなり》であるとおもわれる。なぜなら、第一に『少女の友』では、川端康成は、他の作家と比べて、大宣伝を打たれるなど、別格の扱いを受けていたからである。たとえば、『少女の友』の編集者は、川端康成が初連載を開始するにあたって、大宣伝を打っている。川端康成が、最初に『少女の友』に連載したのは、「乙女の港」である。この少女小説は、『少女の友』に一九三七（昭和一二）年六月号から一九三八（昭和一三）年三月号まで連載されている。当時、川端康成は文壇の大御所として有名であった。したがって、『少女の友』では、川端康成の初連載にあたって大宣伝を打つことになったのであった。連載開始号の前号にあたる『少女の友』一九三七年五月号を見ると、「長編小説予告」というタイトルで、連載小説開始の予告がおこなわれていることが見てとれる（編集者「長編小説予告」『少女の友』一九三七（昭和一二）年五月号、三四〇―三四一）。この予告を見ると、見開き二頁にわたるものであることがわかる。そして、一頁の半分以上を占めるスペースに、作者の全身写真が載せられていることが見てとれる。さらに、編集者による作家礼賛の言葉がならんでいることもわかる。「川端先生は（中略）人も知る如く我が国文壇の最高峰その香り高い芸術は特異の存在として世の尊敬を得てゐられる方です」（編集者「長編小説予告」『少女の友』一九三七（昭和一二）年五月号、三四〇―三四一）などである。このように、この予告を見ると、『少女の友』の編集者が、この連載に力を入れていたことがうかがえるのである。

そして、この予告を見ると、作者自身もこの連載に力を入れていたことが見てとれる。川端康成は、少女小説を連載するにあたって、なみなみならぬ意気込みを見せている。「少女の友と云へば僕にとつて少年の日の忘れ難い思ひ出の一つだ。（中略）今の貴女方と同じやうに僕は発行の日を待ちかねて愛読したものだつた。（中略）みなさんに喜んでもらへる様な作品をきつと書くつもりだ」（川端康成「長編小説予告　作者の言葉」『少女の友』一九三七（昭和一二）年五月号、三四一）と。川端康成がこの連載に力を入れていたことは、画家の指定という行動からもうかがうことができる。というのも、川端康成は、挿絵を担当する画家について『少女の友』の編集者に要望を出していたのである。その要望とは、『少女の友』の看板画家である中原淳一《なかはらじゅんいち》に挿絵を任せたいというものであった（たとえば、中原淳一の表紙絵は図6-7、図8-2、図9-1、図9-2、図10-5、図10-6、図10-11）。編集者は、次のように証言している。「川端先生も中原先生に是非描いて欲しいと云つてゐられました」（編集者「友ちゃんクラブ　クラブ室より」『少女の友』一九三七（昭和一二）五月号、三一九）と。このように、編集者も、また作者自身も、この少女小説の連載に情熱を傾けていたことが見てとれるのである。

さらに、この川端康成が一九三〇年代の『少女の友』を代表する作家であるといえるのは、第二に、実際に読者の支持を獲得することに成功したからである。すなわち、大宣伝の後に開始された「乙女の港」は、たちまちのうちに読者の熱狂的な支持を獲得することになったのである。編集者は、次のように報告している。「川端先生の乙女の港発表以来すばらしい好評を博し私達の机上には乙女の港礼賛のお便りが山積される次第です」（編集者「友ちゃんクラブ　クラブ室より」『少女の友』一九三七〔昭和一二〕年八月号、二九九）と。このように、「乙女の港」連載中は、読者の礼賛の手紙が殺到したのである。一方、「乙女の港」連載後は、連載終了を嘆く手紙が押し寄せることになる。「乙女の港とうとう終つてしまつたのね。いつまでもいつまでもつづけていただきたかつたのに」（チルチルミチル「友ちゃんクラブ」『少女の友』一九三八〔昭和一三〕年五月号、三一四）、「乙女の港なぜもつと続けて下さらなかつたのでせう、美しい夢を破壊された様な心苦しさが、未だつづいて居ります」（読者「友ちゃんクラブ」『少女の友』一九三八〔昭和一三〕年五月号、三三四）などである。この読者の要望を汲んで、川端康成は再び筆をとる。そして、「花日記」が、『少女の友』に一九三八年四月号から一九三九年三月号まで連載される。さらに、「美しい旅」が、『少女の友』に一九三九年七月号から一九四一年四月号まで連載される。そして、「続美しい旅」が、『少女の友』に一九四一年九月号から一九四二年一〇月号まで連載されるのである。実業之日本社の社史は、この読者の支持について、次のようにとらえている。「都市部の女学生たちの人気を集めたのが、中原淳一の表紙と、川端康成、中原淳一のコンビであった」（実業之日本社社史編纂委員会編　一九九七、一三九）と。

さらに、一九三〇年代の『少女の友』を代表する作家のもう一人は、吉屋信子《よしやのぶこ》であるとおもわれる。なぜなら、『少女の友』の歴史のなかで、吉屋信子がもっとも長きにわたって少女小説を連載していたからである。したがって、『少女の友』の作家のなかで、吉屋信子がもっとも読者の支持を獲得していた作家であると考えることができる。吉屋信子の最初の連載は、「紅雀」である。この「紅雀」は、『少女の友』に一九三〇年一月号から一二月号まで連載されている。そして、この「紅雀」を皮切りにして、吉屋信子はほとんど絶え間なく『少女の友』に少女小説を載せることとなる。最後の連載は「少女期」である。この「少女期」は、『少女の友』に一九四一年一月号から一一月号まで連載されている。このように吉屋信子は、長きにわたって、『少女の友』に少女小説を連載していたのである。そして、そのことは、吉屋信子の少女小説が、読者の圧倒的な支持を得ていたことを裏付けるものである。実業之日本社の社史は「全国の少女読者の人気を独占した」（実業之日本社社史編纂委員会編、一九九七、一三四）ととらえている。また、社史は『少女の友』の文芸作品のなかでは、吉屋信子の「桜貝」のみ写真入りで大きく載せている（実業之日本社社史編纂委員会編　一九九七、一二五）。このように、吉屋信子の少女小説は『少女の友』の文芸作品のなかで、もっとも読者の歓迎を受けていたと考えることができるのである。

まとめると、一九三〇年代の『少女の友』を代表する作家は、一人は川端康成、もう一人は吉屋信子であるということができる。その理由については、前者は、第一に、文壇の大御所であるということをもってして『少女の友』で特別扱いを受けていたことが挙げられる。また、作者自身がなみなみならぬ力を入れていたことも指摘できる。第二に、実際に読者の支持を獲得していたことが挙げられる。後者は『少女の友』随一の掲載年数を誇っていたため、『少女の友』随一の支持数を獲得していたことが指摘できる。

本節では、川端康成の少女小説である「乙女の港」、吉屋信子の少女小説である「わすれなぐさ」を分析することとする。したがって、この二つの少女小説を『少女の友』の一九三〇年代を代表する少女小説とするのである。この先に見たように、川端康成の連載少女小説には、「乙女の港」「花日記」「美しい旅」（「続美しい旅」）がある。このなかで、「乙女の港」を分析するのは、この三編の少女小説のなかで、「乙女の港」がもっとも読者の支持を獲得したからである。たとえば、戦前に限ると、三編の少女小説のなかで「乙女の港」のみが一九三八年に実業之日本社から単行本化されている。また、「乙女の港」のみがグラビア版の掲載がおこなわれている。このグラビア版の「乙女の港」は、女子読者三人が「乙女の港」に登場する三人の少女に扮したものである（「グラビア　乙女の港」『少女の友』一九三八（昭和一三）年六月号、グラビア）。このように、「乙女の港」は、三編の少女小説のなかで、もっとも読者の支持を獲得していたということができる。したがって、「乙女の港」を分析することにする。

また、吉屋信子の連載少女小説は多数存在するが、そのなかで「わすれなぐさ」を分析するのは、一つに、「わすれなぐさ」が読者の支持を集めていたからである。たとえば「わすれなぐさ」は、一九四〇年に、実業之日本社から単行本化される。単行本化されたということは、読者の支持を集めた証として考えることができる。もう一つに、「乙女の港」と比較しやすいからである。なぜなら、「乙女の港」も、「わすれなぐさ」も、少女たちの三角関係をテーマにした少女小説であるからである。したがって、「わすれなぐさ」を分析することにする。

最初に、「乙女の港」を分析することにする。この「乙女の港」は、エスを描いた少女小説である。エスとは「Sister」の「S」からきた言葉である。このことが明らかにするように、エスとは、少女同士の親密な関係、とくに、「おねえさま」「妹」の姉妹関係になぞらえた関係をあらわしている。そのため、エスは、上級生と下級生の間で育まれるものとおもわれがちであるが、同級生同士の間で育まれることも、教師と生徒の間で育まれることもある。

なぜ男性作家の川端康成がエスを描写することができたのだろうか。実は「乙女の港」「花日記」には、協力者が存在したのである。その協力者とは、新人作家の中里恒子《なかざとつねこ》であった。「乙女の港」「花日記」は、中里恒子が下書きを書いて、川端康成がそれに手を入れたものだったのである。そう考えると、「乙女の港」「花日記」は、中里恒子の手による少女小説であるといえる。事実、川端康成の他の少女小説とは明らかに異なるものになっている。というのも、「乙女の港」「花日記」は、中里恒子が通学していた横浜紅蘭女学校（現在の横浜雙葉中学校・高等学校）

における経験が強烈に反映されたものになっているからである。しかし、この「乙女の港」「花日記」は、中里恒子が下書きを書いたからこそ、女学生の日常がリアルに描写されることになったといえる。たとえば、白熱する運動会、外国人教師との軽妙なやりとりが繰り広げられる女学校の授業、避暑地の軽井沢における社交、別荘地の北条（現在の千葉県館山市）におけるバカンスの日々などである。とくに、女学校で流行していたエスが、仔細に描かれていることになったといえる。

この「乙女の港」は、先に見たように、『少女の友』に一九三七年六月号から一九三八年三月号まで連載されている。ストーリーは、横浜の女学校一年生の大河原三千子が、五年生の八木洋子、四年生の克子から想いをよせられて、洋子、克子の間で揺れ動くというものである。

あらすじは以下のとおりである。大河原三千子は、横浜の女学校に入学して間もなく、五年生の八木洋子から新体詩が添えられた手紙を渡された。一方、四年生の克子からは机の上に菫の花束が届けられた。しかし三千子はエスを知らなかったため、戸惑うばかりであった。

ところがその日、突然の大雨になった。傘をもっていなかった三千子が困っていると、洋子が声をかけてきた。そして、三千子の鞄を抱きとって、手をひいて車に誘い入れた。このやさしさに三千子は心を奪われた。三千子のクラスメイトの経子によると、洋子は秀才で五年生の級長、おまけに牧場を所有する名家の令嬢だというのであった。

その後、洋子は三千子に献身的な支援をした。美文の手紙を与え、勉強を教え、文学作品について語った。また、牧場に招いて御馳走をふるまった。さらに、想いをささやいた。一方、三千子も洋子を支えた。洋子の母親は心を病み、洋子の父親は事業に失敗した。ゆえに洋子は絶望した。しかし、三千子は洋子を励まし続けた。

しかし、夏休みの軽井沢では克子が三千子に急接近をしてきた。克子は自転車を教え、英会話の訓練につきあい、ときにはつきっきりで看病をした。また、世界に雄飛する夢を語った。さらに、雷雨に襲われたときは、自転車の後ろに乗せてさっそうと走った。この頼もしさに三千子の心は揺れた。

新学期が始まると、洋子と克子は三千子をめぐって競争をすることになった。そして、二人の競争は、洋子に味方する五年生と克子に味方する四年生の競争にまで拡大した。さらに、洋子の組が赤組、克子の組が白組になったため、運動会の勝負にもちこまれた。

しかし、克子は運動会で負傷した。洋子は救護班として克子の世話を献身的におこなった。洋子は、克子が負傷したのは、自身が三千子を独占したせいではないかとおもっていたのであった。一方、克子は洋子に謝罪した。こうして二人は和解した。

クリスマスの日、洋子は三千子に卒業後の進路を打ち明けた。それは、教会の日曜学校で、フランス語を教えるというものであった。そして、この慈善の心を教えることが、洋子の三千子への贈りものであった。一方、三千子の洋子への贈りものはロケットペンダントであった。洋子はそれに二人の写真を入れた。そして二人は、永遠につながりをもちつづけることを約束し合った。以上が、あらすじである。

「乙女の港」の主要な登場人物は、大河原三千子、八木洋子、克子である。この三人をとおして、どのような理想像が描かれているのかを見てみることにする。その理想像とは、ひとことでいうと、あこがれの才色兼備のお嬢さまであるといえる。このことは五点から指摘することができる。

第一に、三千子と洋子、克子は、人目を引く美少女である。「乙女の港」の三千子は、英語の教師である「ミス・マアフリイ」から、次のようにとらえられている。

心のなかでこっそりと、「綺麗な三千子さん」、「足の悪い愛子さん」と、二人の特徴をつかまえて、区別していた。

（川端　一九三七～八↓二〇一一、一二七）

他に、「三千子は小柄で、お人形のように可愛い」（川端　一九三七～八↓二〇一一、一五九）などと、描写されている。このように、三千子はきれいな少女としてとらえられているのである。

そして、三千子と相思相愛の関係になる洋子は、次のように描写されている。

青みがかつた眼、紫光りに黒ぐろした髪、花のやうに匂ふ顔――このひとがあの花の手紙のように、自分のことを心にかけていてくれたのかと思うと、身内に火がついたように熱かった。

日頃夢見る童話の女神に比べて、このひとは生きて話をするばかりか、美しい手紙や、やさしいいたわりをみせてくれる。

（川端　一九三七～八↓二〇一一、三二―三三）

他に「ああ、お姉さま！　こんな美しい人も、この世にいるのか」（川端　一九三七～八↓二〇一一、二〇三）、「克子を地上の花とすると、洋子は天上の花」（川端　一九三七～八↓二〇一一、二〇三）などと描写されている。このように洋子は、上品な美少女として描写されているのである。

さらに、三千子に横恋慕する克子は、次のように描写されている。

間近に見ると、克子は眩しいほど健康で、いかにも高原の少女らしい美しさ。――紫外線の強い日光に、帽子もかぶらず、首も腿も、栗色に焼けて、光っている。

それが妖しい麻薬の匂いのような力がある。

（川端　一九三七～八↓二〇一一、一三三）

克子は青葉の輝きのなかで、花のように笑っている。スポオツできりりとした姿は、まばゆく派手だ。
（川端　一九三七～八➡二〇一一、一四三）

他に「なかなか綺麗なお嬢さん」（川端　一九三七～八➡二〇一一、一二九）、「男の子のように凛々しい」（川端　一九三七～八➡二〇一一、一三二）などと、描写されている。このように、克子は健康的な美少女として描写されているのである。

第二に、洋子、克子は、知的能力に秀でている。洋子は、次のように描写されている。

優等生で、マダム（仏語の教師――引用者）のお気に入りで、仏蘭西語が達者で――という、前からのいい評判を、裏返すかのように、洋子の家庭の蔭口がひろまって来た。
（川端　一九三七～八➡二〇一一、五七）

他に「五年の級長」（川端　一九三七～八➡二〇一一、五七）を務めていて「とても秀才」（川端　一九三七～八➡二〇一一、三五）と下級生の経子からとらえられている。このように、洋子は秀才の少女、とりわけフランス語の能力に秀でた少女として描かれているのである。それゆえ洋子は級長を務めているのである。

一方、克子は、次のように描写されている。

港の貿易商という、克子の家の商売柄、西洋人との交際が多いらしく、子供の時から、会話も達者なのだろうけれど、それには、はきはきした、克子の強い性格の力もあるにちがいない。
（川端　一九三七～八➡二〇一一、一七四）

このように、克子は貿易商の家庭で鍛えられた英語力をもちあわせているのである。そして、避暑地の軽井沢では、克子はたびたび外国人と英語で議論しているのである。それゆえ「四年の副級長」（川端　一九三七～八→二〇一一、五七）を務めているのである。

第三に、克子は運動能力に恵まれている。克子は、避暑地の軽井沢においては自転車に乗ったり、乗馬をしたりしている。次のとおりである。

「自転車を卒業したら、今度は馬よ」

「馬？　馬に乗るの？」

「うん」

と、克子は男の子みたいにうなずいて、

「この夏中に、三千子さんを強く鍛えてあげるの。私の好きなように、三千子さんを変えちゃうの。……洋子さん驚くだろうなア」

（川端　一九三七～八→二〇一一、一六〇）

また克子は、運動会においては、抜群の走りを見せている。

そのあざやかな競争振りに、見ている洋子も胸がすくようで、日頃のことも忘れ、やはり克子に勝たせたい。洋子がそう思わなくとも、当然一等にちがいない克子——百五十米を、先頭切って駈けて行く。

（川端　一九三七～八→二〇一一、二五三）

このように、克子は運動能力に秀でた少女として描かれているのである。

第四に、洋子、克子は、財力に恵まれている。洋子は、広大な牧場を所有する名家の令嬢である。たとえば下級生の経子からは、「牧場のお嬢さん」（川端　一九三七〜八→二〇一一、三五）といわれている。また三千子からは、次のようにとらえられている。

「ね、お母さま、洋子さんてね、お家は昔からのお大尽らしいけど、不仕合せな方なのよ」

（川端　一九三七〜八→二〇一一、一〇八）

このように洋子の家は、昔からの大富豪として、とらえられているのである。ただ、洋子の家は、時間の経過に伴って傾いていくさまが描かれている。

一方、克子は、「港の貿易商」（川端　一九三七〜八→二〇一一、一七四）の令嬢である。克子の家は、克子の派手なふるまいを見ると、非常に裕福な家であることがうかがえる。たとえば克子の家は、避暑地の軽井沢においては、外国人の別荘が集中する山の中腹に別荘をもっているのである。

「あたしの家は、ここと反対の山の方よ。隣近所はみんな西洋人のなかに、ぽつんとあるの。明日お茶にお呼びするわね。来て下さるでしょう？」

（川端　一九三七〜八→二〇一一、一四〇）

また克子は、毎日、元町の花屋から生花を取り寄せることを提案している。

「あたしね、昨夜、素敵なこと考えついたの。二学期になったら、ふたりでお揃いの菫の花を、いつでも、胸のポケットへ入れておくの、どう?」

（中略）

「でも、直ぐ萎れちゃうでしょう?」

「だから、毎日、新しい花と替えるのよ。私、元町の花屋へ註文するわ。どんな季節にも、菫の花は絶やさないようにって」（川端　一九三七～八→二〇一一、一八六―一八八）

このように克子は、この「乙女の港」のなかではしばしば豪奢なふるまいをしているのである。このことから、克子の家は上層の階層であることがうかがえるのである。

ただ、三千子も、中間層か、中間層よりもやや上の階層ではないかとおもわれる。なぜなら、三千子は、伯母に連れられて、軽井沢の伯母の別荘に滞在しているからである。またそもそも、私立の「基督教女学校（ミッション・スクウル）」（川端　一九三七～八→二〇一一、二二）に入学している時点で、中間層か、それよりもやや上の階層であるといえる。なぜなら、三千子のクラスメイトたちは、「良家の子女」というアイデンティティをもっているからである。次のとおりである。

「ええ。私ンとこも、鎌倉に家があるんだけれど、行っちゃアいけないって。あんまり賑やか過ぎて、品が悪くなったんですって。良家の子女は、だんだん少くなるって、お母さまが言ってらしてよ。誘惑があるから」（川端　一九三七～八→二〇一一、七一）

このように、三千子のクラスメイトは、自身を「良家の子女」ととらえているのである。しかし、三千子は、この私立の「基督教女学校（ミッション・スクウル）」（川端 一九三七～八→二〇一一、二二）に、女学校の段階から選抜試験を突破して入学している。したがって、附属幼稚園から上がってきたクラスメイトたちとは、異なっているのである。このことは、次のように描写されている。

附属幼稚園から小学部――予科を通って、本科一年に上って来た経子は、選抜試験を受けて入学した三千子と比べると、もう何年も、この学校に馴染んでいて、学校の様子も精しいし、上級生のお友達も大勢あった。
（川端 一九三七～八→二〇一一、二二）

「（中略）あの方ね、五年の八木洋子さんて、有名なひとだわ。牧場のお嬢さんよ。とても秀才で、下級生なんか相手になさらないので通ってたんだけど……。でも菫の花束の方（克子―引用者）だって、素敵なひとよ。明日紹介するんだったのに」
経子はこう言いながら、砂利道の端に濡れ立って、三千子を待っている洋子に、丁寧なお辞儀をした。
（川端 一九三七～八→二〇一一、三五）

このように、三千子は、女学校段階から入学を果たしたグループにいるのである。一方、三千子のクラスメイトの経子は、附属幼稚園から入園したグループにいるのである。そして、附属幼稚園から入園した経子は、洋子、克子と知り合いなのである。そのことを踏まえると、洋子、克子は、附属幼稚園から入園したグループにいるとおもわれる。女学校段階から入学を果たしたグループと、附属幼稚園から入園したグループでは、後者のグループのほうが、負担する学費は比べものにならないくらいに大きくなるとおもわれる。したがって、三千子の家は、附属幼稚園から入園した洋子、克子、経子たちの家と比べると、やや下の階層の家なのではないかと想像することができる。ちなみに経子の家は「貿易商」（川端　一九三七〜八↓二〇一一、七二）である。

第五に、洋子と克子は、抒情を理解・表現できる能力をもっている。そして、それこそが、この二人の魅力の一つとなっている。たとえば、三千子が洋子を知るきっかけとなったのは、洋子の手渡した一通の手紙であった。そして、その手紙のなかには、三編の新体詩が添えられていた。次のような手紙である。

突然できっとびっくりなさることでしょうね。（中略）私の花束をお贈りします。
あなたはどんなお花がお好きか分らないけれど、もしも、私の花束のなかに、お好きなお花がひといろあるとしたら、どんなに私は仕合せでしょうか。

花薔薇

わがうへにしもあらなくに
などかくおつるなみだぞも
ふみくだかれしはなさうび
よはなれのみのうきよかは

（川端　一九三七〜八↓二〇一一、一四―一五）

このように洋子は、手紙のなかに、「花薔薇」「野梅」「沙羅の木」という三編の新体詩を添えていたのである。もちろん、これらの新体詩は、洋子の創作した詩である。

一方、克子は、三千子の机のなかに、次のような手紙をしのばせている。

三千子さま

（中略）

私はすみれの花が、なんの花より一番好きですの。すみれの花言葉を御存じでいらっしゃいましょう。
あなたを「私のすみれ」とお呼びしてよろしいでしょうか。
あなたは私になんの花をお返事下さいまして？
でも、これは余りに私のひとり合点でした。可愛いあなたのまわりには、美しい蝶々がいっぱい群がることでしょう。
あなたがどの蝶のお宿になって下さるか、私は静かに待っております。

（川端　一九三七～八➡二〇一一、一七―一九）

このように克子の手紙は、口語自由詩のような手紙になっているのである。

この洋子と克子の手紙にたいして、三千子は「上級生の方たちは、なんて名文家揃いなんだろう」（川端　一九三七～八➡二〇一一、一九）とためいきをついている。したがって、洋子と克子は、抒情を理解・表現できる能力をもっている存在として描かれているといえる。そしてその能力は、三千子を惹きつける魅力となっているといえる。

まとめると、「乙女の港」の三千子と洋子、克子は、第一に美少女である。第二に洋子と克子に関しては知的能力に秀でている。第三に克子に関してはそれに加えて運動能力に秀でている。第四に洋子と克子に関しては財力に恵まれている。第五に洋子と克子に関しては抒情を理解・表現できる能力をもっている。このようにながめてみると、洋子と克子は、才色兼備のお嬢さまとして描かれているといえる。

『少女の友』の読者は、このような才色兼備のお嬢さまにあこがれていたのではないかと考えることができる。ここでは、『少女の友』の読者が、「乙女の港」にどのようなことを見出していたのかを明らかにするために、『少女の友』の通信欄を、一九三七年五月号から一九三八年八月号まで分析することとする。なぜなら、「乙女の港」の連載開始が一九三七年六月号であるため、編集者の予告などを把握する必要があるからである。よって、一九三七年五月号から分析する。さらに、「乙女の港」の連載終了後、グラビアの「乙女の港」が載ったのが、一九三八年六月号であるため、それにたいする読者の通信は、二か月後の一九三八年八月号に載るからである。よって、一九三八年八月号まで分析することとする。

通信欄をながめると、女子読者は、洋子派、克子派に分かれて、二人の「お姉さま」にあこがれていたことがわかる。洋子派の投書は次のとおりである。「洋子さんが好きよ」（瑛子「友ちゃんクラブ」『少女の友』一九三七（昭和一二）年一二月号、三一九）、「洋子の様なタイプの人大好き」（青桐「友ちゃんクラブ」『少女の友』一九三八（昭和一三）年二月号、三一八）、「洋子大好きですの」（読者「友ちゃんクラブ」『少女の友』一九三八（昭和一三）年三月号、三三二）、「洋子さん大好き」（若草伸子「友ちゃんクラブ」『少女の友』一九三八（昭和一三）年三月号、三三一）などである。

一方、克子派の投書は次のとおりである。「克子といふ方、勝気な顔ですのね。でも美しいわ」（メリー・プッチエル「友ちゃんクラブ」『少女の友』一九三七（昭和一二）年一二月号、三二二）、「克子好きよ」（読者「友ちゃんクラブ」『少女の友』一九三八（昭和一三）年二月号、三一八）、「克子大好きです。やっぱり清い少女でしたのね」（紅椿「友ちゃんクラブ」『少女の友』一九三八（昭和一三）年四月号、三三九）などである。このように『少女の友』の通信欄を見ると、女子読者は、洋子にあこがれる読者、克子にあこがれる読者に二分していることがわかる。そして、それぞれが、あこがれの「お姉さま」にたいして、称賛の言葉、愛の言葉を寄せていたことがうかがえるのである。

編集者は、女子読者が洋子、あるいは克子にあこがれていたことを充分にわかっていたようである。たとえば「あこがれの洋子、こんなお姉様があつたらと皆さまお思ひのことでしたでせう」（編集者「友ちゃんクラブ　クラブ室より」『少女の友』一九三八〔昭和一三〕年三月号、三〇五）などと、全読者が洋子にあこがれているととらえている。また読者が、洋子にたいして、「私もこんなお姉様がほしいわ」（千晶「友ちゃんクラブ」『少女の友』一九三八〔昭和一三〕年五月号、三二六）と切望しているのを受けて、「みんな欲しい様ですね、でも小説でお気の毒さま」（編集者「友ちゃんクラブ」『少女の友』一九三八〔昭和一三〕年五月号、三二六）と慰めている。

このように、女子読者は、才色兼備のお嬢さまにあこがれていたことがわかる。だからこそ、「乙女の港」は、女子読者に支持されたと考えることができるのである。

さらに、三千子と洋子、克子をとおして、どのような理想的行動が描かれているのかを見てみると、少女が少女を助けるという行動であるということができる。あらすじを見ると、そのことがよくわかる。まず、洋子は、三千子に、ありとあらゆる支援をしている。たとえば大雨の日、洋子は三千子を車で送る。


「大河原さん。さっきはごめんなさいね。お傘ないんでしょう」

振り向いて、背の高いそのひとの眼と見つめあい、三千子は黙って、誘いこまれるように、こっくりした。

（中略）

「お家どちら、お送りしますわ」

「でも、とても遠いんですもの」

「じゃ、尚更お送りさせてね。こんな雨の中をひとりで帰したくないの。今直ぐ車が来るのよ」

（川端　一九三七〜八→二〇一一、三二一―三二二）

このように、洋子は三千子をいたわるのである。そして、この洋子のやさしさ、スマートさに三千子は心を奪われるのである。さらに、秀才の洋子は、三千子に勉強を教え、文学作品にたいする教養を与える。また、詩のような言葉で想いをささやくのである。

「（中略）三千子さんが心を隠してしまったら、私どうして捜せばいいんでしょう」

（中略）

「（中略）でも、あたしはどんなに遠くへだって、三千子さんの心を捜しに行ってよ、きっと」

（川端　一九三七〜八↓二〇一一、八六）

そして、運動神経抜群の克子は三千子を鍛えている。「この夏中に、三千子さんを強く鍛えてあげるの。私の好きなように、三千子さんを変えちゃうの」（川端　一九三七〜八↓二〇一一、一六〇）と。したがって、克子は三千子に、自転車に乗る訓練を施し、英会話を教え、また、世界にはばたく夢を語るのである。

「（中略）私たちはね、だから、世界の灯にならなければいけないと思うの。日本の少女は、もっともっと、誇りを持っていいのよ」

（川端　一九三七〜八↓二〇一一、一七〇）

さらに、雷雨に襲われたとき、克子は自転車の後ろに三千子を乗せる。「雷雨よ。軽井沢名物よ。早く自転車のうしろへお乗んなさい」（川端　一九三七〜八↓二〇一一、一四八）と。三千子は、その頼もしさに心を動かされるのである。

三千子は稲妻のはためく度に、身を竦めて、克子の肩に抱きつくと、烈しい雷雨のなかでもこんなに強い克子が、頼もしくて、心までこの人に寄りかかりそう……。

（川端　一九三七〜八→二〇一一、一四八）

さらに、三千子は、洋子を励まし続けている。洋子は、自身の母親が心を病み、自身の父親が事業に失敗したことで、絶望に襲われる。そして、母親のことと父親のことが、女学校で噂になって、女学校のなかに居場所をなくしそうになる。さらに、しだいに家が傾いていくなかで、不安にかられる。しかし、三千子は常に洋子を励まし続けるのである。

「きれいなもの好きの三千子さんだから、あたしが飾りをみんななくして、裸になってしまっても、今までと同じに……」

と、洋子が愁え顔に言うのを聞くと、三千子は怒ったように、頬を赤くして、

「まあ、お姉さま。あたしだって、そんなんじゃないわ。美しいお部屋や着物は、お金さえあれば買えるんですもの。お姉さまのような方には、なんでも綺麗なものが、ほんとうに似合うと思って、見てるだけなの」

（中略）

「お姉さまが、牧場もお家もなくしておしまいになったら、あたし、もっとお姉さまと近しくなれると思うわ。今はお姉さまが偉過ぎるんですもの」

（川端　一九三七〜八→二〇一一、九八―九九）

このように、ヒロインがもう一人のヒロインを助けるという行動をとっているということができるのである。

次に、「わすれなぐさ」は、どのような理想像、および、理想的行動を描いているのかを見てみることにする。

「わすれなぐさ」は、『少女の友』の一九三二（昭和七）年四月号から一二月号までにおいて連載されている。ストーリーは、高等女学校三年生の弓削牧子が、同級生の相庭陽子と佐伯一枝に想いを寄せられて、心を揺れ動かせるというものである。

あらすじは、以下のとおりである。高等女学校三年生の間では、弓削牧子は孤独を愛するため「個人主義」、相庭陽子はおしゃれであるため「軟派」、佐伯一枝は秀才であるため「硬派」とされていた。四月の末、孤独を好んでいる牧子が、めずらしく一枝にノートを借りた。それを見た陽子は、嫉妬にかられて、牧子を誕生日会に招待した。牧子は、父親の命令でそれに出席することになった。牧子の大学教授の父親は、研究所を建設するにあたって、陽子の実業家の父親に、莫大な寄付をしてもらう約束になっていたからであった。誕生日会では、陽子は牧子にダンスを教え、化粧を施し、少年の衣装を与えた。そして、友になってほしいとささやいた。しかしそのとき、一枝が屋敷の外を通りかかった。陽子はハンカチを投げた。一枝は、それを石垣の上に置いて去っていった。牧子は、陽子の美しさ、また、一枝の潔さに心を奪われた。

その後、牧子は一枝のノートのお礼に陶器のインクスタンドを、また、陽子の誕生日プレゼントに銀器のキャンディー入れを購入した。しかし、陽子は嫉妬を覚えてインクスタンドをねだった。牧子は、キャンディー入れを一枝に贈った。一枝は、豪華なプレゼントに驚いた。そして、牧子が自分を想っているのではないかと、意識し始めた。その後も、女学校の企画で赴いた海で陽子は牧子を誘惑し続けた。

ところが、牧子の母親が死去した。牧子は悲嘆にくれた。一枝は、牧子の母親のために、花束を捧げた。一方、陽子は牧子を誘い出して、牧子のドレスをオーダーメイドし、ホテルのレストランで食事をご馳走し、タクシーを暴走させた。牧子は、陽子の大胆さに、束の間、母親の死を忘れた。

しかし、牧子の弟が、姉の牧子に放置され、また、父親にピアノを弾くことを禁じられ、街をさまよいだした。

そして、一枝に保護された。牧子は、弟がさみしがっていること、そして、一枝が弟、妹の世話をしていることを知って反省した。そして、陽子と絶交して、一枝と親しくし始めた。

その後、陽子は病気にかかって女学校を欠席した。陽子は一枝に手紙を送った。その手紙には、傲慢であったことを反省する言葉が書かれていた。その結果、三人は和解した。以上が、あらすじである。

「わすれなぐさ」は、「乙女の港」と同じようにエスを描いているといえる。ただ、「乙女の港」は、「お姉さま」「妹」の関係を、すなわち、上級生と下級生のエスの関係を描いたものであるが、「わすれなぐさ」は、同級生同士のエスの関係を描いたものである。

「わすれなぐさ」の主要な登場人物は、弓削牧子、相庭陽子、佐伯一枝である。この三人をとおしてどのような理想像が描かれているのかを見てみると、「乙女の港」と同じように、ひとことでいうなら、あこがれの才色兼備のお嬢さまが描かれているといえる。このことは五点から明らかにすることができる。

第一に、「わすれなぐさ」の牧子と陽子は、美少女である。「個人主義」の牧子は、次のように、描かれている。

色が浅黒く栗色で、眉が濃く、眼が冷たく澄んで大きいのです。（吉屋　一九三二→二〇〇三、一九）

このように、牧子は少年のような顔をしている。それゆえ牧子は、陽子の手によって男装をさせられることになる。すると、たちまち牧子は美少年に変身するのである。そして、陽子と陽子の友人たちに称賛の声をかけられるのである。次のとおりである。

「まあ、思ったよりもっと綺麗な美少年に見えてよ！　それ御覧なさい！」

牧子は今変った自分の姿を我から驚いて眺めた。

すらりとした黒衣の姿、黒の帽子の下の濃い眉と涼しい眼――これが自分かしらと牧子は眼を見開いた。

（中略）

「とても！　驚いたわ、弓削さん宝塚へお入りになれば奈良美也子そこのけの男役が出来そうよ」

「ええ、大変な美少年のスタイルよ（後略）」　（吉屋　一九三二→二〇〇三、五一―五二）

このように「個人主義」の牧子は、美少年に見まごうばかりの美少女として、描かれているのである。一方、陽子は、次のように描かれている。

これで到着以来三度取り替えた新しい海水着から、のびのびと美しい手足を水に透して見せて陽子は泳ぎ進むのである。美しい海の妖女！　（吉屋　一九三二→二〇〇三、一二二）

ああ、麻薬！　これこそ美しい毒を含む花の露のごと、陽子の一言一言は牧子にとって、こよなき悲しみを忘れさせる不思議に妖しき魔女の声だった。　（吉屋　一九三二→二〇〇三、一六七）

毒ある悪の花の匂いも色も美しく人の子を迷わせその魂を眠らせるものだった。

（吉屋　一九三二→二〇〇三、一九六）


他に「美しい人」（吉屋　一九三二→二〇〇三、一八）、「妖しく美しい陽子」（吉屋　一九三二→二〇〇三、六〇）などと、描写されている。このように、陽子は妖艶な美少女として描写されているのである。

牧子、陽子と比べると、一枝は誰もが称賛する美少女として描写されているわけではないといえる。ただし、凛々しい少女として描かれている。次のとおりである。

心なき陽子のからかう振舞に、きっとなって見返りつつも無言に半巾を畳んで置いて去った凛々しい姿――（中略）。

（吉屋　一九三二→二〇〇三、六〇）

このように、一枝は、牧子、陽子と比べると誰もが絶賛する美少女ではないが、凛々しい少女としてとらえられているのである。

第二に、陽子と一枝は知的能力に秀でている。陽子は「お稽古に仏蘭西語とピアノをしてい」（吉屋　一九三二→二〇〇三、一八）る。とくに、フランス人とフランス語で会話をするなど、フランス語が堪能である。次の場面である。

「いとこ？」

マダム・ブルュンヌが一寸きき返した。

「マ、クジインヌ」

陽子が仏蘭西語で言うと、

「オ、オゥ」

とうなずいて牧子へ手をさし出した（中略）。

（吉屋　一九三二→二〇〇三、一八〇）

このように、陽子はフランス語を操っているところが描写されているのである。

一方、一枝は、全級一の模範生として描写されている。次のとおりである。

まさに全級一の模範生です。ニックネームはロボット、すなわち人造人間ですって、理由は、ああ先生の言うことばかり守って勉強第一では、暖かい血が通っているとは見えないとあって、こう言われるんです。

（吉屋　一九三二→二〇〇三、一八―一九）

このように、一枝はまるでロボットのように勉強のできる少女として、描写されているのである。

第三に、陽子は運動能力に秀でている。とくに「ダンスのほうがお上手」（吉屋　一九三二→二〇〇三、一八）であるとされている。それゆえ陽子は、牧子にダンスを教えるなど、ダンスの能力の高さを見せつけている。

「私が上手にリードしてあげますから、今夜を手始めになさいよ、すぐお上手になってよ、私がダンスの先生になってあげるわ」

と陽子は牧子の手を引き立てるようにして、次の広間に出て来た。

陽子は楽師達のほうを振り向いて声高に命令するように叫んだ。

「ワンステップの何かやさしいのにしてよ、この方にプロムナードからお教えするんですから」

と牧子の肩を抱いて歩き方のお稽古を始めた。

（吉屋　一九三二→二〇〇三、四五―四六）

このように、陽子は運動能力に秀でた少女であるとされているのである。

第四に、陽子は財力に恵まれている。陽子は大実業家の令嬢である。たとえば、次のように、牧子にとらえられている。

「(中略)お父様は有名な会社の取締役や社長をしていらっしってお金持なんですって、きっと盛大なお誕生のお祝いをなさるのでしょうね」(吉屋　一九三二→二〇〇三、二八)

このように、陽子は財力に恵まれた令嬢として描かれているのである。

一方、牧子と一枝は、都市新中間層の女子である。牧子の父親は、「某大学の教授の理学博士」(吉屋　一九三二→二〇〇三、一九)である。また、一枝の亡くなった父親は、「歩兵大尉」(吉屋　一九三二→二〇〇三、六〇)であったとされている。したがって、牧子と一枝の家は都市新中間層であるといえる。

第五に、牧子と陽子は抒情を理解・表現できる能力を備えている。牧子は、母親を亡くした後、西條八十《さいじょうやそ》の新体詩を思い浮かべている。この新体詩の第一連は、次のようなものである。

やさしきものはよるのつき
とはにくもらぬひとすぢの
きよきひかりをはなちつつ
わがよのはてをてらしゆく

(吉屋　一九三二→二〇〇三、一六三)

この新体詩は、西條八十の「月と母」である(西條　一九二六→二〇〇〇)。このように、牧子はこの新体詩を思い出して、涙するのである。

一方、陽子は、宝塚少女歌劇団の歌をたびたびうたっている。次のような歌である。

巴里巴里　バラの花の巴里
巴里巴里　春風にのり送る

（吉屋　一九三一→二〇〇三、三五）

この引用のように、陽子はダンスをしたり、宝塚少女歌劇団の歌をうたったりしている。そしてそれが陽子の華やかな魅力に結びついているのである。このように、牧子と陽子は、抒情を理解・表現できる能力をもっている。そして、それが一つの魅力になっているのである。

まとめると「わすれなぐさ」の理想像は、第一に牧子と陽子に関しては美少女で、第二に陽子と一枝に関しては知的能力に秀で、第三に陽子に関しては運動能力に秀で、第四に陽子に関しては財力に恵まれていて、第五に牧子と陽子に関しては抒情を理解・表現できる能力をもっているといえる。そう考えると、陽子に関しては、才色兼備のお嬢さまとして描かれていたといえるのである。

ただし、「乙女の港」「わすれなぐさ」の少女たちの知的能力・運動能力は、高等女学校内で称賛されるレベルの能力にとどまっているといえる。その意味では、少女たちの知的能力・運動能力は、高等女学校内で理解され得る学力・運動能力を超えるものではないのである。

さらに、「わすれなぐさ」では、どのような理想的行動が描かれているのかというと、少女が少女を助けるという行動が描かれていたということができる。たとえば、陽子は牧子を喜ばせるためにダンスを教えたり、化粧を施したり、また、ドレスを与えたり、ご馳走したりしている。もっとも、それが後に牧子を苦しめることになるが、一時は、牧子は陽子のおかげで憂鬱な心が晴れることになるのである。また、一枝は、牧子のためにノートを貸したり、牧子の弟を助け出したりしている。さらに、牧子は、一枝が牧子と同じように父親の差別的行動に苦しんでいることを知る。牧子と一枝の父親は男尊女卑者で、弟には大きな期待をし、姉には弟の犠牲になるように強いている。そして、牧子と一枝は、その差別的行動に苦しんでいる。したがって、牧子は一枝に慰められるようになる。そして、牧子は一枝を慰めるようになるのである。このように、少女が少女を助ける、すなわち、ヒロインがもう一人のヒロインを助けるということが、理想的行動として描かれているのである。

まとめると『少女の友』の少女小説は、理想像として才色兼備のお嬢さまを、理想的行動として少女が少女を助けるという行動を描いていたのである。それが『少女の友』の少女小説における「少女」に関する知であったといえる。

ここで、一九一〇年代の「環の一年間」と、一九三〇年代の「乙女の港」「わすれなぐさ」を比較すると、「少女」に関する知の変遷が見てとれる。一九一〇年代の「環の一年間」の少女たちは、誰一人、運動能力をもっていなかった。しかし、一九三〇年代の「乙女の港」「わすれなぐさ」の少女たちのなかには、運動能力をもっている少女が存在した。これが両者の相違点である。たしかに、一九一〇年代の「環の一年間」の少女たちは、才色兼備のお嬢さまとして描かれていた。しかし、その才色兼備のお嬢さまの「才」とは、知的能力、および、抒情を理解・表現できる能力であった。一方、一九三〇年代の「乙女の港」「わすれなぐさ」の少女たちも、才色兼備のお嬢さまとして描かれていた。しかし、その才色兼備のお嬢さまの「才」とは、知的能力、運動能力、および、抒情を理解・表現できる能力であった。いいかえると、一九一〇年代の理想像は、第一に美貌、第二に知的能力、第三に財力、第四に抒情を理解・表現できる能力であったが、一九三〇年代の理想像は、第一に美貌、第二に知的能力、第三に運動能力、第四に財力、第五に抒情を理解・表現できる能力であったといえる。このように、「少女」に関する知の変遷を把握することができるのである。

4　女子教育の変化

ここまで明らかになったことをながめてみると、一つのことがわかる。一九二〇年に、「少女」に関する知が、大きな変化を遂げたということである。『少女の友』の抒情画・伝記・少女小説の理想像を見てみると、一九二〇年に、大きな変化が見られるのである。一つ目に、少女雑誌の抒情画における理想像は、一九二一年を境に、勉強・芸術活動をする少女が、勉強・芸術活動、運動をする少女に変化する。二つ目に、『少女の友』の伝記における理想像は、一つに皇族・華族、二つにエリートであったが、一九二〇年前後から、一つに芸術家、二つにスターになる。三つ目に、『少女の友』の少女小説における理想像は、一九一〇年代には、第一に美貌、第二に知的能力、第三に財力、第四に抒情を理解・表現できる能力をもった少女であったが、一九三〇年代には、第一に美貌、第二に知的能力、第三に運動能力、第四に財力、第五に抒情を理解・表現できる能力をもった少女に変化するのである。

このようにながめてみると、一九二〇年を境に、理想的な少女のなかに、運動能力のある少女が、加えられたことがわかる。というのも、少女雑誌の抒情画、『少女の友』の少女小説は、まさに運動能力のある少女を描くようになったからである。そして、『少女の友』の伝記は、歌劇のスターを描くようになったからである。歌劇のスターになるには、あらゆる能力が必要であるとおもわれるが、そのなかでもダンスの能力は必要不可欠である。その意味で、『少女の友』の伝記は、運動能力が必要不可欠である理想像を描くようになったと考えられるのである。

いったい一九二〇年にどのようなことがあったのであろうか。それは、女子教育の大きな変容である。『少女の友』の抒情画・伝記・少女小説に変化を促したのは、この女子教育の大きな変容であるとおもわれる。小山静子

（一九九一）は、女子教育論、家庭教育論を分析して、良妻賢母という思想の変遷を明らかにしている。この研究によると、日清戦争後、良妻賢母という思想が唱えられ、「男は仕事、女は家庭」という性別役割分業に即した女性像の生成が促されたことが明らかにされている。ところが、その女性像は、一九一四（大正三）年におこった第一次世界大戦を契機として、大きく転換するというのである。小山静子によると、この女性像の転換を促した要因は、第一に「婦人問題」が社会問題としてとらえられるようになったことである。そして、その背景にあったのは、一つには女子中等教育の普及、二つには職業婦人の増加である。第二に、未曾有の総力戦である第一次世界大戦において、西欧の女性が男性の代替労働をしていたことである。そして、このことが、日本国内で着目されて、今後の総力戦には西欧の女性に比肩する女性が不可欠であると考えられるようになったことである。小山静子は、この二つの要因によって、良妻賢母像の再編が促されていったとしている。

そして、小山静子（一九九一）は、この良妻賢母像の再編が、第一に女子高等教育の実施、第二に体育の充実、第三に科学思想の導入という形でおこなわれていったことを指摘している。さらに、この良妻賢母像の再編は、一九二〇年七月、高等女学校令の改正、および高等女学校令施行規則の改正という形で、結実していったとしている。この改正の要点は、第一に、高等女学校令第一条に「特ニ国民道徳ノ養成ニ力メ婦徳ノ涵養ニ留意スヘキモノトス」という文章が加わったこと、第二に、高等女学校の修業年限が「五箇年又ハ四箇年」として、四か年を本則としていた規定が改まったこと、第三に、女子高等教育の拡充にたいする要望を受けて、従来の専攻科だけでなく、新たに高等科が設置されたこと、第四に、科学思想の導入として、数学・理科・家事の時間数が増加し、反面、修身・音楽・図画の時間数が減少したこと、第五に、学科目の選択、時間数の弾力化が進められたことであると分析している。表6－2は、高等女学校令施行規則改正による週当たり授業時間数の変化である。これを見ると、第四の改正を読みとることができる。また、図6－10は、女子高等教育機関の在籍者数の推移を明らかにしたものである。これを見ると、一九二〇年ごろから、女子高等教育機関に在籍する者の数が、急速に増加していくことがわかる。したがって、一九二〇年ごろから、小山静子がいうように、女子高等教育の拡充がめざされていったことがわかる。

このように、一九一四年の第一次世界大戦を契機に、理想的な女性像が変容する。そして、一九二〇年の高等女学校令の改正を契機に、その理想的な女性像が「制度化」されるのである。ここで、この転換後の理想的な女性像を見てみると、運動能力に秀でているというものがあったことがわかる。先に見たように、第一次世界大戦を契機に、良妻賢母像が再編されて、体育の充実が叫ばれるようになるのである。なぜなら、今後の総力戦には、男性の代替労働に耐えられる運動能力をもった女性が不可欠であるとされたからである。そして、西欧の女性に比肩する運動能力をもった女性が理想化されたからである。このように、転換後の理想的な女性像のなかに、運動能力に秀でていることが加えられたことがわかるのである。一方、『少女の友』では、一九二〇年を境に、運動能力のある少女が、理想的な少女のなかに加えられたのである。したがって、女子教育論における理想の女性像の転換と、『少女の友』における理想の少女像の転換はふしぎな一致を見せていたのである。そして、この両者の一致は、けっして偶然ではないとおもわれる。この『少女の友』の転換は、明らかに、女子教育の転換によってひきおこされたものであると考えることができる。そして、『少女の友』は、大勢の女子読者に読まれることによって、この良妻賢母像の再編から生まれた新しい女性像を人びとの間に広めていったのである。

表6－2　1920（大正９）年の高等女学校令施行規則改正による週当たりの授業時間数の変化

	5年制								4年制					
	1年	2年	3年		4年		5年		1年	2年	3年		4年	
修身	2	2	2		1	(2)	1	(2)	2	2	1	(2)	1	(2)
国語	6	6	6		5		5		6	6	5		5	
外国語	3	3	3		3		3		3	3	3		3	
歴史地理	3	3	3		2		2	(2)	3	3	2		2	(3)
数学	2	2	3	(2)	3	(2)	3	(0)	2	2	3	(2)	3	(2)
理科	2	2	3	(2)	3	(2)	3	(1)	2	2	3	(2)	3	(1)
図画	1	1	1		1		0		1	1	1		0	(1)
家事			2		4						2		4	
裁縫	4	4	4		4		4	(2)	4	4	4		4	
音楽	2	2	1	(2)	1	(2)	0		2	2	1	(2)	0	(2)
体操	3	3	3		3		3		3	3	3		3	
合計	28	28	28		28		28		28	28	28		28	

注：(　)は1901（明治34）年の高等女学校令施行規則上の規定。
出典：小山（1991）。

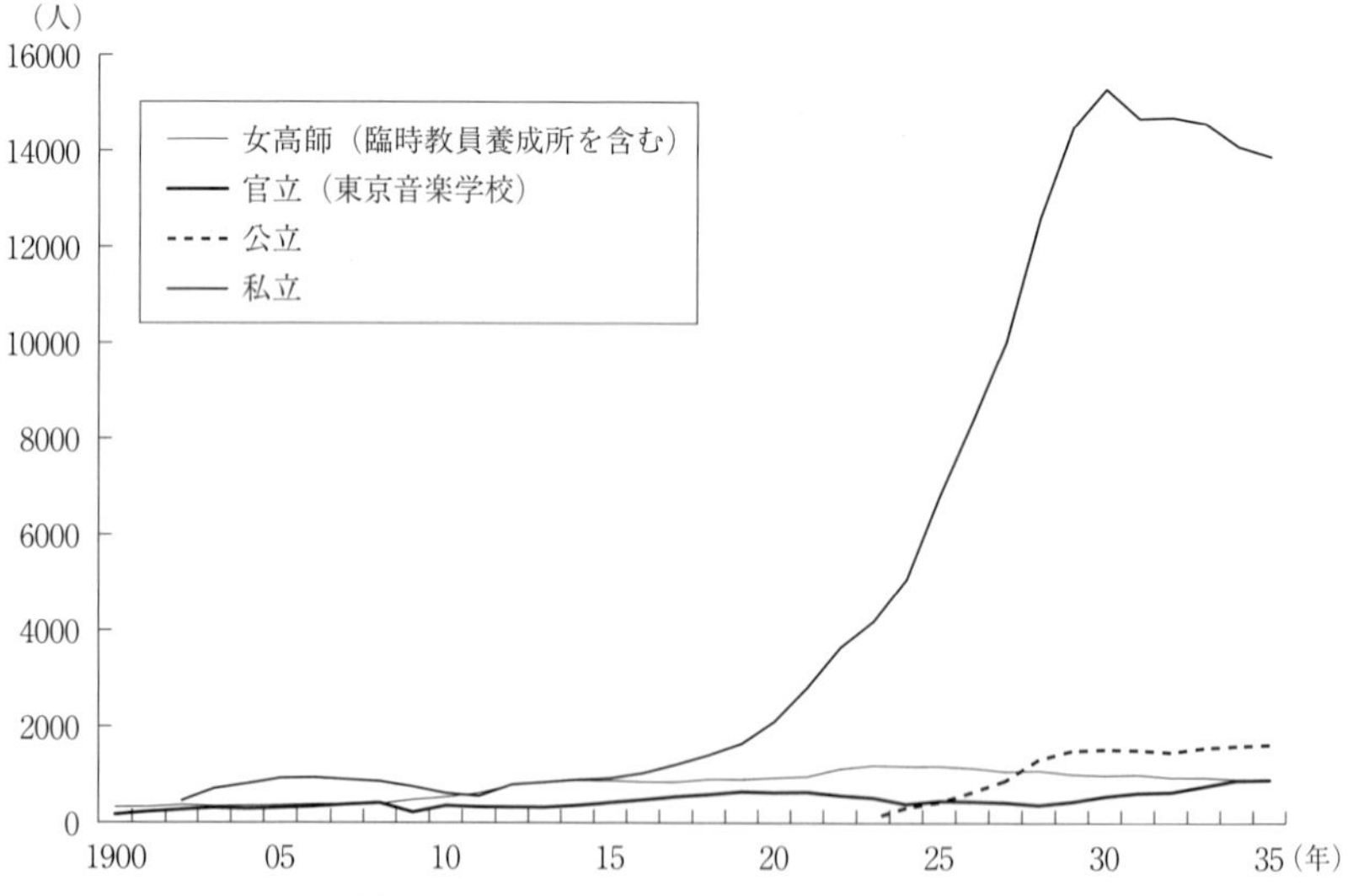

図6－10　女子高等教育機関在籍者数（本科・予科・研究科・別科・選科含む）

出典：佐々木（2002）より作成。

5 「少女らしさ」の変化——あこがれの才色兼備のお嬢さまにおける運動能力の重視

最後に、この章で明らかになったことをまとめることにする。一つ目に、『少女界』『少女世界』『少女の友』『少女画報』『少女倶楽部』の抒情画を分析すると、一九二〇年を境にして、勉強・芸術活動をする少女から、勉強・芸術活動をする少女、および、運動をする少女に変化したことがわかった。

二つ目に、『少女の友』の伝記の女性像を分析すると、一九二〇年前後を境にして、皇族・華族、エリートから、芸術家、スターに変化したことが明らかになった。

三つ目に、『少女の友』の少女小説における理想像と理想的行動を分析すると、少女小説の理想像は、一九一〇年代には、第一に美貌、第二に知的能力、第三に財力、第四に抒情を理解する能力・表現する能力をもった少女であったが、一九三〇年代には、第一に美貌、第二に知的能力、第三に運動能力、第四に財力、第五に抒情を理解・表現できる能力をもった少女になったことがわかった。さらに、少女小説の理想的行動は、一九一〇年代も一九三〇年代も、少女が少女を助けるというものであったことが見てとれた。

このような抒情画・伝記・少女小説の変容は、ひとことでいうと、一九二〇年を境に、運動能力のある少女が、理想的な少女のなかに加えられたということであった。

そして、その『少女の友』の理想的な少女像の変化を促したものは、女子教育の理想的な女性像の変化であった。女子教育は、一九一四年の第一次世界大戦を契機に、良妻賢母像の再編をおこなって、理想的な女性像を変容させた（小山　一九九一）。この良妻賢母像の再編においては、第一に女子高等教育の実施、第二に体育の充実、第三に科学思想の導入がめざされた（小山　一九九一）。そして、一九二〇年の高等女学校令の改正、および高等女学校令施行規則の改正によって、その理想的な女性像を「制度化」させたのであった（小山　一九九一）。そして、この転換後の理想的な女性像には、運動能力のある女性像が含まれていた。体育の充実が叫ばれて、運動能力のある女性像が理想的な女性像のなかに加えられたのであった。このように、女子教育の理想的な女性像の転換と『少女の友』の理想的な少女像の転換は、一致していた。したがって、『少女の友』の理想的な少女像の転換は、女子教育の理想的な女性像の転換によって、ひきおこされたものであることが明らかになったのであった。

引用文献

今田絵里香『「少女」の社会史』勁草書房、二〇〇七年。

川端康成「乙女の港」『少女の友』一九三七年六月号〜一九三八年三月号。→『乙女の港　少女の友コレクション』実業之日本社、二〇一一年。

小山静子『良妻賢母という規範』勁草書房、一九九一年。

西條八十「月と母」『令女界』一九二六年一月号。→「月と母」『西條八十全集　第三巻　詩Ⅲ　抒情詩』国書刊行会、二〇〇〇年、一一二—一一三頁。

佐々木啓子『戦前期女子高等教育の量的拡大過程——政府・生徒・学校のダイナミクス』東京大学出版会、二〇〇二年。

実業之日本社社史編纂委員会編『実業之日本社百年史』実業之日本社、一九九七年。

与謝野晶子「環の一年間」『少女の友』一九一二年一〜一二月号。→「環の一年間」『与謝野晶子児童文学全集4　少女小説篇　少女小説集　環の一年間』春陽堂書店、二〇〇七年、五—六七頁。

吉屋信子「わすれなぐさ」『少女の友』一九三二年四〜一二月号。→『わすれなぐさ』国書刊行会、二〇〇三年。

史　料

『少女界』金港堂書籍、一九〇二年四月号〜一九一二年三月号（欠号：一九〇三年一〜二、四、一二月号、一九〇四年一、六、一〇月号、一九〇九年九月号、一九一〇年三、七、一一〜一二月号、一九一一年四〜四月増刊、六〜九、一一月号、一九一二年一、四〜九、一二月号）。

『少女画報』東京社、一九一二年一月号〜一九四二年三月号（欠号：一九一二年三月号、一九一九年三月号、一九二〇年五、七、一〇〜一一月号、一九二一年七、一〇〜一一月号、一九二三年一二月号、一九二七年一〜二、五月号、一九二八年二月号、一九三〇年四月号、一九三一年一〜二、五、七〜八、一〇〜一二月号、一九三二年三、五〜一二月号、一九三三年一〜六、八〜一二月号、一九三四年二、六〜一二月号、一九三五年一、三〜四、六〜八、一〇〜一一月号、一九三六年一〜三、四月増刊〜五、九月号、一九三七年八月増刊、一〇〜一二月号、一九三八年一〜六、九〜一二月号、一九三九年五〜六、八、一〇〜一一月号、一九四〇年二〜四、一一月号）。

『少女倶楽部』大日本雄弁会講談社、一九二三年一月号〜一九四五年一二月号（欠号：一九二三年一二月号、一九二六年一〜三月号）。

『少女世界』博文館、一九〇六年九月号〜一九三一年一〇月号（欠号：一九一七年九月号、一九一九年九〜一〇月号、一九二〇年七〜八月号、一九二一年七、一一〜一二月号、一九二三年一〜三、五、七〜八、一二月号、一九三〇年四月号）。

『少女の友』実業之日本社、一九〇八年二月号〜一九四五年一二月号。

第七章　完全無欠の英雄
――『日本少年』の変化――

1　『日本少年』の「少年」はどのように変化したのか――抒情画・伝記・少年小説から見る

本章は、『日本少年』の抒情画・伝記・少年小説に着目する。そして、『日本少年』の「少年」に関する知がどのようなものだったのか、そして、その「少年」に関する知がどのように変遷していったのかを明らかにする。つまるところ、第六章で『少女の友』についておこなったことを、そっくりそのまま『日本少年』についておこなうということである。そして、それに加えて、本章は、『少女の友』『日本少年』の「少年」「少女」に関する知を比較することにする。

そのために、分析史料として、『日本少年』を中心に見ることとする。ただ、抒情画に関しては、『少年世界』『日本少年』『少年倶楽部』を、少年小説に関しては、『日本少年』『少女の友』を分析することにする。

また、分析期間として、抒情画・伝記・少年小説は、あらゆる年代で支持を集めているため、最初に商業上の成功を収めた少年雑誌である『少年世界』の生まれた一八九五（明治二八）年から、終戦となった一九四五（昭和二〇）年までに着目することとする。ただし、後に見るように、「少年」に関する知は、一九二六（大正一五）年から一九三五（昭和一〇）年までの一〇年の間に変容するため、この変容に着目することとする。

本章が、『日本少年』の抒情画・伝記・少年小説に着目する理由は、第六章で明らかにしたとおりである。

2　学歴の価値の低下・抒情の排除――『日本少年』の変化

本節は、『日本少年』の抒情画、伝記を分析して、「少年」に関する知、および「少年」に関する知の変遷を明らかにする。

最初に、『日本少年』の抒情画を分析することにする。『日本少年』の抒情画を分析する視点は『少女の友』の抒情画を分析する視点と同じように、どのような理想的行動が描かれているのかを見るということである。なぜなら、抒情画には少年の理想的行動が描かれていると考えられるからである。

『日本少年』およびその他少年雑誌を分析すると、一九二六年において、一つの変化を見てとることができる。その変化とは、勉強・芸術活動、運動をする少年から、運動、戦闘・銃後の活動をする少年に移り変わるというものである。本節では、このような変化を、今田絵里香（二〇〇七）に依拠して把握することにする。この研究では、第六章で見たように、一八九五年から一九四五年までの『少年世界』『日本少年』『少年倶楽部』『少女界』『少女世界』『少女の友』『少女画報』『少女倶楽部』の表紙絵における少年少女像を分析することで、①国家のシンボル、②一緒に描かれている大人、③髪型、④服装、⑤歯を見せる笑顔、⑥動作の六項目の変遷が明らかにされている。この研究を踏まえて、少年雑誌の表表紙の少年像のみを分析して、⑥動作の変遷のみを明らかにしたものが、図7-1である。したがって、この図7-1は、どのようなものかというと、『少年世界』誕生の一八九五年から終戦の一九四五年までにおいて、『少年世界』『日本少年』『少年倶楽部』の表紙絵における少年像の動作に着目して、その動作を「非活動的な遊戯・静止」「家事」「勉強・芸術活動」「活動的な遊戯・スポーツ」「労働」「戦闘・銃後

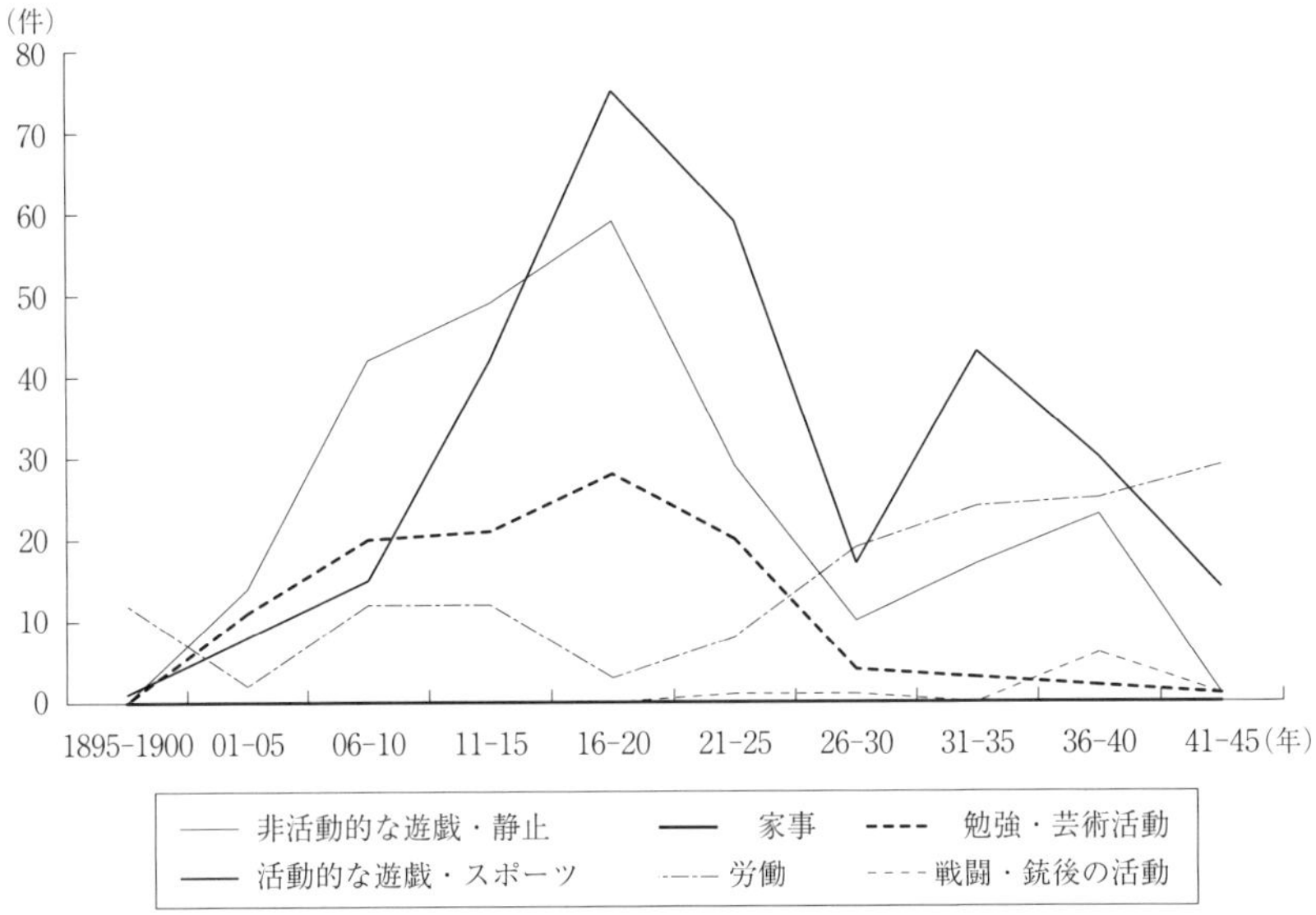

図7－1　少年雑誌表紙絵における動作の推移（実数）

注1：原則的に5年ずつの区切りになっているが，「1895-1900年」のみ，冊数が少ないため6年で区切ることにした。

注2：慰問袋を縫うなどの銃後の活動として実施する裁縫は，その意味合いを重視して，「家事」ではなく「戦闘・銃後の活動」に含めた。

注3：表紙絵は，迫力をもたせるため，ただ単に少年少女の顔を大きく描くことが多々見られる。それは，「静止」と判断して，「非活動的な遊戯・静止」に含めた。したがって，「非活動的な遊戯・静止」が，多数を占めている。

資料：『少年世界』『日本少年』『少年倶楽部』。大阪府立中央図書館国際児童文学館，日本近代文学館，神奈川近代文学館所蔵。

出典：今田（2007）より作成。

の活動」に分類したグラフである。

　この図7－1を見ると、図6－1の少女雑誌の表紙絵がそうであったように、少年雑誌の表紙絵においても、「非活動的な遊戯・静止」の絵が多数を占めていたことがわかる。先に見たように、表紙絵では、写真におけるクローズアップのテクニックのように、少年少女の顔のみ、表紙いっぱいに大きく描くことがあるのである。それゆえこの「非活動的な遊戯・静止」の絵が多数となる。そこで便宜上、この「非活動的な遊戯・静止」の絵を除外して分析してみることとする。

　この「非活動的な遊戯・静

図7－2　『日本少年』
（1914年３月号。実業之日本社。川端龍子。東京都立多摩図書館所蔵）

図7－3　『日本少年』
（1918年10月号。実業之日本社。川端龍子。東京都立多摩図書館所蔵）

図7－4　『日本少年』
（1919年８月号。実業之日本社。川端龍子。東京都立多摩図書館所蔵）

図7－5　『日本少年』
（1925年11月号。実業之日本社。高畠華宵。著者所蔵）

止」を除外すると、少年雑誌の表紙絵は、一九二六年に変化がおきていることがわかる。この変化を見てみることにする。一八九五年から一九二五（大正一四）年までは、少年雑誌の表紙絵は、一つに「勉強・芸術活動」の絵が多数描かれているといえる。たとえば、その期間においては、図7－2、図7－3のような表紙絵が多数を占めているのである。図7－2の表紙絵には縦笛を吹いている少年が描かれている。また、図7－3の表紙絵には、楽器を演奏している少年が描かれている。

さらに、一八九五年から一九二五年までは、少年雑誌の表紙絵は、二つに「活動的な遊戯・スポーツ」の絵が多数描かれているといえる。たとえば、図7－4、図7－5のような表紙絵が多数であったのである。図7－4は水泳している少年が描かれている。また、図7－5は狩猟をしている少年が描かれている。

ところが、一九二六年に変化がおきている。一九二六年から一九四五年までにおいては、少年雑誌の表紙絵は、一つに「戦闘・銃後の活動」の絵が多数を占めるようになるのである。たとえば、その期間においては、図7－6、図7－7のような表紙絵が多数になるのである。図7－6の表紙絵には軍服に身を包んでいる少年が描かれている。また、図7－7の表紙絵にはパラシュートで降下する少年航空兵が描かれている。

図7－6 『少年倶楽部』(1931年12月号。大日本雄弁会講談社。斎藤五百枝。著者所蔵)

図7－7 『少年倶楽部』(1932年12月号。大日本雄弁会講談社。斎藤五百枝。著者所蔵)

図7－8 『日本少年』(1926年10月号。実業之日本社。高畠華宵。日本近代文学館所蔵)

図7－9 『少年倶楽部』(1940年8月号。大日本雄弁会講談社。岡吉枝。著者所蔵)

表７－１　『日本少年』における理想の男性の分類カテゴリー

１．皇族・華族	皇族，華族，有名人の息子
２．エリート	学者，医者，教育者，政治家，発明家
３．芸術家	画家，音楽家，作家，詩人，歌人，俳人
４．スター	映画俳優，歌舞伎俳優
５．スポーツ選手	
６．良夫賢父	夫，父
７．孝行息子	
８．労働者	実業家，銀行家，官吏，新聞記者，編集者
９．運動家	運動家，宗教家
10．軍人・武士	

出典：今田（2016）。

さらに、一九二六年から一九四五年までにおいては、二つに「活動的な遊戯・スポーツ」の絵が、引き続き多数を占めているといえる。たとえば、図７－８、図７－９のような表紙絵が、引き続き多数描かれているのである。図７－８の表紙絵には、棒高跳びをする少年が描かれている。また、図７－９の絵には漁をしている少年が描かれている。一方、「勉強・芸術活動」の表紙絵は減少しているといえる。

まとめると、一八九五年から一九二五年までは、『少年世界』『日本少年』『少年倶楽部』の表紙絵には、一つに「勉強・芸術活動」、二つに「活動的な遊戯・スポーツ」をする少年が多数描かれている。ところが、一九二六年から一九四五年までにおいては、一つに「活動的な遊戯・スポーツ」、二つに「戦闘・銃後の活動」をする少年が多数描かれるようになったのである。

次に、『日本少年』の伝記を分析することにする。『日本少年』の伝記を分析する視点は、『少女の友』の伝記を分析する視点と同じように、伝記の男性が、どのような社会的地位にあるのかを見るという視点である。なぜなら、伝記に描かれている男性像は、少年にとって理想的な到達点であるとして編集者・執筆者によってとらえられているとおもわれるからである。

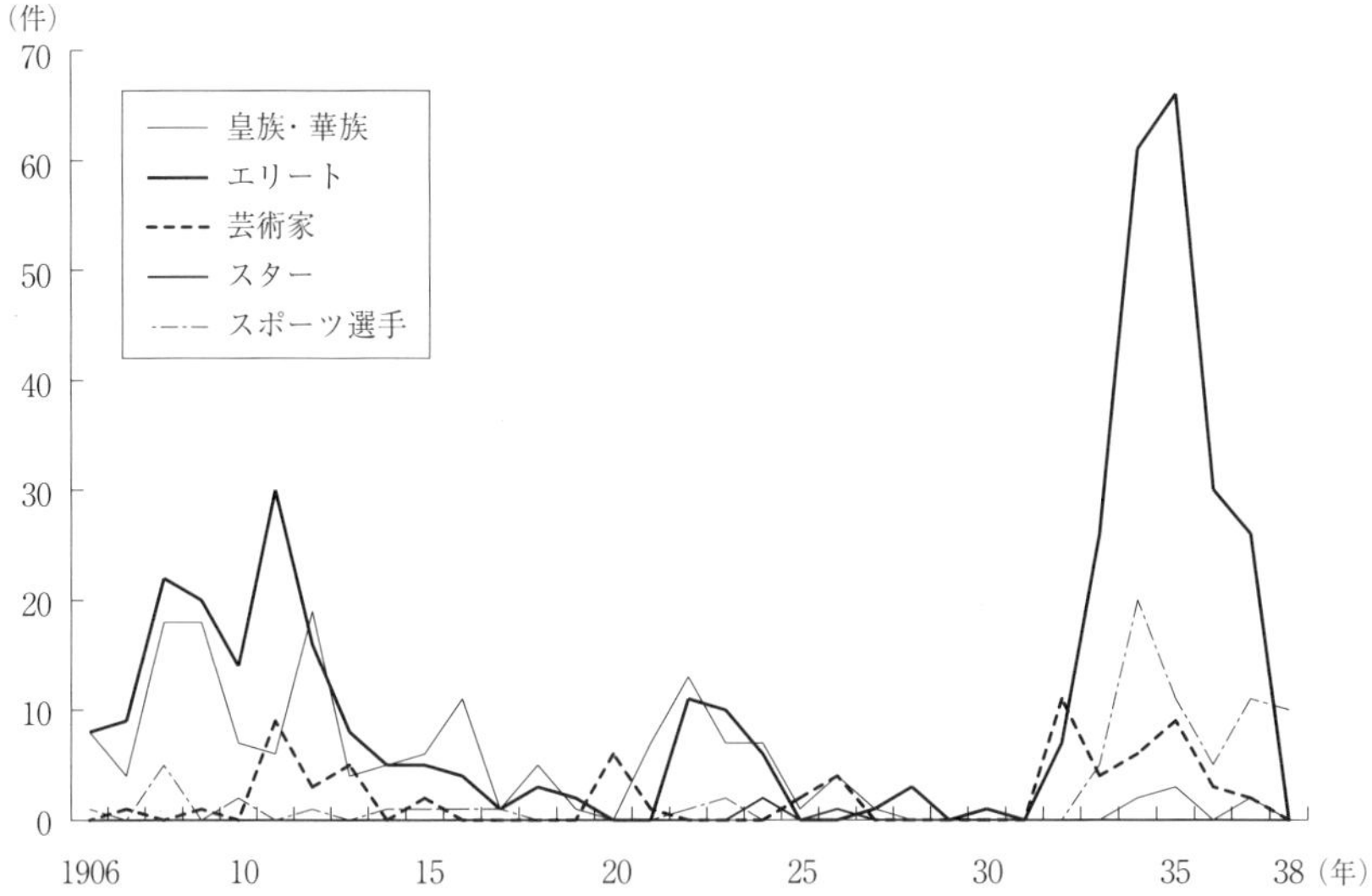

図7－10　『日本少年』における理想の男性の変遷①
(皇族・華族，エリート，芸術家，スター，スポーツ選手)

資料：『日本少年』。大阪府立中央図書館国際児童文学館・日本近代文学館・神奈川近代文学館所蔵。
出典：今田（2016)。

『日本少年』の伝記の男性像を分析すると、『少女の友』の伝記の女性像と違って、『日本少年』の伝記の男性像が一貫していることに驚かされる。というのも、『日本少年』創刊の一九〇六（明治三九）年から終刊の一九三八（昭和一三）年までにおいて、伝記の男性像を分析すると、それは一貫してエリートと軍人であったからである。ここでは、このような結果を、今田絵里香（二〇一六）に依拠して見てみることにする。この研究では、『日本少年』創刊の一九〇六年から終刊の一九三八年までにおいて、『日本少年』『少年倶楽部』の伝記の男性像を抽出し、その男性像を表7－1のように、「皇族・華族」「エリート」「芸術家」「スター」「スポーツ選手」「良夫賢父」「孝行息子」「労働者」「運動家」「軍人・武士」に分類して、時代ごとの推移を明らかにしている。それが、図7－10、図7－11である。

この図7－10、図7－11を見ると、『日本少年』の伝記の男性像は、一九〇六年から一九三八年ま

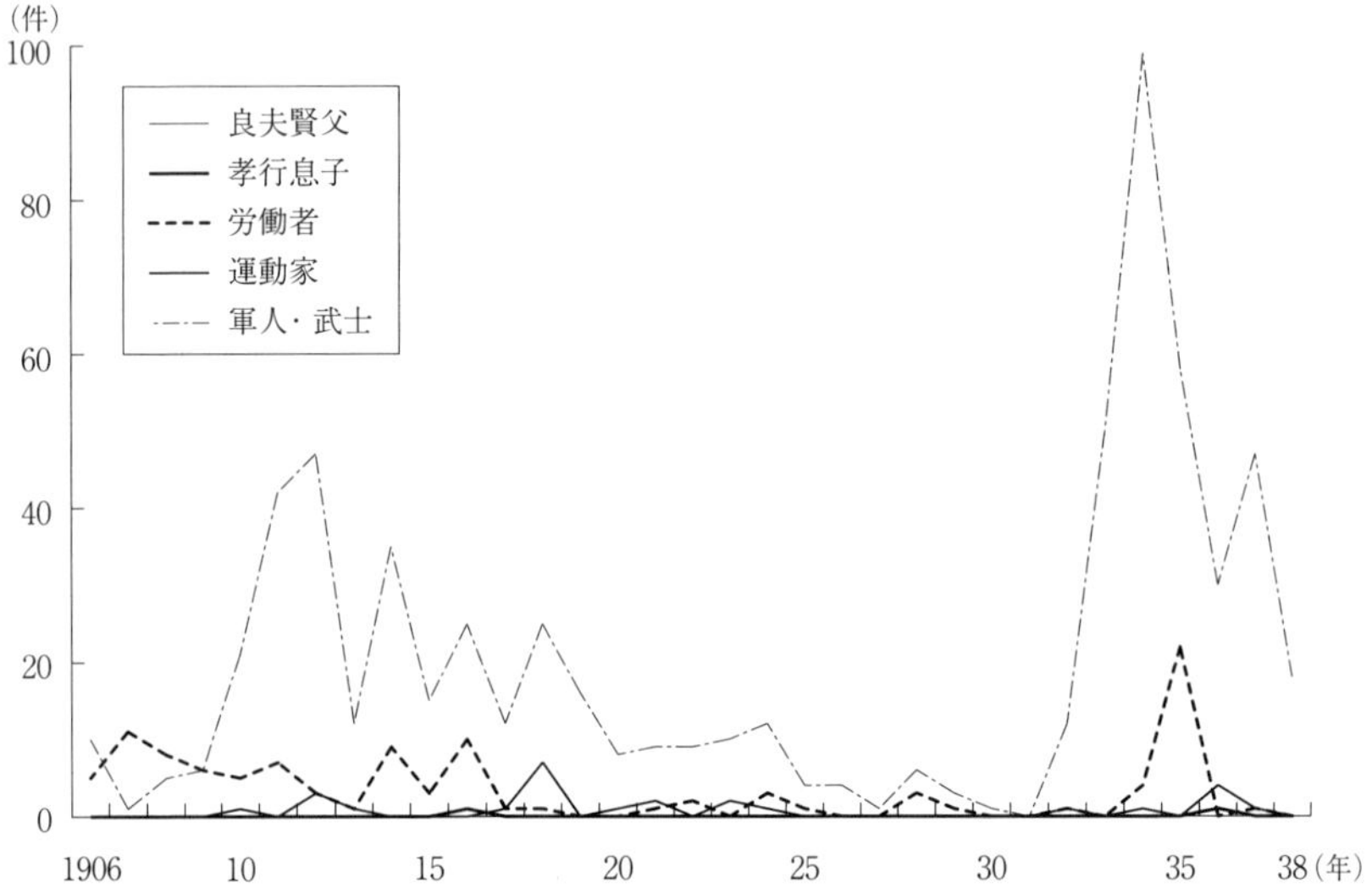

図 7 - 11　『日本少年』における理想の男性の変遷②
（良夫賢父，孝行息子，労働者，運動家，軍人・武士）

資料：『日本少年』。大阪府立中央図書館国際児童文学館・日本近代文学館・神奈川近代文学館所蔵。
出典：今田（2016）。

でにおいて、一貫して、一つに「エリート」、二つに「軍人・武士」が多数を占めていたことがわかる。そして、「エリート」がどのようなものであったのかというと、学者、政治家が多数を占めていたといえる。なお、「皇族・華族」も増加している時期があるが、この増加は、一九一二（明治四五）年の明治天皇の死去、一九二二（大正一一）年のイギリスのエドワード王子の訪日、一九二六年の大正天皇の死去など、皇族に関連する行事によるものである。それゆえこれは除外することにする。また、「スポーツ選手」も、一九三七（昭和一二）年、一九三八年に、増加しているが、この増加は、一九三七年に、双葉山《ふたばやま》が横綱になって四横綱（玉錦《たまにしき》・双葉山・男女ノ川《みなのがわ》・武蔵山《むさしやま》）が生まれたこと、そしてそれがごく稀な例であったこと、さらに、一九三八年に、双葉山が連勝に連勝を重ねたこと、そしてそれが前代未聞の例であったことで、双葉山に関する記事が大量に載ったためである。それゆえこれも除外することにする。

近代日本において、神童を称賛する言葉に、「末は博士か、大臣か、あるいは大将か」というものがあった。『日本少年』の伝記の男性像はこの言葉に当てはまるものであった。だからこそ、その男性像は揺るぎないものであった。

しかし、『日本少年』の伝記の男性像は、一九三〇（昭和五）年を境に、学歴の価値の低下、抒情の排除がおこなわれるようになる。今田絵里香（二〇一六）は『日本少年』『少年倶楽部』の伝記における男性像を比較分析している。その結果によると、『日本少年』の伝記の男性像は、一九〇〇年代から一九二〇年代にかけては、一つに学歴のある者、二つに抒情を理解・表現できる者であったとされている。

この一九〇〇年代から一九二〇年代にかけて、『日本少年』に毎号のように掲載されていたのは、乃木希典《のぎまれすけ》である。たとえば、櫻井忠温《さくらいただよし》「乃木大将と私等」（『日本少年』一九二六〔大正一五〕年八〜一〇月号）などである。乃木希典は、一八四九（嘉永二）年、長府藩の藩士の子として生まれた。そして漢学者の結城香崖《ゆうきこうがい》のもとで漢詩文を学んだ。ところが、武芸を嫌い、学問の道に進みたいと考えたため、一六歳のときに萩の親戚のもとに出奔した。そして、萩藩の藩校・明倫館の文学寮で学ぶことになった。とはいえ、その後はしだいに軍人の道を進んでいき、一八七一（明治四）年、陸軍少佐となって上京することになった。その後、一八八七（明治二〇）年、ドイツ留学を果たした。一方、乃木希典は、静堂、秀顕の雅号をもち、漢詩、和歌を大量に作った（大濱　一九六七→二〇一〇）。さらに、那須野別邸ですごすようになってからは、石樵、石林子の雅号をもち、農業をしながら詩歌を作るようになった（大濱　一九六七→二〇一〇）。このように、乃木希典は幼少の時代においては、近代社会の学歴とは異なるが、近世社会の武家の男子として申し分のない教育を受けている。また、大人の時代においては、ドイツ留学を果たして、近代社会のエリート軍人としても申し分のない教育を受けている。さらに、漢詩文の名手である。したがって、乃木希典は、一つに学歴のある者、二つに抒情を理解・表現できる者であるといえる。そして、『日本少年』では、とくに乃木希典をそのような者として描くことが見られるのである。たとえば、この櫻井忠温の少年小説では、乃木希典は時間があると、日本語・外国語の書籍を読んで勉強に励んでいるとされている。また、漢詩を作っているとされている。「大将はこの寺住ひ時代に、静かな気分で余程内外の書籍に目を通されたものださうです。のんびりと詩作に耽けられた日も多かつたといふことです」（櫻井忠温「乃木大将と私等（二）」『日本少年』一九二六〔大正一五〕年九月号、五一）と。このように、『日本少年』では、乃木希典は、事実はどうであるのかはわからないが、勉強に励んでいること、詩歌を作るのに秀でていることがくりかえし描かれているのである。

ところが、一九三〇年代においては、今田絵里香（二〇一六）によると、『日本少年』の伝記の男性像は、一つにたたきあげ、二つに豪胆な者になったとされている。したがって、学歴の価値の低下、抒情の排除がおこったと見なすことができる。ただ、『少年倶楽部』の伝記の男性像は、すでに、一九一〇年代の時点で、一つにたたきあげ、二つに豪胆な者が描かれていたとされている。そうであるとすると、一九三〇年代の『日本少年』の伝記の男性像は、『少年倶楽部』の伝記の男性像を模倣していったととらえてもよいとおもわれる。

この一九一〇年代の『少年倶楽部』に毎号のように掲載されていたのは、西郷隆盛《さいごうたかもり》である。たとえば、伊藤痴遊《いとうちゆう》「少年講談　西郷大将」（『少年倶楽部』一九一六〔大正五〕年六〜八月号）などである。西郷隆盛は、一八二八（文政一〇）年、薩摩藩の下級藩士の子として生まれた。そして、一八五四（安政元）年、薩摩藩主島津斉彬《しまづなりあきら》の江戸行きに従った。以後、島津斉彬の側近として働くことになった。その後、倒幕に尽力して、その名を世に轟かせることとなった。この西郷隆盛は、事実はどうであるのかはわからないが、『少年倶楽部』では、豪胆な者として描かれている。たとえば、この伊藤痴遊の少年小説では、西郷隆盛は「小さいことには極めて無頓着であつた」とされている（伊藤痴遊「少年講談　西郷大将」『少年倶楽部』一九一六〔大正五〕年八月号、一五三）。その事例として、西郷隆盛は着物が一着しかなかったため、その着物が乾燥するまで重要な会議に出なかったとされている（伊藤痴遊「少年講談西郷大将」『少年倶楽部』一九一六（大正五）年八月号、一五〇―一五一）。また、実弟の西郷従道《さいごうじゅうどう》に給料をたびたび盗まれても、ニコニコして見て見ぬふりをしていたとされている（伊藤痴遊「少年講談　西郷大将」『少年倶楽部』一九一六（大正五）年八月号、一五三―一五四）。さらには、庭で芝刈りをした後、泥だらけの手でイギリス公使と握手をしようとしたとされている（伊藤痴遊「少年講談　西郷大将」『少年倶楽部』一九一六（大正五）年八月号、一五三）。このように、西郷隆盛は豪胆な者であるとして描写されているのである。加えて、「維新の大舞台に、あれだけの働きをした勲功があつたので、陸軍大将正三位といふ偉い身分に上つた」（伊藤痴遊「少年講談　西郷大将」『少年倶楽部』一九一六（大正五）年八月号、一四八―一四九）とされている。このように、たたきあげとして描写されているのである。

一方、大久保利通《おおくぼとしみち》については、知的能力を有する者であることが描写されている。ところが、知的能力を有するだけでは不充分であるとしてかえってこっぴどく批判されているのである。「大久保は（中略）西郷程に人気がなかつた。人間は只知恵があつて、仕事が出来るといふだけでは、多くの人は懐くものでないといふ証拠は、斯ういふ点から考てもよく分るであらう」（伊藤痴遊「少年講談　西郷大将」『少年倶楽部』一九一六（大正五）年八月号、一五四―一五五）と。このように、『少年倶楽部』ではすでに一九一〇年代の時点で、一つにたたきあげ、二つに豪胆な者が描写されていたということができる。

3　完全無欠の英雄とその変化――『日本少年』の少年小説の変化

本節では、『日本少年』の少年小説を分析して、「少年」に関する知、および「少年」に関する知の変遷を明らかにする。先に見たように、『日本少年』の抒情画、伝記を分析すると、抒情画は一九二六年から、伝記は一九三〇年から変化するといえる。そうであるとすると『日本少年』の変化は、一九二六年から一九三〇年にかけておこったということができる。このことを考慮して、一九二六年までに生まれた少年小説のなかで、『日本少年』の少年小説を代表するものをとりあげる。さらに、一九三〇年以後に生まれた少年小説のなかで、『日本少年』の少年小説を代表するものをとりあげる。この二つの少年小説を分析して、一つには少年小説の「少年」に関する知がどのようなものであったのかを、もう一つには少年小説の「少年」に関する知が、一九二〇年代から一九三〇年代にかけてどのように変遷したのかを明らかにする。

また、『日本少年』『少年倶楽部』の伝記の男性像を見ると、一九三〇年を境に『日本少年』の伝記の男性像が『少年倶楽部』の伝記の男性像を模倣するようになることがわかる。このことを考慮して、『少年倶楽部』を代表する少年小説も分析することにする。そこで、『少年倶楽部』を代表する少年小説のうち、一九三〇年以後の少年小説を分析する。そして、一つには少年小説の「少年」に関する知がどのようなものであったのかを、もう一つには『日本少年』『少年倶楽部』の少年小説の「少年」に関する知はどのような共通点・相違点をもっていたのかを明らかにする。この作業によって、『日本少年』の少年小説は、『日本少年』の伝記と同じように、『少年倶楽部』の少年小説を模倣するのかどうかを検討することにする。

少年小説を分析する視点は、少女小説を分析する視点と同じである。第一は、どのような理想像が描かれているのかという点である。第二は、その理想像がどのような理想的行動をとっているのかという点である。なぜなら少年小説には、理想的な少年が描かれているとおもわれるからである。加えて、理想的な少年による理想的な行動が描かれていると考えられるからである。

最初に、一九二六年までに生まれた『日本少年』の少年小説を分析することにする。『日本少年』の少年小説のなかで、一九二〇年代を代表するものは、池田芙蓉《いけだふよう》の「馬賊の唄」であるとおもわれる。その理由は、この「馬賊の唄」が、男子読者に熱狂的な歓迎を受けていたことである。実業之日本社の社史は、「『馬賊の唄』は（中略）少年たちの血を沸かせた」ととらえている（実業之日本社社史編纂委員会編　一九九七、一〇五）。この社史を見ると、『日本少年』の文芸作品のなかでは、有本芳水《ありもとほうすい》の「伊豆より」と池田芙蓉の「馬賊の唄」のみが写真入りで大きくとりあげられていることがわかる（実業之日本社社史編纂委員会編　一九九七、六七、一〇五）。それゆえ社史によると、『日本少年』の文芸作品においては、少年詩では有本芳水が、少年小説では池田芙蓉が、読者の絶大な支持を獲得していたととらえられているといえる。したがって、一九二〇年代の『日本少年』の代表的な少年小説は、この「馬賊の唄」であると考えることができる。よって、本節では、この「馬賊の唄」を分析することにする。

「馬賊の唄」は、『日本少年』の一九二五年一月号から一九二六年一月号までに連載された。作者は池田芙蓉、挿絵を担当したのは高畠華宵《たかばたけかしょう》である。その後、『日本少年』の一九二九（昭和四）年三月号から一九三〇年一二月号までにおいて、池田芙蓉・高畠華宵の合作で連載が再開された。連載が再び始まった理由は、最初の連載が読者の支持を集めたからであるとおもわれる。このことから、この「馬賊の唄」の最初の連載がいかに読者の支持を集めていたかをうかがうことができる。ゆえに、ここでは、最初の連載のみ分析することとする。

作者の池田芙蓉は後に、東京帝国大学の教授の池田亀鑑《いけだきかん》として『源氏物語』の研究に多大な功績を残すことになった。

また、画家の高畠華宵は、当時少年たちの熱狂的な支持を獲得していた（たとえば、高畠華宵の表紙絵は図6-6、図7-5、図7-8、図8-1、図10-10）。高畠華宵は、一九二五年一月号から『日本少年』の表紙絵を担当するようになった。そして同時に、「馬賊の唄」の挿絵を描くようになった。それまでは、『少年倶楽部』をはじめとして、大日本雄弁会講談社の雑誌で絵を描いていたのであった。ところが、一九二五年の二、三月ごろ、「華宵事件」がおきた。高畠華宵が、画料のことで『少年倶楽部』の編集者であった加藤謙一《かとうけんいち》と揉めたのであった。そして、高畠華宵は、「御社へ描くのはごめんこうむりましょう」（加藤　一九六八、四一）と絶縁を宣言して、あろうことか、ライバルの『日本少年』に絵を描きはじめたのであった。その結果、『少年倶楽部』は「部数がガタ落ちとなった」（加藤　一九六八、四一）。このように、当時、高畠華宵の人気はすさまじいものであった。そしてそれは、少年雑誌の売れゆきに、多大な影響を及ぼすほどのものであった。したがって、「馬賊の唄」は、挿絵を描いた高畠華宵の人気が加わって、読者の圧倒的な支持を獲得することになったのである。

「馬賊の唄」は、先に見たように、『日本少年』の一九二五年一月号から一九二六年一月号までにおいて連載された。ストーリーは、山内日出男が父親を捜すため、獅子を従え、馬を操って、中国大陸を大冒険するというものである。

あらすじは以下のとおりである。山内日出男は、行方不明になった父親を捜して中国大陸に上陸した。日出男は、父親の友人から、父親が官憲に捕えられたこと、また、処刑される予定であることを告げられた。そして白馬の「西風」、獅子の「稲妻」を譲り受けた。日出男は「西風」「稲妻」を従え、西北に移動した。すると万里の長城にて、蒙古の馬賊五、六〇人に遭遇した。日出男は馬賊に、人びとから奪った財宝を置いていけと迫った。そして「稲妻」の後方支援を受けながら馬賊と戦った。馬賊は逃げ出した。そのとき日出男は、一二、三歳の美少女を抱えた一人の馬賊を見つけた。日出男は、その馬賊を従僕にして美少女を助けた。美少女は佐藤貴美子と名乗った。貴美子の父親は、北京の動乱に巻き込まれて行方不明になっていた。そのため、貴美子は、兄の猛と一緒に父親を捜していた。しかし、陰山《いんざん》山脈で馬賊に襲われ、猛と離ればなれになってしまったのであった。そこで、日出男と貴美子は猛を助けるため従僕になった馬賊に案内させ、馬賊の根拠地に赴いた。日出男は、谷の上に張り巡らされた鉄線にぶらさがって、馬賊の根拠地に侵入した。そして、数々の危機を乗り越えて猛を助け出した。水泳の達人である猛は、馬賊の首領を川の激流から助け出していた。ゆえに日出男と猛は、数百人の馬賊の一隊における首領になった。

一方、祁連《きれん》山脈では、猛・貴美子の父親が、他の馬賊に処刑されそうになっていた。しかし処刑の寸前、天空侠骨和尚を名乗る日本人の男に助けられた。他方、日出男・猛・貴美子は、馬賊の一隊を引き連れ、ゴビ砂漠を移動し、天山《てんざん》山脈に辿り着いた。そして、村で村人の財産を略奪する官軍に遭遇した。日出男は、馬賊を指揮し、官軍を追い払った。すると、天空侠骨和尚があらわれた。猛と貴美子は父親と再会した。

その後、日出男は、たった一人、「西風」「稲妻」を連れ、エニセイ川を下って、サヤン山脈に移動した。そして古城の付近で、父親の尺八の調べを耳にした。日出男は古城の牢獄に侵入して父親を助けた。猛と貴美子は、馬賊の一隊を引き連れて、日出男の加勢をした。しかし、「稲妻」が死んだ。戦いの後日出男は、猛たちと一緒に、エニセイ川を後にして、「稲妻」に別れを告げた。以上があらすじである。

「馬賊の唄」の主要登場人物は、山内日出男である。この日出男をとおしてどのような理想像が描かれているのかというと、ひとことでいうなら、それは完全無欠の英雄が描かれているといえる。このことは四点から明らかにすることができる。

第一に、日出男は美少年として描かれている。たとえば、次のとおりである。

　落日の光は、眼ざむるばかりうつくしき少年の頬をそめ、雪の如く純白な愛馬のたてがみをそめていた。
（池田　一九二五〜六→一九七五、四）

他に、「容顔花の如きこの美少年」（池田　一九二五〜六→一九七五、八）、「何という美しい紅顔の少年であろう」（池田　一九二五〜六→一九七五、三六）、「花のような顔をしているけれど、鬼のようなしたたか者です」（池田　一九二五〜六→一九七五、八八）、「紅顔花に似て」（池田　一九二五〜六→一九七五、一五六）などと描写されている。このように、日出男が人を驚かせるほどの美貌をもっていることが、くりかえし描かれているのである。加えて、高畠華宵の手がける日出男が艶めかしい美少年に仕上がっているため（たとえば、高畠華宵の少年の絵は図7－5、図7－8、図8－1、図10－10）、日出男がいかに美しい少年であるかが視覚の上でも読者によくわかるようになっているのである。なお、日出男は年齢不詳であるが、貴美子の兄の猛と互いに敬語抜きで語り合っているため、おそらく同年齢であるとおもわれる。猛も年齢不詳であるが、貴美子が一二、三歳であるとされているため、それよりやや上の一〇代の少年であると考えられる。

第二に、日出男は人間離れした知的能力を備えているとされている。たとえば、次のように描写されている。

流暢な支那語で、凛然とこう答えた少年日出男の言葉には力があった。
（池田　一九二五～六→一九七五、二〇）

このように、日出男は中国大陸に上陸したばかりであるにもかかわらず、すでに流暢な中国語を操ることができる能力をもっているとされているのである。

第三に、日出男は人間離れした運動能力を備えていると描かれている。たとえば、次のように描写されている。

少年日出男は、若しと雖も剣道の奥義を究め、柔道は二段のつわものである。五十人六十人の馬賊などは彼の眼中になかった。
（池田　一九二五～六→一九七五、二〇）

他に、「武道に秀でた少年」（池田　一九二五～六→一九七五、二五）、「勇武絶倫」（池田　一九二五～六→一九七五、八）、「何という大胆不敵な肝玉の持ち主であろう」（池田　一九二五～六→一九七五、三六）、「侠勇猛虎の如き勇少年」（池田　一九二五～六→一九七五、一五六）などとされている。このように日出男は、剣道、柔道の有段者として描かれているのである。また、勇猛果敢であることがくりかえし描写されているのである。

さらに、この作品の展開を追ってみると、日出男は荒唐無稽におもえるほど人間離れした運動能力をもっていることがわかるのである。たとえば、万里の長城付近で、五、六〇人の馬賊の一隊にたいしてたった一人で戦いを挑んでいる。

> 馬上の賊どもは、手に手に炬火をふりかざしつつ、三日月形にぐるりと少年を包囲した。
> 「この命知らず、可憐そうだが、刀のさびとなれ」
> 一人の男が、少年の頭上をめがけて、すらりとばかりに一刀を下した。「何を！」電光の如く身をひるがえした少年は、抜く手も見せず大刀の鞘を払って、ちゃりんと敵の刃をうけ、かえす刀の裏で、骨もくだけよとばかりに、件の男の肩先をうちつけた。「あっ！」虚空をつかんで、どうと落馬するさまを、少年日出男は尻目にかけ、「さあ、こい。命のおしくないものは皆こい。快よく相手になるぞ！」
> 昼をあざむくばかりの炬火の光が、氷のような武器の穂先をてらしていた。
> （池田　一九二五～六→一九七五、二二一―二二四）

獅子の稲妻の後方支援があるとはいえ、一少年が五、六〇人をなぎ倒していくというのはふつうに考えると不可能なことである。しかし、日出男はそれをやってのけるのである。

また、日出男は馬賊の根拠地に侵入するさい谷の上に張られた鉄線にぶらさがってる。

「君！　僕は行ってくるよ！　まっているんだぞ」

ひらりと馬から飛び降りた少年は、するすると大木の幹にはい上り、谷から谷へとひき渡された鉄線にぶら下がった。

「とと、とんでもない。およしなさい」

「大丈夫！」

猿のようにするすると鉄線を伝う少年の姿は、たちまち恐ろしい闇の中に消えてしまった。

（池田　一九二五～六→一九七五、六四）

このように、日出男は、まるで猿のように両腕の力のみで鉄線を伝っていくのである。そして、侵入に成功するのである。両腕の力だけで鉄線を伝っていくというのは、常人にはできない離れ技であるといえる。このように、日出男は、荒唐無稽におもえるほど人間離れした知的能力、運動能力を備えた少年なのである。いいかえると、常人ではない存在、スーパーヒーローだといえる。

第四に、日出男は抒情を理解・表現できる少年として描かれている。たとえば、この「馬賊の唄」は、日出男が新体詩を朗吟する場面から始まっている。次のとおりである。

絶域花はまれながら
平蕪の緑今深し
春乾坤にめぐりては
霞まぬ空もなかりけり

いずこともなく朗々たる歌の声が聞える。小手をかざして眺めやれば、落日低く雲淡く辺土の山々は空しく暮色に包まれようとしている。夕陽の光は大陸の山河を紅にそめて、名も長城の破壁を淋しく彩った。霞こめた紫色の大空には、姿は見えぬ夕雲雀の声も聞えていた。

嗚呼跡ふりぬ人去りぬ
歳は流れぬ千載の
昔にかえり何の地か
かれ秦皇の覇図を見ん。
歌の声はなおもつづく。
残塁破壁声もなく、恨も暗き夕まぐれ、とある岩角に駒を立て、悠然として落日に対う少年があった。

（池田　一九二五～六→一九七五、三―四）

ここに見られるように「馬賊の唄」は、日出男が新体詩を朗々と朗吟する場面から始まっているのである。この日出男が朗吟している新体詩は、土井晩翠《どいばんすい》の「万里長城の歌」を引用したものである。「万里長城の歌」は、一九〇一（明治三四）年に刊行された『暁鐘』のなかに収められた詩である（土井　一九〇一）。この詩は、七、五のくりかえしによってできている。最初の「絶域花はまれながら」から始まる四行の詩は、「万里長城の歌」の第二連の一、二行に該当し、次の「嗚呼跡ふりぬ人去りぬ」からはじまる四行の詩は、「万里長城の歌」の第三連の一、二行に該当する。さらに杉尾瞭子（二〇一六）によると、地の文の「落日低く雲淡く」は、「万里長城の歌」の第一連の三行目から引用したもの、「姿は見えぬ夕雲雀」は、「万里長城の歌」の第一連の四行目から引用したもの、「残塁破壁声もなく、根も暗き夕まぐれ」は、「声も無し」を「声もなく」に、「恨も暗し」を「恨も暗き」に変更した上で、「万里長城の歌」の第三連の四行目から引用したものであるというのである。

また、日出男は、漢詩を吟じることもある。次のとおりである。

東西南北幾山河
春夏秋冬月又花
少年は高らかにうたい出した。
征戦歳余人馬老
壮心猶是不憶家

（池田　一九二五～六→一九七五、一四三）

ここに見られるように、日出男は詩吟を披露することもあるのである。この漢詩は、乃木希典によるものである。一九〇五（明治三八）年八月、乃木希典が書簡のなかに書いた漢詩であるとされている（山田編　一九一六）。ただし、この詩の第四句には、「憶」が使われているが、乃木希典の漢詩の第四句では、「思」が使われている。

さらに、日出男は、他者が抒情を理解していることにたいして称賛している。たとえば、猛が詩吟を始めると、日出男は涙するのである。次のとおりである。

山川草木慨荒涼
十里風腥新戦場
いずこともなく朗々として詩吟の声が聞える。

ふと見れば、丘の彼方に、猛少年が駒をたて、夕日に向って詩を吟じているのである。

征馬不行人不語

金州城外立斜陽

（中略）側には美少女貴美子が、胸に手をあて、その悲しき歌にうっとりと聞きほれている。彼等兄妹も、同じく郷愁の情に堪えぬのかと、少年日出男はほろりとした。

（池田　一九二五〜六→一九七五、一三二）

このように、日出男は猛の詩吟に耳を傾け涙しているのである。猛が詩吟のなかに込めた抒情を理解し、共有しようとしているさまが読みとれる。この漢詩は乃木希典によるものである。一九〇四（明治三七）年六月、乃木希典が吉《よし》田《だ》庫三《くらぞう》に宛てた葉書に書いた詩であるとされている（山田編　一九一六）。

また、サヤン山脈では、日出男は尺八の調べを耳にして心を揺さぶられている。

「おお！　尺八の音！」

夢幻の如き仙境の静寂を破ってひびき来る嚠喨の音！　その尺八の音こそは、まごう方もなき名曲『千鳥』の調べではないか。

「おお！　あれは千鳥の曲！」

少年山内日出男の若き血潮は一時に高鳴った。彼は息を殺してじっと耳を傾けた。

人跡遠きこの幽谷に、心ゆたけく笛ふきならす風流の士は何人ぞ。

「日本人にちがいない。お父さんだ。そうだ、お父さんにちがいない」

（池田　一九二五〜六→一九七五、一四七―一四八）

このように、日出男は尺八の音色を聴いて「千鳥の曲」であると見抜いているのである。そして「風流」としてとらえているのである。したがって、日出男は尺八に関する教養をもっていて、なおかつ、尺八で千鳥の曲を奏でることにたいして風流であるととらえる感覚をもっているといえるのである。いいかえると、日出男は、抒情を理解・表現できる能力をもっているということができる。

まとめると、「馬賊の唄」の理想像は、第一に美少年で、第二に人間離れした知的能力、第三に人間離れした運動能力を備えていて、第四に抒情を理解・表現できる能力をもっているというものであった。いいかえると、完全無欠のスーパーヒーローであった。

さらに、この理想像が、どのような理想的行動をとっているのかというと、それは人間離れした知的能力・運動能力を用いて、大勢を助けるという行動をとっているということができる。日出男を見てみると、貴美子を助け、猛を助け、貴美子・猛兄妹の父親を助け、自分自身の父親を助けているといえる。そしてその間、人びとの財産を収奪する馬賊をこらしめようとし、村人に略奪行為をはたらく官軍をたたきのめそうとしているのである。このように、この「馬賊の唄」で、日出男が最初から最後までおこなっていることは、その人間離れした知的能力・運動能力をいかして、大勢の人間を助けるということなのである。

次に、『日本少年』の一九三〇年代を代表する少年小説を分析する。『日本少年』の一九三〇年代を代表する少年小説は、山中峯太郎《やまなかみねたろう》の「少年進軍」であるとおもわれる。一九三〇年代、『日本少年』はしだいに衰退の道を辿っていった。したがって「馬賊の唄」のように、大きな支持を獲得する少年小説はあらわれなくなっていた。そこで、『日本少年』は、山中峯太郎の少年小説を載せることにしたのであった。山中峯太郎は、『少年倶楽部』において、読者の支持を集めていた。「亜細亜の曙」（『少年倶楽部』一九三一〔昭和六〕年一月号～一九三二〔昭和七〕年七月号）が、大成功を収めたためであった。たとえば、尾崎秀樹は「山中峯太郎は『亜細亜の曙』で、押川春浪以来の伝統に立つ武侠小説の書き手として迎えられ、国内外の緊張といった時代的状況も手伝って、一躍人気作家となった」（尾崎　一九八三、三一二）としている。また、佐藤忠男は「山中峯太郎は続いて『大東の鉄人』や『亜細亜の曙』など、特務機関の軍人が大陸で反共の地下活動をする冒険小説を書いて『少年倶楽部』の最大の人気作家になった」（佐藤　一九五九→一九九七、二一）と指摘している。したがって、『日本少年』は、『少年倶楽部』で支持を集めた山中峯太郎の少年小説を載せることで、起死回生を狙ったのではないかと考えることができる。

ただ、『日本少年』は、一九三八年一〇月号で終刊となったため、この努力は実を結ばなかったのではないか、つまるところ、「少年進軍」は支持を集めなかったのではないかとおもえる。しかし山中峯太郎は、『日本少年』で「少年進軍」を連載している最中において、『少女の友』でも連載を開始している。「祖国の鐘」（『少女の友』一九三六（昭和一一）年一月号～一九三七（昭和一二）年三月号）である。さらにその後二回において、連載をしている。「聖なる翼」（一九三七年（昭和一二）四月号～一九三八（昭和一三）年三月号）、「黄砂に昇る陽」（一九三八（昭和一三）年九月号～一九三九（昭和一四）年一二月号）である。このように『少女の友』の連載を任され、かつ、その連載の後さらに二回連載を任されていることを考えると、山中峯太郎の少年少女小説は支持を集めていたのではないかと判断することができる。したがって、本節では、山中峯太郎の「少年進軍」を分析することとする。

「少年進軍」は、『日本少年』において、一九三五年四月号から一九三六（昭和一一）年三月号まで連載された。ストーリーは、小学六年生の松内健一が勲章を与えることで、他の少年たちの支持を得ようとしていたが、勉強・運動に励み、かつ、人助けをすることで、他の少年たちの支持を得るようになるというものである。

あらすじは以下のとおりである。小学六年生の松内健一は、「大手町少年義勇隊」を作って隊長になった。そして、勲章を与えることで隊員を動かしていた。しかし、隊員に慕われているわけではなかった。それにたいして、「新町少年正義隊」の隊長は隊員に慕われていた。なぜなら、隊員の一人が病床の父親のために小学校を休学して植木の仕事をしなければならなくなったとき、その隊員を助けようとしたからである。結局、その隊員は、小学校の先生が義勇隊と正義隊を合併させ、隊員たちに植木の仕事の手伝いをさせたことで、小学校を続けられることになった。

六月、健一の組では、組長・副組長の選挙がおこなわれた。しかし、健一に投票したのは、健一本人だけであった。担任の先生は健一に、威張るのをやめるようにと忠告した。しかし、健一はそれを無視した。そして、勉強を怠った。すると、健一は夢を見た。それは、二〇年後健一がボロボロの格好で上野公園にいるというものであった。健一は心を入れ替え、柔道、勉強に打ち込み始めた。

ある日、小学三年生の朝子が近所の「蕎麦屋」の男に拉致されかけた。健一は、柔道の技で「蕎麦屋」の男を追い払った。また、孤児の満蔵が「蕎麦屋」の男に労働させられていることを知った。健一は、満蔵を家に匿おうとした。しかし、「蕎麦屋」の男が、呂助などの剛腕の男を三人連れてきて、満蔵を連れ去った。その後、健一は誘惑に負け、勉強を怠けた。健一は、運動能力にも知的能力にも劣っている自己のことが心底嫌になった。ゆえに、前にも増して柔道、勉強に励むようになった。その結果、健一の組の全員が健一を組長に選挙すると語るようになった。また、柔道の技で呂助に勝利した。さらに、「県立一中」の入学試験にまで合格した。

しかしある日、健一は「蕎麦屋」の男の嫌がらせに耐えかねて、「蕎麦屋」の男を投げ飛ばした。そして、満蔵を匿った。すると、健一と健一の医師の父親は町の会によびだされて、「蕎麦屋」の男に暴力をふるったこと、満蔵を匿ったことを糾弾された。そして、健一と健一の家族は、町の会で権力を握っている「蕎麦屋」「米屋」「綿屋」などの男たちに嫌がらせをされるようになった。しかし、健一たちは屈しなかった。一方、健一の親友である宮澤大作の家族は「綿屋」の男に借金をして苦しんでいた。健一は激怒した。そこで、土佐犬の子犬を鍛え始めた。「米屋」「綿屋」の男が、土佐犬の子犬を鍛える理由を尋ねると、健一は自身を護るためだと答えた。以上があらすじである。

「少年進軍」の主要登場人物は松内健一である。この健一がどのような理想像として描かれているのかは、三点から明らかにすることができる。第一に、健一は、「馬賊の唄」の日出男のように美少年として描かれているわけではないが、大人になる夢を見た後においては、凛然たるたたずまいの少年として描かれるようになっているといえる。次のとおりである。

健一は、お父さまにつれられて、この相談会の皆の前へ、凛然と入つてきた。
（山中　一九三五～六→一九三六、一五六）

傍に柔道の強い健一が、凛然と立つてゐる。これには、かなひさうもない。
（山中　一九三五～六→一九三六、一七一）

健一は、凛として叫んだ。
（山中　一九三五～六→一九三六、一八三）

この「少年進軍」の見どころは、大人になる夢を見た後、健一が大きく変身するところであるとおもわれる。ただ、そうであるとすると、内面の変身は描けるものの、外面の変身は描けないということになる。それゆえ、最初から健一を美貌の少年として描写することを避けたのではないかと考えられる。そして、その代わりに外面の変身をたたずまいの変化の形で描いたのだとおもわれる。

第二に、大人になる夢を見た後においては、健一は知的能力に秀でた少年として描かれるようになっている。たとえば、健一は小学校においては学業優秀であるとされている。次のとおりである。

七月に入つて一学期の試験になり夏休も近くなつた。試験も恐くなくなつた。算術に計算問題二つと、応用問題三つ、みんなできた。いく度も見かへして、ゆつくりと出した。とても気持ちがいい。

（山中　一九三五〜六→一九三六、八九―九〇）

理科の試験も、健一はよくできた。日頃の復習を実行してゐた効が、答案を書いてみると、すぐに自分でハッキリと分る。これだけは力強かつた。

（山中　一九三五〜六→一九三六、一一〇）

春がきた。「難関」といはれる県立一中の入学試験も、健一は見事に突破した。

（山中　一九三五〜六→一九三六、一三九）

このように、健一は優秀な学業成績を修めている。そして、難関といわれる中学校の入学試験を突破しているのである。

第三に、大人になる夢を見た後においては、健一は卓越した運動能力をもつようになっている。たとえば、健一は柔道の佐枝道場に通って、柔道の腕をめきめきとあげていく。次のとおりである。

健一は、佐枝道場へかよひつづけた。日曜も行く。言ふより実行だ。佐枝先生に教へられ、立花先生に練習され、猛烈な稽古をつづけて、メキメキと上達した。健一が投げられると、受身もうまくなつて、

「カーン」

かたい畳が、すばらしくひびく。


このように、健一は柔道の稽古に励み、柔道の技を磨いていくのである。

そして、健一のこの柔道の能力は、大人の能力を凌駕するものであるとされている。次のとおりである。

（山中　一九三五〜六→一九三六、八九）

「もう許さないぞ、をぢさん」

「何をッ！」

両手でかかつてきた、凄い勢ひのをぢさんへ、横から健一が飛びついた。身を沈めた一瞬、

「エエッ！」

送り足の早業、浮いてる相手の足を横から足で薙ぎ払つた。健一得意の鋭い気合ひが、立花先生に教はつたとほりだ。

ドスーン！　をぢさんの肥つてる体が、赤土へ、もんどり打つやうに倒れた。

（山中　一九三五〜六→一九三六、九三）

このように、健一は「蕎麦屋」の男に柔道の技を仕掛け、倒しているのである。

また、健一は「蕎麦屋」の男だけでなく剛腕の呂助も柔道の技で倒している。次のとおりである。

大きな呂助と、凄く組みあつて、撥ねかへすとまた下から撥ねかへされた。柔道の寝業も、この底力のある

呂助には、なかなか利かないのだ。だが、健一は、必死だつた。正義の復讐！　この一念で激しく闘つた。突かれた脇腹の痛さに、顔をしかめて、喘ぎながら、ここで負けたら死ぬぞ、正義を何うするか、と、あるだけの力を奮つて、また撥ねかへした。下から突きあげる呂助の太い腕を、忽ち逆にとると、

「ムムーッ！」

呂助が、遂に下で呻いた。

もう勝ちだ！　と健一は、喘いで汗を流しながら、呂助の太い腕を、グググーッと捻ぢあげた。

（山中　一九三五〜六→一九三六、一三三―一三四）

このように、健一は、強靭な身体をもつ呂助も柔道の技を仕掛けて、倒すことに成功しているのである。ここまで見てきたように、第一から第三の点は、「馬賊の唄」の日出男と共通している点であるといえる。しかし、「馬賊の唄」の日出男と異なっている点は、健一が抒情を理解・表現できる能力をもっていない点である。

一方、理想的な行動として描かれているのは、大勢を助けるというものである。この点は、「馬賊の唄」の日出男と共通している点である。大人になる夢を見る前においては、健一は義勇隊の隊長であったが、勲章を与えることでしか義勇隊の少年たちの心を繋ぎとめることができていなかった。一方、正義隊の隊長は、正義隊の少年たちを助けることで、少年たちに慕われていた。したがって、健一は組長になることができなかったのである。ところが、大人になる夢を見た後においては、健一は朝子を助け、満蔵を助け、最後には親友の宮澤大作を助けようと考えるようになった。それゆえ、少年少女たちから慕われるようになって、組長になってほしいとおもわれるようになったのである。

次に、一九三〇年代の『少年倶楽部』の少年小説を分析する。ここでことわっておかなければならないのは、一

九三〇年代の『少年倶楽部』には多数の少年小説が掲載されていたこと、なおかつ、それぞれが読者の支持を集めていたということである。そのため、ただ一つを代表的な少年小説とすることが困難であるということである。その理由として挙げられるのは、後に見るように、『少年倶楽部』が、一九二五年の「華宵事件」以後、読みものを重視する転換をはかったことである（加藤　一九六八）。それゆえ、本節では、一つに、一九三〇年代の『少年倶楽部』を代表する少年小説の一つであること、それに加えて、二つに、『日本少年』の少年小説と比較するため、「馬賊の唄」「少年進軍」と同じようにスーパーヒーローを描いた少年小説であることを条件にして少年小説を抽出することにする。この二つの条件に合致するのは、一つは、山中峯太郎の「亜細亜の曙」である。

実のところ、一九二〇、一九三〇年代の少年小説には、人間離れした知的能力・運動能力を備えたスーパーヒーローを描いたものが多数存在する。とくに、『少年倶楽部』においてはそのようなスーパーヒーローを描いたものが多数見られる。そして、そのような少年小説は読者の支持を獲得していたといえる。たとえば、後に見るように、『少年倶楽部』の編集者であった須藤憲三《すどうけんぞう》は、当時の『少年倶楽部』における探偵ものの少年小説について、次のように証言している。「主人公である名探偵は、多彩な特殊能力を身につけた、一種のスーパーマンであることが読者をひきつけるのである」（須藤　一九六九、七）と。

このようなスーパーヒーローを描いた少年小説の代表的なものは、一つは、山中峯太郎の「我が日東の剣侠児」「亜細亜の曙」である。この「我が日東の剣侠児」「亜細亜の曙」には、スーパーヒーローの本郷義昭が描かれているのである。とくに、「亜細亜の曙」には、そのスーパーヒーローぶりがあますところなく描かれているといえる。

さらに、この「我が日東の剣侠児」「亜細亜の曙」は、一九三〇年代の『少年倶楽部』を代表する少年小説の一つであるともいえる。「我が日東の剣侠児」は、『少年倶楽部』に一九三〇年一〇月号から一二月号まで掲載された。一方、「亜細亜の曙」は、『少年倶楽部』に一九三一（昭和六）年一月号から一九三二（昭和七）年七月号まで掲載された。山中峯太郎が「亜細亜の曙」の成功をきっかけにして『少年倶楽部』最大の人気作家になったことは、すでに見たとおりである。たとえば、先の引用では、佐藤忠男は、『少年倶楽部』において、「山中峯太郎の大陸雄飛思想（中略）を学んだ」（佐藤　一九五九→一九九七、一二三）と証言している。このように山中峯太郎の少年小説は、一九三〇年代の『少年倶楽部』の代表的な少年小説の一つであるといえるのである。したがって、スーパーヒーローを描いたものであること、一九三〇年代の『少年倶楽部』を代表するものの一つであることで、「亜細亜の曙」は、先の二つの条件に当てはまるといえる。それゆえ、「亜細亜の曙」をとりあげることとする。

「亜細亜の曙」は、先に見たように、『少年倶楽部』において、一九三一年一月号から一九三二年七月号まで連載された。ストーリーは、軍事間諜の本郷義昭が、ある国に奪われた機密書類を奪還し、その国の軍事基地を破壊して、日本国家存亡の危機を回避するというものである。

あらすじは以下のとおりである。ある日、東京から下関に向かう列車のなかで、外国人が日本人から機密書類を奪った。これは、陸軍大兵器製造所に関する書類であった。犯人は、下関で下車し、船にて逃亡した。

あくる日、三四、五歳の本郷義昭は、上海フランス租界でこの事件に関する機密通信を受けた。本郷は、中国人「黄天雄」になりすまして機密行動をしていた。本郷はすぐに犯人の船に侵入し、最後尾の梯子につかまって、水中で四時間耐えた。船は岩窟島に着いた。

本郷は、中国人海賊「黄子満」になりすまして、「〇国《ママ》」の基地の岩窟城に労働者として侵入した。また、「〇国」語を聴き、機密をさぐった。「〇国」の軍人は、本郷に毒ガス兵器を見せ、日本を攻撃する計画を話した。その夜、本郷は労働者の部屋でインド人少年にヒンディー語で話しかけた。あくる日、本郷は知能検査を受けたが、知能が高すぎて検査の機器がすべて壊れた。その夜、本郷はインド人少年と腕に文字を書き合って意思疎通をはかった。少年はルイカール王子と名乗って、イギリス打倒とインド独立のため岩窟城の破壊を企てていると打ち明けた。協力者は、ドイツ軍事間諜団の総首領であるクロック将軍であった。

その直後、「〇国」人が本郷を連行した。道中、本郷は将軍の仲間を見つけ、ドイツ語で話しかけた。しかし、本郷は一二人の要人の前で死刑を宣告された。本郷と王子のやりとりが撮影されていたからであった。ただ、機密書類には、本郷がある科学者と陸軍の科学研究所においてロケットを完成させたことが記されていた。ゆえに、死刑は中止され、本郷にロケットの研究協力が要請された。

そこで、本郷は科学者二九人からなる教授会議の一員に加わることになった。そして、本郷は研究協力と引き換えに、王子の死刑中止と機密書類の閲覧を希望した。さらに、岩窟城の総首領がその教授会議の一員として潜んでいることを見破った。しかし、本郷と王子は死刑を宣告された。本郷は逃げだした。

その後、本郷は科学者のアンナ夫人に会った。夫人は、殺人光線である「怪力線」を開発していた。しかし、本郷はすでにそれを成し遂げていた。なぜなら「怪力線」こそがロケットの原動力だったからである。そこに、総首領が本郷に機密書類を渡して、研究協力を要請してきた。本郷は、夜が明けたら「怪力線」の秘密を打ち明けると答えた。しかし、夜の間に本郷は「怪力線」を使って岩窟城を破壊した。そして、「〇国」のロケット飛行船「流星号」を奪って日本に凱旋したのであった。以上が、あらすじである。

「亜細亜の曙」の主要登場人物は、本郷義昭である。この本郷がどのような理想像として描かれているのかは、四点から明らかにすることができる。

第一に、本郷は美貌の青年として描かれている。次のとおりである。

「力」が人間になったような凛たる顔をしてる。（中略）額広く、眉濃く、眼に炯々たる光あり、鼻すじ通り、ひげはないが、ムズと引きしめてるくちびる、その下からあごへかけて、彫刻したような力がこもってる。耳大きく、髪は黒く光り、健康の血色、日に焼けて頬が赤銅のように輝いてる。三十四、五歳であろうか、体格は中肉、ふとってもやせてもいない、しかも、身のたけ高く、さわったらはねかえされそうな力に満ちてる。

（山中　一九三一～二→一九九一、六七―六八）

このように、本郷は整った顔と鍛えられた身体をもっているのである。

さらに、「亜細亜の曙」の前作の「我が日東の剣侠児」には、本郷の容貌、および、運動能力が詳細に描写されている。次のとおりである。

身長一メートル七十五センチ強（五尺七寸八分）剣道六段、柔道五段、身は武術に鍛へられ、魂は武士道に匂ふ。しかも、彼の顔は肌白く、眼涼しく、紅顔の美丈夫である。彼は十五の時、陸軍の幼年学校に入つた。（中略）

すらりと脚の長い紅顔の美少年、彼は、いかにも西洋人のやうだ。ところが、剣道の時間になつて皆はさらに眼を見はつた。教官の内藤先生さへ、彼に敵はないのだ。（中略）

剣道に鍛へられた彼は、機敏、熱心、豪胆、不屈、そして殊に、誠実な少年だつた。僕たちは皆、彼を心から尊敬し始めた。

（山中　一九三〇→一九三一、三〇七―三〇八）

このように、本郷は美貌の青年であるとして描写されているのである。さらに、剣道六段、柔道五段であることが明らかにされているといえる。

第二に、本郷は人間離れした知的能力をもっているとされている。一つに、本郷は語学の天才として描かれている。この「亜細亜の曙」では、中国語、「〇国」語、ヒンディー語、ドイツ語を操っているのである。二つに、卓越した知的能力をもっている。たとえば、本郷の知的能力が高すぎるため、知能検査の機械がことごとく壊れてしまったとされている。次のとおりである。

――知能検査だ。（中略）

そのとき、はげしくまわっていた五つの玉が、光をほうぼうへ飛ばした。いな、玉がみんな飛んだのだ。糸がみんな切れたのだ。天井にあたり幕にあたり、バラバラと床へ落ちた音がした。（中略）

「博士！　こ、これはたいへんな男です」

「（中略）この器械にかからぬほどの偉大な能力を、……フーム、おそるべき男じゃ！」と、わかい白人の方をふりむいて、「きみ！　コグレバシイをかけてみたまえ！」と、あわてていいつけた。

（中略）

「オオ！　とめろッ！」

叫ぶよりも早く針のさきが紙の端をはずれて、たちまちガチャリと音をたてた。大小の歯車がみんな止まった。器械全部の破壊だ。（中略）

本郷は目をとじた。――科学による器械の検査はあざむきがたし！

（山中　一九三一～二↓一九九一、一三一―一三二）

このように、本郷の知的能力があまりに高すぎるため、知能検査の機械がすべて壊れてしまったとされているのである。

三つに、本郷はロケットを完成させることができる天才科学者として描かれている。次のとおりである。

本郷義昭こそ、わが陸軍の科学研究所にある世界的学者某氏とともに、二人の知能をあわせて、ついにロケットを完成したのだ。（中略）この本郷、いまや岩窟城の恐怖鉄塔にとらえられ、ロケットの中心機関である液体空気爆発機について、怪敵の最高幹部より、機関部の秘密を説明せよとせまられた。この発明の秘密こそ、世界各国が日夜熱心に求めつつあるものだ。さらば、――怪敵、本郷を殺しえず！　本郷なしにロケットのあたいなし。見よ！　わが本郷義昭、日東の剣俠児は、その絶大なる科学的知能により、いまや一転して怪敵岩窟城の宝となったのではないか!?（山中　一九三一～二一→一九九一、一五二）

このように、本郷は、日本の陸軍の科学研究所において世界的科学者と協力し合い、ロケットを完成させているのである。そうなると、なぜ日本は天才科学者の本郷を科学者として利用せず、軍事間諜として使用し、危険な目に遭わせているのかがわからないのであるが、本郷はまぎれもなく天才科学者、かつスーパー軍事間諜とされているのである。

第三に、本郷は人間離れした運動能力をもっているとして描かれている。本郷は、一つに、剣道六段、柔道五段の武道の達人であるとされている。二つに、卓越した運動能力をもっている。たとえば、四時間水の上を走る船につかまって、水のなかで揉みくちゃにされながら、耐え続けることができるとされているのである。次のとおりである。

しかも、本郷義昭、昨日の夕べに帆船に乗って出てから、ほとんど三十時間、一度の食事もせず、そのうえ、いまや四時間あまりも、はしごの下につかまり、波の中にゆられて、心は報国の熱血に燃ゆれども、鉄石ならぬ身のいまは両腕の力さえ、おとろえが感じられる。

（山中　一九三一〜二↓一九九一、七八）

このように、本郷は、船の最後尾にある梯子につかまって、四時間もの間水のなかで耐えることができるとされているのである。

第四に、本郷は抒情を理解・表現できる能力をもっているとして描写されている。たとえば、本郷は、新体詩を朗吟している。次のとおりである。

ろうろうたる合唱の声がわきあがった。「アジアのあけぼの」――その歌だ。舳に立てる剣侠児、満身に光をあびて莞爾と微笑しつつともにうたう……

ああ崑崙の峰の雲
今日くれないの火と燃えよ、
ああ、淼々の揚子江、
いまぞ血潮の色となれ。

（山中　一九三一〜二↓一九九一、七〇）

このように、本郷は新体詩を朗吟しているのである。この新体詩は西條八十《さいじょうやそ》の「亜細亜の曙」という詩である（西條　一九三三↓一九九七）。したがって、本郷は抒情を理解・表現できる能力をもっているとして描かれているといえるのである。

まとめると、第一に本郷は美貌の青年である。第二に人間離れした知的能力をもっている。というのも、一つに、数か国語を操ることができる語学の天才である。二つに、知能検査の機械を破壊させるほど、卓越した知的能力をもっている。三つに、ロケット弾を完成させることができる天才科学者なのである。第三に人間離れした運動能力をもっている。というのも、一つに、剣道六段、柔道五段の武道の達人である。二つに、四時間もの間、水の上を走る船の最後尾の梯子につかまって、水のなかで揉みくちゃにされながらも耐え続けることができるほど、卓越した運動能力をもっているのである。このように、本郷は知的能力においても運動能力においても、人間離れした能力をもっているのである。横田順彌は、本郷が卓越した知的能力・運動能力をもっていることを明らかにして、「本郷義昭を日本SF英雄中の英雄と呼ぶことに異存はないだろう」（横田　二〇一二、三六）と結論づけている。第四に本郷は新体詩を朗吟するなど、抒情を理解・表現できる能力をもっている。このように、本郷はまさしくスーパーヒーローとして描かれているといえるのである。

本郷をとおして描写されている理想的な行動は、日本国家存亡の危機を脱するというもの、まさしく大勢を助けるというものである。「〇国」は、日本の陸軍の機密書類を奪い、ロケット弾、殺人光線を完成させることを目論んでいた。そして、日本と戦争したさいには、岩窟城を拠点にして毒ガス兵器、ロケット弾、殺人光線を使い、日本を壊滅させるつもりであった。本郷はそれを阻止して岩窟城を破壊したのであった。したがって、本郷は日本国民を助けたということになるのである。

山中峯太郎自身は、本郷を理想的な人間として描いたと把握している。一九六一（昭和三六）年五月、尾崎秀樹が、上笙一郎、鳥越信らと山中峯太郎の家を訪問して本郷について尋ねたとき、次のように答えている。

本郷義昭の内面――思想や性格やは、私が自分でつくり出したものです。子どもは冒険やスリルを愛好するものだから、主人公はなるべく行動的な人物がいいと思ったし、それに日本の少年は、勇気と責任感と行動力を身につけるように育てられる必要があるというのが私の意見でね、それで本郷義昭はああいう人物になったんです。私としては、私の理想とする人物がある程度書けたと思っています。（尾崎　一九八三、三〇三）

このように、山中峯太郎の理想とする人間、理想とする行動が、本郷をとおして描かれていると考えることができるのである。

本節では、もう一つ、江戸川乱歩《えどがわらんぽ》の「怪人二十面相」をとりあげる。先に、『少年倶楽部』の少年小説を抽出する条件として、一つに、一九三〇年代の『少年倶楽部』を代表する少年小説の一つであること、二つに、スーパーヒーローを描いた少年小説であることを挙げた。「怪人二十面相」は、この二つの条件に合致する。

スーパーヒーローを描いた少年小説の代表的なものは、一つは山中峯太郎の少年小説であるが、もう一つは江戸川乱歩の少年小説であるとおもわれる。なぜなら、江戸川乱歩の少年小説は、『少年倶楽部』の編集者にスーパーヒーローを描いてほしいと依頼されたことによって、執筆されたものだからである。その少年小説とは、有名な少年探偵団シリーズである。

いいかえると、江戸川乱歩の少年探偵団シリーズの明智小五郎は、『少年倶楽部』のスーパーヒーローの一人であったといえる。もともと明智は、江戸川乱歩が少年探偵団シリーズを執筆する前から、「D坂の殺人事件」（『新青年』一九二五（大正一四）年一月増刊号）など、さまざまな探偵小説に名探偵として描かれていたのである（江戸川一九六一→二〇〇六、六七二）。しかし、『少年倶楽部』の編集者の依頼によって、明智はスーパーヒーローとして描かれるようになったのである。

なぜなら、『少年倶楽部』の編集者は、大人のスーパーヒーローを渇望していたからである。一九三五年の夏、

『少年倶楽部』の編集主任の須藤憲三は、江戸川乱歩にたいして原稿の依頼をした。それは東京会館で開催された懇親会でのできごとであった。この依頼の前、須藤憲三は編集会議の場で、既存の探偵ものの少年小説の欠点について、さんざん議論しあっていた。

　それまでの少年倶楽部の探偵小説は、みんな少年探偵が主人公で活躍する話ばかりだったが、どうもいま一つ迫力に欠ける憾みがある。（中略）主人公である名探偵は、多彩な特殊能力を身につけた、一種のスーパーマンであることが読者をひきつけるのである。（中略）そんな重い役割を少年にやらせようとするから、話がそらぞらしくなったり、すじが甘くなったりして感興をそぐ結果になる。（須藤　一九六九、七）

　このように、『少年倶楽部』の編集者は、少年小説においては読者の支持を獲得するためスーパーヒーローが不可欠であるととらえていたことがわかる。しかし、子どもがスーパーヒーローを務めると、「馬賊の唄」の日出男のように、荒唐無稽な少年になってしまうおそれがある。したがって、この欠点を克服するため、編集者は大人にスーパーヒーローを務めさせることにしたのである。このような議論の結果、編集会議では満場一致で明智を迎え入れることになった。ただしその後、社内数十人からなる中会議では、江戸川乱歩の大人向け小説が「良風美俗の線からはずれたものである」（須藤　一九六九、七）ため、難色を示す声があがった。しかし『少年倶楽部』の編集というものが、そもそも「畑ちがいの作家に傑作を書いてもらうのが得意の編集だから」（須藤　一九六九、七）と理解されて許可が下りたのであった。

　一方、江戸川乱歩は、須藤憲三の依頼にたいしてたいそう驚いた。「少年倶楽部といえば、〝教育的〟であることが看板の雑誌でしょう。そんなものが書けるかな、ぼくに」（須藤　一九六九、六）と。しかし、須藤憲三は、

「〝きっとまん向きのものが書いて頂ける〟という成算がございます」（須藤　一九六九、六）といいきった。このようなやりとりの末、江戸川乱歩の少年探偵団シリーズの連載が始まった。そして、この連載では、編集者の思惑どおり、明智という大人のスーパーヒーローが描かれた。さらに、そのスーパーヒーローを支える少年たちが描かれたのであった。

さらに、この江戸川乱歩の少年探偵団シリーズは、一九三〇年代の『少年倶楽部』を代表する少年小説の一つであるともいえる。なぜなら、先の編集者の予想どおり、連載第一回目の「怪人二十面相」は、男子読者の熱烈なる歓迎を受けたからである。江戸川乱歩は後に少年探偵団シリーズについて、「少年雑誌に従来そういうものがなかったと見えて、大いに受けた。子供からの手紙が驚くほど来た」（江戸川　一九六一→二〇〇六、六七一）と回想している。したがって、本節では江戸川乱歩の少年小説の少年探偵団シリーズを分析することにする。ただし、ここでは、少年探偵団シリーズの第一回目にあたる「怪人二十面相」をとりあげることにする。なぜなら、第一回目には、今後の少年探偵団シリーズの基礎となるものが描かれていると考えられるからである。

「怪人二十面相」は、『少年倶楽部』の一九三六年一月号から六月号までと八月号から一二月号まで（増刊号は除く）に連載された。ストーリーは、美術品を狙う二十面相に、名探偵の明智小五郎、明智の助手の小林少年が挑んでいくというものである。

あらすじは以下のとおりである。ある日、羽柴壮太郎のもとに、吉報として一〇年前に家出した長男の壮一から帰国の知らせが、凶報として二十面相からダイヤモンド奪取の予告が届いた。予告された日、壮太郎は壮一とともにダイヤモンドを見張っていた。しかし、予告された一二時、ダイヤモンドが消えた。同時に、壮太郎は壮一に拳銃を突きつけられた。二十面相が壮一に変装していたのであった。ゆえに、二十面相の逃亡を許すことになった。しかし、次男の壮二の罠が二十面相の足をとらえ、負傷させた。それゆえ、腹をたてた二十面相に壮二を誘拐され、引き換えに観世音像を要望された。そのため、壮太郎は明智小五郎に事件の解決を依頼した。すると、明智の代わりに、一五、六歳の助手の小林芳雄があらわれた。

午後一〇時、観世音像は二十面相の部下に渡され、壮二が戻された。しかし、二十面相が隠れ家で観世音像を観賞するや、観世音像は二十面相に拳銃を突きつけた。小林が観世音像に変装していたのであった。それゆえ、ただちに小林は監禁された。しかし、小林は窓から陸軍の大射撃場を見、場所を把握した。そして、伝書鳩で警察に知らせた。これによって、警察がダイヤモンドを奪還し、二十面相の部下を捕まえた。

一方、日下部左門には二十面相から美術品奪取の予告が届いた。そのため、左門は明智に事件の解決を依頼した。予告された日、左門は明智とともに美術品を見張っていたが、眠ってしまった。あくる日、美術品は消えていた。実は、二十面相が明智に変装していたのであった。

半月後、明智は東京駅に到着し、小林と外務省の辻野に出迎えられた。朝刊には、帝国博物館所蔵品奪取の予告のことが載っていた。明智は辻野に「鉄道ホテル」の部屋に招かれた。しかし、明智は辻野が二十面相であることを見破って、博物館所蔵品奪取の阻止と左門の美術品奪還を告げ、二十面相をわざと逃がした。

予告された日、警視総監、中村係長、館長の北小路が博物館を見張っていた。そこに、明智は駆けつけて、美術品が偽造品になっていることを告げた。昨晩、二十面相たちが館員宿直室の解体作業にまぎれて、美術品を奪ったのであった。しかしすでに、明智は赤井寅三に変装し、二十面相の隠れ家に侵入して、美術品の奪還と拉致された人たちの解放、二十面相の部下の逮捕を成し遂げていた。そこで、明智は拉致された人たちを連れてきた。すると、北小路が二人になった。二十面相が北小路に変装していたのであった。ただちに警官たちが二十面相を捕らえたが、隙をつかれて逃げられた。しかし、少年探偵団の少年たちが二十面相を捕らえた。以上があらすじである。

「怪人二十面相」の主要登場人物は、名探偵の明智小五郎と明智の助手の小林芳雄である。この二人をとおしてどのような理想像が描かれているのかは、三点から明らかにすることができる。

第一に、明智は眉目秀麗として描かれている。ただ、「怪人二十面相」では、「紳士」として、あるいは、「紳士」の格好をしている者として描写されているにすぎないといえる。たとえば、次のとおりである。

一等車の昇降口に、懐かしい懐かしい明智先生の姿が見えました。黒い背広に、黒い外套、黒のソフト帽という、黒ずくめのいでたちで、早くも小林少年に気づいて、ニコニコしながら手招をしているのです。（江戸川　一九三六→二〇〇三、一二四）

それは、恰好のよい黒の背広をピッタリと身につけ、頭の毛をモジャモジャにした、いつに変らぬ明智小五郎その人でした。（江戸川　一九三六→二〇〇三、一八三）

その時、門内から、黒い背広の一人の紳士が現れました。（中略）

「オオ、小林君」

明智探偵も、思わず少年の名を呼んで、両手を広げ、駈け出して来た小林君を、その中に抱きしめました。美しい、誇らしい光景でした。（江戸川　一九三六→二〇〇三、二〇六―二〇七）

このように、明智は黒の背広、黒のソフト帽、黒の外套を格好よく着こなしている者として描かれているのである。

ただ、明智が眉目秀麗であることは、戦後の大人向け小説の「化人幻戯」において明かされている。次のとおりである。

明智は五十歳になっていたが、肥りもしないで、昔のままの痩せ型の、キリッとした顔をしていた。明るいところで、よく見ると、凹凸のクッキリした顔に、こまかい皺ができていたし、こめかみから頬のあたりに、褐色の小さいシミが、いくつも出ていたが、それがかえって彼の理智的な魅力を増すアクセサリの作用をした。

（江戸川 一九五四～五↓二〇〇五、二八五）

このように、「化人幻戯」においては、明智が眉目秀麗であることが明らかにされているのである。江戸川乱歩自身は、明智をスラリとした青年ととらえていたようである。たとえば、『少年倶楽部』において、次のように明智を紹介している。

背はすらりとして、顔には髭がありません。何かうまい考へが浮かんだ時とか、いい糸口を摑んだ時には、手の指を櫛のやうにして、もじやもじやした髪の毛の中へつきこみ、盛んに掻くといふくせがあります。だから、明智探偵がさういふことをしたら、何か名案が浮かんだ時だ、と思つていいのです。

（江戸川乱歩「江戸川乱歩先生に名探偵の話を聞く」『少年倶楽部』一九三七〔昭和一二〕年八月号、一三五）

このように、江戸川乱歩自身は、明智をスラリとした青年ととらえていたのである。

一方、小林は美少年として描写されている。この「怪人二十面相」では、小林がかわいらしい少年であることがくりかえし描かれている。次のとおりである。

大探偵明智小五郎には、小林芳雄という少年助手があります。この可愛らしい小探偵の、栗鼠のように敏捷な活動も、なかなかの見ものでありましょう。（江戸川　一九三六→二〇〇三、一三）

林檎のように艶々した頬の、目の大きい、可愛らしい子供です。（江戸川　一九三六→二〇〇三、五二）

「坊や、可愛いねえ。……貴様それで、この二十面相に勝ったつもりでいるのか」（江戸川　一九三六→二〇〇三、六七）

東京駅のプラットフォームの人ごみの中に、一人の可愛らしい少年の姿が見えました。（江戸川　一九三六→二〇〇三、一二〇）

林檎のような頬の、可愛らしい小林少年が現れました。（江戸川　一九三六→二〇〇三、一四八）

このように、小林は美少年として描かれているのである。

第二に、明智も小林も知的能力に秀でているとして描写されている。明智の卓越した知的能力は、少年探偵団シリーズにおいては、二十面相と知恵比べをすることをとおして明らかにされているといえる。明智は、二十面相と知恵比べをして常に勝利を収めているのである。たとえば、この「怪人二十面相」には、明智が二十面相と初めて互いに顔を合わせて、知恵比べをする場面がある。「鉄道ホテル」の「最上等の一室」でおこなわれた有名な知恵比べである（江戸川　一九三六→二〇〇三、一二六）。「鉄道ホテル」とは、現在の東京ステーションホテルで、「最上等の一室」とは、二間続きのスイートルーム二四号室（現在の二一六号室・二一八号室。「江戸川乱歩の部屋」とされている）である（平山　二〇〇三、五七六）。その知恵比べは、次のように描かれている。

「明智さん、僕はどんなにか君に会いたかったでしょう。一日千秋の思で待ちかねていたのですよ」

（中略）

「僕こそ、君に会いたくて仕方がなかったのです。汽車の中で、丁度こんなことを考えていたところでしたよ。ひょっとしたら、君が停車場へ迎えに来ていてくれるんじゃないかとね」

「さすがですねえ。すると、君は僕の本当の名前も御存じでしょうねえ」

（中略）

「少くとも、外務省の辻野氏でないことは、あのまことしやかな名刺を見た時からわかっていましたよ。本名といわれると、僕も少し困るのですが、新聞なんかでは、君のことを怪人二十面相と呼んでいるようですね」

（中略）アア、読者諸君、これが一体本当のことでしょうか。盗賊が探偵を出迎えるなんて、探偵の方でも、とっくにそれと知りながら、賊の誘にのり、賊のお茶をよばれるなんて、そんな馬鹿馬鹿しいことが起り得るものでしょうか。

「明智君、君は僕が想像していた通りの方でしたよ。最初僕を見た時から気づいていて、気づいていながら僕の招待に応じるなんて、シャーロック・ホームズにだって出来ない芸当です。僕は実に愉快ですよ。なんて生甲斐のある人生でしょう。アア、この興奮の一ときの為に、僕は生きていてよかったと思う位ですよ」

辻野氏に化けた二十面相は、まるで明智探偵を崇拝しているかのようにいうのでした。

（江戸川　一九三六→二〇〇三、一二七―一二八）

このように、明智と二十面相の知恵くらべが描かれている。まず、外務省の辻野に変装した二十面相が、満州から戻ってきた明智を出迎えるのである。そして、鉄道ホテルの部屋に招き入れる。ところが、明智は東京駅で辻野を見たときにはすでに辻野が二十面相であることを見抜いていたのである。それゆえ、二十面相は明智の卓越した知的能力に感激するのである。このように、この場面から、明智の卓越した知的能力を読み取ることができるのである。

江戸川乱歩自身は、明智を知的能力に優れた存在としてとらえていたようである。たとえば、『少年倶楽部』において、次のように明智を紹介している。

> 大学時代には、犯罪学だの暗号なぞを一生懸命勉強したので、さういふ特別な知識が非常に勝れてゐたのです。
>
> 明智小五郎は、かうした学問をした頭のよい男ですが、犯人を捕らへた時でも静かに「お前が犯人だ」と指さしてにつこり笑ふといふ風で、少しも気どらない男です。
>
> （中略）こいつは怪しいと睨んだ時は、その者の気持を強く見ぬいて、段々に恐怖心を抱かせ、どうすることも出来なくさせてしまふ。強ひていへば、さういふやり方が明智探偵の一つの大きな特徴だらうと思ふんです。
>
> （江戸川乱歩「江戸川乱歩先生に名探偵の話を聞く」『少年倶楽部』一九三七〈昭和一二〉年八月号、一三五）

このように、明智は人間離れした知的能力を備えているとされているのである。

一方、小林も知的能力に優れた少年として描かれている。たとえば、小林は二十面相によって地下室に監禁されたとき、地下室の小窓から陸軍の大射撃場を見る。そして、その大射撃場をもとにして、二十面相の隠れ家の場所を割り出すのである。次のとおりである。

少年探偵は、その射撃場と賊の家との関係を、よく頭に入れて、縄梯子を降りました。そして、急いで例の鞄を開くと、手帳と鉛筆と磁石を取出し、方角を確かめながら、地図を書いてみました。すると、この建物が、富山が原の北側、西寄りの一隅にあるということが、ハッキリと分かったのでした。

（江戸川　一九三六→二〇〇三、七六）

このように、小林は陸軍の大射撃場をもとにして二十面相の隠れ家の場所を割り出すことに成功しているのである。そして、隠れ家の場所を手帳に書き記し、伝書鳩に結びつけて警察に知らせている。この小林の行動によって、二十面相の隠れ家は警察に知られることになるのである。

江戸川乱歩自身は、小林を知恵のある少年としてとらえているようである。たとえば、『少年倶楽部』において、次のように小林を紹介している。

小林少年はいろいろの事件に乗出して、大きな手柄をたててゐます。一体少年探偵は、一つの事に熱中すると他の事を考へないので、かへつていい知恵も湧くし、その熱心さで功名をたてることがよくあります。ですから明智探偵も大人の助手よりか少年の方がいいといふわけで、小林少年を大変重宝がつてゐます。

（江戸川乱歩「江戸川乱歩先生に名探偵の話を聞く」『少年倶楽部』一九三七〔昭和一二〕年八月号、一三六―一三七）

このように、江戸川乱歩自身は、小林が子どもであるがゆえ、純粋に一つのことに熱中することができるとしている。そして、そのため、大人の助手より優れているとして明智にはとらえられているとしているのである。

第三に、明智も小林も運動能力に秀でているとして描かれている。たとえば、明智は柔道三段の腕前をもっているとされている。次のとおりである。

柔道三段の明智探偵に敵ふはずはありません。（江戸川　一九三六→二〇〇三、一五七）

このように、明智は武道に秀でているとして描写されているのである。

一方、小林も小柄な体格をいかして、リスのように敏捷な動きを見せるとされている。たとえば、先の引用では、「栗鼠のように敏捷な活動」（江戸川　一九三六→二〇〇三、一二三）として描写されている。さらに、次のように描かれている。

まず先頭の小林少年が、二十面相を目がけて、鉄砲玉のように飛びついて行きました。（江戸川　一九三六→二〇〇三、二〇六）

このように、小林はリスのような敏捷な動きで、二十面相を捕まえているのである。

しかし、第一から第三の点は、「亜細亜の曙」の本郷と共通している点であるが、「亜細亜の曙」の本郷と異なっている点は、明智と小林が抒情を理解・表現できる能力をもっていない点であるといえる。

一方、明智と小林をとおして描かれている理想的な行動は、大勢を助けるというものであるといえる。この点は「亜細亜の曙」の本郷と共通している点である。小林は、二十面相から羽柴家の財産を取り戻し、羽柴壮二を奪還した。明智は、二十面相から日下部左門の収集品、帝国博物館の所蔵品を取り戻した。そして、明智と小林、少年探偵団の少年たちは二十面相を捕まえた。この「怪人二十面相」で、最初から最後まで明智と小林、少年探偵団の少年たちが一貫しておこなっていたのは、二十面相から人びとの暮らしと財産をまもるということであった。だからこそ、この小説の結末は、明智と小林、少年探偵団の少年たちが二十面相を捕まえて、明智と小林が称賛されるというものとなっているのである。

　少年探偵団の十人の小学生は、もう我慢が出来ませんでした。誰が音頭をとるともなく、期せずしてみんなの両手が、高く空に上りました。そして、一同可愛らしい声を揃えて、繰返し繰返し叫ぶのでした。

「明智先生バンザーイ」

「小林団長バンザーイ」

（江戸川　一九三六→二〇〇三、二〇七）

　このように、大勢を助けるヒーローとして、明智と小林は、最後には人びとの称賛の声を一身に受けることになるのである。

　まとめると、『日本少年』『少年倶楽部』の少年小説は、理想像として完全無欠の英雄を、理想的行動として大勢を助けるという行動を描いていたのである。それが、『日本少年』『少年倶楽部』の少年小説における「少年」に関する知であったといえる。

　また、『日本少年』における一九二〇年代の「馬賊の唄」の山内日出男と、一九三〇年代の「少年進軍」の松内健一を比較すると、日出男は抒情を理解・表現できる能力をもちあわせているが、健一は抒情を理解・表現できる能力をもちあわせていないといえる。『少年倶楽部』における一九三一年から一九三二年の「亜細亜の曙」の本郷義昭と、一九三六年の「怪人二十面相」の明智小五郎、小林芳雄を比較しても同じことがいえる。本郷は抒情を理解・表現できる能力をもちあわせているが、明智と小林は抒情を理解・表現できる能力をもちあわせていないのである。「馬賊の唄」の日出男も、「亜細亜の曙」の本郷も、完全無欠の英雄として描かれていた。そして、その完全無欠の英雄に不可欠な能力は、知的能力、運動能力、そして、抒情を理解・表現できる能力であるとされていた。一方、「少年進軍」の健一も、「怪人二十面相」の明智と小林も、完全無欠の英雄として描かれていた。しかし、その完全無欠の英雄に不可欠な能力は、知的能力、運動能力のみであるとされていた。したがって、『日本少年』『少年倶楽部』の代表的な少年小説を見ると、一九三五年ごろまでは、抒情を理解・表現できる能力が、完全無欠の英雄には不可欠の能力であったといえる。しかし、一九三五年ごろからは、その抒情を理解・表現できる能力は、完全無欠の英雄に不可欠の能力ではなくなったと考えることができる。いいかえると、一九三五年ごろまでの理想像は、第一に美貌、第二に知的能力、第三に運動能力、第四に抒情を理解・表現できる能力であったが、一九三五年ごろからの理想像は、第一に美貌、第二に知的能力、第三に運動能力であったといえる。このように、「少年」に関する知の変遷を把握することができるのである。

最後に、『少女の友』の少女小説、『日本少年』『少年倶楽部』の少年小説を比較分析することとする。少年少女小説を比較分析すると、少年少女小説の差異は四点見出せる。第一は理想的な行動における差異である。というのも、少年小説では完全無欠の英雄が大勢を助けるという行動が、少女小説では才色兼備のお嬢さまが少女を助けるという行動が、理想的行動として抽出できたからである。先に見たように、このような少年小説は、「馬賊の唄」「少年進軍」「亜細亜の曙」「怪人二十面相」だけではなかった。一九二〇、一九三〇年代の『日本少年』『少年倶楽部』においては、完全無欠の英雄が大勢を助けるという少年小説が大量に載っていたのであった。たとえば、佐藤忠男は、次のように、『少年倶楽部』の少年小説の魅力について分析している。

たしかに、私たちは『少年倶楽部』から、山中峯太郎の大陸雄飛思想、平田晋作のアメリカ討つべし主義、佐藤紅緑の立身出世主義、「冒険ダン吉」の南進思想などを学んだに相違ないが、私たち自身、進んで熱心に読みふけった以上、単に外側からの影響と言い捨てるだけでは問題は片づかない。

（佐藤 一九五九→一九九七、一三）

少年も、数え年で十六歳ともなればすでに子どもではない。一人前のおとなとして遇されて、おとなと対等の義務を負わされねばならぬ。雑誌の中からそう呼びかけられていることが、その年を目前にひかえている年代ではむしょうに嬉しかった。（中略）

明治期の児童文化が、子どもたちよ、いつまでも子どもっぽくあってはいけない、早く一人前の大人になれ、という理念をもち、大正期の童心主義が、いやそうじゃない、子どもたちよ、いつまでも純真な子どもの心を忘れるな、という呼びかけをもっていたとすると、『少年倶楽部』がうち出したものは、児童こそはこれからの国家主義の担い手である、という視点である。

（佐藤 一九五九→一九九七、一四―二〇）

このように、佐藤忠男は、明治期の少年小説が少年に大人になることを迫っていて、大正期の少年小説が少年に少年のままでいることを望んでいたとすると、『少年倶楽部』の少年小説は少年を大人として扱っていたと分析するのである。

なぜなら、『少年倶楽部』の少年小説は、少年を完全無欠の英雄として扱っていたからである。ここまで見てきたように『少年倶楽部』の少年小説は、少年にたいして大人の能力を凌駕する知的能力・運動能力を与えていた。その上で、大人の敵に挑ませて、大人の味方を助けさせていた。ひいては、町の危機、国家の危機に、たちむかわせていた。このように、『少年倶楽部』の少年小説は、少年、ないしは青年を、町の英雄、ないしは国家の英雄として描いていたのである。したがって、一九二〇、一九三〇年代の『少年倶楽部』には、このような完全無欠の英雄が大勢を助けるという少年小説が大量に載っていたのである。そして、男子読者の支持を獲得していたのである。

一方、一九二〇、一九三〇年代の『少女の友』にはエスを描いた少女小説が大量に載っていたのである（今田二〇〇七）。そして、そのエスを描いた少女小説においては、少女が少女を助けるということが描かれていたのである（今田　二〇〇七）。たとえば、吉屋信子《よしやのぶこ》の少女小説のなかには、母子家庭の貧困にあえぐ少女のために、エスの相手である少女がその少女の祖父を捜し出して援助を勝ち取るというものがある（吉屋信子「街の子だち」『少女の友』一九三四（昭和九）年一～一二月号）。また、一九二〇、一九三〇年代の『少女の友』では、吉屋信子に匹敵する支持を獲得していた作家が存在した。それが上田《うえだ》エルザである。この上田エルザの少女小説のなかには、親戚の家に居候している姉妹が、その親戚の虐待に耐えきれずに逃亡して、エスの相手である少女たちに助けられるというものがある（上田エルザ「花散る丘」『少女の友』一九三七（昭和一二）年四月～一九三八（昭和一三）年三月号）。さらに、一九二〇、一九三〇年代の『少女の友』では、川端康成《かわばたやすなり》の他にも文壇の有名作家が執筆していた。それが、吉田紘二郎《よしだげんじろう》、西條八十である。吉田紘二郎の少女小説には、都市の少女が、父親・継母による監禁から逃亡して、エスの相手となった山の少女に匿われるというものがある（吉田紘二郎「山遠ければ」『少女の友』一九三六（昭和一一）年一一月～一九三七（昭和一二）年五月号）。また、西條八十の少女小説には、絵の才能に恵まれた少女がエスの相手である少女の家に引き取られて、画家になるための支援を受けるというものがある（西條八十「古都の乙女」『少女の友』一九三八（昭和一三）年七月～一九三九（昭和一四）年五月号）。このように、この時代の『少女の友』には、エスを描いた少女小説が大量に載っていたのである。そして、そのような少女小説では、少女が少女を助けるということが描かれていたのである。このように見てくると、一九二〇、一九三〇年代の『日本少年』『少年倶楽部』の少年小説と『少女の友』の少女小説は、まるっきり異なるものであったととらえることができる。

なぜ少年少女小説の理想的行動が、このように大きく異なっていたのかというと、少年の敵、少女の敵がそれぞれ異なっていたことによるものであると考えられる。「馬賊の唄」の日出男の敵は馬賊、および、中国軍である。「亜細亜の曙」の本郷の敵は「○国軍」である。これはおそらく、米国軍であるとおもわれる。日出男と本郷は、これらの敵を打倒して東アジアの英雄となっている。また、「怪人二十面相」の明智と小林の敵は、二十面相である。明智と小林は、二十面相を捕らえて国家の英雄となっている。さらに、「少年進軍」の健一の敵は、町の荒くれ者である。健一は町の荒くれ者たちに闘いを挑んで町の英雄になっている。そうであるとすると、少年小説の敵は、常に家庭の外にいる。

一方、「環の一年間」の林子を苦しめているのは、林子の祖母である。それゆえ、環は林子の祖母から林子を助け出している。「乙女の港」の洋子を苦しめているのは、洋子の父親と母親である。洋子の父親は事業を不振に陥らせ、洋子の母親は心を病んでいる。そのため、洋子は絶望している。だからこそ、三千子は洋子を励まし続けている。「わすれなぐさ」の牧子と一枝を苦しめているものは、それぞれの父親と弟である。それゆえ、牧子と一枝は互いに惹かれ合っている。このようにながめると、少女小説の敵は、常に家庭の中にいる。

少年小説は少年を大人として扱っている。いいかえると、日本国家を背負う一人前の日本国民として扱っている。したがって、一人前の日本国民である少年は、日本国民の暮らしを脅かしている者にたいして果敢に闘いを挑んでいるといえる。これは、家庭の外に権力をもった者がいるということである。そして、その権力をもった者にたいして闘いを挑んでいるということである。

しかし、家庭の外の権力者に闘いを挑むことができるのは、家庭の中に少年に闘いを仕掛けてくる権力者がいないからであるともいえる。なぜなら、一人前の日本国民として見なされている少年は、家庭の中においては、権力者として頂点に君臨しているからである。とはいえ、現実には権力者として頂点に君臨しているのは、父親である。それゆえ、現実には、少年は父親の前で無力であることも大いにある。たとえば、第四章で見たように、一九一〇年代の有本芳水の少年小説には、愛馬との別れを描いた「愛馬のわかれ」、姉弟の別離を描いた「三年ぶり」がある。そして、この「愛馬のわかれ」では、父親の病死によって母親と子どもたちが屋敷も馬もなにもかもを失うのである。それゆえ、この「愛馬のわかれ」には、父親の権力の大きさ、および、父親なしでは生きられない母親・子どもたちの無力さが浮き彫りになっているといえる（有本芳水「愛馬のわかれ」『日本少年』一九一三〔大正二〕年一月号、九三―九八）。また、「三年ぶり」では、父親が姉の結婚を決めたことによって、姉弟の別離が引き起こされているのである（有本芳水「三年ぶり」『日本少年』一九一八〔大正七〕年一月号、七四―七八）。さらに、第六章で見たように、少女小説である吉屋信子の「わすれなぐさ」では、牧子の弟は学者の父親に後継者として期待されているがゆえ、ピアノを弾くことを禁じられている。このように、現実においては、少年は家庭の中の権力者ではないのである。しかし、一九二〇、一九三〇年代の少年小説は少年を大人として扱っているため、少年を家庭の中の権力者として扱っているといえる。それゆえ、少年は家庭の中では安泰でいられる。家庭の中には少年に闘いを挑んでくる権力者がいないからである。だからこそ、少年は家庭の外の権力者に闘いを挑むことができるのである。

一方、少女小説においては、家庭の中に少女を苦しめる者がいる。少女を苦しめる者は、家庭の中において権力をもっている者である。もっとも権力をもっている者は家長である父親である。そして、その次に権力をもっている者は家長の後継者である兄、あるいは弟である。だからこそ、少女は、家庭の中の権力者に闘いを挑まなければならないのである。

しかし、権力をもっている者に、権力をもっていない者が打ち勝つことは困難をきわめる。したがって、権力をもっていない者同士が束になって協力し合うことになる。だからこそ、少女同士が協力し合うことになるのである。

ところが、家庭の外の少年は少女を助けることはなかった。一九二〇、一九三〇年代、男子と女子が互いに助け合うということは困難であった。なぜなら男子のほうが圧倒的に権力を有していたからである。たとえば、教育制度においては、女子は、正式な形では中学校・高等学校・大学に入学することはできなかった。ということは、このような学歴を介して獲得する職業の道は、女子にはほぼ閉ざされていたということを意味していた。したがって、社会的権力に関しては、男子のほうが獲得するのに有利だったのである。そして、互いに助け合うというのは、所有する権力がほぼ同レベルの人間の間で生じることである。たとえば大人と幼児が、あるいは、教師と生徒が、互いに助け合うということは考えにくいことである。したがって、男子のほうが圧倒的に権力を有している社会においては、男子と女子が互いに助け合うということは困難だったのである。

そもそも、一九二〇、一九三〇年代、思春期の男子と女子が友人関係になることは困難であった。小学校卒業後、都市新中間層の男子と女子は、第二章に見たように、男子なら中学校、女子なら高等女学校に進学することがふつうであった。したがって、男子と女子が一緒に学ぶ機会はほとんどなかったのであった。

少年は、兄、弟であれ、友人であれ、女子を苦しめる権力者になり得る者であった。それゆえ、『少女の友』の少女小説では、少年は少女を助けてくれる存在ではないこと、むしろ、少年は少女を苦しめる存在になり得ることがしばしば描かれていた。たとえば、吉屋信子の「わすれなぐさ」においては、牧子の父親は、牧子にたいして弟の互のために犠牲になることを強いている。

「(中略)亙はうちにとっては大切な一人の男の子だ、姉さんのお前が犠牲的にもあの子の為に尽してやるべきではないか」

たちまち牧子の反抗心は燃え上った(中略)。 (吉屋　一九三二→二〇〇三、二一二)

一方、一枝の亡き父親もまた、一枝にたいして弟の光夫のために犠牲になることを強いている。たとえば、一枝の母親が、次のように一枝の父親の遺言を読み上げている。

「一枝に――（中略）場合によっては弟妹のためには犠牲になる精神でいて貫いたい（中略）」

（中略）一枝は顔をあげた。その言葉は耳を貫くように剣で背中を刺されるように痛く響いたのである。

「それから、光夫（中略）――お前はただ一人の男の子だ。（中略）軍人となり御国に御奉公を頼む――」

（吉屋　一九三二→二〇〇三、六六―六七）

この場面には、この社会においては少年はけっして少女を助けてくれないことがはっきりと示されている。むしろ、この場面には、少女は少年のために一方的に尽くさなければならないことがはっきりと描かれているといえる。そして、牧子と一枝は、その規範に苦しんでいるのである。

一方で、「わすれなぐさ」は、少女は少女を助けてくれる存在であることをくりかえし描いている。たとえば、第六章に見たように、牧子には陽子と一枝があらわれて、助けの手を差し伸べることになった。一枝には牧子、後には陽子が支援をすることになった。とくに、牧子と一枝は、父親によって弟のために犠牲になることを強いられ、苦しんでいる。その共通点があるからこそ固く結びつくことになったのである。

このように、エスを描いた少女小説は、少女が少年に一方的に尽くすことが期待される社会のなかで、少女だけは少女を助けてくれるとささやいていたのである。少女が、家長の父親、あるいは家長の後継者である兄、弟のために犠牲を強いられているとき、美しい上級生がいたわってくれ、可憐な下級生が励ましてくれ、同級生が窮地から助け出してくれるのである。すなわち、ヒロインはもう一人のヒロインを助けてくれるのである。これが、エスを扱った少女小説が描き出していたことであった。そして、当時の女子読者たちの心をとらえたことであった。

差異の第二は、少年小説の少年たちが人間離れした知的能力・運動能力をもっていた一方、少女小説の少女たちは、高等女学校で尊敬を集める程度の知的能力・運動能力をもつにとどまっていたということである。少年小説の少年たちは大勢を助けるとされていた。したがって、人間離れした知的能力・運動能力をもたざるを得なかったとおもわれる。一方、少女小説の少女たちは少女を助けるとされていた。したがって、知的能力・運動能力は、高等女学校内で称賛される程度のものにとどまっていたとおもわれる。

差異の第三は、少女小説の少女たちが少年小説の少年たちと異なって財力をもっていたことである。この財力も、少女が少女を助けるために、もたざるを得なかったものであると考えられる。たとえば、第六章で見たように、「わすれなぐさ」では、陽子が母親を失った牧子を励ますために、財力を使ってドレスをプレゼントしようとしたり、ホテルのレストランで食事をご馳走したり、タクシーを暴走させたりしている。少女が少女を助けるためには、財力が不可欠であったといえるが、逆にいうと、財力でなんとかなる支援であったともいえる。というのも、少年が、大勢を助ける場合、そして、町の危機、国家の危機を回避する場合においては、財力はほとんど意味をなさなかったからである。

差異の第四は、少年小説の少年は、一九三五年を境に、抒情を理解・表現できる能力をもたなくなる一方、少女小説の少女は、抒情を理解・表現できる能力をもちつづけたということである。その背景にあったのは、『日本少年』『少年倶楽部』の読者獲得競争、そして、『少女の友』『少女倶楽部』の読者獲得競争である。『日本少年』『少年倶楽部』は、互いに読者獲得競争を繰り広げるなかで、一九三五年を境に、『日本少年』が『少年倶楽部』に追随する形で変化を遂げるのであった。しかし、『少女の友』『少女倶楽部』は、互いに読者獲得競争を繰り広げるなかで、『少女倶楽部』は変化を遂げて、『少女の友』は変化を拒んだのであった。それゆえ『少女の友』は、抒情を理解・表現できる能力を手放さなかったのである。これについては、第八章で詳しく見ていくことにする。

4 「少年らしさ」の変化——完全無欠の英雄における学歴・抒情の軽視

最後に、本章で明らかになったことをまとめることとする。一つ目に、『少年世界』『日本少年』『少年倶楽部』の抒情画を分析すると、一九二六年を境にして、勉強・芸術活動、運動をする少年から、運動、戦闘・銃後の活動をする少年に変化したことが明らかになった。

二つ目に、『日本少年』の伝記の男性像を分析すると、その男性像は一貫して、エリートと軍人であったことがわかった。ただし、一九三〇年を境に、学歴の価値の低下、抒情の排除がおこなわれるようになったことが把握できた。一九〇〇、一九二〇年代においては、学者であれ、政治家であれ、軍人であれ、第一に抒情を理解できる存在、第二に抒情を表現することに長けた存在として描かれていたが、一九三〇年代においては、第一、第二の描かれ方がおこなわれなくなったのであった。

三つ目に、『日本少年』『少年倶楽部』の少年小説における理想像は、一九三五年に至るまでは、第一に美貌、第二に知的能力、第三に運動能力、第四に抒情を理解・表現できる能力をもった少年・青年であったが、一九三五年からは、第一に美貌、第二に知的能力、第三に運動能力をもった少年・青年に変化したことが明らかになった。

また、『日本少年』『少年倶楽部』の少年小説における理想的行動は、少年が大勢を助けるというものであったことがわかった。

このようにながめてみると、『日本少年』は、抒情画においては一九二六年から、伝記においては一九三〇年から、少年小説においては一九三五年から、それぞれ変化がおこったことがわかる。その変化とは、ひとことでいうと、学歴の価値の低下、抒情の排除である。

この背景にあったのは、『日本少年』と『少年倶楽部』の読者獲得競争であったとおもわれる。このことについては、第八章で明らかにしていくことにする。

ただ、その変化の始まる時期は、抒情画・伝記・少年小説で、それぞれ異なっている。『少女の友』の抒情画・伝記・少女小説は、一九二〇年に一斉に変化している。『少女の友』の場合は、一九二〇年七月の高等女学校令の改正、および高等女学校令施行規則の改正に合わせて変化をしたとおもわれる。したがって、制度の変化に合わせる形で劇的に変化したのである。しかし、『日本少年』の抒情画・伝記・少年小説は、『少年倶楽部』と読者獲得競争をするなかで、しだいに変化を遂げていったとおもわれる。したがって、一九二六年から一九三五年にかけて、少しずつ変化をしていったと考えられる。

また、少年小説と少女小説の差異は、四点あった。第一に理想的行動の差異である。少年小説は完全無欠の英雄が大勢を助けるという行動、少女小説は才色兼備のお嬢さまである少女が少女を助けるという行動が描かれていたのであった。それは、少年の敵は家庭の外に、少女の敵は家庭の中に存在していたことと大いに関連がある。少年は家庭の中で権力をもっていた。それゆえ、家庭の中では安泰でいられた。だからこそ、家庭の外で権力をもつ者と闘うことになった。一方、少女は家庭の中で権力をもっていなかった。それゆえ、少女は家庭の中で権力をもっている者と闘わなければならなかった。その最たる者は、父親、兄、弟であった。だからこそ、少女は、権力をもたない少女たちと協力し合って権力をもっている者と闘っていたのであった。

第二に、少年小説の少年たちは人間離れした知的能力・運動能力をもっていた一方、少女小説の少女たちは高等女学校で尊敬を集める程度の知的能力・運動能力をもつにとどまっていたということであった。第三に、少年小説の少年たちには財力がなかった一方、少女小説の少女たちには財力があったということであった。第二、第三の差異は、少年が大勢を、少女が少女を助けるために必要不可欠な能力が異なっていたことによって、引き起こされたものであったといえる。

第四に、少年小説の少年たちは、一九三五年を境に抒情を理解・表現できる能力をもたなくなるが、少女小説の少女たちは、抒情を理解・表現できる能力をもちつづけたということである。これについては、第八章で詳しく見ることとする。

引用文献

池田芙蓉「馬賊の唄」『日本少年』一九二五年一月号〜一九二六年一月号。→『馬賊の唄』桃源社、一九七五年。

今田絵里香『「少女」の社会史』勁草書房、二〇〇七年。

今田絵里香「『日本少年』の理想像の変遷――抒情の排除と学歴の価値の希薄化」成蹊大学文学部学会編『ダイナミズムとしてのジェンダー――歴史から現在を見るこころみ』風間書房、二〇一六年、一―三二頁。

江戸川乱歩「怪人二十面相」『少年倶楽部』一九三六年一〜六月号、八〜一二月号（増刊号は除く）。→「怪人二十面相」『江戸川乱歩全集　第一〇巻　大暗室』光文社、二〇〇三年、九―二一〇頁。

江戸川乱歩「化人幻戯」『別冊宝石』一九五四年一一月号（第四二号）、『宝石』一九五五年一〜一〇月号。→「化人幻戯」『江戸川乱歩全集　第一七巻　化人幻戯』光文社、二〇〇五年、二〇九―四六八頁。

江戸川乱歩『探偵小説四十年』桃源社、一九六一年。→『江戸川乱歩全集　第二八巻　探偵小説四十年　上』光文社、二〇〇六年。

大濱徹也『乃木希典』雄山閣出版、一九六七年。→『乃木希典』講談社、二〇一〇年。

尾崎秀樹『夢いまだ成らず――評伝　山中峯太郎』中央公論社、一九八三年。

加藤謙一『少年倶楽部時代――編集長の回想』講談社、一九六八年。

西條八十「亜細亜の曙」『国民詩集』日本書店、一九三三年。→「亜細亜の曙」『西條八十全集　第四巻　詩Ⅳ　時局詩・少年詩』国書刊行会、一九九七年、六四頁。

佐藤忠男「少年の理想主義について――「少年倶楽部」の再評価」『思想の科学』一九五九年三月号、一五―三一頁。↓「少年の理想主義」尾崎秀樹・小田切進・紀田順一郎監修、西英生編『少年小説大系　別巻五　少年小説研究』三一書房、一九九七年、九―三二頁。

実業之日本社社史編纂委員会編『実業之日本社百年史』実業之日本社、一九九七年。

杉尾瞭子「池田芙蓉（亀鑑）『馬賊の唄』について――その出典と時代背景を軸として」伊藤鉄也編『もっと知りたい　池田亀鑑と「源氏物語」　第3集』新典社、二〇一六年、一九七―二二〇頁。

須藤憲三「乱歩先生の「少年もの」」『江戸川乱歩全集第8　大暗室』月報、講談社、一九六九年、六―八頁。

土井晩翠『暁鐘』有千閣・佐養書店、一九〇一年。

平山雄一「註釈」江戸川乱歩『江戸川乱歩全集　第一〇巻　大暗室』光文社、二〇〇三年、五七一―五八一頁。

山田竹三郎編『乃木将軍詩集詳解』博文館、一九一六年。

山中峯太郎「我が日東の剣俠児」『少年倶楽部』一九三〇年一〇～一二月号。↓「我が日東の剣俠児」『敵中横断三百里』大日本雄弁会講談社、一九三一年、三〇七―三八八頁。

山中峯太郎「亜細亜の曙」『少年倶楽部』一九三一年一月号～一九三二年七月号。↓「亜細亜の曙」尾崎秀樹・小田切進・紀田順一郎監修、尾崎秀樹編『少年小説大系　第三巻　山中峯太郎集』一九九一年、五九―二一八頁。

山中峯太郎「少年進軍」『日本少年』一九三五年四～一九三六年三月号。↓「少年進軍」『少年進軍・緑の健児』実業之日本社、一九三六年、一一―二一八頁。

横田順彌『近代日本奇想小説史　入門篇』ピラールプレス、二〇一二年。

吉屋信子「わすれなぐさ」『少女の友』一九三二年四～一二月号。↓『わすれなぐさ』国書刊行会、二〇〇三年。

史　料

『少年倶楽部』大日本雄弁会講談社、一九一四年一一月号～一九四五年一二月号（欠号：一九一八年四月号、一九一九年一〇月号、一九二三年一二月号）。

『少年倶楽部　復刻愛蔵版　昭和五年度　全一二冊』講談社、一九七〇年。

『少年倶楽部　復刻愛蔵版　昭和六年度　全一二冊』講談社、一九七〇年。

『少年倶楽部　復刻愛蔵版　昭和七年度　全一二冊』講談社、一九七〇年。

『少年倶楽部　復刻愛蔵版　昭和八年一、二、三月号』講談社、一九七五年。

『少年倶楽部　復刻愛蔵版　昭和八年四、五、六月号』講談社、一九七五年。

『少年倶楽部　復刻愛蔵版　昭和八年七、八、九月号』講談社、一九七五年。

『少年倶楽部　復刻愛蔵版　昭和八年一〇、一一、一二月号』講談社、一九七六年。

『少年世界』博文館、一八九五年一月一日号〜一九三三年一月号（欠号：一九二一年五、一〇月号、一九二二年五、八、一一〜一二月号、一九二三年一、七、一二月号）。

『日本少年』実業之日本社、一九〇六年一月号〜一九三八年一〇月号（欠号：一九二三年一二月号、一九二四年四、六〜一一月号、一九二五年一〜六、八〜一一月号、一九二六年一〜五、七〜八、一一〜一二月号、一九二七年一〜三、五〜八、一〇〜一二月号、一九二八年二〜六、一〇、一二月号、一九二九年一、三〜一二月号、一九三〇年一〜九、一二月号、一九三一年九〜一二月号、一九三三年五〜七月号、一九三四年六月増刊号、一九三八年一、三〜四、七〜八月号）。

『日本少年　マイクロフィッシュ版　第一巻』〜『日本少年　マイクロフィッシュ版　第六巻』早稲田大学図書館編、雄松堂フィルム出版、二〇〇五年。

『復刻版　少年世界　一（一―六）』〜『復刻版　少年世界　九（一三―一六）』名著普及会、一九九〇〜一九九一年。

第Ⅲ部　「少年」「少女」の変容と解体

第八章　都市新中間層の「少年」「少女」からあらゆる階層の「少年」「少女」へ
──『日本少年』『少女の友』から『少年倶楽部』『少女倶楽部』へ──

1　少年少女雑誌の勢力争いはどのような変化をもたらしたのか

第Ⅲ部では、少年少女雑誌がどのように変遷したかを明らかにする。

本章の目的は、一九二五（大正一四）年前後、「少年」「少女」のメディアが、どのようにして変容したのか、もう一つは、一九二五年前後、「少年」「少女」のメディアが、なぜ変容したのかを明らかにすることである。そのために、分析期間として、『少年倶楽部』が生まれた一九一四（大正三）年から、『日本少年』が終刊となった一九三八（昭和一三）年までを見ることとする。

また、分析史料として、『日本少年』『少女の友』『少年倶楽部』『少女倶楽部』に着目することとする。この四冊は、前の二冊が実業之日本社の少年少女雑誌、後の二冊が大日本雄弁会講談社の少年少女雑誌であるといえる。なぜこの二つの出版社の少年少女雑誌を分析するのかというと、この二つの出版社の少年少女雑誌は、一九二五年前後、苛烈な読者獲得競争を繰り広げるなかで、「少年」「少女」のメディアの変容を生じさせていったからである。加えて、この分析期間に出版された雑誌、書籍も適宜分析することとする。

2　『日本少年』『少女の友』から『少年倶楽部』『少女倶楽部』へ

第三章で見たように、少年少女雑誌の変遷を辿ると、一九一〇年代、少年少女界の頂点は、『少年世界』『少女世界』から『日本少年』『少女の友』へ移り変わったと見ることができる。一九〇〇年代、少年少女雑誌界の頂点に君臨していたのは、『少年世界』『少女世界』であった。ところが、一九一〇年代、『少年世界』『少女世界』と入れ替わるようにして、『日本少年』『少女の友』が、少年少女雑誌界の頂点に君臨することになったのであった。

しかし、時代が下がると、少年少女雑誌界の頂点は、『日本少年』『少女の友』から『少年倶楽部』『少女倶楽部』へ移り変わることになる（図8－1～図8－4）。ここで、『少年倶楽部』『少女倶楽部』の誕生と終焉を見てみることにする。最初に誕生したのは、『少年倶楽部』である。『少年倶楽部』は、一九一四年一一月に生まれた。この『少年倶楽部』は、少年小説などの「少年」のための読みものを主に載せる雑誌であった。創刊号は、大きさが菊判、定価一五銭、総頁数が一二八頁であった。刊行形態は月刊である。初代の編集主任は、尾張真之介《おわりしんのすけ》が務めた。この『少年倶楽部』は戦後まで続いた。そして、戦後の一九四六（昭和二一）年四月号から『少年クラブ』に改められることになった。その後、『少年倶楽部』は、一九六二（昭和三七）年一二月号で終刊となった。

『少年倶楽部』の戦前の代表的な作家は、吉川英治《よしかわえいじ》、佐藤紅緑《さとうこうろく》、大佛次郎《おさらぎじろう》、池田宣政《いけだよしまさ》（南洋一郎《みなみよういちろう》）、山中峯太郎《やまなかみねたろう》、佐々木邦《ささききくに》、高垣眸《たかがきひとみ》、海野十三《うんのじゅうざ》、横山美智子《よこやまみちこ》（黒田道夫《くろだみちお》、横山美智夫《よこやまみちお》）、サトウ・ハチロー、江戸川乱歩《えどがわらんぽ》などである。また、代表的な画家は、斎藤五百枝《さいとういおえ》、高畠華宵《たかばたけかしょう》、山口将吉郎《やまぐちしょうきちろう》、河目悌二《かわめていじ》などが挙げられる。代表的なマンガ家は、田河水泡《たがわすいほう》などである。戦後の『少年倶楽部』の代表的な作家は、戦前に引き続き、江戸川乱歩、南洋一郎などが挙げられる。

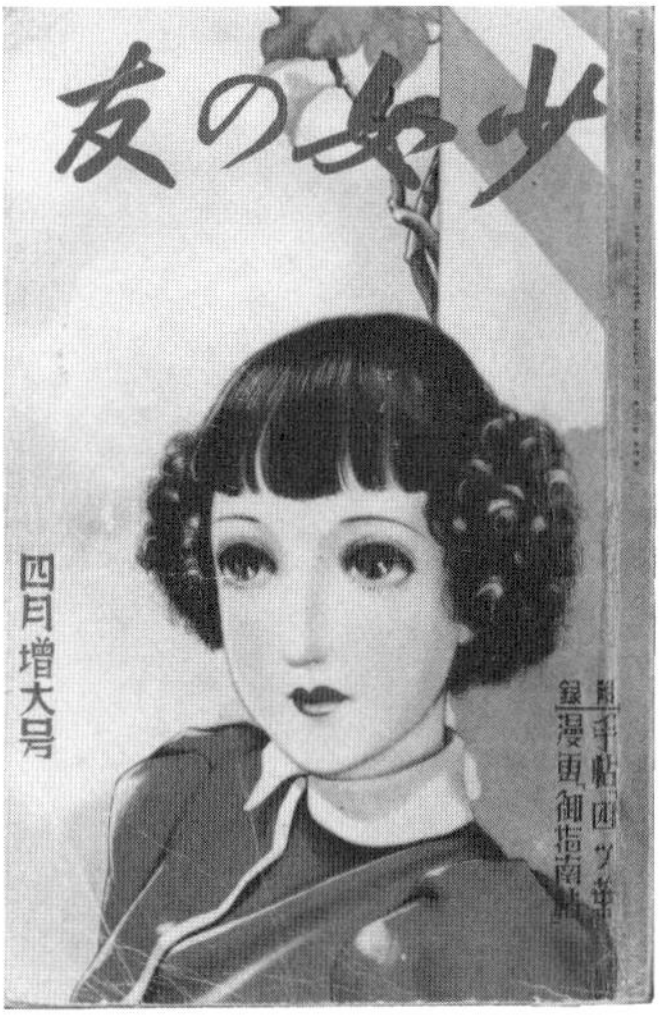

図8－2 『少女の友』
（1938年４月号。実業之日本社。中原淳一。著者所蔵）ⒸJUNICHI NAKAHARA/HIMAWARIYA

図8－1 『日本少年』
（1927年３月号。実業之日本社。高畠華宵。日本近代文学館所蔵）

図8－4 『少年倶楽部』
（1930年11月号。大日本雄弁会講談社。斎藤五百枝。著者所蔵）

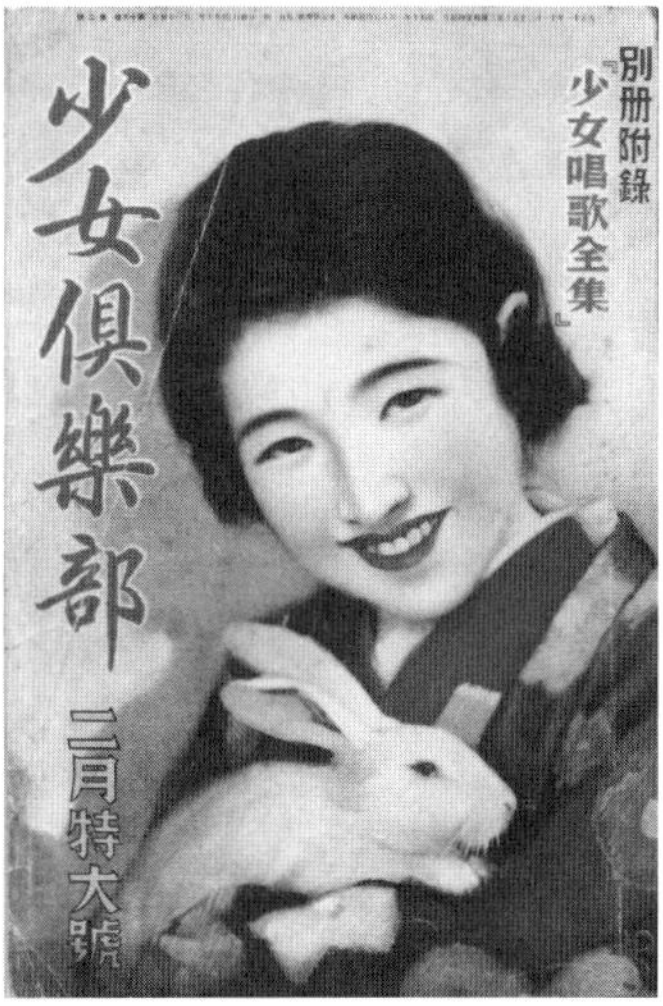

図8－3 『少女倶楽部』
（1935年２月号。大日本雄弁会講談社。多田北烏。国立国会図書館所蔵）

『少年倶楽部』が誕生した後、『少女倶楽部』が誕生する。『少女倶楽部』は、一九二三（大正一二）年一月に生まれた。『少年倶楽部』が生まれたのが、一九一四年一一月、『少女倶楽部』が生まれたのが、一九二三年一月であることを考えると、少年雑誌の誕生から少女雑誌の誕生まで、九年近くかかっていることになる。いくらなんでも、時間がかかりすぎているようにおもえる。このような時間差が生まれた理由は、大日本雄弁会講談社の社長であった野間《のま》清治《せいじ》によると、第一に、大日本雄弁会講談社の「社員の大部分は男子であ」るため、女子読者の要望を汲み取ることが困難であると考えたこと、第二に、『少年倶楽部』の女子読者が、「その方（『少女倶楽部』――引用者）へ移るに過ぎない結果になるのではないかと」危ぶんだことであったとされている（野間　一九三九、六七八）。この『少女倶楽部』は、少女小説などの「少女」のための読みものを主に載せる雑誌であった。創刊号は、大きさが菊判、定価が五〇銭、総頁数が一九二頁であった。刊行形態は月刊である。初代の編集主任は宇田川鈞《うだがわひとし》が務めた。社史によると、紙質は上質のものを用いることとし、印刷技術は最上のものを使うこととしたとされている（講談社社史編纂委員会編　一九五九ａ）。また、この創刊号の発行部数は、八万二〇〇〇部であったといわれている（講談社社史編纂委員会編　一九五九ａ）。『少女倶楽部』は、その後、一九二三年四月号においては皇后（後の貞明《ていめい》皇后）に嘉納され、また一九二四（大正一三）年六月号からは皇太子妃良子《ながこ》女王の台覧を賜ることになった。さらに、戦後の一九四六年四月号からは『少女クラブ』に改められることになった。その後、『少女倶楽部』は、一九六二年一二月号で終刊となった。

『少女倶楽部』の戦前の代表的な作家は、吉屋信子《よしやのぶこ》、菊池寛《きくちかん》、西條八十《さいじょうやそ》、吉田絃二郎《よしだげんじろう》、佐藤紅緑、大佛次郎、山中峯太郎、吉川英治などである。代表的な画家は、加藤《かとう》まさを、須藤《すどう》しげる、蕗谷虹児《ふきやこうじ》など、代表的なマンガ家は、田河水泡、松本《まつもと》かつぢ、長谷川町子《はせがわまちこ》などが挙げられる。戦後の『少女倶楽部』の代表的な作家は、戦前から引き続き筆をとった西條八十、戦後から作品を掲載するようになった小糸《こいと》のぶ、江戸川乱歩などである。戦後の代表的な画家は戦前から引き続き絵を描いた蕗谷虹児などが、代表的なマンガ家は手塚治虫《てづかおさむ》、水野英子《みずのひでこ》などが挙げられる。

この『少年倶楽部』『少女倶楽部』は、読者を獲得することに成功した。そのため、『日本少年』『少女の友』は、『少年倶楽部』『少女倶楽部』に読者を奪われることになった。そして、衰退を余儀なくされていった。とはいえ、『日本少年』『少女の友』の辿った道は、それぞれ異なるものであった。

『日本少年』は、『少年倶楽部』に敗北したといえる。なぜなら、『日本少年』と『少年倶楽部』の読者層は、いちじるしく重複していたからである。『日本少年』は、先に見たように、「投書者は小学校生徒及中学校初年級程の少年としてあります」（編集者「通信」『日本少年』一九〇六（明治三九）年七月号、九五）ととらえていた。一方、『少年倶楽部』は、野間清治によると、想定した読者層は、「尋常四五年から高等小学全部、中学の一二年、もしくは三年まで」（野間　一九三六、五一九）であった。したがって、『日本少年』は小学一年生から中学一、二年生までを、『少年倶楽部』は小学四、五年生から中学一、二年生までを読者層としていたのであった。これを見ると、二つの雑誌の読者層は、『日本少年』のほうが、小学一年生から三年生までを含んでいるため、広範囲であるといえるが、ほぼ重なり合っているといえる。それゆえ、二つの雑誌は、熾烈な読者獲得競争を繰り広げることになったのである。実業之日本社の社史は、「『日本少年』は（中略）『少年倶楽部』と絶えず競争的立場にさらされ、大正末期から凋落の一途をたどるようになったのである」（実業之日本社社史編纂委員会編　一九九七、一四二）と把握している。この結果、『日本少年』は、一九三八年一〇月号で終刊となったのである。

少年雑誌界においては、一九四〇（昭和一五）年には、『少年倶楽部』がほぼ独走することになった。附表1を見ると、それが見てとれる。附表1は、第二章で見たように、一八八八（明治二一）年から一九六九（昭和四四）年までの少年雑誌の変遷を見たものである。この附表1を見ると、博文館は、一九三三（昭和八）年一月号で、『少年世界』を終刊としていることがわかる。そして、その後、一九三五（昭和一〇）年四月に『新少年』を創刊しているが、一九三九（昭和一四）年八月に終刊としている。実業之日本社は、『日本少年』を一九三八年一〇月に終刊としている。したがって、一九三九年八月に『新少年』が終刊となった後は、『少年倶楽部』がほぼ独走するようになったのである。ただし、『海洋少年』（海と空社）が一九三九年五月に、『海軍』（大日本雄弁会講談社）が一九四四（昭和一九）年に、それぞれ海軍の指導で創刊されている。また、『若桜』（大日本雄弁会講談社）が一九四四年に陸軍の指導で創刊されている。このような軍の指導による少年雑誌を除くと、少年雑誌は、一九四〇年から終戦の一九四五（昭和二〇）年にかけて、『少年倶楽部』の一雑誌だけになるといえる。

一方、『少女の友』は、編集者の内山基《うちやまもとい》の判断によって、『少女倶楽部』と異なる読者層を開拓することになる。内山基は、一九二八（昭和三）年に、実業之日本社に入社した。入社後は、実業之日本社の社史によると、編集主筆の「岩下天年（小葉）のもとで『少女の友』を都会的でエレガントな雑誌にすべく努力していた」（実業之日本社社史編纂委員会編　一九九七、一三二）とされている。そして、一九三一（昭和六）年九月、『少女の友』の編集主筆に就任した。編集主筆になった後、内山基は、実業之日本社の社史によると、「その特色（都会的でエレガントな雑誌という特色――引用者）をさらに鮮明にした」（実業之日本社社史編纂委員会編　一九九七、一三二）といわれている。このように、内山基は、『少女の友』を都会的な少女雑誌にしようと努力していたのである。このことを、実業之日本社の社史は、次のように把握している。「内山基の編集する『少女の友』は、中原淳一の表紙、吉屋信子、川端康成、由利聖子などの小説、中原淳一、松本かつぢ、松野一夫の挿絵などの都会的センス溢れる雑誌づくりが異彩を放っていた」（実業之日本社社史編纂委員会編　一九九七、一三八）と。

遠藤寛子は、『少女倶楽部』を地方型、『少女の友』を都市型に分類できるとしている。「健康で強烈な娯楽性に富み、それゆえに通俗性と大衆性を指摘される『少女倶楽部』派と、繊細で優雅な抒情性にすぐれ、反面軟弱と感傷過多を非難される『少女の友』派と。これをさらに読者基盤によってわけるなら、『少女倶楽部』派はその素朴さゆえに地方型、『少女の友』派はその洗練において都市型となるだろう」（遠藤　一九九三、六〇七）と。そして、『少女の友』を都市型の少女雑誌に方向転換させたのは、内山基であるととらえている。「内山基が『少女の友』の生き残りをかけて、『少女倶楽部』の追随をやめ、新しい編集方針をうちだした。（中略）大都市、それも東京の、主として山の手の女学生に標的をしぼること、ここから、宝塚とのタイアップによるおびただしいグラビアやスターの記事、都会的な詩や創作、抒情画といった内容が生まれる」（遠藤　一九九三、六〇八）と。このように、内山基は、『少女の友』の読者層を『少女倶楽部』の読者層と異なるものにしたのであった。いいかえると、『少女の友』は、『少女倶楽部』が地方の女子読者を獲得しようとしていると見なして、都市の女子読者を獲得する戦略に切り替えたのであった。

この結果、『少女の友』は戦後まで継続することになった。附表2を見ると、それがわかる。附表2は、第二章で見たように、一九〇二（明治三五）年から一九六九年までの少女雑誌の変遷を把握したものである。この附表2を見ると、『少女世界』は、一九三一年一〇月で終刊となっていることが見てとれる。また、『少女画報』は、一九四二（昭和一七）年三月で終刊となっている。なぜなら、『少女の友』が、一九四二年四月号で、この『少女画報』などの複数の少女向けの雑誌を吸収合併したからである（実業之日本社社史編纂委員会編　一九九七）。したがって、少女雑誌界においては、一九四二年四月から終戦の一九四五年までにかけて、『少女の友』『少女倶楽部』の二雑誌のみで走っていくことになったのである。

3　『日本少年』から『少年倶楽部』へ

なぜ少年雑誌界の頂点は、『日本少年』から『少年倶楽部』へ移り変わったのだろうか。それは、その背後に少年雑誌の読者層の変化があったからである。本節はこのことを見ることにする。

『少年倶楽部』が、一九一四年一一月に創刊された時点においては、少年雑誌界の頂点に君臨していたのは『日本少年』であった。たとえば、野間清治は、「既に発行されてゐる多くの少年雑誌は、みな相当に売れてゐるやうであつた。当時、実業之日本社発行の『日本少年』は、私の調べたところでは、毎月九万から十万出てゐるらしかつた」（野間　一九三六、五一八）とふりかえっている。

しかし、『少年倶楽部』は、野間清治の強力なリーダーシップによって、『日本少年』とは異なる読者層を開拓することになった。第一に、『少年倶楽部』がおこなったことは教養主義の否定であった。野間清治は、『日本少年』をはじめ、そのころ刊行されていた少年雑誌について、次のように不満を抱いていた。「当時出てゐた少年雑誌の大部分は、知識的、科学的な記事が多く、やや程度も高いかに思はれた。一部の少年には、或は熱心に読まれるかも知れないが、一般の少年から言つたらどんなものであらうか」（野間　一九三六、五一九）と。このように、野間清治は、そのころの少年雑誌における教養主義を真っ向から批判していたのである。なぜなら、その教養主義は、限られた階層の男子には支持されるかもしれないが、大多数の階層の男子には支持されないものだったからである。

たとえば、先に見たように、『日本少年』は、一九一〇（明治四三）年五月号から一九一九（大正八）年八月号にかけて、有本芳水《ありもとほうすい》が編集をしていた。そして、有本芳水は、『日本少年』に新体詩を載せて、男子読者の絶大な支持を得ていた。この新体詩は、七、五、あるいは、五、七のリズムからなる文語定型詩である。しかし、新体詩を支持する層は、ごく限られた層だといえる。なぜなら、文語体、いいかえると、和文体と漢文体を操ることができ、七、五、あるいは、五、七のリズムを心地よくおもえるようになるためには長きにわたる訓練が必要不可欠であるが、そのような訓練を受けられる層はごく限られた層であったからである。その証拠に、『少女の友』では、口語詩、すなわち口語自由詩が女子読者に支持されていたのである。なぜなら、女子読者のほとんどが、そのような長きにわたる訓練を受けられなかったからである。

第二に、『少年倶楽部』がおこなったことは知育偏重主義の否定であった。なぜなら、野間清治はそのころの学校教育の知育偏重主義にたいして、次のように批判の目を向けていたからである。「学校教育は、ややもすると知育方面に力を用ひ過ぎて、国民性の啓発や精神教育の方面が、どうも不足してゐるのではないかと言ふことであつた。現代の学校は、祖先の功績を、興味深く、感銘深く語り聞かせることをあまりやつてゐない。時には、それを伝記化し、更に講談化する方法が、非常に有効であるのに、それもあまりやつてゐない。歴史や修身や読本はあるが、多くは面白さが足りないし、少々固苦しい。（中略）私は『少年倶楽部』を以てこの方面を補ひたいと考へたのである」（野間　一九三六、五二〇）と。このように、野間清治は、そのころの学校教育の知育偏重主義を批判していたのである。

まとめると、『少年倶楽部』は、第一に教養主義の否定、第二に知育偏重主義の否定をおこなっていた。そして、教養主義、知育偏重主義の代わりに『少年倶楽部』が掲げていたのは、一つに娯楽主義、二つに徳育主義であった。いいかえると、『少年倶楽部』は知育偏重主義を否定して徳育主義を、教養主義を否定して娯楽主義をめざしていたのであった。たとえば、野間清治は、『少年倶楽部』の記事について、次のような記事でなければならないとしている。「主として面白い、趣味的な、それでゐて精神教育に役立つ記事、一つは知的性質を帯びた教育記事。然し後者はその範囲も分量も稍や狭少に」（野間　一九三六、五一九）するべきである、と。このように、野間清治は、『少年倶楽部』の記事について、娯楽主義に貫かれた徳育主義でなければならないとしていたのである。また、このことは『少年倶楽部』のスローガンにもあらわれている。『少年倶楽部』は、一九二九（昭和四）年一〇月号から「右手に教科書、左手に少年倶楽部」というスローガンを掲げるようになる。このスローガンは、『少年倶楽部』が、「固苦しい」知育を学校教育に任せて、「面白い」徳育を担当することを宣言したことを示しているとおもわれる。

つまるところ、『少年倶楽部』は、少年雑誌における教養主義、加えて、学校教育における知育偏重主義を批判した。そしてその代わりに、娯楽主義、加えて、徳育主義を打ち出した。さらに、そのことは、野間清治の言葉を用いていいかえると、「国民性の啓発と涵養」（野間　一九三六、五一九）ということに他ならなかった。

このように、『少年倶楽部』は『日本少年』と異なる道を進むことになった。しかし、『少年倶楽部』は、最初のころはほとんど支持されなかった。先に見たように、『少年倶楽部』は創刊号である一九一四年一一月号を刊行した。その後、第二号である一九一四年一二月号を刊行した。そのとき、野間清治は、書店で調査をしたのであった。すると、「売行きの模様は、『日本少年』十部に対して、『少年倶楽部』が凡そ二部の割合だつたので、大いに落胆してしまつた」（野間　一九三六、五二三）というありさまであった。

しかし、加藤謙一《かとうけんいち》が編集主任になった一九二一（大正一〇）年一〇月号から、『少年倶楽部』は大躍進することになった（中村　一九四四、四五二）。たとえば、『少年倶楽部』は、一九二二（大正一一）年一月号においては、八万部を発行することになった（講談社社史編纂委員会編　一九五九a、五一二）。さらに、一九二二年二月号においては、大正天皇第四皇子澄宮崇仁《すみのみやたかひと》親王に献上して、台覧を得ることになった（講談社社史編纂委員会編　一九五九a、五一二）。そして、このことによって、『少年倶楽部』はさらに支持を拡大していった。ついに、一九二四年三月号においては、「日本一、少年雑誌界の王様」という表紙文字を入れることとなった。『少年倶楽部』は、とうとう『日本少年』を凌駕したことを訴えるに至ったのであった。そのことは、図8‐5から確かめることができる。図8‐5は、一九一四年から一九四五年までの『少年倶楽部』一月号における発行部数の推移をまとめたものである。これを見ると、『少年倶楽部』一月号の発行部数は、一九二三年では一二万部であったが、一九二四年では三〇万部に、一九二五年では四〇万部に増加していることがわかる。したがって、たしかに、一九二四年には『少年倶楽部』の発行部数が飛躍的に増加したことが見てとれるのである。

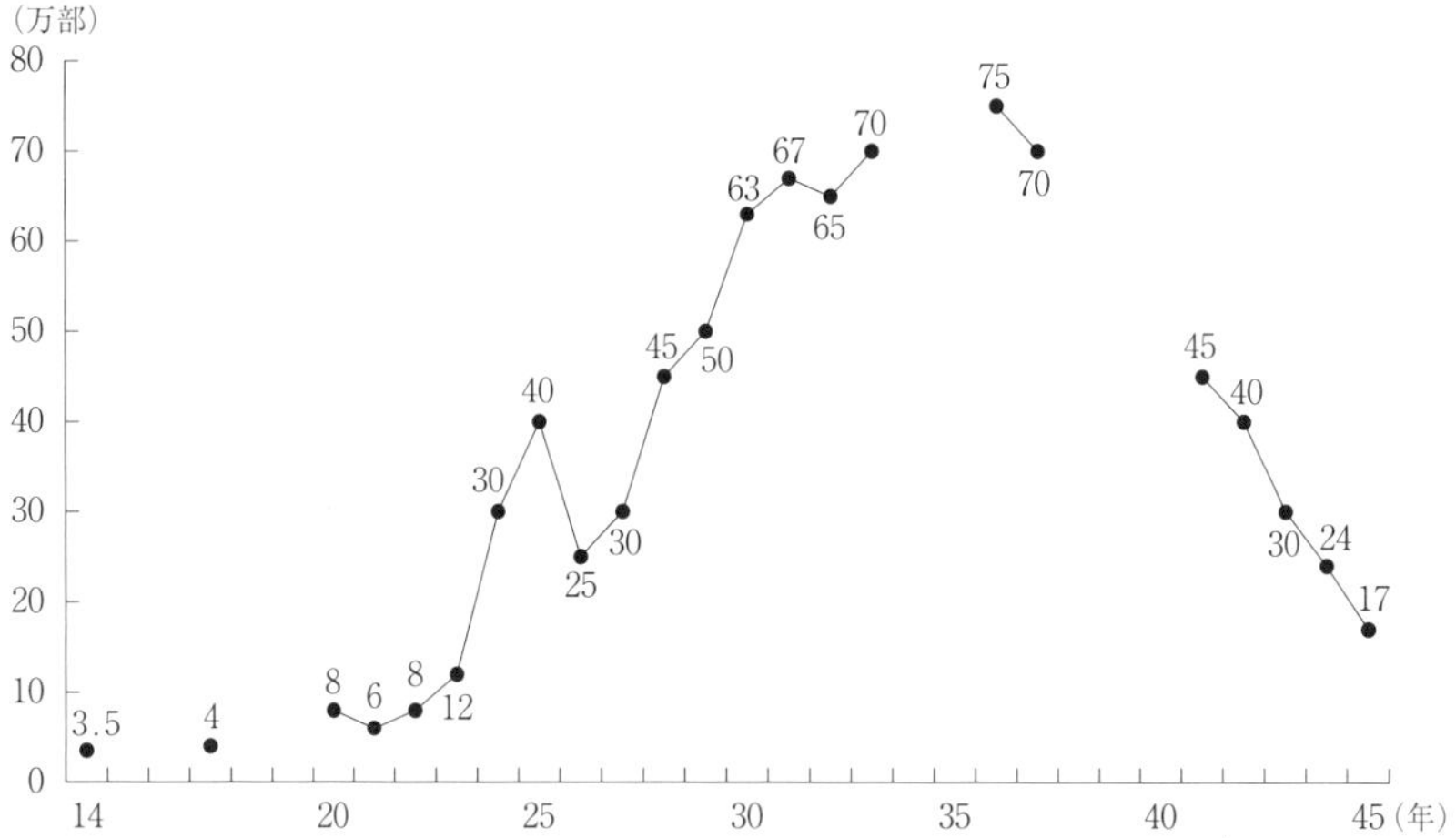

図8－5　『少年倶楽部』の新年号の発行部数（1914～1945年）

出典：岩橋（1988）。

ところが、先に見たように、一九二五年の二、三月ごろ、「華宵事件」がおきたのである。この「華宵事件」とは、画家の高畠華宵が画料のことで編集者の加藤謙一と揉めて、「御社へ描くのはごめんこうむりましょう」（加藤　一九六八、四二）と絶縁を宣言したという事件である。高畠華宵は、長きにわたって『少年倶楽部』で抒情画を描いていた。そして、男子読者に絶大な人気を誇っていた。ところが、高畠華宵はあろうことかライバルの『日本少年』で抒情画を描き始めたのであった。その結果、『少年倶楽部』の「部数がガタ落ちとなった」（加藤　一九六八、四二）。たしかに、図8－5によると、『少年倶楽部』一月号の発行部数は、一九二五年では四〇万部であったが、一九二六（大正一五）年では二五万部に落ち込んでいる。加藤謙一はたいそう驚いた。そして、野間清治の自宅に押し掛けた。加藤謙一は、野間清治に頼んで、高畠華宵との縁をとりもってもらおうと考えたのである。ところが、野間清治は激怒した。「だいたいひとりの花形によりかかるとこんなことになるものだ。巌谷小波がいなくなって少年世界がダメになった。押川春浪がいなくなって冒険世界がダメになった。茅原華山がいなくなって万朗報もダメになった。（中略）華宵ひとりいなくなって減るような雑誌ならつぶしてしまうんだね」（加藤　一九六八、四一）と。そして、野間清治は、震えている加藤謙一に向かって、「雑誌というものはさし絵で売るもんじゃないんだよ。活字で売るんだ。いい読み物で売るんだ。それを忘れたんだね。いい作家をさがしなさい、子どもが熱狂するようなものを書いてもらうんだね。それをやるんだね。いやでも雑誌は伸びるもんだ」（加藤　一九六八、四一）といいはなった。後年、加藤謙一はこのころをふりかえって、「少年倶楽部が読み物重点の編集にかわったのはこの時からである」（加藤　一九六八、四一）としている。

こうして、『少年倶楽部』は「華宵事件」をきっかけに、さらなる躍進を果たすことになった。『少年倶楽部』は、このことを契機にして、作家の開拓に情熱を傾けることになった。そして、それが功を奏したのであった。これこそ『少年倶楽部』の黄金時代の幕あけであった。一九二七（昭和二）年を契機にして、『少年倶楽部』の発行部数は、量的拡大を遂げることになった。図8-5を見ると、一九二七年から、『少年倶楽部』一月号の発行部数は増加していくことがわかる。講談社の社史によると、一九二七年一月号は三〇万部を、一九三七（昭和一二）年一月号は、七〇万三九九部を叩き出したといわれている（講談社社史編纂委員会編　一九五九b）。

つまるところ、『少年倶楽部』が野間清治の指導によっておこなったことは、読者を都市新中間層に限定しないということであったとおもわれる。都市新中間層は、まさに、教養主義・知育偏重主義を支持していたといえる。それゆえ、『少年倶楽部』は教養主義・知育偏重主義を排除することによって、都市新中間層だけに訴えかけるのをやめたのである。そして、他の階層をとりこむことに成功したのである。

この大正時代、大正教養主義とよばれる動きがおきていた。竹内洋によると、「教養主義は、哲学・文学・歴史などの人文学の習得によって、自我を耕作し、理想的人格を目指す人格主義である」（竹内　一九九九、二三七）とされている。この教養主義が展開されたのは、旧制高等学校という場においてであった。さらに、帝国大学という場においてであった。竹内洋によると、「旧制高校は教養主義の本堂だった。（中略）帝大文学部は、その奥の院ともいうべき場だった」（竹内　二〇〇三、八六）とされている。そして、高等学校進学をもっともめざしていたのは、都市新中間層の男子であった。第三章で見たように、都市新中間層は学歴獲得をめざしていた層である。そのため、都市新中間層の男子は、帝国大学を頂点とする学歴ヒエラルキーのなかで、帝国大学進学、そしてそのための高等学校進学をめざしていたといえる。そうであるとすると、都市新中間層は、高等学校、および、帝国大学の学生の支持する教養主義をもっとも支持していた層であるといえるのである。

さらには、都市新中間層は、学歴獲得をめざしている層であるため、学校教育の知育偏重主義をもっとも支持していた層であるといえる。いいかえると、都市新中間層は学歴獲得のために学校教育に適合している層、適合せざるを得ない層であるといえる。

したがって、『少年倶楽部』は、教養主義・知育偏重主義を批判することで、都市新中間層とは異なる階層を読者層としてとりこもうとしたと考えることができるのである。

『少年倶楽部』は、実際のところ、都市新中間層の男子に加えてそれより下の階層の男子をとりこもうとしていたことがわかっている（今田　二〇一六）。というのも、『少年倶楽部』を見ると、勤労する男子に向けて、多数のメッセージを掲載していることが把握できるからである（今田　二〇一六）。たとえば、『少年倶楽部』一九二四年四月号には、「大附録」の「努力奮闘成功秘訣　苦学独学案内」がつけられている。この案内では、さまざまな執筆者が苦学の勧めを書いている。なかには野間清治の文もある。野間清治は、「中等学校へ入らなくても偉くなれる」というタイトルの文を書いて、勤労する男子を激励しているのである（野間清治『少年倶楽部』一九二四〔大正一三〕年四月号、二八六―二九二）。その他、『少年倶楽部』には勤労する男子のための記事がたびたび掲載されている。「働く少年の為めに（少年職業紹介所調査）」（一記者『少年倶楽部』一九二六〔大正一五〕年五月号、一三六―一四一）、「小学校卒業生を歓迎する職業　職業は人の道」（文部省社会教育課長督学官　小尾範治『少年倶楽部』一九二七（昭和二）年四月号、二九四―二九七）、「小学校卒業生を歓迎する職業　職を求むる小学校卒業生は来れ」（東京市少年職業紹介所　小野磐彦『少年倶楽部』一九二七（昭和二）年四月号、二九八―三〇〇）、「小学校卒業生を迎へる職業」（東京府少年職業相談所　川野温興『少年倶楽部』一九二七（昭和二）年四月号、三〇一―三〇四）などである。このような記事は、『日本少年』にはほとんど掲載されていないものである。

また、『少年倶楽部』は、勤労する男子のために通信教育の広告を掲載している。当時、勤労する男子が、教育を受ける機会としては、主に二つのものが存在した。一つは勤労しつつ夜間学校に通うというもの、二つは勤労しつつ通信教育を受けるというものであった。そして、二つ目の通信教育には、中学講義録などの「講義録」とよばれるものがあった。『少年倶楽部』には、この講義録の広告が掲載されていたのである。『少年倶楽部』に掲載された講義録の広告の一覧は、次のとおりである。「軍事」「習字」「農業」「印刷術」「総記」「教員」「算術」「文学」「高等小学」「電車員」「鉄道員」「数学」「中学」「英語」「漢学」「柔術」「文学」「商業」「銀行事務」「航海員」「電気」「支那語」「手紙」「測量員」「露語」「珠算」「通信」「会社員」「速記」「催眠術」「調査看守」「うたひ」「角力」「薬物植物」「海外発展」「写真術」「絵画」「生花」「作文」「薬草」「致富」「文官」「歯科」「尺八」「私立専門」「優秀児童」「自動車」「ハーモニカ」「ヴァイオリン」「警行家」「就職」「無線」「女学」「機械」（菅原　一九九四）。これを見ると、『少年倶楽部』には、さまざまな講義録の広告が載っていたことがわかる。したがって、『少年倶楽部』は、勤労する男子を読者の範疇に含めていたといえるのである。

一方、『日本少年』は、都市新中間層の男子を読者にとりこもうとしていた。なぜなら、『日本少年』は、中等教育機関に進学する男子に向けて多数のメッセージを載せていたからである。たとえば、「中等学校入学志願者の心得」（東京府立高等学校長　川田正澂『日本少年』一九三五（昭和一〇）年一月号、一一九）、「全国中等学校野球部評判記

（京都府・宮城県の巻）」（猿面太郎『日本少年』一九三五〔昭和一〇〕年一月号、二一八―二二二）、「学校写真めぐり　東京府立高校尋常科・成蹊高校尋常科・東京女高師附属小学校・成城学園小学部」（編集者『日本少年』一九三五〔昭和一〇〕年一月号、グラビア）、「特集　陸海軍軍人になりたい人のために　陸軍諸学校入学案内一覧」（編集者『日本少年』一九三五〔昭和一〇〕年一月号、一六八―一六九）などである。また、『日本少年』の編集者は、読者が中学校をはじめとする中等学校に進学する階層の男子であるととらえている。次のとおりである。

昨年、高尾山遠足会（『日本少年』の愛読者のための企画――引用者）に行った愛読者の中で、今年、中学校初め、その他の中等学校へ入学したものが沢山ある。

高尾山遠足会へも行き、また今度の日本少年軍艦観覧会（『日本少年』の愛読者のための企画――引用者）へも行った少年が、二十余名ほどもある。その中、昨年までは、小学校生徒であって、今年は、早や中学校の生徒になったものが五名もある。（中略）残る二十名位の愛読者は、大概、小学校へ通学されつつあれば、追々各種の中学校へ入学さるる事であらう。

僅か二十余名の中でさへもこの通りである。この外高尾山遠足会へ行って、今度の軍艦観覧会へ行かなかった愛読者の中にも、それぞれ中学校へ入った人が、沢山あるに違ひない。（中略）

更に、全国の愛読者を悉く調べてみたら、実に大変なものであらうと思ふ。

かくの如く、わが日本少年は、一方に於いて新しい愛読者を続々迎へつつあると同時に一方に於いては、新進気鋭の少年をドシドシ一段高い学校へ送りつつあるのである。（中略）愛読者諸君は、いづれも各方面に成功し各自国家の為、大に活動せらるるであらう、と思へば、われらは実に、万歳を三呼せざるを得ない。アア愉快愉快。

（石塚月亭「記者読者談話会　中学へ行った読者」『日本少年』一九〇九〔明治四二〕年七月号、八四）

このように、『日本少年』の編集者は、『日本少年』の読者の大多数が中学校に進学するととらえていたのである。そして、この読者が大人になったときには国家を背負うことになると把握していたのである。だからこそ、『日本少年』の編集者は、読者の教育に意欲を燃やしていたのである。

したがって、『日本少年』は都市新中間層の男子を、『少年倶楽部』は都市新中間層より下の階層の男子をとりこもうとしていたのである。しかし、雑誌はけっして安価ではなかったことを考えると、実際のところ、『少年倶楽部』の読者は、都市新中間層の男子が多数であったとおもわれる。それゆえ、『日本少年』は都市新中間層の男子に、『少年倶楽部』は都市下層の男子に、および、地方の下層の男子に購読されたととらえるのは間違いである。そうではなくて、『少年倶楽部』は、都市新中間層の男子を読者としてとりこみつつ、都市下層の男子も、および、地方の下層の男子も読者としてとりこもうとしていたのである。都市下層、および、地方の下層の男子は、数としては、都市新中間層の男子を圧倒する。したがって、そのような男子がときどき購入してくれれば、それは無視できない数となるのである。このように、『少年倶楽部』は、都市新中間層の男子とその下の階層の男子、その両方に目を向けることで、購読者数の拡大に成功したとおもわれる。

たとえば、『日本少年』『少年倶楽部』の懸賞欄の懸賞当選者を見ると差異はほとんど見られないのである。先に見たように、表３－５は、『日本少年』一九三七年二月号の投稿欄の掲載者、および、懸賞欄の懸賞当選者の居住地を調査したものである。一方、表８－１は、表３－５と同じように、『少年倶楽部』一九三七年二月号の投稿欄の掲載者、および、懸賞欄の懸賞当選者の居住地を調査したものである。表８－１と表３－５を比較すると、投稿欄の掲載者の居住地に関しては数が少ないため把握することが困難であるが、懸賞欄の懸賞当選者の居住地に関しては、『少年倶楽部』の最多数は大阪府、『日本少年』の最多数は東京都（当時は東京府）という違いはあるが、東京都（当時は東京府）、大阪府、兵庫県、京都府といった大都市居住者、また、地方の人口規模が大きな都市の居住者が多数であることについては共通している。さらに、懸賞欄の懸賞当選者全体に占める東京都（当時は東京府）居住者の割合は、『少年倶楽部』が八・八パーセント、『日本少年』が七・六パーセントであるため、差異は少ないといえる。『少女の友』のように、東京居住者に過度に偏っているわけではなさそうである。このように、『少年倶楽部』『日本少年』は、大都市居住者、および、地方の人口規模が大きな都市の居住者が多数であるといえる。この結果を見る限りは、『少年倶楽部』『日本少年』の読者に、大きな差異はないようにおもえる。したがって、『少年倶楽部』『日本少年』の読者の大多数は、都市新中間層であったと考えられるのである。

しかし、第三章に見たように、永嶺重敏（一九九七）によると、『日本少年』『少年倶楽部』は、東京市の男子小学生に購読されていたことが明らかにされている。たとえば、永嶺重敏（一九九七）による、表3－4の男子小学生の読書調査結果を見るとそれは明らかである。さらに、永嶺重敏（一九九七）によると、『少年倶楽部』は少年工に購読されていたことが指摘されている。このように、『少年倶楽部』は、都市新中間層の男子をとりこんで、さらに、都市下層の男子をとりこんでいたといえるのである。

ところが、『日本少年』は、しだいに『少年倶楽部』に追随するようになった。いいかえると、読者層を都市新中間層に限定するのをやめて、中間層より下の階層の男子をとりこもうとしはじめたのであった。たとえば、第七章で見たように、『日本少年』の理想像は、一九〇〇、一九一〇年代においては、第一に学歴のある者、第二に抒情を理解・表現できる者であったが、一九三〇年代においては、第一に学歴の価値の希薄化がおこって、たたきあげになった。第二に抒情の排除がおこって、豪胆な者になった。しかし、『少年倶楽部』の理想像は、すでに一九一〇年代において、第一にたたきあげ、第二に豪胆な者であった。したがって、一九三〇年代には、『日本少年』が、しだいに『少年倶楽部』の模倣をするようになったと判断することができるのである。先に見たように、学歴も抒情を理解・表現する能力も、その獲得には長きにわたる訓練が必要不可欠である。そのため、長きにわたって

表8－1 『少年倶楽部』（1937年２月号）投稿欄掲載者・懸賞当選者の居住地

	投稿欄掲載者（実数／人）	投稿欄掲載者（割合／％）
東京	8	17.8
新潟	3	6.7
愛知	3	6.7
京都	3	6.7
大阪	3	6.7
広島	3	6.7
北海道	2	4.4
秋田	2	4.4
富山	2	4.4
静岡	2	4.4
青森	1	2.2
宮城	1	2.2
福島	1	2.2
栃木	1	2.2
埼玉	1	2.2
石川	1	2.2
三重	1	2.2
その他	7	15.6
合計	45	100.0

	懸賞当選者（実数／人）	懸賞当選者（割合／％）
大阪	1015	10.8
東京	832	8.8
北海道	548	5.8
兵庫	502	5.3
愛知	406	4.3
京都	400	4.2
神奈川	332	3.5
福岡	294	3.1
「朝鮮」	256	2.7
静岡	254	2.7
新潟	246	2.6
台湾	200	2.1
岡山	178	1.9
広島	177	1.9
千葉	159	1.7
長野	148	1.6
長崎	148	1.6
その他	3329	35.3
合計	9424	100.0

注１：18位以下は「その他」に含めた。
注２：読者の居住地は，「仙台」「札幌」などと細かく区分されているものもあったが，すべて現在の都道府県区分に改めた。
注３：「　」の表記は現在では不適当なものであるが，当時の時代状況をあらわすため，「　」をつけてそのまま表記することとした。
資料：『少年倶楽部』1937年２月号。大阪府立中央図書館国際児童文学館所蔵。

教育機会が与えられる都市新中間層が有利である。したがって、一九三〇年代になると、『日本少年』は、都市新中間層に獲得が有利である抒情を排除することにした。なおかつ、都市新中間層に獲得が有利である学歴を重要視しない戦略をとることにした。『日本少年』は、その二つの改革をおこなうことで、都市新中間層の男子、および、都市下層の男子をとりこむことにしたのである。このように、『日本少年』は、一九〇〇、一九二〇年代においては、読者層を都市新中間層の男子に限っていたが、一九三〇年代においては、読者層を都市新中間層の男子に加えて、その他の階層の男子をとりこむことにしたのである。

ところが、先に見たように、『少年倶楽部』と『日本少年』の読者層は、年齢層においてはいちじるしく重複していたのである。したがって、年齢層に加えて、階層まで重複すると、『少年倶楽部』と『日本少年』は苛烈な読者獲得競争を繰り広げなければならなくなる。その結果、『少年倶楽部』と『日本少年』は、読者獲得競争をおこなうことになった。そして、『少年倶楽部』が勝利し、『日本少年』が敗北したのであった。

『少年倶楽部』『日本少年』の読者獲得競争は、次のことをわたしたちに教えてくれる。時代が下るにつれて、「少年」の範囲は、都市新中間層の男子に限定されるものではなくなったということである。「少年」とは、最初は小・中学校に通っている男子を意味していた。しかし、時代が下るにつれて、勤労する男子も含まれるようになってきたのであった。というのは、勤労する男子にも、通信教育、夜間教育が整えられるようになったからである。また、勤労する男子にも、雑誌が目配りするようになったからである。このように、勤労する男子は、通信教育、夜間教育を受けるようになった。また、雑誌を与えられるようになった。そのことをとおして、勤労する男子は、「少年」として配慮されるようになったのであった。

4　『少女の友』から『少女倶楽部』へ

それでは、なぜ少女雑誌界の頂点は、『少女の友』から『少女倶楽部』へ移り変わったのだろうか。それは、その背後に、少年雑誌界でおこったことと同じように、少女雑誌の読者層の変化があったからである。本節はこのことを見ることにする。

野間清治は、『少女倶楽部』をとおして良妻賢母を養成しようとしていた。最初に、『少女倶楽部』を創刊するにあたって、野間清治は『少女倶楽部』の編集方針を決定した。その一つが三大要件というものであった。この三大要件とは、「第一、品質を良くすること、第二、熱烈なる努力を傾倒すること、第三、編集部員相互協同一致すべきこと」（中村　一九四四、五四五）というものであった。

もう一つが、二一の項目というものであった。その項目とは、たとえば、「四、（中略）教育の過程にある少女に対する読物の校正は、特に深甚の注意を要す」「十、倫理観を養ふことに留意すべし」「十一、幼き恋愛を扱へるものは、白紗を隔てて仄かに花を観るごとき気品高きものたるを要す」「十二、科学知識を面白く取扱へるものを収むべし」「十七、女児は紙質の良否よりも、紙色の白きを喜ぶ傾向あり。その辺の観察を要す」（中村　一九四四、五四五―五四六）などというものであった。なぜなら、野間清治は、このような三大要件と二一項目を指示して、良妻賢母を養成しようとしていたからである。たとえば、「少女に対しては少年に対する程『偉くなれ』といふことや、『野心』を説くことは、さまで必要ではあるまい。（中略）少女は将来教養ある婦人になるだけでなく、良妻賢母にならねばならない」（野間　一九三九、六七八―六七九）と主張していたのである。

しかし、野間清治の養成しようとした良妻賢母像は近代的なそれとは異なるものであった。なぜなら、野間清治の理想とする良妻賢母像は、近世の武家の女性像を模範とするものだったからである。野間清治は、「謙譲の心」を重要視している。その一方で、あまりにへりくだるのもよしとはしていないのである。というのも、野間清治は、「伝統的の武士的婦人の勇気などを失ふやうなことがあつては大変である。少女は感傷的なものを特に喜ぶ、涙脆いものを特に愛好する傾向はあるが、その傾向に迎合して、湿つぽい弱い婦人にしてしまつては一大事だ」（野間　一九三九、六七九）と考えていたからである。したがって、勇ましさ、たくましさを重要視していたといえるのである。このように、『少女倶楽部』がめざしていた女性像とは、武家の女性像を模範とするものだったのである。そして、それは、勇ましさ、たくましさをもった女性像に他ならなかったのである。

『少女倶楽部』が、勇ましさ、たくましさをもった女性像を育成しようとしていたことは、その編集のあり方からもうかがうことができる。たとえば、『少女倶楽部』は講談を導入していた。なぜなら、野間清治が、「女の児だからといつて日本人である以上、任侠や武勇に共感せぬ筈はない」（中村　一九四四、五四七）と考えていたからである。この判断によって、『少女倶楽部』は、他の少女雑誌では一切導入しなかった講談を導入することになったのである。そして、その講談をとおして、「任侠」「武勇」という考え方を読者に教えていったのである。また、『少女倶楽部』は、少女小説を掲載するとき、「自由、快活、清新」（中村　一九四四、五四八）を基準としていた。ここから、『少女倶楽部』が、少女小説をとおして、行動力のある少女のあり方を読者に教えようとしていたことが読みとれる。このように、『少女倶楽部』は、一貫して、勇ましさ、たくましさのある女性像を描き出そうとしていたと考えることができる。

『少女倶楽部』が創刊されたころ、少女雑誌の頂点に君臨していたのは『少女の友』であった。たとえば、『少女倶楽部』の編集者は、「『少女の友』は発行部数十数万と言はれ王座を占めていた」（中村　一九四四、五四五）ととらえていた。そこで、『少女倶楽部』は、この『少女の友』と差異化することで、『少女の友』と異なる読者を獲得しようとした。第一に、『少女の友』は高等女学校に通う女学生に向けて雑誌作りをしていたが、『少女倶楽部』は小学校五、六年生に向けて雑誌作りをすることにした（中村　一九四四、五四八）。

第二に、『少女の友』は、ハイカラ、優美高妙である女性像を描き出していたが、『少女倶楽部』は、バンカラ、質実剛健である女性像を描き出すことにした。第四章に見たように、『少女の友』では、一九〇〇年代から一九一〇年代にかけて、星野水裏《ほしのすいり》の少女詩が支持を集めていた。そして、その少女詩は悲哀を主題にしていた。さらに第六章で見たように、『少女の友』では、一九一〇年代は与謝野晶子《よさのあきこ》の少女小説が、一九三〇年代は吉屋信子と川端《かわばた》康成《やすなり》の少女小説が支持を集めていた。そして、このような少女小説では、抒情を理解・表現することができる能力をもった女性像が描かれていた。このように、『少女の友』の少女詩・少女小説を見ると、『少女の友』は、抒情を理解・表現することができる能力を重要視していたことがうかがえる。なかでも、悲哀を理解・表現することができる能力を称揚していたことが見えてくる。それにたいして、『少女倶楽部』は、先に見たように、悲哀を理解・表現することについて真っ向から批判していたのである。「湿っぽい弱い婦人にしてしまつては一大事だ」（野間　一九三九、六七九）と。このように、『少女の友』と『少女倶楽部』は「少女」の育成について異なる戦略をとっていたのである。

こうして、『少女倶楽部』は『少女の友』とは異なる道を進むことになった。そしてそれが功を奏して、『少女倶楽部』の発行部数は日に日に拡大していったのであった。たとえば、『少女倶楽部』の一九二七年一月号は二二万部に、一九三七年一月号は四九万一六七五部になった（講談社社史編纂委員会編　一九五九b）。さらに、初代の編集主任の宇田川鈞が一九四一（昭和一六）年二月に高木《たかぎ》三吉《さんきち》と交代するころには、『少女倶楽部』は、『少女の友』の発行部数を凌駕し、少女雑誌の頂点に君臨するようになったのであった（中村　一九四四、五五四）。

一方、『少女の友』は、先に見たように、『少女倶楽部』に追随しなかった。『日本少年』が『少年倶楽部』に追随したこととは、大きな違いである。『少女の友』は、実業之日本社社史編纂委員会編（一九九七）、遠藤寛子（一九九三）が指摘するように、都市の色合いを強めるという戦略をとったのであった。そして、それをおこなったのが、編集者の内山基であった。たとえば、大都市の女子読者を熱狂させていた少女歌劇に関する記事、映画に関する記事を導入した（今田　二〇〇七）。また、大都市の高等女学校で大人気を博していたエスを主題にした少女小説を大量に載せた（今田　二〇〇七）。一方、『少女倶楽部』は、それらを載せなかった（今田　二〇〇七）。このような戦略によって、『少女の友』は『少女倶楽部』と棲み分けをはかった。いいかえると、『少女の友』は大都市の女学生、『少女倶楽部』は地方の小学生、女学生を読者としてとりこもうとしたのであった。

『少女の友』『少女倶楽部』のそれぞれの戦略は、次のようにとらえることができる。『少女の友』のほうは、一九〇八（明治四一）年二月の創刊のころから、都市新中間層の女子に目を向けていた。だからこそ、『少女の友』は、都市新中間層の女子が抒情を理解・表現できること、なかでも悲哀を理解・表現できることを充分にわかった上で、それを重要視していたのである。先に見たように、抒情を理解・表現できる能力を身につけるためには、長きにわたる訓練が不可欠である。そして、そのような訓練を有利に受けられたのが、もちろん男子と比べると不利ではあるものの、女子のなかでは都市新中間層の女子だったのである。『少女の友』はそれを充分に把握していたのである。そして、それを雑誌作りに反映させていたのである。しかし、このような戦略は、たしかに、都市新中間層の女子をひきよせるものとなるが、他の階層の女子を遠ざけるものとなる。

一方、『少女倶楽部』のほうは、都市新中間層の女子に加えて、他の階層の女子をとりこむことにしたのである。たとえば、地方の女子である。土田陽子（二〇一四）は、和歌山県立和歌山高等女学校においては、武家の女性像が称揚されていたことを明らかにしている。かつて、徳川御三家の一つである紀州徳川家を有し、五五万五千石の城下町として繁栄した和歌山県においては、武家の女性像が、大正時代になってもなお力をもっていたというのである。だからこそ、質実剛健な女学生像が、和歌山県立和歌山高等女学校の理想的な女学生像として作られていたと指摘するのである。たとえば、和歌山県立和歌山高等女学校の女学生は、県下随一の学力を誇る一方で、薙刀の稽古に励み、真夏には海に徒歩で水泳をしにいき、真冬には大雪の高野山まで耐寒遠足をおこなって、体力を向上させることに余念がなかったというのである。そして、ついには、新設の女子野球部が、『大阪毎日新聞』主催の「女子オリンピック大会」で優勝を果たして、そのおそるべき強さに和歌山県中が湧いたというのである。『少女倶楽部』は、バンカラ、質実剛健な女性像を掲げることで、このような地方の女子の支持を集めようとしていたのである。そして、その『少女倶楽部』の戦略は成功したのである。

そして、その『少女倶楽部』の成功を目にした『少女の友』は、ますます都市新中間層の女子を標的にすることにした。そのため、『少女の友』は、あえて都市的な色合いを強めた。そして、ますますハイカラ、優美高妙な女性像を掲げた。いいかえると、抒情を理解・表現できる能力をもった女性像を理想像に掲げたのであった。それが『日本少年』と明暗を分けた。

ただ、『少女倶楽部』のほうが多数の読者を獲得することができた。そのことは、「少女」の範囲が拡大してきたことを意味する。いいかえると、「少女」の範囲が都市新中間層の女子だけでなく、ありとあらゆる女子になりつつあることをあらわしているといえる。

とはいえ、『少女倶楽部』の読者は、都市新中間層の女子が多数を占めていたとおもわれる。なぜなら、少女雑誌はけっして安価ではなかったからである。したがって、『少女倶楽部』は地方の女子に支持され、『少女の友』は都市の女子に支持されたと把握するのは間違いである。もちろん、実業之日本社社史編纂委員会編（一九九七）も、遠藤寛子（一九九三）も、そのようなとらえ方はしていないとおもわれる。

たとえば、『少女倶楽部』の投稿欄の掲載者、懸賞欄の懸賞当選者を見ると、そのことが見えてくる。第三章に見たように、表3－6は、『少女の友』一九三七年一月号の投稿欄の掲載者、懸賞欄の懸賞当選者の居住地を調査したものである。一方、表8－2は、表3－6と同じように、『少女倶楽部』一九三七年一月号の投稿欄の掲載者、懸賞欄の懸賞当選者の居住地を調査したものである。表8－2と表3－6を比較すると、投稿欄の掲載者の居住地に関しては、『少女倶楽部』の掲載者数が少ないため把握することが困難であるが、懸賞欄の懸賞当選者の居住地に関しては、『少女の友』も『少女倶楽部』も東京都（当時は東京府）、大阪府、兵庫県、京都府といった大都市居住者、地方の人口規模が大きな都市の居住者が多数であるといえる。

ただ、懸賞欄の当選者全体に占める東京都（当時は東京府）居住者の割合を見ると、『少女倶楽部』は一二・七

表8－2　『少女倶楽部』（1937年２月号）投稿欄掲載者・懸賞当選者の居住地

	投稿欄掲載者（実数／人）	投稿欄掲載者（割合／%）
東京	5	9.8
神奈川	4	7.8
群馬	3	5.9
愛知	3	5.9
福岡	3	5.9
静岡	2	3.9
岐阜	2	3.9
滋賀	2	3.9
大阪	2	3.9
鳥取	2	3.9
山口	2	3.9
熊本	2	3.9
北海道	1	2.0
青森	1	2.0
岩手	1	2.0
山形	1	2.0
茨城	1	2.0
その他	14	27.5
合計	51	100.0

	懸賞当選者（実数／人）	懸賞当選者（割合／%）
東京	1301	12.7
大阪	1167	11.4
兵庫	681	6.7
愛知	428	4.2
京都	417	4.1
北海道	397	3.9
福岡	319	3.1
神奈川	294	2.9
広島	231	2.3
岡山	221	2.2
「朝鮮」	221	2.2
新潟	214	2.1
山口	184	1.8
千葉	176	1.7
「満洲」・「支那」・外国	167	1.6
長崎	163	1.6
群馬	157	1.5
その他	3467	34.0
合計	10205	100.0

注１：18位以下は「その他」に含めた。
注２：読者の居住地は，「仙台」「札幌」などと細かく区分されているものもあったが，すべて現在の都道府県区分に改めた。
注３：「　」の表記は現在では不適当なものであるが，当時の時代状況をあらわすため，「　」をつけてそのまま表記することとした。
資料：『少女倶楽部』1937年２月号。大阪府立中央図書館国際児童文学館所蔵。
出典：今田（2007）。

パーセント、『少女の友』は一九・七パーセントであるため、『少女の友』のほうが東京都（当時は東京府）居住者に過度に偏っているといえそうである。

このように、『少女の友』は大都市居住者、とくに、東京都（当時は東京府）居住者に支持されていたことがわかる。一方、『少女倶楽部』は大都市居住者、地方の人口規模が大きな都市の居住者に支持されていたことがわかる。したがって、『少女の友』は大都市の女子、『少女倶楽部』は地方の女子に支持されていたととらえるのは間違いなのである。『少女倶楽部』は大都市の女子を読者にとりこんで、さらに、地方の人口規模が大きな都市の女子をとりこんでいたのである。

5　講談社文化——中間層より下の階層の読者の開拓

大正期の末から昭和戦前期のはじめにかけてメディアに変化がおとずれたことは、さまざまな先行研究が明らかにしている。たとえば、永嶺重敏は、「大正末から昭和初期にかけて、大衆化を指向する新たなメディアが相次いで登場するとともに、既存のメディアにおいても大衆化の動きが加速していく」（永嶺　二〇一〇、二）と指摘している。このように、一九二五年前後において、メディアの「大衆化」とよばれる変化がおきることは、すでに明らかにされているのである。したがって、少年少女のメディアが『日本少年』『少女の友』から『少年倶楽部』『少女倶楽部』へ変化を遂げたことは、メディアの「大衆化」という変化の一つとして把握することができるのである。

このようなメディアの「大衆化」を先導したのが、『少年倶楽部』『少女倶楽部』の出版社である大日本雄弁会講談社であった。たとえば、大日本雄弁会講談社は、一九二五年一月に『キング』を創刊した（終刊は一九五七〔昭和三二〕年一二月号であった）。『キング』は、第一に価格の低廉化をめざした（永嶺　二〇一〇）。なぜなら、総合雑誌の『中央公論』『改造』が八〇銭であったのにたいして、『キング』は通常号が五〇銭、正月の特別号が一円であったからである。第二に内容の平易化をめざした（永嶺　二〇一〇）。なぜなら、『キング』は編集の基本原則として、徹底的な記事の平易化を打ち出したからである。なお、この『キング』がおこなったことは、佐藤卓己（二〇〇二）によって詳細に明らかにされている。

また、一九二五年前後には、円本が誕生した。そのことによって、ますますメディアの「大衆化」が促進された。一九二六年一二月、改造社は、『現代日本文学全集』全三七巻（後に六三巻に増巻）の出版を開始した。これが円本の始まりである。第一回配本は、『現代日本文学全集　尾崎紅葉集』、最後の第六三回配本は、一九三一年一二月の『現代日本文学全集　現代日本文学大年表』である。この『現代日本文学全集』は、先行する文学全集と異なる点があった。第一に、一冊一円で販売されたという点である（永嶺　二〇一〇）。そのため、「円本」といわれるようになった。当時、一円均一で大都市を走る「円タク」がブームになっていたのである。したがって、「円本」の呼称は、この「円タク」になぞらえるようにしてつけられたといわれている。第二に、改造社が、新聞の全面広告を打った点である（永嶺　二〇一〇）。第三に、この新聞の全面広告において、中間層より下の階層に向けたメッセージが見られた点である。


「特権階級の芸術を全民衆の前に解放した」

「血と汗との一円を気前よく投ずる貧しき人々の涙ぐましい姿！」

「出版界の大革命！」

「読書階級の大革命！」

「怒濤の如き大衆の声援」

「百万部計画の一大壮図」

「本全集は我大衆に如何に激動を与えつつあるか！」

「刻々迫る締切前の殺気に満てる街頭の白熱戦を見よ」


（永嶺　二〇一〇、一五―一六）

このように、改造社の広告には、これまで出版文化が「特権階級」に独占されていたことが主張されている。だからこそ、その出版文化を「全民衆」「貧しき人々」「大衆」が手に入れることが必要であるとされている。そしてそのことを「大革命！」だとしているのである。

その後、さまざまな円本が出版されて、一つのブームを形成するようになった。たとえば、改造社の『現代日本文学全集』が出版された後、その後を追うように、新潮社の『世界文学全集』全五七巻・補遺一巻が出版された。第一回配本は、一九二七年三月の『世界文学全集　レ・ミゼラブル第一巻』である。最後の第三八回配本は、一九三二（昭和七）年八月の『世界文学全集　ブッデンブロオク一家第二巻　歎きの天使』である。このように、改造社、新潮社、春陽堂、春秋社、日本評論社、アルス、興文社、平凡社、第一書房などのさまざまな出版社が円本を出していった。さらに、思想、経済学、法学、政治学、戯曲、美術、詩、漫画、地理、歴史、童話、囲碁、医学など、さまざまなコンテンツの円本が出されていった（永嶺　二〇一〇）。

円本は、新たな読者を開拓した。永嶺重敏は、「円本の購読者層の中心的存在となったのは都市のサラリーマン層や職業婦人層といった新中間層、学生層、旧中間層、農村部においては地主層や自作上層に属する人々であった。（中略）しかし、これら既存の書籍読者層以外にも、それまで書籍とまったく縁のなかったさまざまな階層の読者が円本の購読者に新たに加わってきている」、たとえば、「労働者読者」（永嶺　二〇一〇、一九）であると指摘している。したがって、円本は、これまでどおり、都市新中間層をはじめとして、中間層の読者を獲得していたのである。そのような読者が中核に存在していたといえる。しかしそれに加えて、労働者など、中間層より下の階層の読者を獲得するようになったのである。

このように、一九二五年前後、メディアの「大衆化」という変化がおこった。第一に『キング』を頂点とする大日本雄弁会講談社の雑誌群が、中間層より下の階層の人たちを読者として獲得し始めた。第二に一冊一円の円本がブームとなって、中間層より下の階層の人たちが円本を買うようになった。

そして、このようなメディアにおける変化は、新有権者の誕生がひきおこしたのではないかと考えることができる。永嶺重敏は、一九二五年前後、中間層より下の階層の人たちが『キング』と円本を購読するようになった要因を、「一九二五（大正一四）年の普通選挙法公布という政治的要因」（永嶺　二〇一〇）に見ている。一九二五年五月、普通選挙法が公布された。これによって、納税要件が撤廃され、二五歳以上の男子に選挙権が付与されることになった。その結果として、有権者人口は、一九二四年には三三〇万人であったのが、一九二八年には一二六〇万人に拡大した（杣　一九八六）。これによって生み出された新有権者が、新たに教養の獲得をめざして、『キング』と円本を購読することになったのである。

6　反都市新中間層文化の勝利

最後に、この章で明らかになったことをまとめることとする。一九一〇年代、『日本少年』『少女の友』は、商業的成功を収めて少年少女雑誌界の頂点に君臨した。しかし、一九二五年前後から、『少年倶楽部』『少女倶楽部』が商業的成功を収めるようになって、『日本少年』『少女の友』を抜き、少年少女界の頂点に躍り出ることになった。『少年倶楽部』は、第一に教養主義の否定、第二に知育偏重主義の否定をおこなった。そして、第一に娯楽主義、第二に徳育主義の肯定をおこなった。

一方、『少女倶楽部』は、ハイカラ、優美高妙である女性像を否定した。そして、バンカラ、質実剛健である女性像、すなわち、武家の女性像を肯定した。

『少年倶楽部』『少女倶楽部』がおこなおうとしたことは、読者を都市新中間層の男子・女子に限定することをやめるということであった。そして、都市新中間層の男子・女子に加えて他の階層の男子・女子を読者としてとりこむことであった。

そして、このような『少年倶楽部』『少女倶楽部』の戦略は成功を収めることになった。なぜなら、一九二五年前後には、メディアの「大衆化」がおきていたからであった。したがって、第一に『キング』を頂点とする大日本雄弁会講談社の雑誌が、第二に一冊一円の円本が、中間層よりも下の階層の人たちを読者として獲得し始めていたのであった。そして、このメディアの「大衆化」の背後にあったのは、「新有権者」の存在であった。一九二五年五月、普通選挙法が公布された。それによって納税要件が撤廃され、二五歳以上の男子に選挙権が与えられた。その結果、「新有権者」が増加して『キング』を、そして円本を購読して教養の獲得をめざし始めたのであった。

一方、『日本少年』『少女の友』はそれぞれ異なる道を進むことになった。『日本少年』は、『少年倶楽部』の成功を受けて、『少年倶楽部』に追随することにした。その結果、『日本少年』は『少年倶楽部』に敗北して、廃刊に追いやられた。しかし、『少女の友』は『少女倶楽部』に追随することをやめた。むしろ、ますます都市新中間層の女子に読者を限定することにした。その結果、『少女の友』は刊行を続けることに成功したのであった。

このように、『日本少年』『少女の友』と『少年倶楽部』『少女倶楽部』の読者獲得競争は、「少年」「少女」の境界を動かしていくことになった。したがって、「少年」「少女」は、しだいに都市新中間層の男子・女子に限定されるものではなくなっていったのであった。そして、「少年」「少女」は、しだいにあらゆる階層の男子・女子を意味するものになっていったのであった。

引用文献

今田絵里香『「少女」の社会史』勁草書房、二〇〇七年。
今田絵里香「『日本少年』の理想像の変遷――抒情の排除と学歴の価値の希薄化」成蹊大学文学部学会編『ダイナミズムとしてのジェンダー――歴史から現在を見るこころみ』風間書房、二〇一六年、一―三二頁。
岩橋郁郎『「少年倶楽部」と読者たち』刀水書房、一九八八年。

遠藤寛子「解説」尾崎秀樹・小田切進・紀田順一郎監修、遠藤寛子編『少年小説大系　第二四巻　少女小説名作集（一）』三一書房、一九九三年、六〇七―六一六頁。

加藤謙一『少年倶楽部時代――編集長の回想』講談社、一九六八年。

講談社社史編纂委員会編『講談社の歩んだ五十年（明治・大正編）』講談社、一九五九年a。

講談社社史編纂委員会編『講談社の歩んだ五十年（昭和編）』講談社、一九五九年b。

佐藤卓己『『キング』の時代――国民大衆雑誌の公共性』岩波書店、二〇〇二年。

実業之日本社社史編纂委員会編『実業之日本社百年史』実業之日本社、一九九七年。

菅原亮芳「中学講義録の世界」天野郁夫編「近代化過程における遠隔教育の初期的形態に関する研究」『放送教育開発センター研究報告』第六七集、一九九四年、三八―九七頁。

杣正夫『日本選挙制度史――普通選挙法から公職選挙法まで』九州大学出版会、一九八六年。

竹内洋『学歴貴族の栄光と挫折』中央公論新社、一九九九年。

竹内洋『教養主義の没落――変わりゆくエリート学生文化』中央公論新社、二〇〇三年。

土田陽子『公立高等女学校にみるジェンダー秩序と階層構造――学校・生徒・メディアのダイナミズム』ミネルヴァ書房、二〇一四年。

中村孝也『野間清治伝』野間清治伝記編纂会、一九四四年。

永嶺重敏『雑誌と読者の近代』日本エディタースクール出版部、一九九七年。

永嶺重敏「円本の誕生と「普選国民」」吉見俊哉・土屋礼子編『大衆文化とメディア　叢書現代のメディアとジャーナリズム第四巻』ミネルヴァ書房、二〇一〇年、二一―三〇頁。

野間清治『私の半生』千倉書房、一九三六年。

野間清治『増補　私の半生』大日本雄弁会講談社、一九三九年。

史　料

『少女倶楽部』大日本雄弁会講談社、一九二三年一月号～一九三八年一二月号（欠号：一九二三年一二月号、一九二六年一～

三月号）。

『少女の友』実業之日本社、一九〇八年二月号〜一九三八年一二月号。

『少年倶楽部』大日本雄弁会講談社、一九一四年一一月号〜一九三八年一二月号（欠号：一九一八年四月号、一九一九年一〇月号、一九二三年一二月号）。

『少年倶楽部　復刻愛蔵版　昭和五年度　全一二冊』講談社、一九七〇年。

『少年倶楽部　復刻愛蔵版　昭和六年度　全一二冊』講談社、一九七〇年。

『少年倶楽部　復刻愛蔵版　昭和七年度　全一二冊』講談社、一九七〇年。

『少年倶楽部　復刻愛蔵版　昭和八年一、二、三月号』講談社、一九七五年。

『少年倶楽部　復刻愛蔵版　昭和八年四、五、六月号』講談社、一九七五年。

『少年倶楽部　復刻愛蔵版　昭和八年七、八、九月号』講談社、一九七五年。

『少年倶楽部　復刻愛蔵版　昭和八年一〇、一一、一二月号』講談社、一九七六年。

『日本少年』実業之日本社、一九一四年一月号〜一九三八年一〇月号（欠号：一九二三年一二月号、一九二四年四、六〜一一月号、一九二五年一〜六、八〜一一月号、一九二六年一〜五、七〜八、一一〜一二月号、一九二七年一〜三、五〜八、一〇〜一二月号、一九二八年二〜六、一〇、一二月号、一九二九年一、三〜一二月号、一九三〇年一〜九、一二月号、一九三一年九〜一二月号、一九三二年五〜七月号、一九三四年六月増刊号、一九三八年一、三〜四、七〜八月号）。

『日本少年　マイクロフィッシュ版　第三巻』〜『日本少年　マイクロフィッシュ版　第六巻』早稲田大学図書館編、雄松堂フィルム出版、二〇〇五年。

第九章　「少年」「少女」から少国民へ
――総力戦体制下の少年少女雑誌――

1　総力戦は「少年」「少女」のメディアをどのように変容させたのか

本章の目的は、「少年」「少女」のメディアが、総力戦によってどのようにして変容したのかを明らかにすることである。

日中戦争後、戦時の統制が始まることになる。一九三七（昭和一二）年七月、盧溝橋において、日本軍と中国軍が衝突した。盧溝橋事件である。その後、その戦火は拡大し、全面戦争となった。日中戦争の勃発である。さらに、その日中戦争を背景に、一九三八（昭和一三）年四月、国家総動員法が制定された。戦時の統制の開始である。少年少女雑誌は、このような戦時の統制によって変容を迫られるとおもわれる。この章では、その変容を明らかにすることにする。

そのために、分析期間として、一九三七年から一九四五（昭和二〇）年までに着目することとする。なぜなら、一九三七年は日中戦争開始の年、一九四五年は太平洋戦争終結の年だからである。それゆえ、この一九三七年から一九四五年までにおいて、戦時の統制がおこなわれると考えられるからである。

また、分析史料として、『少年世界』『日本少年』『少年倶楽部』『少女界』『少女世界』『少女の友』『少女画報』

『少女倶楽部』の抒情画を、『日本少年』『少女の友』の伝記を見ることとする。加えて、この分析期間に出版された雑誌、書籍も適宜分析することとする。

2　知的能力・運動能力・戦闘能力のある少女と運動能力・戦闘能力・労働能力のある少女へ——少女雑誌の抒情画の変化

本節では、少女雑誌を見ることにする。なぜなら、総力戦が始まると、「少女」に関する知は大きな変化を遂げることになるからである。

一つ目に、『少女界』『少女世界』『少女の友』『少女画報』『少女倶楽部』の抒情画は、大きく変容を遂げることになる。このことを、今田絵里香（二〇〇七）に依拠して見てみることとする。第六章に見たように、この研究では、一八九五（明治二八）年から一九四五年までの『少年世界』『日本少年』『少年倶楽部』『少女界』『少女世界』『少女の友』『少女画報』『少女倶楽部』の表紙絵における少年少女像を分析して、①国家のシンボル、②一緒に描かれている大人、③髪型、④服装、⑤歯を見せる笑顔、⑥動作の六項目の変遷が明らかにされている。この研究を踏まえて、少女雑誌の表紙絵の少女像のみを分析して、⑥動作の変遷のみを明らかにしたものが、図6－1である。したがって、この図6－1は、一九〇二（明治三五）年から一九四五年までの『少女界』『少女世界』『少女の友』『少女画報』『少女倶楽部』の表紙絵における少女像の動作に着目して、「非活動的な遊戯・静止」「家事」「勉強・芸術活動」「活動的な遊戯・スポーツ」「労働」「戦闘・銃後の活動」に分類したグラフである。また、第六章で指摘したように、表紙絵であるため、「非活動的な遊戯・静止」の絵が多数である。したがって、これを除外することとする。

図９－１　『少女の友』
（1936年10月号。実業之日本社。中原淳一。大阪府立中央図書館国際児童文学館所蔵）©JUNICHI NAKAHARA/HIMAWARIYA

図９－２　『少女の友』
（1938年２月号。実業之日本社。中原淳一。著者所蔵）©JUNICHI NAKAHARA/HIMAWARIYA

図９－３　『少女倶楽部』
（1936年４月号。大日本雄弁会講談社。多田北烏。国立国会図書館所蔵）

この図６－１を見ると、第六章で指摘したように、少女雑誌の抒情画は、第一に一九二一（大正一〇）年、第二に一九三六（昭和一一）年、第三に一九四一（昭和一六）年に大きく変化することがわかる。ただ、第一の変化は、第六章で論じたため、ここでは、第二、第三の変化を見ることとする。第二の変化は一九三六年におきる。

これについて見てみると、一九二一年から一九三五（昭和一〇）年にかけて、一つに「勉強・芸術活動」の絵、二つに「活動的な遊戯・スポーツ」の絵が多数描かれていたといえる。ところが、一九三六年から一九四〇（昭和一五）年にかけては、一つに「勉強・芸術活動」の絵、二つに「活動的な遊戯・スポーツ」の絵、三つに「戦闘・銃後の活動」の絵が多数描かれるようになるのである。たとえば、図９－１はピアノを弾いている少女の絵、図９－２はスキーをしている少女の絵、図９－３は戦闘機に声援を送る少女の絵である。

ところが、第三の変化が一九四一年におとずれるのである。一九四一年から一九四五年にかけて、一つに「活動的な遊戯・スポーツ」の絵、二つに「戦闘・銃後の活

図9-4 『少女の友』
(1942年8月号。実業之日本社。松田文雄。国立国会図書館所蔵)

図9-5 『少女の友』
(1944年3月号。実業之日本社。松田文雄。東京都立多摩図書館所蔵)

図9-6 『少女の友』
(1942年3月号。実業之日本社。宮本三郎。国立国会図書館所蔵)

動」の絵は、引き続き多数を占めている。ところが、三つに「労働」の絵が多数描かれるようになるのである。そして、その代わりに、「勉強・芸術活動」の絵が少数となるのである。このように、一九四一年から一九四五年にかけては、「活動的な遊戯・スポーツ」の絵、「戦闘・銃後の活動」の絵、「労働」の絵が多数を占めるようになるのである。たとえば、図9-4は船を操舵している少女の絵、図9-5は戦闘機・攻撃機の前で「撃ちてし止まむ」と敵を睨みつけている少女の絵、図9-6は工場労働をしている少女の絵である。

まとめると、少女雑誌の抒情画に描かれる少女においては、一九三六年から、「勉強・芸術活動」「活動的な遊戯・スポーツ」をする少女が、「勉強・芸術活動」「活動的な遊戯・スポーツ」「戦闘・銃後の活動」をする少女に変化するのである。さらに、一九四二年からは、「勉強・芸術活動」「活動的な遊戯・スポーツ」「戦闘・銃後の活動」をする少女が、「活動的な遊戯・スポーツ」「戦闘・銃後の活動」「労働」をする少女に変化を遂げるのである。

3 芸術家・エリート・運動家・軍人・武士へ——『少女の友』の伝記の変化

二つ目に、『少女の友』の伝記も大きく変化する。このことを今田絵里香（二〇〇七）に依拠して確かめることとする。したがって、この研究を踏まえて作成した図6-8と図6-9から把握することとする。第六章で見たように、図6-8と図6-9は、一九〇八（明治四一）年から一九四五年までの『少女の友』の伝記における女性像について、表6-1のように、「皇族・華族」「エリート」「芸術家」「スター」「スポーツ選手」「良妻賢母」「孝行娘」「労働者」「運動家」「軍人・武士」に分類したものである。

この図6-8と図6-9を見ると、第六章で指摘したように、第一に一九二一年、第二に一九三七年に変化が見られることがわかる。第一の変化についてはすでに第六章で論じたため、ここでは第二の変化を見ることとする。第二の変化は一九三七年におきる。これについて見てみると、『少女の友』の伝記の女性像は、一九二一年から一九三六年までは、「芸術家」「スター」が多数を占めていたといえる。ところが、一九三七年から一九四五年にかけては、「スター」が突如として少数になる。その一方で、一つに「芸術家」は多数を維持している。そして、二つに「エリート」、三つに「運動家」、四つに「軍人・武士」が多数になっている。

まとめると、一九三七年から一九四五年にかけては、『少女の友』の伝記の女性像は、一つに「芸術家」、二つに「エリート」、三つに「運動家」、四つに「軍人・武士」が多数を占めるようになるのである。

のである。

4　運動能力・戦闘能力のある少年とエリート・軍人・武士
――少年雑誌の抒情画・『日本少年』の伝記の不変

本節では、少年雑誌を見ることにする。結論からいうと、総力戦が始まっても「少年」に関する知は変化しないのである。

一つ目に、『少年世界』『日本少年』『少年倶楽部』の抒情画は変化が見られないといえる。このことを、今田絵里香（二〇〇七）に依拠して確かめることとする。第七章で見たように、この研究では、一八九五年から一九四五年までの『少年世界』『日本少年』『少年倶楽部』『少女界』『少女世界』『少女の友』『少女画報』『少女倶楽部』の表紙絵における少年少女像を分析して、①国家のシンボル、②一緒に描かれている大人、③髪型、④服装、⑤歯を見せる笑顔、⑥動作の六項目の変遷が明らかにされている。この研究を踏まえて、少年雑誌の表紙絵のみを分析して、⑥動作の変遷のみを明らかにしたものが図7-1である。この図7-1は、一八九五年から一九四五年までの『少年世界』『日本少年』『少年倶楽部』の表紙絵における少年像の動作に着目して、「非活動的な遊戯・静止」「家事」「勉強・芸術活動」「活動的な遊戯・スポーツ」「労働」「戦闘・銃後の活動」に分類したグラフである。この図7-1を見ると、『少年世界』『日本少年』『少年倶楽部』の抒情画は、総力戦が始まった後も変化が見られないことがわかる。なぜなら、『少年世界』『日本少年』『少年倶楽部』の抒情画は、一九二六（大正一五）年から一九四五年まで、一つに「活動的な遊戯・スポーツ」の絵、二つに「戦闘・銃後の活動」の絵が多数を占めているからである。

二つ目に、『日本少年』の伝記も変化しないといえる。このことを今田絵里香（二〇一六）に依拠して確かめることとする。したがって、この研究によって作成された図7－10と図7－11から見てみることとする。第七章で見たように、図7－10と図7－11は、一九〇六（明治三九）年から一九三八年までの『日本少年』の伝記における男性像について、表7－1のように、「皇族・華族」「エリート」「芸術家」「スター」「スポーツ選手」「良夫賢父」「孝行息子」「労働者」「運動家」「軍人・武士」に分類したものである。この図7－10と図7－11を見ると、『日本少年』の伝記においては一貫して、一つに「エリート」、二つに「軍人・武士」が多数を占めていることがわかる。ただ、第七章で見たように、一九三〇年代から、「エリート」の内実は「政治家」が多数を占めるようになっている。とはいえ、一九三七年の日中戦争後も、「エリート」の内実が多数の「政治家」で占められていることについては変化が見られないのである。

5　「児童読物改善ニ関スル指示要綱」と日本少国民文化協会

なぜ「少女」に関する知は変化を遂げたのだろうか。先に見たように、一九三七年前後、「少女」に関する知が大きな変化を遂げることになる。そして、その背後では、一九三七年七月に日中戦争の勃発、一九三八年四月に国家総動員法の制定という動きがあったのである。すなわち、戦時の統制が始まっていたのである。そうであるとすると、戦時の統制が「少女」に関する知になんらかの影響を及ぼしたのではないかと考えることができる。また、なぜ「少年」に関する知は変化しなかったのだろうか。つまるところ、戦時の統制は、「少年」「少女」に関する知にどのような影響を与えたのだろうか。本節はこのことを見てみることにする。なかでも、「児童読物改善ニ関スル指示要綱」、および、日本少国民文化協会に着目することにする。

児童文学にたいする戦時の統制についていは、いくつか先行研究が存在する。たとえば、大藤幹夫（二〇〇一）は、

「児童読物改善ニ関スル指示要綱」が出される前後の児童文学の動向を明らかにしている。また、酒井晶代（二〇〇二）、長谷川潮（二〇〇二）は、日本少国民文化協会発足前後の児童文学の動向を検証している。さらに、関英雄（一九八四）は、戦時下、編集者として児童文学にたいする統制を経験したこと、および、日本少国民文化協会に参加していたことを克明に描出している。また、佐伯郁郎（一九四三）は、内務省警保局図書課において、児童文学にたいする統制を先導していたことを証言している。このような先行研究に依拠して、少年少女雑誌にたいする戦時の統制について確かめることにする。

最初に、前年の一九三六年が、どのような年であったのかを見てみることにする。なぜなら、一九三六年に「児童文学の春」がおとずれているからである。児童文学の作家である坪田《つぼた》譲治《じょうじ》は、一九三六年について、次のように語っている。

児童文学にまさに春来らんとす、と私が考えるのは無理であろうか。大東館月報では児童雑誌五十種が数えられる。岩波の「教育」も四月に（児童文学の特集）である。「改造」も「文芸」も本年初め童話をとり入れた。期して待つべし――とまず自分自身に言って見る。（坪田　一九三六→一九七八、一四八）

このように、坪田譲治は、一九三六年を「児童文学の春」であるととらえているのである。なぜなら、児童文学を載せる子ども向けの雑誌が多数を数えるようになったからである。また、総合雑誌の『改造』（改造社）、教育雑誌の『教育』（岩波書店）、文芸雑誌の『文藝』（改造社）などの大人向けの雑誌において、児童文学の特集が組まれたり、児童文学の作品が載せられたりするようになったからである。

事実、一九三六年には、さまざまな児童文学に関する論文が世に出されている（大藤　二〇〇一）。たとえば、小《お》川未明《がわみめい》「黎明期の少年文学」（『書窓』一月号）、尾関岩二《おぜきいわじ》「童話に於けるリアリズムの問題」（『教育行童話研究』二月号）、柳瀬《やなせ》浩《ひろし》「明治以後に於ける児童文学研究の発達」（『児童芸術研究』二月号〜一九三七（昭和一二）年一月号）、柳瀬浩「児童文学の教育性」（『生活学校』三〜四月号）、塚原健二郎《つかはらけんじろう》「童話界の動向」（『国民新聞』三月二一日号）、与田《よだ》準一《じゅんいち》「童心の陥穽」（『文芸』三月号）、与田準一「現代の童謡に現れた児童心理」（『教育』四月号）、槙本楠郎《まきもとくすろう》「転換期の児童文学」（『教育・国語教育』四月号）、小山東一《こやまとういち》「童話文学と現実」（『教育』四月号）、川崎大治《かわさきたいじ》「児童文学作家と評論活動」（『教育行童話研究』六〜七月号）などである（鳥越編　一九七七）。

また、さまざまな児童文学に関する書籍も出版されている（大藤　二〇〇二）。たとえば、槙本楠郎『新児童文学理論』（東苑書房、七月）、栗川久雄《くりがわひさお》『昔話と童話の心理』（東宛書房、七月）、坪田譲治『班馬鳴く』（主張社、一〇月）などである（鳥越編　一九七七）。

このように、一九三六年という年は、子ども向けの雑誌・書籍においても、大人向けの雑誌・書籍においても、児童文学が大いに着目されるようになった年だといえるのである。

そうであるとすると、その直後に日中戦争が始まって、戦時の統制が開始されたということになる。つまるところ、人びとが児童文学に大いに着目していたところに、戦時の統制が始まったのである。したがって、戦時の統制の矛先は、当然のようにこの児童文学に集中して向けられることになったのである。

事実、内務省はただちに児童文学の統制に着手している。内務省警保局図書課は、一九三八年一〇月二六日、「児童読物改善ニ関スル指示要綱」を出したのである（以下、「指示要綱」とする）。この「指示要綱」の作成を中心的に担ったのは、内務省警保局図書課の佐伯郁郎《さえきいくろう》であった。佐伯郁郎は、一九三八年四月に子どもの読みものの調査を実施した。そして、この調査の結果、子どもの読みものには五点の問題があると確信するに至った。

（一）子供の興味への追従主義、（二）内容の講談趣味化、（三）漫画の過多――題材の無選択、用語の卑俗・卑猥、（四）記事の低俗、（五）都会の消費場面の偏重・生産場面の欠如等（中略）。

（佐伯　一九四三、一六〇）

そのため、一九三八年七月一四、一五日、佐伯郁郎は編集者たちと懇談会を開催した。この懇談会で、佐伯郁郎が問題視していたのは「俗悪な漫画」であった。しかし、編集者のなかには、「子供がこれを一番歓迎するから、売るためには仕方がないではないか」と反論する者もあった。そのため、この懇談会の後においても、「俗悪な漫画」の出版は止まることはなかった。佐伯郁郎は驚いた。そこで、九月一九日、一冊のマンガを発売禁止にした。そして、それをきっかけにして、佐伯郁郎は「到底自粛をまつてゐてはしやうがないことがわかつたので」（佐伯一九四三、一六九）、統制の方向に舵を切ることにしたのであった。

したがって、佐伯郁郎は、内務省の指導方針を作成した。その指導方針とは、

一、国体の本義に則り敬神、忠孝の精神の昂揚に努めること。
二、奉仕、勇気、親切、質素、謙譲、愛情の美風を強調すること。
三、子供の実際生活に即して指導するやう務めること。
四、艱難困苦に堪へる気風を強調すること。
五、新東亜建設のため日満支の提携融合を特に強調する。

（佐伯　一九四三、一六九―一七〇）

などであった。

その後、佐伯郁郎は、児童文化にかかわる民間の知識人を集めて「指示要綱」の案を練ることとなった。集められたのは、山本有三《やまもとゆうぞう》、小川未明、坪田譲治、百田宗治《ももたそうじ》、城戸幡太郎《きどまんたろう》、波多野完治《はたのかんじ》、佐々木秀一《ささきひでいち》、西原慶一《にしはらけいいち》、霜田静志《しもだせいし》であった。また、日本児童劇協会、日本児童文化協会の懇談会に出席して、意見交換をおこなった。このようにして、「指示要綱」は一〇月二五日に完成した。そして、二六、二七日には、東京の編集者・業者に、二九日には、大阪の業者に指示が与えられたのであった。

この「指示要綱」は、次のようなものである。

廃止スベキ事項

一、活字

（中略）

一、懸賞

（中略）

一、附録（オマケ）――但シ正月号ヲ除ク

一、卑猥ナル挿画

一、卑猥俗悪ナル漫画及ビ用語――赤本漫画及ビコノ種程度ノモノ一切

一、極端ニ粗悪ナル絵本――実物ト余リニカケ離レタルモノ、余リニ粗悪ナル色彩ノモノ等

一、内容ノ野卑、陰惨、猟奇的ニ渉ル読物

一、過度ニ感傷的ナルモノ、病的ナルモノ

其ノ他小説ノ恋愛描写ハ回避シ「駆け落ち者」等ノ言葉ハ少年少女ノ小説ヨリ排除スルコト

編集上ノ注意事項
一、教訓的タラズシテ教育的タルコト
一、年齢ニ依リソノ教化用語ノ程度ヲ考慮スルコト
（1）五、六歳前後ノモノ
（イ）絵ハ極メテ健全ナルモノタルコト
（ロ）童話ハ題材ヲ自然ノ凡ユルモノニ求メテ、空想的ニシテ詩情豊カナルモノ、特ニ母性愛ノ現レタルモノタルコト
十歳以上ノモノ
将来ノ人格ノ基礎ガ作ラレル最モ大切ナル時代ナルヲ以テ、敬神、忠孝、奉仕、正直、誠実、謙譲、勇気、愛情等ノ日本精神ノ確立ニ資スルモノタルコト
又生産ノ知識、科学知識ヲ与ヘルモノヲ取入レルコト
（2）用語ハ年齢ニ従ツテ漢字ヲ用ヒ、教科書ノ範囲ヲ出ザルコト、編集ノ単純化ヲ計ルコト――例ヘバ活字ノ配合、色彩ノ単純化、記事面ト広告面ノ区別等
一、掲載記事ニ対シテ比例制度ヲ確立スルコト――漫画、小説、記事等ノ割合
一、仮作物語ヲ制限スルコト――現在ノ半数以下ニ減ジ、且ツソノ仮作物語中ノ時代小説ノ幾編カヲ少国民ノ生活ニ近イ物語又ハ日本国民史ヨリノ建設的ナル部分ニ取材セルモノト代ヘ、又冒険小説ノ幾編カヲ探検譚、発見譚ノ如キモノニ代ヘルコトヲ考慮スルコト
尚コノ減頁ニ依ツテ得タル頁ヲ左ノ如キ記事ニ充ツルコト
（イ）科学的知識ニ関スルモノ――従来ノ自然科学ソノモノヲ誠実ニ興味深ク述ベタルモノ以外ニ科学的

知識ヲ啓蒙スル芸術作品ヲ取上グルコト
（中略）
以上ノ他、地理、風俗等ニ関スルモノヲ取リ入レルコト
（ロ）歴史的知識ニ関スルモノ――忠臣、孝子、節婦等ノ伝記モノハモトヨリ国民全体又ハ一ツノ集団ノ困難、奮闘、発展等ヲ叙シタルモノ、即チ国民史的記事ヲ取上グルコト
（ハ）古典ヲ平易ニ解説セルモノヲ取上ゲルコト――但シ児童ノ読物ニ適スルモノタルコト
一、漫画ノ量ヲ減ズルコト――特ニ長編漫画ヲ減ズルコト
一、記事ハ可及的ニ専門家ヲ動員スルコト――科学記事ハ科学者ニ、基礎的経済思想（経済知識ニ非ズ）ハ経済学者ニ、実業家等ニ
一、華美ナル消費面ノ偏重ヲ避ケ、生産面ノ活躍面ヲ取入レルコト
一、子供ノ質疑ヲ本格的ニ取扱ヒ生活化スル工夫ヲ計ルコト
一、幼年雑誌及ビ絵本ニ「母の頁」ヲ設ケ「読ませ方」「読んだ後の指導法」等ヲ解説スルコト
一、事変記事ノ扱ヒ方ハ、単ニ戦争美談ノミナラズ、（中略）子供ニ支那ニ関スル知識ヲ与ヘ、以テ日支ノ提携ヲ積極的ニ強調スルヤウ取計ラフコト（中略）
一、挿画漫画ニハ責任者ノ名ヲ明記スルコト

（佐伯　一九四三、一五三―一五八）

そして、この「指示要綱」の目的は次のようなものであった。

しかし根本の目的は、子供のために日本的な真に良い読物が出るやうに指導助成しようといふのであつて、

弾圧を加へようとするところにあるのではない。（佐伯　一九四三、一五九）

このように、佐伯郁郎は、「指示要綱」の目的が、あくまでも、子どもの「良い」読みものを作るために編集者・業者を「指導」することにあったと把握しているのである。

しかし、事実は、編集者・業者を「指導」して、さらに、「弾圧」していたのである。

このやうな指導要綱（指示要綱――引用者）によつて指導する一方、極端に悪質なものは思ひ切つて弾圧した。（佐伯　一九四三、一六一）

かくして、さしもに氾濫をきはめた赤本漫画も火の消えたやうな状態に陥つてしまつた。（中略）そして、その挙句の果てに、百八十度の大転換して現れたのが、所謂、教訓型・国策型と言はれる漫画である。（佐伯　一九四三、一八四）

このように、佐伯郁郎は「指導」しつつ、「弾圧」していたのである。その「指導」と「弾圧」の結果、「赤本漫画」とよばれるマンガが衰退した。さらに、「教訓型・国策型」とよばれるマンガがあらわれたのであった。佐伯郁郎は、この「指示要綱」を自画自賛していた。

昭和十三年に内務省の図書課が行つた児童読物の取締強化は、わが国における最初の少国民文化統制であり、同時にまた文化運動としての画期的のものであつたことは周知の通りである。（佐伯　一九四三、二六七）

このように、佐伯郁郎は、この「指示要綱」が児童文化運動として画期的なものであったととらえていたのであった。

しかしながら、この「指示要綱」は、編集者・業者・作家・画家に大いなる混乱をもたらした。そのため、内務省に抵抗する者があらわれた。

佐伯郁郎は驚いた。なぜなら、先に見たように、この「指示要綱」が子ども向けの読みものを向上させると自画自賛していたからであった。そのため、編集者・業者・作家・画家が反旗を翻したことに心底驚いたのであった。「業者は相当混乱した。業者については一応予期したことであつたので、その対策も樹つてゐたが、業者に続いて作家画家までが動揺したのには、実は正直なところ面食つた」（佐伯　一九四三、二〇）と。たとえば、マンガ家の田河水泡《たがわすいほう》は、内務省のマンガ弾圧に真っ向から反撃した（講談社社史編纂委員会編　一九五九）。このころ、田河水泡は、『少年倶楽部』上で「のらくろ」を連載して、男子読者たちの絶大な支持を集めていた。ところが、田河水泡が内務省のマンガ弾圧に反撃を加えたことで、内務省は田河水泡を危険視するに至った。そして、「のらくろ」が『少年倶楽部』上に掲載されなくなったのであった。

さらに、文部省も児童文学の統制に着手し始める。文部省は内務省と違い、子ども向けの読みものの推薦をおこなうことにしたのである。したがって、一九三九（昭和一四）年五月、文部省は従来の図書推薦機構を拡大して、その推薦図書のなかに児童書を含めることを公表したのである（佐伯　一九四三）。

まとめると、子ども向けの読みものは内務省が弾圧をおこない、文部省が推薦をおこなうことで、統制がおこなわれるようになったのである。

この統制の把握が一筋縄ではいかないところは、田河水泡のように批判をする者も存在したが、称賛する者も存在したところである。たとえば、児童文学の作家である奈街三郎《なまちさぶろう》は、次のようにとらえている。

最近子供の本に対する父兄たちの関心が高まつたといふことは、おくればせながらも文部省の大きな功績ではあるが、同時に、内務省が先んじて断行した児童本浄化運動のたまものである。

（奈街三郎「私装2」『童話精神』一九四〇（昭和一五）年三月一二日号、三〇―三二）

このように、奈街三郎は内務省・文部省の「児童本浄化運動」を称賛していたのである。

なぜ内務省・文部省の統制を称賛する者があらわれたのだろうか。それは、この内務省・文部省の統制によって、一時的に児童文学の「復興現象」がおきたからであるとおもわれる。関英雄は、この「復興現象」について、「昭和十四年から太平洋戦争開始後の同十七年半ばに至る四年未満の現象で、そのピークは十五年から十六年の前半の約一年半だった。（中略）十八年になると〝復興〟はうたかたの如く消え去った」（関　一九八四、二六〇）と証言している。関英雄によると、一九三九年から一九四二（昭和一七）年まで、一時的な児童文学の「復興現象」がおきて、児童書が大量に売れるようになったというのである。この児童文学の「復興現象」は、内務省・文部省の統制によってもたらされたものであると考えることができる。なぜなら、内務省の「指示要綱」によって、それまで子どもたちの支持を集めていたマンガが弾圧されるようになったからである。そして、文部省の推薦によって、それまで子どもたちの支持を集めていなかった児童書が推薦されるようになったからである。そして、その結果、児童書が驚異の売れゆきを示すことになったからなのである。

そのため、内務省の佐伯郁郎は、戦後、滑川道夫・冨田博之がおこなった聞き取り調査において、「この『指示要綱』に書いてあることを見ても、私は決して悪いことをやったとは思わないなあ」（滑川　一九九三、一一五）ととらえていたのである。また、一九四一年まで文部省の委嘱を受けて推薦図書選定の仕事をおこなっていた滑川道夫も、この聞き取り調査において、「ぼくにはたいへん楽しい仕事だったんです。（中略）ぼくがやっている間は非常に楽しい、まだ、いい時代でした」（滑川　一九九三、一二四）と把握していたのである。

ところがその後、内務省の佐伯郁郎に代わって、軍人の鈴《すず》木《き》庫三《くらぞう》が少年少女雑誌の統制をおこなうようになる。一九四〇年一二月六日、情報局官制が公布、施行されたことによって、それまでの内閣情報部が改組されて、情報局が設置されることになった。そして、鈴木庫三は、この情報局の情報官になって出版にたいする統制をおこなうようになった。当時、編集者であった関英雄は、内務省の佐伯郁郎にかわって、軍人の鈴木庫三が出版にたいする統制をするようになったことを指摘している（関　一九八四）。さらに、関英雄は、鈴木庫三が『少女の友』の編集主筆であった内山基《うちやまもとい》にたいして執拗に統制をおこなっていたこと、内山基を「自由主義者」と罵っていたことを証言している（関　一九八四、二九四）。また、佐藤卓己は、鈴木庫三が内山基にたいして統制をおこなっていたこと、「自由主義の文人的性格であるから何回注意してもうまく行かぬ」と内山基を敵視していたことを明らかにしている（佐藤　二〇〇四、一五二）。一方、佐伯郁郎は、戦後、滑川道夫・冨田博之が聞き取り調査をおこなったときには、「私は、『少女の友』の内山基さんね、あの人は信念のある人だと思いました。集まりに来ても堂々と自分の所見をいうし、反骨精神はあるし、りっぱな編集者だと思いました」（滑川　一九九三、一一八）とふりかえっている。

そしてその後、子ども向けの読みものは、この情報局が管理下に置いた日本出版文化協会、および日本少国民文化協会によって、統制がおこなわれるようになる。関英雄は、「太平洋戦争下の児童文化・児童文学は、情報局の管理統制下に成立した社団法人『日本少国民文化協会』（略称、少文協）と同『日本出版文化協会』（略称、出版文協）という半官半民の二組織を中心に動いていた」（関　一九八四、二九一）と証言している。

最初に、日本出版文化協会について見ると、日本出版文化協会は、一九四〇年一二月、情報局の指導によって作られた。関英雄は、日本出版文化協会について、「出版企画の事前審査と用紙割当を通して、出版社と著書に対し生殺与奪の権を握った（中略）強大な権力機構であった」（関　一九八四、三〇五）と証言している。このように、日本出版文化協会は、出版企画の事前審査をおこなっていた。そして、事前審査に通過したものにたいして、印刷用紙の割り当てをおこなっていたのであった。逆にいうと、出版社は、日本出版文化協会の事前審査を通過しなければ、印刷用紙の割り当てを得られなかったのである。そして、雑誌も書籍も出版することができなかったのである。

その後、日本出版文化協会は、一九四三（昭和一八）年に改組されて、日本出版会となった。そして、日本出版会は、一九四四（昭和一九）年、二〇〇〇社近くあった出版社を一八〇社に統廃合した（酒井　二〇〇一）。あわせて、子ども向けの雑誌を、『日本ノコドモ』（国民図書刊行会）、『良い子の友』（小学館）、『少国民の友』（小学館）、『少年倶楽部』『少女倶楽部』『少女の友』の七雑誌に整理統合した（酒井　二〇〇一）。このことは、附表1、附表2からうかがうことができる。附表1、附表2を見ると、一九四四年には、少年少女雑誌は、軍の少年少女雑誌を除くと、『少年倶楽部』『少女倶楽部』『少女の友』だけになっていることがわかる。

次に、日本少国民文化協会について見ると、日本少国民文化協会は、一九四一年一二月、情報局の指導によって作られた。一九四一年四月には、小学校が国民学校と改称されたばかりであった。関英雄は、日本少国民文化協会について、「児童文化各分野の作家、画家、製作者を上から糾合した一元的児童文化運動団体である」（関　一九八四、三〇〇）と証言している。

この日本少国民文化協会の目的は、次のようなものであった。

皇国の道に則り国民文化の基礎たる日本少国民文化を確立し以て皇国民の錬成に資する

（佐伯　一九四三、二五七）

この引用に見られるように、日本少国民文化協会は、「皇国民の錬成」という大義名分を掲げて、子ども向けの読みものの指導をおこなっていたのである。

このように、子ども向けの読みものは、日本出版文化協会と日本少国民文化協会によって、統制されるようになったのである。関英雄は、日本出版文化協会と日本少国民文化協会は、「車の両輪の役割を果した」（関 一九八四、三〇五）と証言している。したがって、日本少国民文化協会は、子ども向けの読みものの指導をおこなっていたのであった。そして、日本出版文化協会は、子ども向けの読みものの事前審査、および、印刷用紙の割り当てを実施していたのであった。

この日本出版文化協会と日本少国民文化協会が推奨したのは、「少国民文学」であった。その「少国民文学」がどのようなものであったのかというと、第一に戦意高揚を企図した作品であった（長谷川 二〇〇一）。ただ、それだけではなかった。第二に宮沢賢治《みやざわけんじ》、および、新美南吉《にいみなんきち》の作品であった（長谷川 二〇〇一）。今日では、「北の賢治、南の南吉」といわれるように、宮沢賢治、および、新美南吉は、著名な児童文学の作家であるといえる。しかし、この二作家が知られるようになったのは、戦時下、この二作家の作品が「少国民文学」として称揚されたからなのである。宮沢賢治は『風の又三郎』（羽田書店、一九三九〈昭和一四〉年）、『グスコー・ブドリの伝記』（羽田書店、一九四一〈昭和一六〉年）の、新美南吉は『おぢいさんのランプ』（有光社、一九四二〈昭和一七〉年）、『牛をつないだ椿の木』（大和書店、一九四三〈昭和一八〉年）、『花のき村と盗人たち』（帝国教育会出版部、一九四三〈昭和一八〉年）の刊行によって、人びとに知られるようになったのである。

さらに、この日本出版文化協会と日本少国民文化協会がおこなったことは、子どもを「少国民」としてとらえることであった。佐伯郁郎は、戦後、滑川道夫・冨田博之がおこなった聞き取り調査において、「『少国民文化』という名称ですが、あれは山本有三先生の発言なんです」（滑川 一九九三、一一四）と回想している。さらに、関英雄は、「太平洋戦争突入後は『児童』の語は無国籍の人類普遍語であるとして情報局によって禁止され『少国民』に変えられた。児童文学、児童文化もむろんダメで少国民文学、少国民文化に変えられた」（関 一九八四、二八〇）と証言している。このように、児童文学は「少国民文学」、子どもは「少国民」としてとらえられたのである。

この「少国民」は、あらゆる階層の男子・女子である。なぜなら、「少国民」は、日本国民の男子・女子を意味する言葉であったからである。そして、この総力戦の時代においては、あらゆる階層の男子・女子が、総力戦に協力することが必要不可欠であったからである。だからこそ、あらゆる階層の男子・女子を包含する「少国民」という言葉を使うようになったのである。

ところで、『少年倶楽部』『少女倶楽部』の「少年」「少女」は、あらゆる階層の男子・女子である。第八章で見たように、『日本少年』『少女の友』の「少年」「少女」は、都市新中間層の男子・女子であったが、『少年倶楽部』『少女倶楽部』の「少年」「少女」は、あらゆる階層の男子・女子であった。したがって、『少年倶楽部』『少女倶楽部』の「少年」「少女」と「少国民」は共通点をもっていたのである。その共通点とは、あらゆる階層の男子・女子を包含していたという点である。

そうであるとすると、戦時下、「少年」に関する知がまったく変化しなかった理由が見えてくる。先に見たように、「少年」に関する知は総力戦が始まってもまったく変化しなかったのである。そして、その理由は、今見たように、『少年倶楽部』の「少年」と「少国民」が共通点をもっていたからなのである。その共通点とは、あらゆる階層の男子を含んでいたという点である。さらに、第八章で見たように、『日本少年』の「少年」も、一九二六年から、『少年倶楽部』の「少年」を模倣するようになっている。それゆえ、『日本少年』の「少年」も、あらゆる階層の男子を包含するようになっているのである。さらに、『日本少年』の「少年」は、そもそも『日本少年』一九三八年一〇月号をもって撤退してしまうのである。したがって、『日本少年』の「少年」と「少国民」も共通点をもっていたのである。だからこそ、「少年」に関する知は、戦時の統制によって変化を強いられることはなかったのである。

また、そうであるとすると、戦時下、「少女」に関する知がただちに変化した理由も見えてくる。先に見たように、「少女」に関する知は、総力戦が始まるとただちに変化したのである。その理由は、『少女の友』の「少女」が、都市新中間層の女子だったからなのである。そのため、『少女の友』の「少女」と「少国民」は相容れない点があったのである。だからこそ、先に見たように、軍人の鈴木庫三は『少女の友』の内山基を問題視したのである。そして、執拗に「少女」の変更を迫ったのである。

そして、この鈴木庫三の圧力は、『少女の友』の「少女」を大きく変容させることになった。先に見たように、『少女界』『少女世界』『少女の友』『少女画報』『少女倶楽部』の抒情画は、一九三六年から一九四〇年にかけて、一つに「勉強・芸術活動」、二つに「活動的な遊戯・スポーツ」、三つに「戦闘・銃後の活動」の絵が多数見られるようになった。さらに、一九四一年から一九四五年にかけて、一つに「活動的な遊戯・スポーツ」、二つに「戦闘・銃後の活動」、三つに「労働」の絵が多数描かれるようになった。また、『少女の友』の伝記における女性像は、一九三七年から一九四五年にかけて、一つに「芸術家」、二つに「エリート」、三つに「運動家」、四つに「軍人・武士」になった。このような変容は、二点にまとめることができる。一つは、「少女」を戦闘する存在として表象するようになったという点である。なぜなら、抒情画では「戦闘・銃後の活動」の絵が、伝記では「軍人・武士」が増加したからである。二つは、「少女」を労働する存在として表象するようになったという点である。なぜなら、抒情画では「労働」の絵が、伝記では「芸術家」「エリート」「運動家」が多数を占めるようになったからである。

一つに、「少女」が戦闘する存在として表象されるようになったのは、もちろん総力戦をしていたからである。二つに、「少女」が労働する存在として表象されるようになったのは、総力戦においては女性の代替労働が必要不可欠だったからである。たとえば、金野美奈子は、一九四二年の国民動員計画が、「未婚女子を主たる対象としてこれが動員を強化し、特に事務職員及び公務要員にあつては出来る限り女子を以て男子に代替せしむ事」を定めていたことを明らかにしている（金野　二〇〇〇、一一五）。さらに、一九四三年には、労務調整令の改正規則に基づいた厚生省告示が、一九四四年三月をもって、一四歳以上四〇歳未満の男子にたいして就業を禁止する一七の職種を定めたことを指摘している。そして、女性をこれらの一七の職種に優先的に動員することにしたことを明らかにしている。このように、戦時下において、女性の代替労働を促進させる政策が打ち出されていたことが明らかにされているのである。

しかし、『少女の友』の女子読者は、あくまでも都市新中間層の女子である。にもかかわらず、『少女の友』は、「少女」を「少国民」として表象するようになったのである。いいかえると、「少女」をあらゆる階層の女子を意味するものとして表象するようになったのである。そして、戦闘、および、労働を推奨するようになるのである。しかし、そのようなことをすると、「少国民」としての「少女」は、都市新中間層の女子である女子読者の現実と大きく乖離したものになってしまうとおもわれる。したがって、女子読者は大いに困惑したのではないかと考えられる。事実、「少国民」としての「少女」と、都市新中間層の女子の現実の間にある乖離は、『少女の友』においてしばしばあらわれている。たとえば、作家の村岡花子《むらおかはなこ》は、『少女の友』で、たびたび女子読者の困惑の声を紹介している。

「働くのもいいけれど、あんまり教育のないひとたちの中へ一緒にふり込まれるのはいやね」といふ声。
「頭脳労働ならいいけれど、筋肉労働はたまらないわ」
「さうよ、教育を受けた者たちは、からだを働かせることには向かないことね」

「あたしは自分の好きな仕事ならいくらでもするけれど、気が向かないことをさせられるのはいやだわ」
まだまだいろいろと感心な考や感心出来ない考がたくさん発表されました。
（村岡花子「女学生論」『少女の友』一九四一〔昭和一六〕年一一月号、一二〇）

このように、女子読者は、「少国民」として下層の女子とともに労働すること、および、「少国民」として下層の女子と同一の労働をすることを拒否していたのである。

また、村岡花子は、工場で労働をしている女子読者の声を紹介している。

「寄宿舎の中には女学校出は数へるほどしかゐません。ほんの少数の私どもは絶対多数である側の人たちに、すつかり圧倒されてしまつて、生活をめちやめちやにされてしまふんです。一日の仕事に疲れて帰つて来て、暫くの自由時間をせめて音楽で心のいこひを得ようと、私ども二人が「浜辺の歌」を静かに歌つてゐると、まはりの連中も負けない気になつて声を張り上げて歌ひ出します。

それがどんな歌かと思ふと、とてもつまらない映画の主題歌です。折角、美しい音楽で気分を落着けたのが、すつかりこはされてしまひます。

昼間の仕事の忙しさなんか何の苦にもなりません。それがお国の役に立つてゐると思へばいくらでも働けるんですが、仕事が終つてから帰つて来る場所の中の低級な空気には我慢が出来ません。私ども二人はさういふ低級なものに圧倒されてしまつて、いつの間にか、自分たちの歌をやめて、ぼんやり顔を見合はせてゐます。

それでも、あの人たち、音楽が好きだつて言つてますの。音楽が一ばんの楽しみだつて言つてるんですから、驚いてしまひますわ」
（村岡花子「女学生論」『少女の友』一九四二〔昭和一七〕年二月号、一三二）

この女子読者は、高等女学校を卒業した後に工場で労働をするようになったのである。なぜなら、国家貢献をするためである。ところが、工場では、高等女学校卒業者はごく少数であった。しかし、この女子読者は、なんとか一人の高等女学校卒業者を友人とすることに成功した。そして、一日の労働の後、二人で「浜辺の歌」をうたうようになった。すると、圧倒的多数の下層の女子が、張り合うように大声で映画の主題歌をうたうようになった。そのため、この女子読者はその歌を「低級」な歌であるとして嫌悪するようになったのである。なお、村岡花子は、このような女子読者にたいして、下層の女子たちとうまくやっていくべきである、いいかえると、「少国民」としての「少女」を受け入れるべきであると説得していたのである。

このように、『少女の友』では、「少国民」という理想と都市新中間層の女子という現実の間にある乖離をうかがうことができるのである。

6　あらゆる階層の男子・女子の包含

最後に、本章で明らかになったことをまとめることとする。総力戦が始まると、「少女」に関する知は大きく変化した。一つ目に、『少女界』『少女世界』『少女の友』『少女画報』『少女倶楽部』の抒情画においては、一九二一年から一九三五年にかけては、一つに勉強・芸術活動、二つに運動をする少女が多数描かれていたが、一九三六年から一九四〇年にかけては、一つに勉強・芸術活動、二つに運動、三つに戦闘・銃後の活動をする少女が多数描かれるようになった。さらに、一九四一年から一九四五年にかけては、一つに運動、二つに戦闘・銃後の活動、三つに労働をする少女が多数描かれるようになった。

二つ目に、『少女の友』の伝記の女性像においては、一九二一年から一九三六年までは、一つに芸術家、二つにスターが多数を占めていたが、一九三七年から一九四五年までは、一つに芸術家、二つにエリート、三つに運動家、四つに軍人・武士が多数を占めるようになった。

この「少女」の変化は、一つは「少女」を戦闘する存在として、二つは「少女」を労働する存在として表象するようになったこととして把握することができる。

ところが、「少年」に関する知は変化しなかった。一つ目に、『少年世界』『日本少年』『少年倶楽部』の抒情画においては、一九二六年から一九四五年にかけて、一つに運動、二つに戦闘・銃後の活動をする少年が多数描かれていた。二つ目に、『日本少年』の伝記における男性像は、一九〇六年から一九三八年にかけて、一貫して、一つにエリート、二つに軍人・武士が多数を占めていた。

なぜ「少女」に関する知は変化を遂げたのだろうか。また、なぜ「少年」に関する知は変化を遂げなかったのだろうか。戦時の統制は「少年」「少女」にどのような影響を及ぼしたのだろうか。

一九三七年七月の日中戦争の勃発、さらに、一九三八年四月の国家総動員法の制定によって、戦時の統制が始まった。ところが、その前年である一九三六年は、人びとが児童文学に大いに着目した年であった。それゆえ、内務省、および、文部省は、ただちに児童文学にたいする統制に着手したのであった。最初に、内務省警保局図書課が、一九三八年一〇月二六日、「児童読物改善ニ関スル指示要綱」を出した。この「指示要綱」の作成を中心的に担ったのは内務省の佐伯郁郎であった。そして、内務省は子どもの読みものの弾圧をおこなったのであった。次に、文部省は、一九三九年五月、従来の図書推薦機構を拡大して、その推薦図書のなかに児童書を含めることを公表した。つまるところ、子どもの読みものは、内務省が弾圧をおこない、文部省が推薦をおこなうことで、統制が実施されていたのであった。

ところがその後、情報局が設置された。一九四〇年一二月六日のことである。そして、この情報局の情報官の任を与えられたのが軍人の鈴木庫三であった。この鈴木庫三は、内務省の佐伯郁郎に代わって出版にたいする統制にあたるようになった。そして、『少女の友』の編集主筆である内山基を弾圧するようになったのであった。

そしてその後、この情報局の管理下に置かれた日本出版文化協会と日本少国民文化協会が、子どもの読みものの統制をおこなうことになった。日本出版文化協会は、一九四〇年一二月、情報局の指導によって作られた。また、日本少国民文化協会は、一九四一年一二月、情報局の指導によって作られた。そして、日本少国民文化協会が、子ども向けの読みものの指導をおこない、日本出版文化協会が、子ども向けの読みものの事前審査をおこない、印刷用紙の割り当てを実施するようになったのであった。

このように、国家が戦時の統制をとおしておこなったことは、子どもを「少国民」としてとらえることであった。そして、この「少国民」とは、あらゆる階層の男子・女子であった。

そして、『少年倶楽部』『少女倶楽部』の「少年」「少女」は、あらゆる階層の男子・女子であった。したがって、『少年倶楽部』『少女倶楽部』の「少年」「少女」と「少国民」は、共通点をもっていたのであった。

「少年」に関する知は、総力戦が始まってもまったく変化しなかった。なぜなら、「少年」は「少国民」と共通点をもっていたからであった。その共通点とは、あらゆる階層の男子・女子を意味するという点であった。なぜなら、『少年倶楽部』の「少年」は、あらゆる階層の男子を意味していたからである。そして、『日本少年』の「少年」も、この総力戦の時代においては、あらゆる階層の男子を意味していたからである。というのも、『日本少年』は、一九二六年から、『少年倶楽部』の「少年」を模倣するようになっていたからである。さらに、『日本少年』の「少年」は、そもそも一九三八年一〇月号をもって撤退することになったのである。このように、「少国民」も、『少年倶楽部』『日本少年』の「少年」も、この総力戦の時代においては、あらゆる階層の男子を意味していたのであった。だからこそ、「少年」は変化を強いられなかったのであった。

しかし、「少女」に関する知は、総力戦が始まるとただちに変化した。なぜなら、「少女」は「少国民」と相違点をもっていたからであった。その相違点とは、『少女の友』の「少女」は都市新中間層の女子を意味していたが、「少国民」はあらゆる階層の女子を意味していたという点である。だからこそ、軍人の鈴木庫三は、『少女の友』の内山基を弾圧していたのであった。そして、執拗に「少女」の変更を迫っていたのであった。

この結果、「少女」は、一つに戦闘する存在として表象されるようになった。その理由は、もちろん日本国家が総力戦をしていたからである。そして、二つに労働する存在として表象されるようになった。その理由は、総力戦では女性の代替労働が必要不可欠だったからである。

ただ、『少女の友』の女子読者は、あくまでも都市新中間層の女子であった。それにもかかわらず、鈴木庫三は、『少女の友』の「少女」をあらゆる階層の女子として表象させるように仕向けていたのであった。いいかえると、「少女」を「少国民」として表象させるように強いていたのであった。そしてその表象の変更の一つは、戦闘、労働を称揚するという変更に他ならなかった。しかし、その「少国民」は、都市新中間層の女子の現実と大きく乖離したものであった。そのため、女子読者は困惑することになった。したがって、『少女の友』には、たびたび、「少国民」という理想と都市新中間層の女子という現実の間にある乖離が見られたのであった。

引用文献

今田絵里香『「少女」の社会史』勁草書房、二〇〇七年。

大藤幹夫「言論統制と復興現象——戦中期の児童文学　前期」鳥越信編『はじめて学ぶ日本児童文学史　シリーズ・日本文学史①』ミネルヴァ書房、二〇〇一年、二四二—二五七頁。

講談社社史編纂委員会編『講談社の歩んだ五十年　昭和編』講談社、一九五九年。

金野美奈子『ＯＬの創造——意味世界としてのジェンダー』勁草書房、二〇〇〇年。

佐伯郁郎『少国民文化をめぐって』日本出版社、一九四三年。

酒井晶代「抵抗の児童文学――〝銃後の〟女性像を中心に」鳥越信編『はじめて学ぶ日本児童文学史　シリーズ・日本文学史①』ミネルヴァ書房、二〇〇一年、二八〇―二九三頁。

佐藤卓己『言論統制――情報官・鈴木庫三と教育の国防国家』中央公論新社、二〇〇四年。

関英雄『体験的児童文学史　後編　昭和の風雪』理論社、一九八四年。

坪田譲二「児童文学の早春」『都新聞』一九三六年三月一八日→「児童文学の早春」『坪田譲二全集　第一二巻』一九七八年、一四四―一四八頁。

鳥越信編『講座日本児童文学　別巻　日本児童文学史年表　二』明治書院、一九七七年。

滑川道夫『体験的児童文化史』国土社、一九九三年。

長谷川潮「『少国民文学』の時代」鳥越信編『はじめて学ぶ日本児童文学史　シリーズ・日本文学史①』ミネルヴァ書房、二〇〇一年、二六二―二七八頁。

史　料

『少女界』金港堂書籍、一九〇二年四月号～一九一二年三月号（欠号：一九〇三年一～二、四、一二月号、一九〇四年一、六、一〇月号、一九〇九年九月号、一九一〇年三、七、一一～一二月号、一九一一年四～四月増刊、六～九、一一月号、一九一二年一、四～九、一二月号）。

『少女画報』東京社、一九一二年一月号～一九四二年三月号（欠号：一九一二年三月号、一九一九年三月号、一九二〇年五、七、一〇～一一月号、一九二一年七、一〇～一一月号、一九二三年一二月号、一九二七年一～二、五月号、一九二八年二月号、一九三〇年四月号、一九三一年一～二、五、七～八、一〇～一二月号、一九三二年三、五～一二月号、一九三三年一～六、八～一二月号、一九三四年二、六～一二月号、一九三五年一、三～四、六～八、一〇～一一月号、一九三六年一～三、四月増刊～五、九月号、一九三七年八月増刊、一〇～一二月号、一九三八年一～六、九～一二月号、一九三九年五～六、八、一〇～一一月号、一九四〇年二～四、一一月号）。

『少女倶楽部』大日本雄弁会講談社、一九二三年一月号～一九四五年一二月号（欠号：一九二三年一二月号、一九二六年一～

三月号）。


『少女世界』博文館、一九〇六年九月号～一九三一年一〇月号（欠号：一九一七年九月号、一九一九年九～一〇月号、一九二〇年七～八月号、一九二一年七、一一～一二月号、一九二三年一～三、五、七～八、一二月号、一九三〇年四月号）。

『少女の友』実業之日本社、一九〇八年二月号～一九四五年一二月号。

『少年倶楽部』大日本雄弁会講談社、一九一四年一一月号～一九四五年一二月号（欠号：一九一八年四月号、一九一九年一〇月号、一九二三年一二月号）。

『少年倶楽部　復刻愛蔵版　昭和五年度　全一二冊』講談社、一九七〇年。

『少年倶楽部　復刻愛蔵版　昭和六年度　全一二冊』講談社、一九七〇年。

『少年倶楽部　復刻愛蔵版　昭和七年度　全一二冊』講談社、一九七〇年。

『少年倶楽部　復刻愛蔵版　昭和八年一、二、三月号』講談社、一九七五年。

『少年倶楽部　復刻愛蔵版　昭和八年四、五、六月号』講談社、一九七五年。

『少年倶楽部　復刻愛蔵版　昭和八年七、八、九月号』講談社、一九七五年。

『少年倶楽部　復刻愛蔵版　昭和八年一〇、一一、一二月号』講談社、一九七六年。

『少年世界』博文館、一八九五年一月一日号～一九三三年一月号（欠号：一九二一年五、一〇月号、一九二二年五、八、一一～一二月号、一九二三年一、七、一二月号）。

『童話精神』一九四〇年三月一二日号。

『日本少年』実業之日本社、一九〇六年一月号～一九三八年一〇月号（欠号：一九二三年一二月号、一九二四年四、六～一一月号、一九二五年一～六、八～一一月号、一九二六年一～五、七～八、一一～一二月号、一九二七年一～三、五～八、一〇～一二月号、一九二八年二～六、一〇、一二月号、一九二九年一、三～一二月号、一九三〇年一～九、一二月号、一九三一年九～一二月号、一九三二年五～七月号、一九三四年六月増刊号、一九三八年一、三～四、七～八月号）。

『日本少年　マイクロフィッシュ版　第一巻』～『日本少年　マイクロフィッシュ版　第六巻』早稲田大学図書館編、雄松堂フィルム出版、二〇〇五年。

『復刻版　少年世界　一（一―六）』～『復刻版　少年世界　九（一三―一六）』名著普及会、一九九〇～一九九一年。

第一〇章　「少年」「少女」の価値の喪失

――戦前の少年少女雑誌から戦後の少年少女雑誌へ――

1　戦後において少年少女雑誌はどのように変化したのか

本章の目的は、戦後、「少年」「少女」のメディアが、どのようにして変容したのか、もう一つは、戦後、「少年」「少女」のメディアが、なぜ変容したのかを明らかにすることである。

一九四五（昭和二〇）年八月、日本がポツダム宣言を受諾して太平洋戦争が終結した。これに伴って、戦時の統制が終焉を迎えた。そのため、戦時の統制が終わると、少年少女雑誌は大きく変化することになるとおもわれる。本章では、その変容を明らかにすることとする。

そのために、分析期間として、原則、一九四五年から一九六九（昭和四四）年までに着目することとする。一九四五年を始点とするのは終戦の年であるからである。一九六九年を終点とするのは、一九七〇（昭和四五）年前後に少女向けファッション雑誌が生まれたことで、少女雑誌界に大きな変容が見られるようになるからである。たとえば、『週刊セブンティーン』（集英社）が一九六八（昭和四三）年六月に創刊されている。ただ、それに加えて、一九四五年より前の号、一九六九年より後の号も、適宜、分析することとする。

また、分析史料として、『少年倶楽部』『少女の友』『女学生の友』『少年』『ひまわり』『ジュニアそれいゆ』を見

図10－1　『少年クラブ』
（1949年６月号。大日本雄弁会講談社。伊原宇三郎。著者所蔵）

図10－2　『少女の友』
（1951年１月号。実業之日本社。松本昌美。著者所蔵）

ることとする（図10－1～図10－6）。

本章では、第一に、戦前に生まれた少年少女雑誌がどのように変化するのかを見る。そのために、『少年倶楽部』（一九四六（昭和二一）年四月号から『少年クラブ』）、『少女の友』を分析することにする。その理由は、一つに、『少年倶楽部』が一九一四（大正三）年一一月に、『少女の友』が一九〇八（明治四一）年二月に生まれているからである。いいかえると、少年少女雑誌が誕生した時期である、明治期の末から大正期のはじめにおいて生まれているからである。二つに、『少年倶楽部』（『少年クラブ』）が一九六二（昭和三七）年一二月に、『少女の友』が一九五五（昭和三〇）年二月に終刊となるからである。いいかえると、戦後まで刊行されているからである。この二つの理由によって、戦前戦後の少年少女雑誌の変遷が明らかにできると考えられる。

第二に、戦後に生まれた少年少女雑誌がどのように変化するのかを見る。そのために、『女学生の友』（小学館、一九五〇（昭和二五）年四月号～一九七七（昭和五二）年一二月号）、『少年』（光文社、一九四六（昭和二一）年一一月号～一九六八（昭和四三）年三月号）を分析することにする。『女学生の友』に着目する理由は、後に見るように、『女学生の友』が、大きな改革をおこない、多数の読者を獲得することになったからである。そして、他の少女雑誌を追随させることになったからである。また、『少年』に着目する理由は、この雑誌が『女学生の友』と比較するためにはもっとも適した少年雑誌であると判断できるからである。むろん、比較のためには、出版社間の差異が小さいほうがよいとおもわれる。なぜなら、見出した差異が、出版社間の差異なのか、少年少女雑誌間の差異なのかが判別できなくなるからである。そうであるなら、『中学生の友』〔小学館、一九四九〔昭和二四〕年一月号～一九五七〔昭和三二〕年三月号〕のほうが、『女学生の友』と比較するためにはふさわしいといえる。しかし、『中学生の友』は、一つに学年雑誌であること、二つに多数の読者を獲得していたわけではなかったことによって、『女学生の友』と比較することが困難である。そのため、一九五五年前後、一つに『女学生の友』と同程度の多数の読者を獲得していたこと、二つに『女学生の友』と同程度の年齢の読者を獲得していたことをもって、『女学生の友』と比較するためには『少年』がふさわしいと判断したのである。

図 10－3　『女学生の友』
（1951年４月号。小学館。岩崎良信。著者所蔵）

図 10－4　『少年』
（1949年９月号。小学館。松本一夫。著者所蔵）©Nagako Iwai 2019/JAA1900101

第三に、戦前の少女雑誌の後継雑誌となった少女雑誌がどのように変化するのかを見る。しかし、戦前の少年雑誌の後継雑誌となった少年雑誌は数として分析に値する規模を有していないため、少女雑誌だけを分析することにする。そのため、『ひまわり』〔ヒマワリ社〔一九五〇年四・五月合併号から、ひまわり社〕、一九四七〔昭和二二〕年一月号～一九五二〔昭和二七〕年一二月号、月刊〕、『ジュニアそれいゆ』〔ひまわり社、一九五三〔昭和二八〕年三月号～一九六〇〔昭和三五〕年一〇月号、隔月刊〕を分析する。なぜなら、『ひまわり』『ジュニアそれいゆ』が、『少女の友』の後継雑誌となったと考えられるからである。先に見たように、

図 10－6　『ジュニアそれいゆ』
（1958年３月号。ひまわり社。中原淳一。著者所蔵）©JUNICHI NAKAHARA/HIMAWARIYA

図 10－5　『ひまわり』
（1949年８月号。ヒマワリ社。中原淳一。著者所蔵）©JUNICHI NAKAHARA/HIMAWARIYA

『少女の友』は戦前に生まれた。そして、戦前には、画家の中原淳一《なかはらじゅんいち》が挿絵・表紙絵を描いていた（たとえば、中原淳一の表紙絵は図6‐7、図8‐2、図9‐1、図9‐2、図10‐5、図10‐6、図10‐11）。一方、『ひまわり』『ジュニアそれいゆ』は戦後に生まれた。そして、中原淳一が挿絵・表紙絵を描いて、なおかつ、編集もしていた。したがって、『少女の友』と『ひまわり』『ジュニアそれいゆ』は、多数の共通点があったとおもわれる。たとえば、『少女の友』と『ひまわり』『ジュニアそれいゆ』は、人形の作り方を載せていた。中原淳一「附録お人形帳」（『少女の友』一九三四（昭和九）年九月号、附録）、藤田《ふじた》桜《さくら》・中原淳一「お人形を作りませう」（『ひまわり』一九四七（昭和二二）年一月号、六七―六九）、中原淳一「ルリコ人形」（『ジュニアそれいゆ』一九五五（昭和三〇）年一月号、一二二―一二三）などである。そして、最大の共通点は、『少女の友』と『ひまわり』『ジュニアそれいゆ』は、都市新中間層の女子を読者に想定する戦略をとっていたという点であった。とはいえ、『少女の友』と『ひまわり』『ジュニアそれいゆ』は、異なる出版社の少女雑誌である。したがって、異なる出版社の少女雑誌であることを配慮しながら分析することにする。

2　戦前の少年少女雑誌から戦後の少年少女雑誌へ

本節では、戦後、子ども向け雑誌がどのような変遷を辿ったのかを明らかにする。

戦後、児童文化に関するさまざまな組織の入れ替わりがおこなわれた。第九章で見たように、戦時下においては、児童文化に関するさまざまな組織は情報局の指導によって日本少国民文化協会に統合された。しかし、戦後においては、そのような情報局の指導から解き放たれることになった。したがって、一九四五年一〇月、日本少国民文化協会は解散したのであった。そして、児童文化に関するさまざまな組織が誕生することになった。たとえば、一九四六（昭和二一）年三月、日本児童文学者協会が発足した。この協会は、関英雄《せきひでお》、小林純一《こばやしじゅんいち》、奈街三郎《なまちさぶろう》、川崎大治《かわさきたいじ》、佐藤義美《さとうよしみ》、塚原健二郎《つかはらけんじろう》、平塚武二《ひらつかたけじ》など、中堅の児童文学の作家が中心となって結成されたものであった。さらに、この協会は、一九四六年九月、雑誌『日本児童文学』を刊行するようになった。また、一九四六年二月、日本童話会が発足した。この会は、後藤楢根《ごとうならね》など、教師が中心となって組織化されたものであった。そして、この会は、一九四六年五月、雑誌『童話』を刊行するようになった。

さらに、戦後、さまざまな子ども向け雑誌が生み出されていった。最初に産声を上げたのは、児童雑誌であった。先鞭をつけたのは、『赤とんぼ』（実業之日本社、一九四六（昭和二一）年四月号〜一九四八（昭和二三）年一〇月号）である。『赤とんぼ』は、その雑誌名から類推できるように、『赤い鳥』（赤い鳥社、一九一八（大正七）年七月号〜一九二九（昭和四）年三月号、一九三一（昭和六）年一月号〜一九三六（昭和一一）年一〇月号）の構想を受け継ごうとした雑誌であった。その後、『赤とんぼ』を模倣した児童雑誌が多数生まれていった。『子供の広場』（新世界社、一九四六（昭和二一）年四月号〜一九五〇（昭和二五）年三月号）、『銀河』（新潮社、一九四六（昭和二一）年一〇月号〜一九四九（昭和二四）年八月号）、『子どもの村』（新世界社、一九四七（昭和二二）年六月号〜一九五〇（昭和二五）年四月号）、『こどもペン』（こどものまど社、一九四七（昭和二二）年一一月号〜一九四九（昭和二四）年六月号）、『少年少女』（中央公論社、一九四八（昭和二三）年二月号〜一九五一（昭和二六）年一二月号）などである。このような児童雑誌の共通点は、『赤い鳥』の構想を継承しようとしていた点であった。このように、終戦直後、児童雑誌のブームがおきたのであった。第九章で見たように、戦時下においては、内務省の弾圧、および、文部省の推薦によって、また、日本出版文化協会の審査、および、日本少国民文化協会の指導によって、子どものための書籍・雑誌はしだいに数が少なくなっていた。だからこそ、終戦直後、子どものための書籍・雑誌に飢えた人びとがこの児童雑誌を購入して、児童雑誌のブームを巻き起こしていったのであった。

　ところが、児童雑誌のブームはすぐに終息した。戦後に創刊された児童雑誌は、一九四八（昭和二三）年から、あいついで廃刊に追いやられていったのであった（奥山　二〇〇二）。そして、一九五一（昭和二六）年一二月で、『少年少女』が終刊になると、戦後に創刊された児童雑誌はすべて消え失せたのであった（奥山　二〇〇二）。なぜなら、児童雑誌が誕生した後、少年少女雑誌があいついで誕生したからであった。そのため、児童雑誌は、少年少女雑誌と熾烈な読者獲得競争をすることになって、少年少女雑誌に敗北したのであった。

　児童雑誌が創刊された後、少年少女雑誌があいついで創刊された。第九章で見たように、終戦の時点においては、軍の少年雑誌を除外すると、少年雑誌は『少年倶楽部』のみになっていた。その少年雑誌市場に、さまざまな少年雑誌が参入していったのであった。このことは、附表1からうかがうことができる。附表1は、一八八八（明治二一）年から一九六九年までの少年雑誌の変遷を把握したものである。これを見ると、光文社の『少年』を皮切りにして、少年雑誌があいついで生まれたことがわかる。『野球少年』（尚文館、一九四七（昭和二二）年四月号〜一九六一

（昭和三六）年一月号）、『漫画少年』（学童社、一九四八（昭和二三）年一月号〜一九五五（昭和三〇）年一〇月号）、『冒険活劇文庫』（明々社、一九四八（昭和二三）年八月号〜一九七一（昭和四六）年六月号。ただし、一九五〇（昭和二五）年四月号から『少年画報』、一九五六（昭和三一）年から少年画報社）、『少年世界』（ロマンス社、一九四九（昭和二四）年一月号〜一九五〇（昭和二五）年七月号）、『東光少年』（東光出版社、一九四九（昭和二四）年一月号〜終刊年月日は不明）、『冒険王』（秋田書店、一九四九（昭和二四）年二月号〜一九八三（昭和五八）年四月号）、『少年漫画帳』（少年漫画社、一九四九（昭和二四）年六月号〜終刊年月日は不明）、『おもしろブック』（集英社、一九四九（昭和二四）年九月号〜一九六九（昭和四四）年四月号。ただし、一九六〇（昭和三五）年一月号から『少年ブック』）、『漫画王』（秋田書店、一九五二（昭和二七）年一月号〜一九七二（昭和四七）年三月号）、『痛快ブック』（芳文社、一九五三（昭和二八）年一月号〜一九六一（昭和三六）年二月号）などである。このなかで、『漫画少年』『冒険王』『少年漫画帳』『おもしろブック』『漫画王』『痛快ブック』は少年マンガ雑誌、『野球少年』は少年向けスポーツ雑誌である。

また、第九章で見たように、終戦の時点では、少女雑誌は『少女の友』『少女倶楽部』のみになっていた。その二雑誌の君臨する少女雑誌市場に、さまざまな少女雑誌が入っていったのであった。このことは、附表2からうかがうことができる。附表2は、一九〇二（明治三五）年から一九六九年までの少女雑誌の変遷を把握したものである。これを見ると、『ひまわり』を皮切りに、少女雑誌があいついで生み出されたことがわかる。『少女』（光文社、一九四九（昭和二四）年二月号〜一九六三（昭和三八）年三月号）、『少女ロマンス』（明々社、一九四九（昭和二四）年七月号〜一九五一（昭和二六）年八月号）、『女学生の友』『少女サロン』（偕成社、一九五〇（昭和二五）年六月号〜一九五五（昭和三〇）年七月号）、『少女ブック』（集英社、一九五一（昭和二六）年九月号〜一九六三（昭和三八）年五月号）、『ジュニアそれいゆ』などである。

このように、少年少女雑誌市場に、新たな少年少女雑誌が参入していった。このことによって、『赤とんぼ』などの児童雑誌は撤退せざるを得なかった。そして、少年少女雑誌の間においては、たちまちのうちに苛烈な読者獲得競争が繰り広げられることになったのである。したがって、少年少女雑誌は、既存のものも新規のものも読者獲得をめざして新しい挑戦を始めることになった。その結果、少年少女雑誌はさまざまな形に進化していくことになった。

少年雑誌は、一九四五年から一九六九年までにおいては三つの型に分化することになった。第一の型は、少年マンガ雑誌である。附表1を見ると、『漫画少年』を契機にして、一九四八年から一九六九年にかけては、少年マンガ雑誌があいついで生み出されたことがわかる。たとえば、一九五九（昭和三四）年三月、講談社が『週刊少年マガジン』を創刊している。また、ほぼ同時期の一九五九年四月、小学館が『週刊少年サンデー』を世に出している。さらに、一九六八年八月、集英社が『週刊少年ジャンプ』を創刊している。この三つの少年雑誌は、今日まで男子読者の支持を獲得している雑誌であるといえる。附表1を見ると、戦前においては、少年マンガ雑誌は少年パック社の『少年パック』（一九〇七（明治四〇）年一月～一九一一（明治四四）年一二月）のみであったことがわかる。しかし戦後、少年マンガ雑誌が大量に創刊され、大多数を占めるようになったことが見てとれるのである。

さらに、少年マンガ雑誌は、大型化・週刊化をはかっていった。大型化・週刊化は、少年マンガの掲載に適合的な変化であった。少年小説を載せるにはA5であろうとB5であろうと不都合はないが、少年マンガを載せるにはB5のほうが読みやすいという利点がある。よって、A5サイズをB5サイズに大型化したのである。また少年小説は、時間をかけて読まざるを得ないため月刊のほうが適している。一方、少年マンガは、時間をかけて読ませることも、速やかに読ませることもできるため、少年小説のように時間をかけて読ませたいときには月刊が適しているといえるし、速やかに読ませて一週間後の続きを待ち遠しくおもわせたいときには週刊が適しているといえる。少年雑誌の場合は、後者の戦略を選択して、月刊から週刊に方向転換をしたのである。このように、一九六〇（昭和三五）年前後には、少年雑誌のメインストリームは少年小説雑誌から少年マンガ雑誌へ、A5サイズからB5サイズへ、月刊から週刊へと転換したのである。

第二の型は、少年小説雑誌である。附表1を見ると、戦前の少年雑誌は少年小説雑誌が大多数を占めていたことがわかる。たとえば、日本初の少年雑誌である『少年園』は少年小説雑誌であった。また、商業上の成功を収めた『少年世界』『日本少年』『少年倶楽部』も少年小説雑誌であった。そうであるとすると、この第二の型は、戦前の少年雑誌の大多数を占めていた型を継承するものであるといえる。なお、本書は、少年小説を主軸に据える少年雑誌は「少年雑誌」と表記してきたが、今後、少年小説を主軸に据える少年雑誌か、それとは異なる読みものを主軸に据える少年雑誌かを区別する場合、少年小説を主軸に据える少年雑誌は、あえて「少年小説雑誌」と表記することにする。たとえば、『少年倶楽部』は、戦前、少年小説雑誌として生まれた。さらに、戦後、少年小説雑誌として刊行され続けることになった。また、光文社の『少年』は、戦後の一九四六年一一月、少年小説雑誌として誕生した。そして、江戸川乱歩《えどがわらんぽ》の少年探偵団シリーズを掲載して、男子読者の支持を獲得することになった。ただし、附表1を見ると、少年小説雑誌は戦前においては大多数であったが、戦後においてはごく少数になることがわかる。それゆえ、この第二の型はしだいに衰退するといえる。

第三の型は、少年向けスポーツ雑誌である。たとえば、『野球少年』は一九四七（昭和二二）年四月に誕生した。そして、この『野球少年』は、雑誌名が示すように野球に関する読みものに力を入れていた雑誌であった。ただ、附表1を見ると、この第三の型は、一九四五年から一九六九年にかけては、一貫して少数であったことがわかる。

一方、少女雑誌は、一九四五年から一九六九年までにおいては三つの型に分化を遂げた。第一の型は、少女マンガ雑誌である。附表2を見ると、戦前に誕生した『少女の友』は、一九五五年六月号をもって終刊となったことがわかる。この『少女の友』と入れ替わるようにして、一九五五年一月号から『なかよし』が講談社によって創刊される。そして、一九五五年九月号から『りぼん』が集英社によって創刊される。『なかよし』も『りぼん』も少女マンガ雑誌である。そして、今日まで女子読者の支持を集めている雑誌であるといえる。ただし、両方とも月刊である。附表2を見ると、戦前、少女マンガ雑誌は、創刊されていなかったことがわかる。しかし、一九五五年の『りぼん』『なかよし』の誕生を契機にして、少女マンガ雑誌があいついで生まれたことが見てとれるのである。

第二の型は、少女小説雑誌である。附表2をながめると、戦前においてはすべての少女雑誌が少女小説雑誌であったことを確認できる。なお、本書は、少女小説を主軸に据える少女雑誌は「少女雑誌」と表記してきたが、今後、少女小説を主軸に据える少女雑誌か、それとは異なる読みものを主軸に据える少女雑誌かを区別する場合、少女小説を主軸に据える雑誌は、あえて「少女小説雑誌」と表記することにする。先に見たように、少女マンガ雑誌は、一九五五年を境にして大量に創刊されるようになる。しかし、それとは逆に、少女小説雑誌は、一九五五年を境にしてあいついで終刊を迎えるようになるのである。たとえば、『少女倶楽部』(一九四六〔昭和二一〕年四月号から『少女クラブ』)は、一九六二年一二月で終刊を迎えている。また、光文社の『少女』は、倉金章介《くらかねしょうすけ》の少女マンガ「あんみつ姫」(『少女』一九四九〔昭和二四〕年五月号〜一九五五〔昭和三〇〕年四月号)が女子読者の熱狂的な支持を獲得することになる。そして、このことによって、『少女倶楽部』(『少女クラブ』)と熾烈な読者獲得競争を繰り広げることになる。しかし、光文社の『少女』は一九六三〔昭和三八〕年三月で終刊となっている。最後に、『少女ブック』は、一九六三年五月で終刊を迎えている。附表2を見ると、『少女ブック』の終刊によって、少女小説雑誌は『女学生の友』を除いてすべて終刊となったことがわかる。

しかし、少女小説雑誌はほどなくして息を吹き返した。後に見るように、たった一つ生き残った『女学生の友』が、大改革をおこなって大成功を収めたからであった。さらに、集英社が、この『女学生の友』に追随する形で、一九六六〔昭和四一〕年四月に『小説ジュニア』を創刊した。そして、一九八三〔昭和五八〕年七月に『小説ジュニア』を『Cobalt』に改題した。その後、一九八〇年代、『Cobalt』、および『Cobalt』の少女小説を文庫化した集英社文庫コバルトシリーズは、女子読者の絶大な支持を集めることになった（木村 一九九九a、一九九九b）。その後、『Cobalt』は、二〇一六（平成二八）年四月一日にウェブマガジンである『Web マガジン Cobalt』に移行した。一方、小学館は、『女学生の友』の成功に後押しされて、『別冊女学生の友』を一九六六年六月一五日号、一九六六年八月一五日号として刊行した（今田 二〇一七b）。この『別冊女学生の友』には、「オール小説」というサブタイトルがついていた（今田 二〇一七b）。したがって、『別冊女学生の友』は、少女小説のみを載せる少女雑誌であった。さらに、小学館は、『別冊女学生の友 ジュニア文芸』を一九六七（昭和四二）年一月に創刊した（今田 二〇一七b）。その後、『別冊女学生の友 ジュニア文芸』は、一九六七年六月号をもって『ジュニア文芸』に改題された（今田 二〇一七b）。ただ、その後、『ジュニア文芸』は、一九七一（昭和四六）年八月号で終刊となった。このように、少女雑誌のメインストリームは、一九六五（昭和四〇）年前後に、少女小説雑誌から少女マンガ雑誌へ転換したのである。しかし、少女小説雑誌は、メインストリームではなかったものの、少なくない読者を獲得し続けることになったのである。

第三の型は、少女向けファッション雑誌である。附表2を見ると、集英社が、少女向けファッション雑誌の『週刊セブンティーン』を一九六八年六月に創刊したことがわかる。この『週刊セブンティーン』は、後に『Seventeen』に改題される。そして、今日まで、女子読者の支持を獲得することになる。したがって、少女雑誌のなかには、少年雑誌と異なる挑戦をして成功を収めるものがあらわれ始めたのである。そしてそれは、ファッションを導入することだったのである。

この挑戦を先んじておこなったのは、『ひまわり』『ジュニアそれいゆ』である。一九四七年一月、中原淳一は、『ひまわり』をヒマワリ社（一九五〇〈昭和二五〉年四・五月合併号から、ひまわり社）から創刊した。中原淳一は、戦前においては画家として『少女の友』で絶大な支持を集めていた。そして、戦後においてはヒマワリ社（ひまわり社）をつくって、編集者として『ひまわり』『ジュニアそれいゆ』で絶大な支持を集めることになった。この『ひまわり』は、一九五二（昭和二七）年一二月で終刊となった。しかし、一九五三（昭和二八）年三月に、『それいゆ』臨時増刊『ジュニア号』が刊行された。さらに、一九五三年八月に、『それいゆジュニア号』が刊行された。そして、一九五四（昭和二九）年七月に、『ジュニアそれいゆ』が創刊された。

中原淳一が、『ひまわり』『ジュニアそれいゆ』でおこなったことは、一つに「ひまわりブランド」を作ったこと、二つにひまわりブランドをまとったスターを作ったことである（今田 二〇一五）。一つ目の点について見てみると、中原淳一は、自らがデザインしたファッション、アイテム、ヘアスタイルを『ひまわり』『ジュニアそれいゆ』に載せた。そして、そのファッション、アイテム、ヘアスタイルを、ひまわり社の洋裁店、売店、美容室をとおして女子読者に届けたのである。

二つ目の点について見てみると、中原淳一は、美少年・美少女をさがしだして、ひまわりブランドを与えた。そして、『ひまわり』『ジュニアそれいゆ』に掲載して、スター（アイドルスター）に育て上げた。その代表的な存在が、浅丘《あさおか》ルリ子《こ》である。一九五五年、「緑はるかに」という小説が映画化された。この「緑はるかに」を執筆したのは北条《ほうじょう》誠《まこと》、挿絵をつけたのは中原淳一であった。そのため、中原淳一は、ヒロインを決定するオーディションに審査員としてかかわることになった。そして、中原淳一は、そのオーディションにて、数千人の少女たちのなかから浅丘ルリ子を見出したのであった。

その時、僕も審査員の一人だつたが、あの時、沢山集つた可愛い少女達の中で、一際美しく目立つていた少女がルリ子ちやんだつた。

（中略）

『緑はるかに』の審査の時、沢山の少女がいる控室をちよつとのぞいたら、セーラーの制服を着たルリ子ちやんがチラッと僕の方を向いたのを僕は覚えている。（中略）沢山の少女の中から最後に七人の少女が残り、カメラテストの時だつた。（中略）僕も手伝つてルリ子ちやんのお化粧をしたのだつた。その時も僕は、カメラテストでもルリ子ちやんが一番だろうと思つた事を又思い出している（中略）。（中原淳一「ルリ子ちやんのしあわせな明日のために」『ジュニアそれいゆ』一九五七〔昭和三二〕年九月号、八九）

この引用に見られるように、中原淳一は、浅丘ルリ子がもっとも美しいとおもった。そのため、他の審査員が他の少女を推したが、中原淳一は浅丘ルリ子を推して譲らなかった。この中原淳一の強力な推薦によって、浅丘ルリ子は「緑はるかに」のヒロインに抜擢されたのであった。その後、浅丘ルリ子は、中原淳一の手によって美しく変身させられた。『ジュニアそれいゆ』一九五五年一月号には、そのようすが載っている。この号では、中原淳一は浅丘ルリ子の長いおさげ髪を耳の下の長さにまで切っているのである（編集者「長いおさげの髪をルリコカットにする」『ジュニアそれいゆ』一九五五〔昭和三〇〕年一月号、一一四―一一五）。そして、自らがデザインしたドレスを浅丘ルリ子に着せて、『ジュニアそれいゆ』のグラビアに載せているのである（編集者「ルリコになつた浅丘さんの着るドレス」『ジュニアそれいゆ』一九五五〔昭和三〇〕年一月号、一一六―一二一）。さらに、このグラビアは、カリスマ画家の中原淳一が直接写真に筆を入れる形で美しく加工されていて、まるで抒情画のような仕上がりになっているのである。この後、この浅丘ルリ子の髪型は「ルリコカット」とよばれて一世を風靡することになった。そして、浅丘ルリ子は一躍スターになったのである。

このように、中原淳一は、『ひまわり』『ジュニアそれいゆ』をとおして、一つにひまわりブランドを、二つにひまわりブランドをまとったスターを作り上げたのである。そしてそのことで、ひまわり社のファッション、アイテム、ヘアスタイルを世に広めていったのである。したがって、『ひまわり』『ジュニアそれいゆ』は、少女向けファッション雑誌の道を開拓したといえるのである。ただし、『ひまわり』『ジュニアそれいゆ』は、あくまで少女小説を主に載せる少女小説雑誌であった。そのため、『ひまわり』『ジュニアそれいゆ』は、後に少女向けファッション雑誌を誕生させるための礎をつくった雑誌であったといえる。

この第三の型である少女向けファッション雑誌は、附表2を見ると、一九六〇年代には、まだ少数であることがわかる。しかし、一九七〇年代からは、増加していくことになるのである。

まとめると、戦後の一九四五年から一九六九年までにおいては、少年雑誌は、第一に少年マンガ雑誌、第二に少年小説雑誌、第三に少年向けスポーツ雑誌に分化していった。とくに、一九六〇年前後には、少年雑誌のメインストリームは少年マンガ雑誌になった。一方、少女雑誌は、第一に少女マンガ雑誌、第二に少女小説雑誌、第三に少女向けファッション雑誌に分化していった。とくに、一九六五年前後には、少女雑誌のメインストリームは少女マンガ雑誌になった。

3 エスから男女交際へ

前節で見たように、戦後の一九四五年から一九六九年までにおいては、少年少女雑誌は、それぞれ三方向に分化していった。しかし、このような分化は形の変化である。内容の変化についてはどうであったのかというと、その最大の変化は少女雑誌が男女間の恋愛を導入したことが挙げられる。そしてそれこそ、『女学生の友』が大成功を収めた理由だったのである。一方、少年雑誌は男女間の恋愛を導入しなかったのである。

本節では、このような内容の変化を見ることにする。そのために、第一に、『少女の友』『女学生の友』の比較をすることにする。第二に、『女学生の友』『少年』の比較をすることにする。この『少女の友』『女学生の友』『少年』に着目した理由は、先に挙げとおりである。

最初に、『少女の友』『女学生の友』の少女小説を比較する。『少女の友』は一九四五年九月号から一九五五年六月号までを、『女学生の友』は一九五〇（昭和二五）年四月号から一九七〇年一二月号までを見ることとする。それは、戦後の一九四五年から一九六九年までを把握するためである。

『少女の友』『女学生の友』の少女小説は、一九五五年、一九五六（昭和三一）年ごろに変化することがわかっている。今田絵里香（二〇一二）は、一九四五年から一九七〇年までの『少女の友』『女学生の友』を分析して、『少女の友』『女学生の友』においては、一九五五年、一九五六年ごろに男女間の恋愛が導入されることを明らかにしている。ここでは、この研究に依拠してこのことを確かめることとする。

この研究では、『少女の友』『女学生の友』の少女小説の主要登場人物を抽出して、その関係を「親子・きょうだい関係」「同性間の友人関係」「異性間の友人関係」「エス関係」「異性愛関係」に分類している。ただし、原則として、『少女の友』は隔年で奇数年の四月号、『女学生の友』は隔年で偶数年の四月号を分析している。なぜなら、『少女の友』の場合は戦後体制に移行し始めるのが一九四五年、『女学生の友』の場合は創刊の年が一九五〇年であるため、それぞれ奇数年／偶数年が体制を刷新する年に当てはまるからである。四月号を選択した理由は、学期の最初の号であるため、出版社が新体制を開始する月に当てはまることが挙げられる。新体制に入れ替わる年・月にこだわったのは、そのような年・月には、複数の大型連載小説が始まるため、そして、連載第一回目には、主要登場人物の紹介とそれぞれの関係が明らかにされるためである。

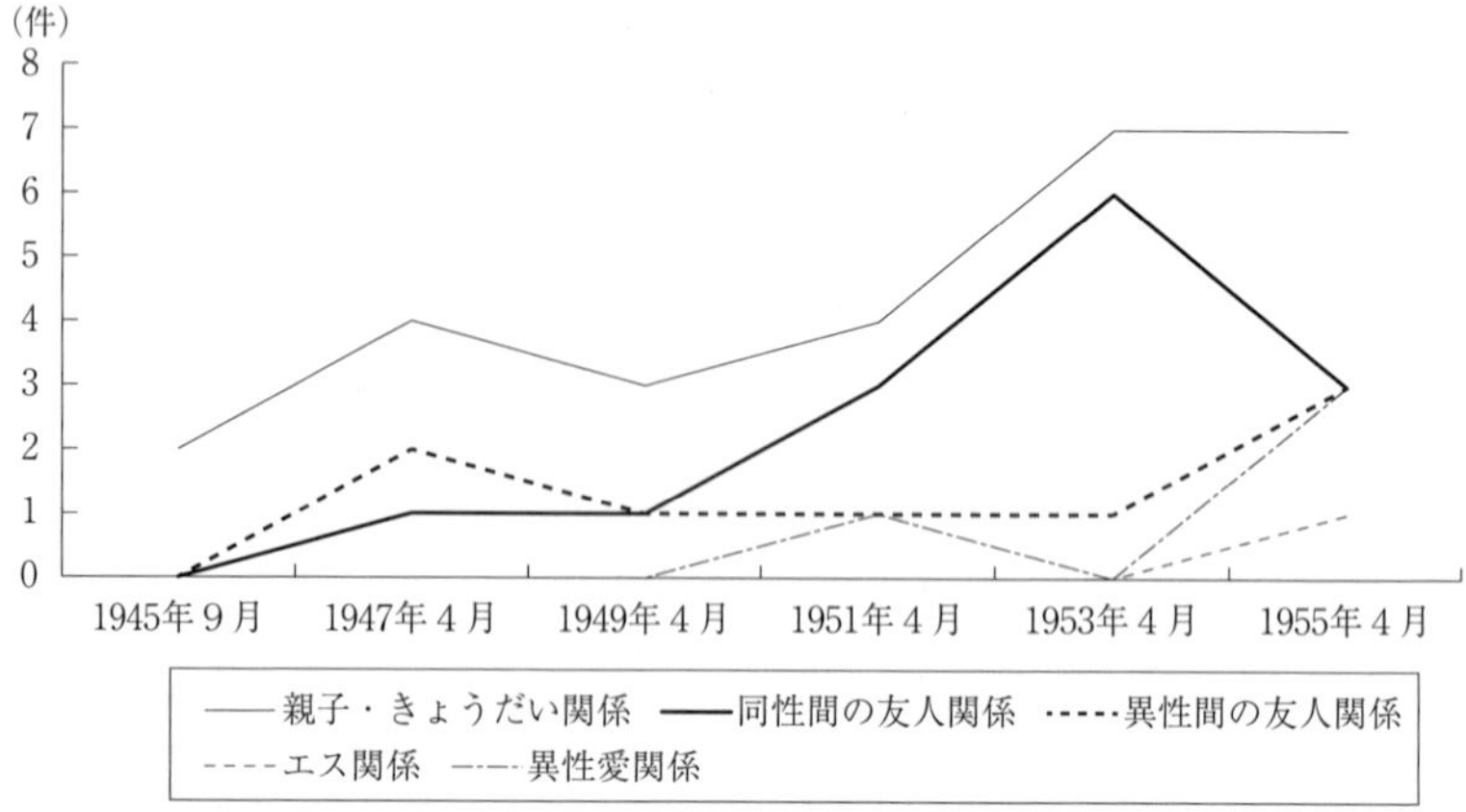

図10－7 戦後の『少女の友』の少女小説における親密な関係の変遷（隔年，原則4月号）

注：終戦が1945年8月であるため，1945年のみ9月号を分析した。

出典：今田（2011）。

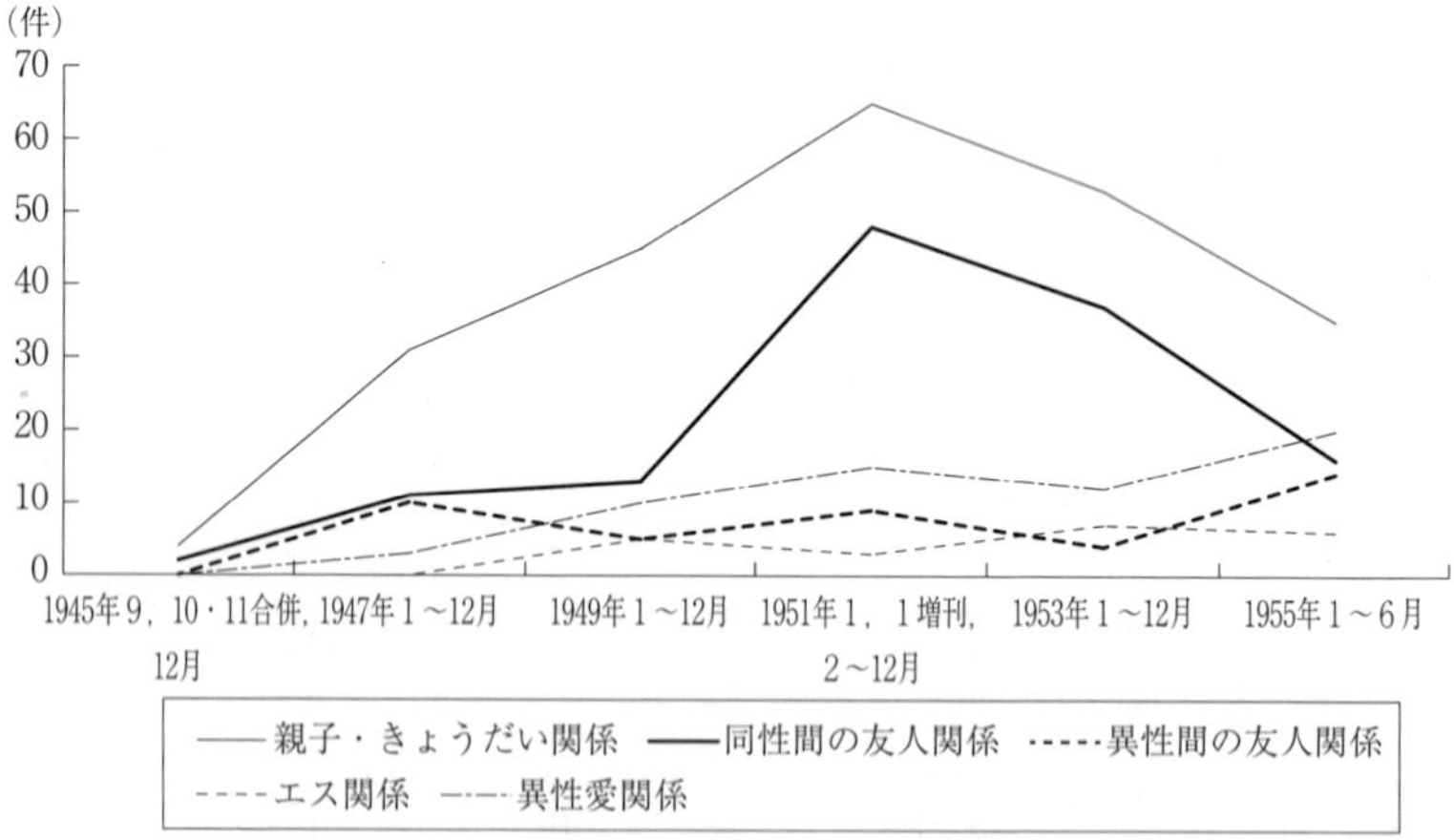

図10－8 戦後の『少女の友』の少女小説における親密な関係の変遷（隔年）

出典：今田（2011）。

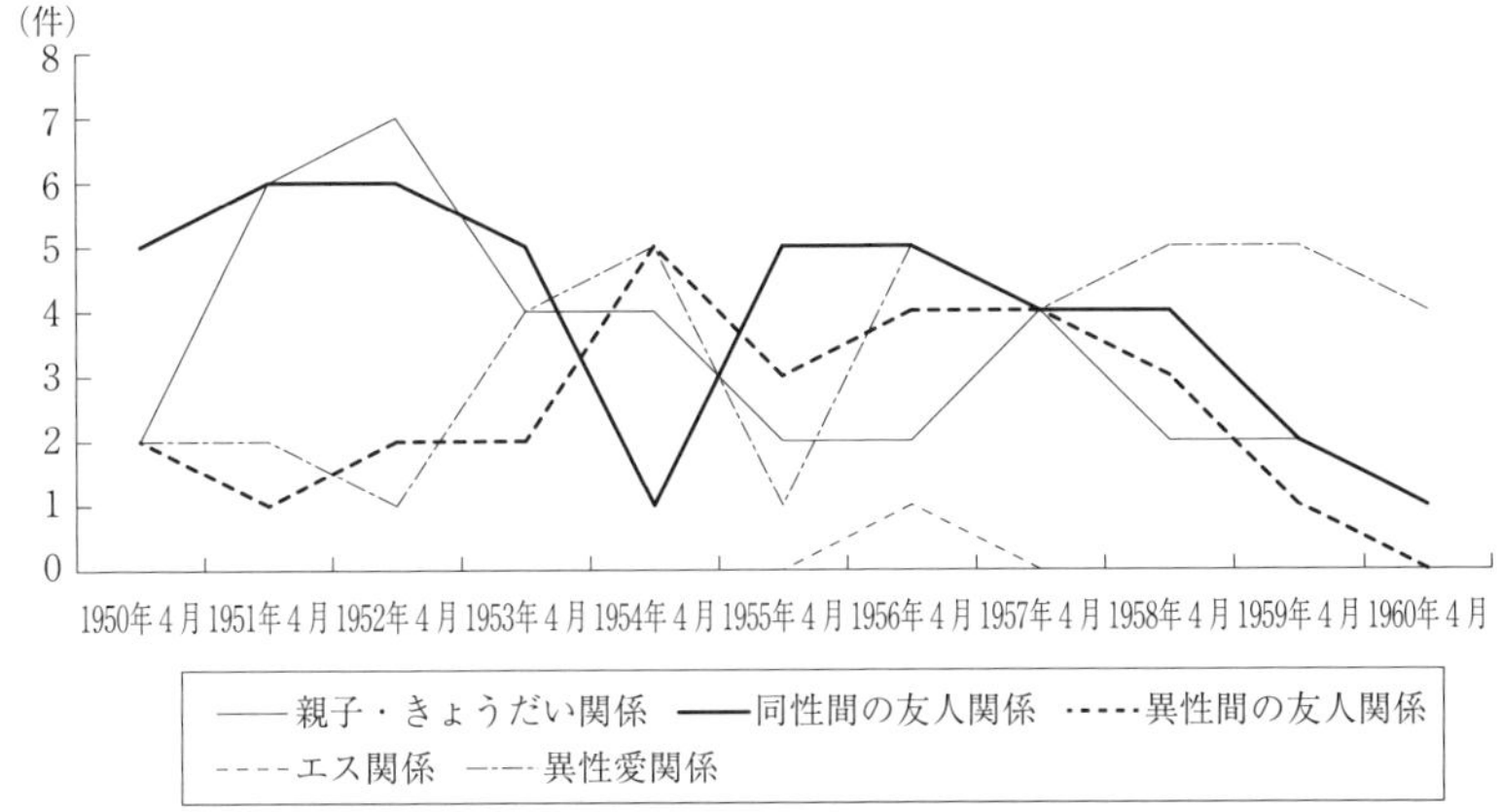

図10－9　『女学生の友』の少女小説における親密な関係の変遷（隔年，4月号）

出典：今田（2011）。

このように、この研究は、『少女の友』『女学生の友』の少女小説を分析して、『少女の友』の場合は、一九五五年には、男女間の友人関係、男女間の恋愛関係が描写されるようになることを明らかにしている。図10－7がこの研究による『少女の友』の分析の結果、図10－8がこの研究による『少女の友』奇数年全号の分析の結果である。これらを見ると、『少女の友』の少女小説は、第一に、一貫して「親子・きょうだい関係」の描写が多数であることがわかる。第二に、一貫して「エス関係」の描写が少数であることが見てとれる。第三に、一九四五年から一九五三年までは「同性間の友人関係」の描写が多数であるが、一九五五年は「異性間の友人関係」「異性愛関係」が増加して、「同性間の友人関係」を凌駕するほどになっていることがわかる。

一方、この研究は、『女学生の友』の場合は、一九五六年から男女間の恋愛関係の描写が急激に増加することを明らかにしている。図10－9がこの研究による『女学生の友』の分析結果である。これを見ると、変動が大きいため把握しづらいが、第一に、一九五六年から「異性愛関係」の描写が急激に増加することがわかる。第二に、一九七〇年にはほとんどが「異性愛関係」の描写になるといえる。また、藤本純子（二〇〇五、二〇〇六）は、一九五〇年から一九六六年までの『女学生の友』の読切小説を分析している。それによると、一九五六年から、男女間の恋愛関係を描写した読切小説が増加し始め、一九五八（昭和三三）年から、それが三〇パーセントを超えるようになるとされている。

まとめると、『少女の友』の少女小説は、一貫して、親子関係の描写が多数を占めていた。ただし、一九四五年から一九五三年までは少女同士の友人関係が多数であったが、一九五五年からは男女間の友人関係・恋愛関係の描写が増加したことがわかった。一方、『女学生の友』の少女小説は、一九五六年から男女間の恋愛関係の描写が増加した。さらに、一九七〇年からは男女間の恋愛関係の描写が圧倒的多数を占めるようになったのであった。

『少女の友』『女学生の友』の少女小説を比較すると、第一に、共通点として挙げられるのは、どちらも一九五五年、一九五六年には「少年」を導入していたことである。第二に、相違点として挙げられるのは、『女学生の友』のほうが男女間の恋愛関係の描写に関しては多数であったことである。『少女の友』は、あくまで親子・きょうだい関係の描写が多数であったが、一九五五年には、男女間の友人関係・恋愛関係の描写を導入して、少女同士の友人関係の描写に匹敵する、ないしは、凌駕するようになったといえる。

とはいえ、たしかに『少女の友』は、『女学生の友』と比べると、男女間の友人関係・恋愛関係の描写は少数であったといえるが、戦前の『少女の友』と比べると、それらの描写は多数であるといえる。なぜなら、戦前の『少女の友』は、男女の恋愛関係の描写はおろか、男女の友人関係の描写を一切導入することはなかったからである。というのも、描写される男子はほぼきょうだいに限定されていたからである（今田　二〇〇七）。『少女の友』にとっては、きょうだいではない「少年」が描かれることそのものが非常に大きな変化なのである。

今日、少女雑誌は、『りぼん』などの少女マンガ雑誌でも、『Seventeen』などの少女向けファッション雑誌でも、『Cobalt』などの少女小説雑誌でも、男女間の恋愛は必要不可欠の要素となっているといえる。しかし、戦前の少女雑誌は、男女間の恋愛を一切とりいれることはなかったのである。なぜなら、戦前の日本社会では、思春期の男女が接触する機会が乏しかったからである。たとえば、小学校は男女共学であったが、高学年になると男女別クラスにさせて男女を分離させることがめずらしくなかった。小学校卒業後は、先に見たように、原則として男女別学体制で学ぶことになった。たとえば、中等普通教育の場合は、男子が中学校、女子が高等女学校に進学することになったのである。したがって、少女雑誌も少年雑誌も男女間の恋愛を導入しなかったのである。その代わりに、第六章に見たように、少女雑誌はエスとよばれる少女同士の親密な関係をとりいれていたのである。

次に、『女学生の友』と光文社の『少年』の比較をする。『女学生の友』は一九五〇年四月号から一九六二年三月号までを、光文社の『少年』は一九四六年一一月号から一九六二年三月号までを見ることとする。なぜなら、始点を創刊号にしたためである。そして、『女学生の友』が一九五五年、一九五六年に変化することがわかっているため、便宜上、一九五六年の前後を六年間ずつ抽出するようにしたためである。

『女学生の友』は、男女間の恋愛を導入したことがわかっている。このことを今田絵里香（二〇一四）に依拠して把握することとする。この研究は、『女学生の友』の特集記事、座談会記事を分析して、男女間の恋愛が導入されたことを明らかにしている。分析の期間は、一九五〇年四月号から一九六二年三月号までである。特集記事、座談会記事を分析した理由は、それらが編集者にもっとも重要視されている記事であると考えられるからである。この研究によると、『女学生の友』は、一九五九年八月増刊号に初めて男女間の恋愛に関する特集を載せたことが明らかになっている。その特集は、「友情特集」というものである。この「友情特集」のなかには、「友情幸福論――ジュニアの男女交際のしかたについて」が八頁（一六―二三頁）、「ジュニア友情読本」が一八頁（二四―四一頁）にわたって掲載されている。執筆者は、前者が東洋大学教授の堀秀彦《ほりひでひこ》、後者が参議院議員の奥《おく》むめおである。この堀秀彦は、純潔教育懇談会（一九五八〔昭和三三〕年九月～一九六三〔昭和三八〕年三月）のメンバーである。この研究によると、『女学生の友』は、この号から堰を切ったように、男女間の恋愛に関する特集記事、座談会記事を載せるようになるとしているのである。

その理由は、編集者によると、次のようにとらえられているとされている。

初めての増刊号にふさわしい内容をと考えて〝友情特集号〟をお贈りしました。というのは、同性とそして異性との友情に悩む投書が連日のように寄せられているからなのです。悩み多い青春の日々をより幸福に、より有意義に過すために、この増刊号が、お役にたてばと考えたのです。

（桜田正樹「編集後記」一九五九〔昭和三四〕年八月増刊号、二三八）

このように、編集者は女子読者の要望があったため、男女間の恋愛に関する特集記事、座談会記事を載せるようになったととらえていると指摘されているのである。たしかに、『女学生の友』の女子読者の投書を見ると、「授業中、男女の生徒が話をするとひやかしたり、変なうわさをたてたりするのです」（読者「身の上相談」『女学生の友』一九六〇〔昭和三五〕年一一月号、一九六）、「女子は話をするように努力していますが、（男子は――引用者）私たちがほうっておくと何時間も黙ったままでいます」（読者「身の上相談」『女学生の友』一九六一〔昭和三六〕年七月号、二四〇）など、女子読者が、友人として、あるいはクラスメイトとして、男子とどのようにつきあったらいいのかがわからずに困惑しているさまをうかがうことができる。

後に見るように、戦後、学校教育制度は男女共学が原則となった。そのことによって、かつては存在しなかった難問が女子読者につきつけられるようになった。それは、この研究によると、「男女は、どのようにしてつきあったらいいのか」という難問であったというのである。そして、『女学生の友』は、この難問の答えを見出すための手がかりを与えようとしたのだとするのである。

一方、光文社の『少年』は、男女間の恋愛を導入しなかったことがわかっている。この研究では、光文社の『少年』の特集記事、座談会記事も分析して、この『少年』が男女間の恋愛を導入しなかったことを明らかにしている。分析期間は、一九四六年一一月号から一九六二年三月号までである。この研究では、男女間の恋愛に関する特集記事、座談会記事は、「女生徒から男生徒へ わたしたちのいいたいことお話会」(一九五二〔昭和二七〕年三月号、七五―七九)、「男生徒から女生徒へ ぼくたちのいいたいこと」(一九五二〔昭和二七〕年年五月号、一四八―一五一)のみであることが明らかにされている。

まとめると、『女学生の友』は、一九五九年から、特集記事、座談会記事に男女間の恋愛に関する記事を載せるようになった。そして、そのような記事は増加の一途を辿っていった。一方、光文社の『少年』は、特集記事、座談会記事に男女間の恋愛に関する記事をほとんど載せることはなかった。

ここまで見てきたなかで明らかになったことは、一九四五年から一九六九年までの間、少女雑誌は男女間の恋愛を導入し、少年雑誌は男女間の恋愛を導入しなかったということである。そして、少女雑誌のなかでも、『女学生の友』が先んじてそれをおこなったということである。

このように、『女学生の友』が先駆的な改革をおこなったことは、編集者自身によって証言されている。たとえば、桜田正樹《さくらだまさき》は、一九五二年一一月号から一九六〇年六月号まで、『女学生の友』の編集に携わっていた。この桜田正樹は、後に次のように証言している。

私が編集長になった昭和二九年頃の『女学生の友』は学習雑誌の継続で、(中略)売れなかった。私は昔の『少女の友』などを見て雑誌をガラッと変えた。第一の柱に男女交際、第二にファッション、第三にスターのゴシップ。（中略）『女学生の友』は急速に伸びた。

（木本　一九八五、二四九―二五〇）

この引用が示すように、『女学生の友』は、数ある少女雑誌のなかで、先んじて男女間の恋愛を導入したのである。そして、女子読者の支持を拡大していったのである。

それこそ、『女学生の友』が大成功を収めていた理由であった。先に見たように、少女小説雑誌に関しては、一九六五年までに、そのほとんどが廃刊に追いやられていった。附表2を見ると、一九六三年五月号で『少女ブック』が終刊になった後は、ただ一つ『女学生の友』を除いて、少女小説雑誌が見られなくなったことがわかる。ところが、唯一残った『女学生の友』は、読者の支持を日に日に拡大させていった。そして、『女学生の友』は、『女学生の友』を模倣した雑誌である『小説ジュニア』を生み出すきっかけになった。さらに、『ジュニア文芸』という少女小説に特化した後継雑誌を生み出すきっかけになった。いいかえると、『女学生の友』は、男女間の恋愛を導入することで大成功を収めたのである。そして、少女小説というジャンルの延命に成功したのである。

4　「美しい」から「かわいい」へ

本節では、戦後の少年少女雑誌の少年少女小説を分析して、理想の少年少女像、理想の少年少女の行動を明らかにする。第六章では、『少女の友』の少女小説を分析して、理想の少女像、理想の少女の行動を明らかにした。また、第七章では、『日本少年』の少年小説を分析して、理想の少年像、理想の少年の行動を明らかにした。したがって、ここでは、第六章、第七章で明らかになった戦前の少年少女雑誌の少年少女小説における理想の少年少女像、理想の少年少女の行動が、戦後においてどのような変化を遂げたのかを明らかにすることにする。

戦後、少年少女雑誌の少年少女小説がどのような変化を遂げたかを明らかにするためには、第一に、一つの少年少女雑誌の少年少女小説に着目して、それを戦前戦後で比較するのが適切であるとおもわれる。なぜなら、複数の少年少女雑誌の少年少女小説を比較して差異を見つけた場合、その差異が雑誌の差異から生じるものなのか、時代の差異から生じるものなのかがわからなくなるからである。

第二に、作家の差異があると、差異を見つけたとき、それが作家の差異によるものなのか、時代の差異によるものかがわからなくなるため、作家の差異がないほうがよいと考えられる。

第三に、第六章と第七章で見たように、読者の支持を獲得している作家の少年少女小説のほうが分析に適しているとおもわれる。なぜなら、一つに、読者にたいする影響力が大きいと判断することができるからである。二つに、そこに描写されているものが、読者の欲望をかきたてる理想の少年少女像、ないしは、理想の少年少女の行動であると考えることができるからである。

少年小説の場合、第一の条件を考慮すると、第七章で『日本少年』『少年倶楽部』の少年小説を分析したため、本章では『日本少年』『少年倶楽部』の少年小説を分析することが適切であると考えられる。しかし、『日本少年』は一九三八（昭和一三）年一〇月号で終刊となっている。したがって、本章では、『少年倶楽部』（『少年クラブ』）の少年小説を分析することにする。そして、第二の条件を考慮すると、第七章で山中峯《やまなかみね》太郎《たろう》、江戸川乱歩の少年小説を分析したため、本章では戦後の山中峯太郎、江戸川乱歩の少年小説を分析することが望ましいといえる。しかし、山中峯太郎は、戦後においては、『少年倶楽部』（『少年クラブ』）に少年小説を連載することがなかったのである。そのため、江戸川乱歩の少年小説を分析することとする。最後に、第三の条件が当てはまるのかどうかを考えると、後に見るように、江戸川乱歩は、戦後の『少年倶楽部』に、連載少年小説を四作品、読み切り少年小説を一作品載せているため、男子読者の支持を集めていたととらえることができる。

少女小説の場合、第一の条件を考慮すると、第六章で『少女の友』の少女小説を分析したため、本章では戦後の『少女の友』の少女小説を分析することが望ましいといえる。そして、第二の条件を考慮すると、第六章では、与《よ》謝野晶子《さのあきこ》、川端康成《かわばたやすなり》、吉屋信子《よしやのぶこ》の少女小説を分析したため、本章では、この三人の作家の少女小説を分析するのがよいとおもわれる。しかし、戦後の『少女の友』に少女小説を載せていたのは、この三人の作家のなかでは、吉屋信子のみである。したがって、吉屋信子の少女小説を分析することが適切であると考えられる。そして、第三の条件が当てはまるかどうかを考えると、吉屋信子は、戦前において、女子読者の絶大な支持を集めていたため、なおかつ、戦後においても連載少女小説を一作品載せているため、女子読者の支持を集めていたと考えることができる。

したがって、本節では、戦前の少年少女雑誌の少年少女小説が戦後においてどのような変化を遂げたのかを見るため、『少年倶楽部』（『少年クラブ』）の江戸川乱歩の少年小説、『少女の友』の吉屋信子の少女小説を分析することにする。

最初に、少年小説を見る。第七章で見たように、戦前においては、江戸川乱歩は『少年倶楽部』に少年探偵団シリーズを連載していた。戦後においては、『少年倶楽部』（『少年クラブ』）に再び少年探偵団シリーズを連載し始めた。連載少年小説は、「灰色の巨人」（『少年クラブ』一九五五〔昭和三〇〕年一〜一二月号。増刊号を除く）、「黄金豹」（『少年クラブ』一九五六〔昭和三一〕年一〜一二月号。増刊号を除く）、「サーカスの怪人」（『少年クラブ』一九五七〔昭和三二〕年一〜一二月号）、「奇面城の秘密」（『少年クラブ』一九五八〔昭和三三〕年一〜一二月号）である。読み切り少年小説は、「天空の魔人」（『少年クラブ』一九五六〔昭和三一〕年一月増刊号）である。なお、「天空の魔人」は、少年探偵団は描かれているが、怪人二十面相は描かれていない作品である。

第七章で見たように、戦前においては、江戸川乱歩の少年小説は男子読者に歓迎されていた。そして、戦後においては、江戸川乱歩の少年小説は再び男子読者に大いに歓迎されることになった。なぜなら、『少年倶楽部』（『少年クラブ』）の通信欄には、「ぼくは、毎月灰色の巨人をたのしみに読んでいます」（読者「愛読者ルーム」『少年クラブ』一九五五〔昭和三〇〕年七月号、一九七）、「ぼくは、『黄金豹』を、いちばん先に読みます。金色の巨大な豹にたちむかう少年探偵団の小林君の大活躍、名探偵明智小五郎先生の登場、これから、いよいよ、おもしろくなりますね。江戸川乱歩先生、少ク愛読者のため、ますますがんばってくださいね。来月号がまちどおしい」（読者「愛読者ルーム」『少年クラブ』一九五六〔昭和三一〕年五月号、一四六）などの投書が寄せられているからである。

本節では、江戸川乱歩の少年小説の「灰色の巨人」を分析することにする。なぜなら、戦後の第一作目の連載少年小説であるため、江戸川乱歩自身が戦前の連載少年小説とは異なるものを盛り込んでいるのではないかとおもわれるからである。「灰色の巨人」は、『少年倶楽部』（『少年クラブ』）の増刊号を除いた一九五五年一月号から一二月号まで連載された。「灰色の巨人」のストーリーは、名探偵の明智小五郎、助手の小林芳雄、少年探偵団の少年たちが、美術品を狙う怪人二十面相（怪人四十面相）に挑み、捕えるというものである。

あらすじは、以下のとおりである。ある日、東京で宝石展覧会が開かれた。そして、そこに三重県の真珠王が真珠職人を連れてやってきて、出品中の真珠塔「志摩の女王」を修理すると告げた。しかし、真珠職人は真珠塔を手にすると、アドバルーンで逃げた。真珠王も行方をくらませた。二人は偽者であった。警官がアドバルーンを回収すると、「灰色の巨人」の宣戦布告の手紙が残されていた。

一〇日後、宝石商の大賞堂で首飾りがなくなって、「灰色の巨人」の宣戦布告の手紙が置かれていた。そのため、大賞堂は明智小五郎に警護の依頼をした。その後、「灰色の巨人」の犯行予告の手紙が大賞堂に届いた。そして予告の日、「一寸法師」が大賞堂に侵入して大騒ぎになった。その隙に、女中が宝石を奪って「大男」に手渡したが、それは明智のすり替えた偽物であった。

一週間後、少年探偵団の園井正一が「にじの宝冠」の警備を小林芳雄に依頼した。しかしその日、園井の父親が客に宝冠を披露したとたん、「一寸法師」に強奪された。さらに、小林たち少年探偵団は、「一寸法師」を見失った。しかしあくる日、小林たち少年探偵団は、宝冠をかぶった「にじの女王」をサーカス団で見た。ゆえに、明智と中村警部たちが駆けつけた。そして、少年探偵団の少年たちは宝冠を奪還して、「大男」「一寸法師」「にじの女王」を捕縛した。しかし、園井がさらわれた。

後日、「灰色の巨人」が、園井と宝冠の交換を手紙にて申し出てきた。一方、明智は屑屋に扮して、園井家で宝冠の写生をし、偽の宝冠を作った。交換の日、園井家に車が到着した。明智は、酔っ払いに扮して、騒ぎをおこした。その隙に、小林が車にコールタール入りの缶をくくりつけた。そして園井の父親が、賊の住処で王冠と園井を交換した。一方、明智は、探偵犬シャーロックにコールタールのにおいをかがせて、賊の住処を見つけた。そしてあくる日、明智は行商人、および賊の部下に扮し、賊の住処に侵入して、宝冠と偽の宝冠をすり替えた。さらに、明智と中村警部たちは労働者に扮し、賊の住処である観音像に侵入した。この観音像こそ「灰色の巨人」であった。中村警部たちは、ボスの老人を追いつめたが、老人はヘリコプターに乗り込んだ。しかし、それを操縦していたのは賊の部下に扮した明智であった。明智は老人を「四十面相」とよんで拳銃を突きつけた。さらに、隠れていた小林が出てきて老人を捕縛した。以上が、あらすじである。

この「灰色の巨人」の主要登場人物は、明智小五郎、小林芳雄である。そして、この二人をとおしてどのような理想像が描かれているのかというと、完全無欠の英雄が描かれているといえる。とくに、明智小五郎は、そのように造形されているといえるのである。このことを三点から明らかにすることとする。

第一に、明智は美貌をもっているとされている。ただし、この「灰色の巨人」のなかでは、明智の容貌はほとんど描写されていないため、美しいのか醜いのかがわからないといえる。

明智はねっしんに、その話を聞いていましたが、やがて、なんと思ったのか、いきなり右手を頭にもっていって、指でモジャモジャのかみの毛を、ぐるぐると、かきまわしはじめました。これは、明智探偵が、なにかうまい考えが浮かんだときに、いつもやるくせでした。（江戸川　一九五五→二〇〇四、四八六）

このように、「灰色の巨人」においては、明智の容貌はモジャモジャの髪であることが描写されているのみである。しかし、第七章で見たように、江戸川乱歩の他の小説では、明智が眉目秀麗であることが描かれている。そうであるとすると、「灰色の巨人」では、明智が眉目秀麗であることが否定されているわけではないといえる。

一方、小林については、「かわいい少年」であることがたびたび描写されている。たとえば、次のとおりである。

「あははは……、とうとう、あらわれたな。きさま、明智小五郎の助手の小林だろう。（中略）きみはかわいい子だ。おれがかわいがってやるから、まあ、こっちへくるがいい」（江戸川、一九五五→二〇〇四、四〇〇）

するど、そのとき、ふたりのうしろに、おいてあった、カーキ色のきれでつつんだものが、ムクムクと動きだして、なかから、かわいらしい少年の顔が、あらわれました。（江戸川　一九五五→二〇〇四、五一二）

このように、小林については、「かわいい少年」であることがくりかえし描かれているといえる。

第二に、明智は卓越した知的能力を備えているとされている。というのも、この「灰色の巨人」の最大の見どころの一つは、明智が、あるいは、小林が、二十面相（四十面相）の仕掛けた罠を次々に見破るところにあるからである。たとえば、「灰色の巨人」では、二十面相（四十面相）の仲間である「大男」が、サーカスのクマに変装している。しかし、明智はその変装を直ちに見破っている。


「じゃあ、こいつは、テントの前のおりをやぶって、逃げてきたのですね」

小林君が、なにか、いみありげに、明智探偵の顔を見ました。

「そうらしいね。だが、あのおりの中にもまだクマがいるかもしれないよ。いってみてごらん」

明智探偵がみょうなことをいいました。

「でも、このサーカスには、クマは一ぴきしかいないはずです」

「それが、二ひきになったかもしれないのだよ。ためしに、見にいってごらん」

明智探偵は、ときどき、こんなふしぎなことをいいます。しかし、それは、いつでも、けっしてまちがっていないのです。

（江戸川　一九五五→二〇〇四、四四五）


このように、明智は二十面相（四十面相）の仕掛けた罠の種明かしをするのである。

また、この「灰色の巨人」の見どころのもう一つは、逆に、明智が奇想天外な罠を仕掛けて、二十面相（四十面相）を次々に騙すところにある。「灰色の巨人」では、明智は、酔っ払い、屑屋、労働者、二十面相（四十面相）の部下に変装している。そして、それは誰にも見破られることがないのである。たとえば、明智は屑屋に変装するが、園井の父親はその変装をまったく見抜くことができなかったのである。

そこへ主人の園井さんが、はいってきて、

「あなたが、明智さんですか。ほんとうに明智さんですか」

と、うたがわしそうに、くずやの顔を、じろじろながめました。

「そうですよ。ぼくの変装は、なかなか見やぶれませんからね。じゃ、これをとりましょう。さあ、どうです。これなら、わかるでしょう」

くずやはそういって、顔のぶしょうヒゲに指をかけると、それをめりめりと、ひきはがしました。顔の皮を、めくってしまったのです。その下から、あらわれたのは、たしかに明智探偵の顔でした。

（江戸川　一九五五→二〇〇四、四六六―四六七）


このように、明智は二十面相（四十面相）と知恵比べをおこなって、その都度、勝利を収めているのである。そして、その知的能力の高さを存分に見せつけているのである。

第三に、明智は卓越した運動能力を備えているとして描かれている。たとえば、ヘリコプターの操縦をしている。


「きみの部下の長野君は、観音像のむこうの森のなかに、手足をしばられて、ころがっているよ。そうして、ぼくが入れかわったのさ。ヘリコプターの操縦くらい、ぼくだってこころえているからね。さあ、そのカツラを、とるんだッ」

（江戸川　一九五五→二〇〇四、五〇九）


このように、明智はヘリコプターの操縦をやすやすとやってのけているのである。

また、小林は、明智の助手として卓越した知的能力、運動能力を用い、「大男」「一寸法師」「にじの女王」を捕らえていることが描写されている。

そこへ、明智探偵と中村警部も、やってきました。中村警部は、宝冠がとりもどされたのを見ると、小林少年の肩をたたいて、ほめたたえました。

「やあ、えらいぞ小林君、それから少年探偵団の諸君、きみたちのおかげで、三人の犯人がつかまったし、宝冠もとりもどせた。警視総監にほうこくして、ほうびを出さなけりゃなるまいね」

それから、明智探偵の方をむいて、

「これも、明智さんの、さしずがよかったからです。助手の小林君が、てがらをたてて、あなたもうれしいでしょうね。これで、さすがの灰色の巨人も、ぜんめつです」　（江戸川　一九五五→二〇〇四、四五九―四六〇）

さらに、二十面相（四十面相）を捕縛しているさまが描写されている。

小林少年は、リスのように、すばしっこく働いて、つぎつぎと、はりがねをとり出し、アッというまに、四十面相の両ほうの足くびをしばり、ひざをしばり、まったく、身うごきができないようにしてしまいました。　（江戸川　一九五五→二〇〇四、五一一）

このように、小林は卓越した知的能力、運動能力を備えているとされているのである。

一方、この「灰色の巨人」の明智と小林をとおしてどのような理想的行動が描かれているのかというと、それは大勢の人びとを助けるというものだといえる。というのも、この「灰色の巨人」では、二十面相（四十面相）は、大勢の人びとの財産と暮らしを脅かしている「悪」の象徴だとされているからである。そして、明智と小林は、その「悪」の象徴を捕らえて、大勢の人びとの財産と暮らしを護る「善」の象徴だとされているのである。たとえば、次のように、明智と小林が新聞で大絶賛される場面が描かれている。

怪人四十面相が、ぶじに、警官の手にひきわたされたことは、いうまでもありません。そして、あくる日の新聞に、明智探偵と小林少年の写真が、大きくのって、そのてがらばなしが、書きたてられたことも、これまでのいろいろな事件のときと同じでした。

（江戸川　一九五五→二〇〇四、五一二）

このように、大勢の人びとを脅かしていた「悪」を打倒したことが称賛されているのである。したがって、「灰色の巨人」の明智と小林をとおして描かれている理想的行動とは、大勢の人びとを脅かしている「悪」を打倒して、大勢の人びとを助けるというものなのである。

こう見てくると、戦後の『少年倶楽部』（『少年クラブ』）の江戸川乱歩の少年小説は、戦前のそれと比べると、とくに変化が見られないといえる。第七章で見たように、戦前の『少年倶楽部』の江戸川乱歩の少年小説における理想像は、第一に美貌、第二に卓越した知的能力、第三に卓越した運動能力を有するものであった。さらに、理想的行動は、大勢の人びとを助けるというものであった。いいかえると、完全無欠の英雄が描かれていたのである。そして、その完全無欠の英雄は、戦後の『少年倶楽部』の江戸川乱歩の少年小説においても見られていたのであった。

次に、少女小説を見る。分析するのは、戦後の『少女の友』における吉屋信子の「少年」という少女小説である。なぜなら、戦後の『少女の友』における吉屋信子の連載少女小説は、「少年」のみだったからである。「少年」は、『少女の友』に一九四九（昭和二四）年一月号から一二月号まで連載された。「少年」のストーリーは、中学三年生の柳井桂子が、異母弟の鈴木三吉を世話することをとおして、なぜ再婚した母親が実の娘の桂子ではなく再婚相手の連れ子の寺島一郎を世話することを選んだのかを理解するようになるというものである。

あらすじは、以下のとおりである。ある年の冬、中学三年の柳井桂子の母親は、桂子を地方都市の桂子の祖父母に託して、東京の旅館の若主人と再婚した。桂子の母親は、若主人の連れ子である寺島一郎の母親になりたいとおもったのであった。なぜなら、幼馴染の静夫が病死したのは、母親不在のため、充分に看病をされなかったためだとおもっていたからであった。

春、行方不明だった桂子の父親が、息子の鈴木三吉を連れて桂子の家にやってきた。しかし、桂子の祖母は二人を追い払った。ただ、桂子は三吉に興味をもった。そして、伯母の家で三吉に会った。桂子の父親は、離婚して三吉を授かった。しかし、三吉の母親が死去したため、桂子の伯母に三吉を預けて、東京に職さがしに出かけていたのであった。桂子と三吉は、母親不在という共通点があるため親密になった。しかし、祖父母が桂子の父親と伯母を嫌っているため、桂子はこっそり三吉と会うようになった。

夏になると、桂子は三吉と祭に出かけ、「よっちゃん」の父親に写真を撮ってもらった。さらに、桂子の母親と一郎が桂子の家にやってきた。一郎は新しい衣服、写真機を与えられ、桂子の母親に甘えていた。桂子は一郎と三吉を比べて、三吉が不憫になった。しかしある日、桂子の母親が三吉の写真を見つけた。桂子は、母親と祖母に、三吉のことを告白した。ただ、桂子は、姉が弟の世話をすることは悪いことではないとおもっていた。母親は、三吉のための百円札を一〇枚、桂子に与えた。

秋、桂子は修学旅行で母親の旅館に滞在した。桂子の母親は、一郎が男子であるため、昆虫学の道をきわめてほしいとして大きな期待をかけていた。桂子は嫉妬した。地方都市の家に戻る日、桂子は駅のホームで父親に再会した。桂子は、三吉の世話をしていること、母親に三吉の外套をもらったことを伝えた。桂子の父親は喜んだ。桂子は、なぜ父親として自分で外套を買ってやろうとおもわないのかとおもった。桂子の父親は、桂子を列車に乗せてくれた。桂子は、それがかろうじて父親らしい態度であるとおもった。しかし桂子が家に戻ると、三吉は病死していた。桂子は呆然とした。桂子の祖父母は、桂子の父親と和解することを誓った。桂子は、三吉の世話をしたことで、母親が一郎の世話をしたがったことを初めて理解することができた。そして、今後は一郎の世話をすることを誓った。以上が、あらすじである。

この「少年」の主要登場人物は、柳井桂子、鈴木三吉である。ただし、少女は桂子のみである。

第六章で見たように、戦前の『少女の友』の少女小説には、第一に美貌、第二に知的能力、第三に運動能力、第四に財力、第五に抒情を理解・表現できる能力を有する少女が描かれていた。いいかえると、才色兼備のお嬢さまが描かれていた。ところが、桂子はそのような少女ではないといえる。第一に、美少女であるという描写はないのである。桂子の母親は美しい母親として描写されているが、桂子は美しい少女であるとして描写されているわけではないのである。「桂子は小さいときから、おかあさんを美しい母だと心の中でほこっていました」（吉屋　一九四九→二〇一六、一四一）などである。第二に知的能力、第三に運動能力に秀でているという描写はないといえる。ただ、文章が好きであること、バスケットボールの選手であることが描写されているのみである。「桂子は子供のときから文章が好きでしたね」（吉屋　一九四九→二〇一六、一四三）、「わたしの学校では、この夏、外の女学校とのバスケットの対抗試合があるので、たいへんだった。わたしもその選手のひとりだった」（吉屋　一九四九→二〇一六、一九〇）などである。第四に桂子の家は貧しい家ではないが、財産のある家ではないといえる。

わたしの子供のころにくらべて、家の人数はへり、そのわりに家は広すぎて、いつもしいんとした感じでした。それに古くなってしまった日本建築の家、ことに、わたしたちのこの町の家の建て方の、まるで徳川時代からのおもかげを止めた古風な作りの家は座敷もほのぐらくお天気の好い時はそれほどでもないのですが、どんよりとした曇り日は昼でも電燈をつけないとこまかい字の本は読めないようでした。

このように、桂子の家は、戦前は上層の家であったことがうかがえるが、戦後は中間層くらいの家になったことがうかがえるのである。桂子の家は、団扇、蠟燭を作っている商家である（「わたしの家の商売はうちわと蠟燭です」〔吉屋　一九四九→二〇一六、一四七〕）。そうであるとすると、桂子の家は旧中間層の家であるといえる。第五に、抒情を理解・表現できる能力がある少女だとは描写されていないのである。このように、桂子は才色兼備のお嬢さまとして描かれているわけではないといえる。

しかし、桂子は、「かわいい少女」ととらえられているとされている。ただし、それは容貌が「かわいい」ということを意味しないのである。というのも、それは家族にとって「かわいい」ということを意味しているからである。たとえば、桂子は、母親には次のようにとらえられている。

桂子。かわいい桂子。あなたをこうして離れてゆくようなおかあさんだったら、今までもっともっとかわいがっておけばよかったと後悔しています。（吉屋　一九四九→二〇一六、一三〇）

また、祖父母には次のように把握されている。

でも桂子には「娘は手ばなしても孫は手ばなせない」といって、桂子をお人形のようにだいたりなでたりしてかわいがってくださるおばあさん、そしておじいさんもいます。（吉屋　一九四九→二〇一六、一四二）

さらに、伯母には次のようにとらえられている。

「（中略）伯母さんは桂ちゃんのことは、かわいい姪なんだから」　（吉屋　一九四九→二〇一六、一八〇）

このように、桂子は、祖父母、母親、伯母に、「かわいい」と把握されているとされているのである。このことは、保護者の視点から見ると、「かわいい少女」だとされているということを意味している。いいかえると、子どもとして「かわいい少女」だということである。したがって、桂子をとおして描かれている理想像は、子どもとして「かわいい少女」という像であると考えることができる。

ただし、この「少年」には、桂子の一つ年下の少女である「よっちゃん」が描かれている。そして、この「よっちゃん」は、第一に美貌、第二に知的能力をもっているとされているのである。

お父さんが写真師のせいか、たいへんきれいな顔立で、上級の人にさわがれていた。わたしは小さい時から「よっちゃん」と言って遊んでいたから、なんとも思わないというわけではないが、めずらしい人ではなかった。

よっちゃんは学校の成績もよく、まじめな優等生タイプで、級は一つ下だけれど、小学校からすぐ近所だったので、しじゅう学校のゆききは一緒になったり、仲良しのあいだだった。それは自然の形だった。クラスの人たちは、わたしとよっちゃんが特別に仲がいいように思っていたようだったが、決してそんなわけではなかった。わたしは弟の三吉があらわれてからは、三吉を愛する者として、どういうふうにかれを幸福にするかで心がいっぱいだったから……。　（吉屋　一九四九→二〇一六、二〇二）

このように、「よっちゃん」は、第一に美貌、第二に知的能力を有する少女として描かれているのである。いいかえると、才色兼備のお嬢さまとして描かれているのである。したがって、戦前の吉屋信子の少女小説であれば、「よっちゃん」は、桂子のエスの相手になってもおかしくない少女であるといえる。事実、先の引用を見ると、「上級の人にさわがれていた」とある。したがって、上級の少女たちには、「よっちゃん」は才色兼備のお嬢さまとして思慕されていたとされていたのである。また、「クラスの人たちは、わたしとよっちゃんが特別に仲がいいように思っていたようだったが、決してそんなわけではなかった」とある。したがって、クラスメイトには、桂子と「よっちゃん」がエスの関係にあるとおもわれていたのである。しかし、先の引用を見ると、桂子は「決してそんなわけではなかった。わたしは弟の三吉があらわれてからは、三吉を愛する者として、どういうふうにかれを幸福にするかで心がいっぱいだった」と把握している。したがって、桂子は「よっちゃん」より三吉のほうを大切にしているのである。

また、桂子の母親には、かつてエスの相手がいたことがほのめかされている。この「少年」では、桂子の母親は「昔の女学生」ととらえられている。たとえば、桂子によって「うちのおかあさんはいつまでもセンチメンタルね、昔の女学生だからよ」（吉屋 一九四九→二〇一六、一三三）と把握されているのである。また、桂子の母親自身は「昔の女学生」と「現在の女学生」は異なるととらえている。そして、「昔の女学生」と「現在の女学生」の相違点は、エスの相手をもっているかどうかという点にあるとしている。そうであるとすると、桂子の母親はエスの相手をもっていたということになる。

桂子。あなたのおかあさんの女学生だった時代と、いまのあなたが現在女学生であるこの時代とは、外面的に見れば、ほんとうに何ともくらべものにならない大変なちがいがありますね。

（中略）

おかあさんはそのころ同じ女学校で、たくさんの少女と五年の月日を送った同級生のなかで、よく記憶に残っている人がふたりいます。

そのひとりのKさんという少女はほんとうに美貌の持主でした。

おかあさんはその美しい人と親しくしたいという気持を持ちました。美しいものにひかれるのは、それが自分とおなじ同性の少女であっても、なにか自分とは別の世界にある美術品のような気がしたのでしょう。

（中略）

それからもうひとりのTさんという人は、それは頭のよい誠実な勉強家でした。ただむやみに勉強して、点取り虫のように成績を争う生徒というものは、なんとなく冷たくて利己主義でいやなものですが、その人は聡明で明かるくて、ほんとうにどっか偉大な魂を持っていると、そのときのおかあさんには思えたのです。

（吉屋　一九四九→二〇一六、一一二―一一四）

このように、桂子の母親は二人のエスの相手をもっていたのである。二人のエスの相手のなかで、Kさんは美貌の少女、Tさんは知的能力に秀でた少女である。まるでKさんは第六章で見た吉屋信子の「わすれなぐさ」の陽子、Tさんは「わすれなぐさ」の一枝のようである。桂子の母親は、一人の才色兼備のお嬢さまを思慕していたのではなく、「才」のある少女と「色」のある少女を思慕していたといえるのである。

しかし、桂子の母親は、妊娠がわかったことをきっかけにして、男子を育てるということに興味を抱きはじめるのである。

おかあさんは、やがて母になるということが、はっきりとわかったとき、（中略）ひそかに男の子がいいと（中略）思ったのです。

（中略）

おかあさんは女の子として育つとき、いつも折にふれこう考えました。

（ああ、男の子に生まれていたらどんなによかったろう）と。

（中略）

なぜでしょうか、漠然とその頃のおかあさんの少女のこころに、少女の世界よりも少年の世界のほうが、たくさん夢があって希望があって、――たとえば少年たちはボートにのって海上にこぎ出して、無人島を発見することもできるかも知れない、また獅子や虎のいるジャングルに猟銃を持ってたんけんに行き、どのような冒険をもおかす事ができる。けれども少女の世界は、少しきどってピアノのおけいこや、長唄や踊りのけいこを親の趣味によってさせられる。それよりもっと実用的にあつかわれるとお台所のおてつだい、あかちゃんのお守なんてことになる。そして二言目には「お嫁に行ったとき困らないためのおけいこです」と言われる。ほんとうにうんざりしますね。

（吉屋　一九四九→二〇一六、一〇五―一〇七）

このように、桂子の母親は、「少女の世界」と「少年の世界」を比較して、「少年の世界」のほうが「夢」と「希望」があるとおもっていたのである。だからこそ、桂子の母親は、「少年」になりたいとおもっていた。ただ、それはかなわなかった。したがって、桂子の母親は男子を産みたいとおもったのである。そして、自身の代わりに、その男子にたいして、「夢」と「希望」がある「少年の世界」で伸び伸びと生きていってほしいと考えたのである。いいかえると、桂子の母親は、自身の夢を息子に託すことにしたのである。そして、その夢とは、「少年になりたい」「少年の世界で生きたい」というものだったのである。このように、桂子の母親は、男子を育てることになみなみならぬ興味をもつようになったのであった。

しかし、桂子の母親は女子を産んだ。したがって、桂子の母親はいったん自身の夢を息子に託すことをあきらめた。しかし再婚によって、桂子の母親は息子を手に入れた。したがって、桂子の母親は、今度こそ「少年になりたい」「少年の世界で生きたい」という夢を息子に託すことにしたのであった。

一方、桂子はそのことを充分にわかっている。桂子の母親が、実の娘である桂子を育てることに興味を失い、再婚相手の息子である一郎を育てることに興味をもち始めたことを、よくわかっているのである。

その言い方はまるで自分の息子の頭のよいこととか、勉強好きとか昆虫に興味のあることを誇るようなもので、わたしはおかあさんが一郎さんをほんとうの息子のように思い、それをじまんにしているのだと思ってふっと淋しく、一種の嫉妬とでも名づけたい感情をおぼえた。ああそうだ、男の子には学問だの研究だの、いろいろの未来への希望がある。女の子は？　なにがあるだろう、女の子にだって、たしかに研究も学問も男の子とおなじようにあるわけだ。けれども親の考えがちがうのだ。

母親というものは、彼女が息子に望むような夢を、娘にはかけないものだと思った。

（吉屋　一九四九→二〇一六、二三六―二三七）

このように、桂子も「少年の世界」と「少女の世界」を比べて、「少年の世界」のほうに価値があるととらえている。なぜなら、「学問だの研究だの」があるからである。また、たとえ「少女の世界」に「少年の世界」と同じように「学問だの研究だの」があったとしても、母親が「少年の世界」のほうに価値があるととらえているからである。したがって、桂子は嫉妬を覚えるのである。そして、桂子もまた男子になりたいとおもうのである。なぜなら、男子になることができたなら、母親に期待されるようになるからである。「そして一郎さんのように、わたしも男の子だとよかったと思った」（吉屋 一九四九→二〇一六、二一六）と。

しかし、桂子は、三吉に出会ったことをきっかけに、まるで桂子の母親の人生をなぞるように、男子を育てることに興味をもち始める。

おかあさんは子供のころ、隣にいた静夫さんというよい少年と仲よしになって、じぶんも静夫さんのような少年になりたいと、おかあさんは考えていた。（中略）おかあさんは、じぶんが少女時代に知っている静夫さんのようなよい少年に、一郎さんを育てるつもりなのだろう。わたしは少年になれないかわりに、あの三吉をせめて一郎さんの半分ぐらい幸福な少年にしてやりたいと思った。（吉屋 一九四九→二〇一六、二一六）

このように、桂子は男子を育てることに夢中になるのである。なぜなら、桂子も男子になりたいという望みをもっていたからである。したがって、桂子は男子を育てることで「男子になりたい」という自身の夢をその男子に託そうとしたのである。

こう見てくると、桂子の母親も桂子も、男子を育てることになみなみならぬ興味をもっているといえる。この吉屋信子の少女小説には、「少年」という題がつけられている。そしてその理由は、母親とその娘が「少年」に魅せられ、「少年」を育てることに魅せられていくさまが描かれているからであるとおもわれる。このように考えると、「少年」の圭子をとおして描かれている理想的行動とは、少年を助けるというものであることが見えてくる。ただし、この場合、少年を助けるという行動は、少年の身のまわりの世話をするという行動、すなわち、少年をケアするという行動を意味しているのである。

第六章で見たように、戦前の『少女の友』における吉屋信子の少女小説には、少女が少女を助けるという行動が理想的行動として描かれていた。ところが、戦後のそれには、少女が少年を助けるという行動が理想的行動として描かれるようになったのであった。

まとめると、戦前の『少女の友』の少女小説には、第一に美貌、第二に知的能力、第三に運動能力、第四に財力、第五に抒情を理解・表現できる能力を有している少女が描かれていた。いいかえると、才色兼備のお嬢さまが描かれていた。しかし、戦後の『少女の友』における少女小説には、それらは描かれていなかった。その代わりに、保護者にかわいがられる「かわいい少女」が描かれていた。さらに、戦前の『少女の友』における少女小説には、少女が少女を助けるという行動が描かれていた。ところが、戦後の『少女の友』における少女小説には、少女が少年を助けるという行動が描かれていたのであった。

このような変化の背景にあったのは、エスの少女小説が衰退し、男女間の恋愛の少女小説が勃興したことであったとおもわれる。戦前においては、エスの少女小説が勃興して、才色兼備のお嬢さまが描かれるようになった。そして、少女が少女を助けるという行動が描かれるようになった。なぜなら、少女同士の関係が重視されると、少女同士の関係を維持するために、少女が少女を助け、逆に助けられることが必要不可欠になるからである。そして、少女を家長、および家長の後継者から助けるためには、美貌、知的能力、運動能力、財力、抒情を理解・表現できる能力に恵まれていることが必要不可欠になるからである。言葉をかえると、それらの能力が備わっている少女が、エスの相手として魅力ある少女におもえるようになるということである。一方、戦後においては男女間の恋愛の少女小説が勃興して、「かわいい少女」が描かれるようになった。そして、少女が少年を助けるという行動が描かれるようになった。なぜなら、少女同士の関係が軽視され男女の関係が重視されるようになると、男女の関係を維持するために、少女が少年を助けることが、逆に少年が少女を助けることが必要不可欠になるからである。ただし、この場合、少女が少年を助けるということは、少女が少年をケアすることを意味し、少年が少女を助けるということは、少年が少女を保護するということを意味するとおもわれる。なぜなら、少年と少女では、前者のほうが権力を有するとおもわれるからである。たとえば、先の吉屋信子の「少年」には、少女が少年を助けることは描かれているが、少年が少女を助けることは描かれていないといえる。ただ、母親と姉が、自己の幸福を犠牲にして少年をケアし、昆虫学の研究者にさせたいと考えていることが描かれているのみなのである。しかし、そのような母親と姉の生き方は、少年に依存する生き方に他ならないといえる。というのも、そのような母親と姉の生き方をまっとうすると、少年が昆虫学の研究者になった後においては、母親と姉は、少年のために自己の幸福を捨て、いいかえると、財力もキャリアもなにもかもを捨て、もはや誰かの庇護なしには生きられなくなっているとおもわれるからである。そのため、今度は少年が母親と姉を扶養することになる。そうであるとすると、この「少年」においては、少年が母親と姉を保護することが織り込みずみのことになっているといえる。このように考えると、少女が少年に依存する生き方においては、少女が少年をケアし、少年が少女を保護することが、あらかじめ織り込みずみのこととなっているのである。したがって、少女同士の関係が軽視され男女の関係が重視されるようになると、保護者である少年が保護する「かわいい少女」が理想像になると考えられるのである。

5　「少女」から「ジュニア」へ

本節は、『ひまわり』『ジュニアそれいゆ』に着目する。戦前、多数の少女雑誌は、読者を都市新中間層の女子として想定していた。とくに、『少女の友』は、『少女倶楽部』と読者獲得競争を繰り広げるなかで、あえて読者を都市新中間層の女子に限定する戦略をとっていた。そして、『少女の友』と『ひまわり』『ジュニアそれいゆ』は、一つに中原淳一が『少女の友』の画家であったこと、二つに中原淳一が『ひまわり』『ジュニアそれいゆ』の編集者・画家であったことによって、共通点が多数あった。そのなかでも、最大の共通点は、『少女の友』と『ひまわり』『ジュニアそれいゆ』が都市新中間層の女子を読者に想定していた点であった。しかし、戦後、雑誌そのものが都市新中間層の独占するものではなくなると考えられる。本節は、そのような変化のなかで、『ひまわり』『ジュニアそれいゆ』が読者をどのような存在としてとらえていくのかを見ることとする。

最初に、『ひまわり』『ジュニアそれいゆ』が読者をどのような存在として把握していたのかを見ることとする。このことは、今田絵里香（二〇一五）が明らかにしている。そのため、ここではこの研究に依拠して『ひまわり』『ジュニアそれいゆ』がおこなったことを見てみることとする。この研究では、『ひまわり』は読者を「少女」としてとらえて、「少女」に価値づけをおこなっていたことが指摘されている。

> あなたが少女であると云う事を、あなたの一生を通じて、最も美しい時代であると云う事を、もう一度、考えて見て下さい。
>
> 少女時代は、あなたの長い一生の内の、ほんの短い時代でしかありません。少女時代。それは何んと云う素晴しい時代でしよう。美しさを飽食出来る、それはあなたに恵まれた、唯一度の機会なのです。
>
> （中原淳一「ひまわり　みだしなみ・せくしょん」『ひまわり』一九四七年六月号、二七）

このように、『ひまわり』は、「少女」という時代について、「最も美しい時代」「素晴しい時代」であるとして称賛しているとされているのである。いいかえると、「少女」に価値を付与しているといえるのである。

第二章で見たように、「少女」に価値を見出すことは、戦前の文壇、および、戦前の少年少女向けのメディアにおいておこなわれていたことである。たとえば、第二章で見たように、『少女の友』では、すでに創刊の時点において「少女」に価値を見出すことがおこなわれている。

少女の時代ほど愛らしくもあり、また恐ろしきものはありません。

（編集者「発刊の辞」『少女の友』一九〇八（明治四一）年二月号、頁数なし）

さらに、一九三〇年代、『少女の友』の編集主筆であった内山基《うちやまもとい》は、次のように「少女」に価値づけをおこなっている。

中原さん（中原淳一――引用者）の画の中には少女の生活を、その精神生活を理解してゐる者だけの感じることの出来る、云ふべからざる一種清純なものがあるのです。或る感傷的な形の中にそれがもられてはゐても、その中には断えず戦慄してゐる一種清純な少女期特有の魂が息吐いてゐるのです。

世の中に長く生きて、恥かしいことを恥かしいことと感じることの出来なくなつてゐる粗野な或る大人の人々には、到底それは感じることの出来ない世界なのです。

（中略）

そしてそれは少女だけが愛し理解し、そしてもう説明しあはないですむ世界なのです。僕は少女の友の作文を見たり、そしてその外のいろいろな作られるものを見て、少女の皆さんをほんとにいとほしく思ひます。こんなにも単純に物を感じ、清純に物を考へる少女期の魂をほんとに尊く思ふのです。憎しみであれ喜びであれ、悲しみであれ、大人とは全く違つたほんとにそれはデリケートな、一つの清純なよごされてゐない、経験によつてたくましくされてゐない、生のままの世界です。

此の世界こそ大人の世界には無い特殊な少年文学（少年少女文学——引用者）の対象だと思ふのです。（中略）皆さんももうすぐ幾つかの年をお重ねになつて大人におなりになる時があつても、平凡な粗野な大人におなりにならず、少くとも新しいものや優れたものを認めることの出来る、少女の時代に育まれた真実さを失はない優しい大人になつて下さい。

（内山基「星一つ」『少女の友』一九三六（昭和一一）年一月号、六七—六九）


このように、内山基は、「少女」について、「清純」「デリケート」「よごされてゐない」「経験によつてたくましくされてゐない」「新しいものや優れたものを認めることの出来る」「真実さ」「優しい」などと称賛しているのである。いいかえると、「少女」を清純な存在であるとして価値づけをしているといえる。一方、「大人」について、「恥かしいことを恥かしいことと感じることの出来なくなつてゐる」「粗野」「平凡」などと批判しているのである。いいかえると、「大人」を粗野な存在であるとして貶めているといえる。

そして、『少女の友』の内山基の言葉と『ひまわり』の中原淳一の言葉を比べると、読者を「少女」と把握している点、そして、その「少女」に価値を与えている点において、共通した論理が使われていることがわかる。それは、中原淳一が内山基の影響を受けていたためであるとおもわれる。というのも、内山基は、駆け出しの人形作家にすぎなかった中原淳一を『少女の友』の画家として見出した編集者だったからである（遠藤　二〇〇四）。そして、二人は編集者、ないしは、画家として、ともに雑誌作りをした仲間だったからである。したがって、中原淳一は内山基の影響を受けているとおもわれる。

さらに、この今田絵里香（二〇一五）の研究では、『ジュニアそれいゆ』は、読者を「ジュニア」として把握して、そしてその「ジュニア」に価値づけをしていたことが明らかにされている。

ジュニアの時代は、あなたの長い一生の中の、ほんの短い時代でしかありません。そして、最も美しく素晴らしい時代だということをよく考えてみて下さい。

（中原淳一「JUNIORそれいゆぱたーん」『ジュニアそれいゆ』一九五六〔昭和三一〕年五月号、一〇）

このように、『ジュニアそれいゆ』は、「ジュニア」という時代について、「最も美しく素晴らしい時代」であるとして称賛していたとされているのである。先に見たように、『ひまわり』は、「少女」という時代について、「最も美しい時代」「素晴しい時代」と称賛していた。したがって、『ひまわり』の「少女」と『ジュニアそれいゆ』の「ジュニア」は、同一の論理で同一の価値づけがおこなわれていたのであった。ただ、呼称が「少女」から「ジュニア」に変化したのであった。

なぜ『ジュニアそれいゆ』は、読者を「ジュニア」として把握していたのだろうか。それは、この研究によると、『ジュニアそれいゆ』の読者のなかに、男子読者が存在していたからだとされている。たとえば、次の投書に見られる読者である。

J・S（ジュニアそれいゆのこと——引用者）の新しいファンですがボーイなので少々照れくさい。（中略）アップリケのデザインが出来るわけでもなくミシンも踏めませんがジュニアらしい甘さを身につけようと努力しています。学生のオシャレの第一歩は何でしょうか？　又学生服を利用したオシャレはないものでしょうか？

（読者「読者のみなさまからのおたより」『ジュニアそれいゆ』一九五八〔昭和三三〕年三月号、二五五）

このように、『ジュニアそれいゆ』の読者のなかには男子が存在したことが明らかにされているのである。だからこそ、『ジュニアそれいゆ』は読者を「ジュニア」としてとらえていたとされているのである。

実は、この時代においては、読者を「ジュニア」として把握することは、他の雑誌でもおこなわれていたことだったのである。そのことは、附表2からうかがうことができる。附表2を見ると、『小説ジュニア』『ジュニア文芸』という少女雑誌が存在したことがわかる。先に見たように、『ジュニア文芸』は、一九六六年六月一五日号と一九六六年八月一五日号においては、『別冊女学生の友』にすぎなかった。しかし、その後、一九六七年一月号から五月号にかけて、『別冊女学生の友　ジュニア文芸』になった。さらに、一九六七年六月号から『ジュニア文芸』になったのであった。そして、その理由は、『ジュニア文芸』の編集者が男子読者をとりこもうとしていたためであった（今田　二〇一七a）。このように、『ジュニア文芸』を見ると、読者を「ジュニア」として把握することは、『ジュニアそれいゆ』のみがおこなっていたことではなかったことがわかる。さらに、「ジュニア」という呼称を用いて男子読者をとりこもうとしていたことも、『ジュニアそれいゆ』のみがおこなっていたことではなかったといえる。

まとめると、『ひまわり』は読者を「少女」としてとらえて、なおかつ、その「少女」の価値づけをおこなっていた。それは、戦前の『少女の友』のおこなっていたことに他ならなかった。しかし、『ジュニアそれいゆ』は読者を「ジュニア」としてとらえて、なおかつ、その「ジュニア」の価値づけをおこなっていた。なぜなら、『ジュニアそれいゆ』は男子読者をとりこもうとしていたからであった。

このように、『少女の友』『ひまわり』の「少女」と『ジュニアそれいゆ』の「ジュニア」は、ジェンダーの点で相違点があった。ただ、階層の点では共通点があった。それは、都市新中間層に限定していた点であった。この点を丁寧に見ることとする。

『ジュニアそれいゆ』は、「ジュニア」を都市新中間層の男子・女子としてとらえている。なぜなら、『ジュニアそれいゆ』は、都市新中間層の男子・女子とおもわれる、裕福な階層の男子・女子のライフスタイルを大量に載せていたからである。たとえば「或るジュニアの進む道」シリーズには、父親はヴァイオリニストの折田《おりた》泉《いずみ》、母親は舞踊家の石井《いしい》みどりという、国立音楽高等学校（現在の国立音楽大学附属高等学校）三年生の折田克子《おりたかつこ》（編集者「或るジュニアの進む道その1　創作舞踊にはげむ折田克子さん」『ジュニアそれいゆ』一九五五（昭和三〇）年四月号、七四―七七）、また、父親は千葉大学の講師という、千葉県立東金高等学校一年生の大野亮子《おおのりょうこ》（編集者「或るジュニアの進む道その2　期待されるピアニスト大野亮子さん」『ジュニアそれいゆ』一九五五（昭和三〇）年四月号、七八―八一）などが載っている。また、「ドレス拝見」シリーズには、作家の永井龍男《ながいたつお》の長女である慶應義塾大学文学部一年生の永井《ながい》朝子《あさこ》、そして、次女である湘南学園高等学校二年生の永井頼子《ながいよりこ》（編集者「海の町鎌倉に住むふたりのジュニア　永井朝子・頼子さん御姉妹のドレス拝見」『ジュニアそれいゆ』一九五六（昭和三一）年九月号、一六一―一六五）、また、父親が歯科医という立教女学院高等学校二年生の保志芳江《ほしよしえ》（編集者「きみどりの秋の妖精　保志芳江さんのドレス拝見」『ジュニアそれいゆ』一九五六（昭和三一）年一一月号、一七二―一七五））などが載っている。このように、『ジュニアそれいゆ』には、裕福な階層の男子・女子が大量に載っていたのである。さらに、表紙を見ると、たとえば図10‐6のように、派手なリボンを結んだ少女が描かれるなど、裕福な階層の少女しか描かれていないことがわかる。

事実、『ジュニアそれいゆ』は高価である。たとえば、一九五六年の『ジュニアそれいゆ』の定価は一八〇円である。しかし、ライバルの『女学生の友』の一九五六年の定価は一一〇円なのである。したがって、『ジュニアそれいゆ』は、『女学生の友』と比べると高価だったといえる。また、一九五七（昭和三二）年の時点で、かけそば一杯は三〇円から三五円まで、国家公務員（国家公務員上級職試験合格者（大学卒業者））の初任給は九二〇〇円だったといわれている（週刊朝日編　一九九五）。したがって、『ジュニアそれいゆ』一冊とかけそば五、六杯が同価値だったことになる。そう考えると、『ジュニアそれいゆ』は高価であるといえる。

しかし、『ジュニアそれいゆ』の読者にとっては、『ジュニアそれいゆ』は高価ではなかったのである。それは、『ジュニアそれいゆ』のアンケート調査の結果から見てとることができる。『ジュニアそれいゆ』は、一九五四年七月号に、「一〇代のアンケート　お小遣いしらべ」（一〇八―一一〇）という企画を載せている。このアンケート調査の結果を見ると、回答者の一か月のお小遣いは最低二〇〇円、最高二〇〇〇円であることがわかる。そして、回答者の大多数は五〇〇円から一〇〇〇円までであることが見てとれる。したがって、読者の多数がこのような回答者であったとすると、そのような読者にとっては、一八〇円はけっして高価ではないということになる。

そのため、『ジュニアそれいゆ』の読者は、都市新中間層の男子・女子が多数を占めていたのではないかと考えることができる。そのことは、表10－1からもうかがうことができる。表10－1は、『ジュニアそれいゆ』一九五八年七月号の投稿欄掲載者の居住地を調査したものである。これを見ると、投稿欄掲載者は東京都、愛知県、大阪府、兵庫県などの大都市、あるいは、人口規模の大きな都市が存在する都道府県の居住者が多数を占めていたことがわかる。したがって、『ジュニアそれいゆ』は、都市新中間層の男子・女子に購読されていたと考えることができる。

第三章で見たように、戦前の『少女の友』は、「少女」を都市新中間層の女子としてとらえていた。なおかつ、『少女の友』の投稿欄掲載者・懸賞欄当選者は、東京都（当時は東京府）、大阪府、兵庫県、京都府の大都市居住者が多数を占めていた。それは、表3－6からうかがうことができる。

そして、第九章で見たように、戦時下の『少女の友』は、「少女」を「少国民」としてとらえることを強いられていた。したがって、「少女」をあらゆる階層の女子ととらえることになった。

しかし、戦後、その圧力がなくなると、『少女の友』は再び「少女」を都市新中間層の女子としてとらえるよう

表10－2　『少女の友』（1955年6月号）投稿欄掲載者の居住地

	投稿欄掲載者（実数／人）	投稿欄掲載者（割合／%）
東京	6	16.7
秋田	3	8.3
長野	3	8.3
兵庫	2	5.6
広島	2	5.6
佐賀	2	5.6
岩手	1	2.8
福島	1	2.8
静岡	1	2.8
愛知	1	2.8
岐阜	1	2.8
石川	1	2.8
福井	1	2.8
京都	1	2.8
大阪	1	2.8
和歌山	1	2.8
徳島	1	2.8
その他	7	19.4
合計	36	100.0

注1：18位以下は「その他」に含めた。
注2：読者の居住地は，「仙台」「札幌」などと細かく区分されているものもあったが，すべて現在の都道府県区分に改めた。
資料：『少女の友』1955年6月号。大阪府立中央図書館国際児童文学館所蔵。

表10－1　『ジュニアそれいゆ』（1958年7月号）投稿欄掲載者の居住地

	投稿欄掲載者（実数／人）	投稿欄掲載者（割合／%）
東京	58	25.1
兵庫	25	10.8
愛知	18	7.8
大阪	18	7.8
北海道	10	4.3
京都	10	4.3
福岡	7	3.0
群馬	6	2.6
神奈川	6	2.6
栃木	4	1.7
千葉	4	1.7
静岡	4	1.7
愛媛	4	1.7
青森	3	1.3
岩手	3	1.3
宮城	3	1.3
山形	3	1.3
長野	3	1.3
富山	3	1.3
滋賀	3	1.3
その他	36	15.6
合計	231	100.0

注1：18位以下は「その他」に含めた。
注2：読者の居住地は，「仙台」「札幌」などと細かく区分されているものもあったが，すべて現在の都道府県区分に改めた。
資料：『ジュニアそれいゆ』1958年7月号。著者所蔵。

になった。そして、戦後の『少女の友』の投稿欄掲載者は大都市居住者が多数を占めていた。そのことは、表10－2からうかがうことができる。表10－2は、『少女の友』一九五五年六月号の投稿欄掲載者の居住地を調査したものである。この表10－2を見ると、投稿欄掲載者の数が少ないため把握しづらいが、東京都の読者が多数であることを見てとることができる。したがって、戦後の『少女の友』の投稿欄掲載者も、戦前に引き続き、大都市居住者が多数であったと考えることができるのである。

そうであるとすると、『少女の友』の「少女」と『ジュニアそれいゆ』の「ジュニア」は、ジェンダーの点では相違点があるが、階層の点では共通点があるといえる。それは、都市新中間層に限定している点である。しかし、その点に関しては、『少女の友』の「少女」と『ジュニアそれいゆ』の「ジュニア」には相違点もある。それは、『ジュニアそれいゆ』が「ジュニア」を都市新中間層に限定していることについて、読者から批判が巻き起こっていたという点である。

たとえば、『ジュニアそれいゆ』は、先に見たように、都市新中間層の男子・女子とおもわれる、裕福な階層の男子・女子を大量に載せていた。そのため、『ジュニアそれいゆ』は、勤労する男子・女子をほとんど載せなかった。ただ、たまに、「車掌さんのお仕事」（編集者『ジュニアそれいゆ』一九五六（昭和三一）年九月号、一七二―一七五）などのように、勤労する男子・女子が載ることがあった。しかし、このような記事の目的は、あくまでも勤労する人びとの存在を「ジュニア」に理解させるというものであった。

ジュニアの皆さんがよく乗り合わせる、バスの中で、乗客に接している、車掌さんの仕事振りを、カメラで追い、車掌さんの仕事への情熱、たのしさ、苦しさなどを、伺つて他の交通の仕事にたずさわつている人たちの上にも理解を深めて行きましよう。

（編集者「車掌さんのお仕事」『ジュニアそれいゆ』一九五六（昭和三一）年九月号、一七二）

この引用からわかるのは、『ジュニアそれいゆ』が、「車掌さん」と「ジュニア」をまったく異なる存在として把握していたということである。

ところが、この「車掌さん」のなかに、『ジュニアそれいゆ』の読者が存在したのである。というのも、その後、この「車掌さん」の一人とおもわれる読者から、投書が寄せられているからである。「前、雑誌社の方達が見えて写真をとつているのをみて、どこの方達かしら？　と思つていたの」（読者「読者のみなさまからのおたより」『ジュニアそれいゆ』一九五六（昭和三一）年一一月号、二三五）と。そして、この投書にたいして編集者は次のように弁解している。「あの営業所の中に愛読者の方がいらつしやるとは少しも気がつきませんでした」（編集者「読者のみなさまからのおたより」『ジュニアそれいゆ』一九五六（昭和三一）年一一月号、二三五）と。このように、現実においては、『ジュニアそれいゆ』の読者のなかに勤労する男子・女子がいたが、編集者の想定においては、『ジュニアそれいゆ』の読者と勤労する男子・女子は重なり合っていなかったのである。いいかえると、「ジュニア」と勤労する男子・女子は異なる存在だとされていたのである。

そして、『ジュニアそれいゆ』の投書欄を見ると、『ジュニアそれいゆ』が「ジュニア」を都市新中間層の男子・女子ととらえていることについて、たびたび批判の声があがっていることがわかる。たとえば、

私たち夜間学生にとつてもたのしいものをそして働くジュニアのために極くわずかな頁を避《ママ》いて頂けたら尚々ジュニアそれいゆが好きになるのですけれど。

（読者「読者のみなさまからのおたより」『ジュニアそれいゆ』一九五六（昭和三一）年一月号、一九五）

などと、不満が寄せられているのである。

そのため、『ジュニアそれいゆ』は、このような批判を回避するためか、一九五六年五月号から、勤労する男子・女子を紹介する「ひまわり少年少女」シリーズを載せ始めた。ところが、その内容はといえば、労働して、なおかつ、東京藝術大学入学試験のために受験勉強し、ヴァイオリンのレッスンを受けている伊藤正《いとうただし》（編集者「ひまわり少年NO・Ⅱ　提琴への希望に溢れて明るく働らく伊藤正君」『ジュニアそれいゆ』一九五六（昭和三一）年一一月号、一七八―一八二）を載せるなど、およそ勤労する男子・女子のイメージとはかけ離れた男子・女子を載せるものになっていた。このような企画を見ると、『ジュニアそれいゆ』は、真剣に勤労する男子・女子を載せようとはおもっていなかったのではないかとおもえてくる。つまるところ、『ジュニアそれいゆ』にとっては、「ジュニア」はあくまでも都市新中間層の男子・女子なのである。勤労する男子・女子は、「ジュニア」の埒外に置かれていたのである。

また、『ジュニアそれいゆ』の投書欄を見ると、『ジュニアそれいゆ』が高価であることにたいして、たびたび不満の声があがっていることも見てとれる。

おこづかいも少ない中学生に、あこがれの本は高級すぎました。
（読者「読者のみなさまからのおたより」『ジュニアそれいゆ』一九五八（昭和三三）年三月号、二五二）

しかし、編集者は、この投書にたいして、次のようなコメントをつけている。

一ぺんに百八十円を払うのはジュニアには少し無理なことかもしれません。けれど二ヶ月に一冊だから一ヶ月では九十円になります。そう考えるとそれほど高い本ではないと分って頂けると思います。

（編集者「読者のみなさまからのおたより」『ジュニアそれいゆ』一九五八〔昭和三三〕年三月号、二五二）

このように、編集者は、読者の不満の声をまったく意に介していなかったのである。編集者が、このようなコメントをつけたのには理由がある。それは、先のアンケート調査の結果から、『ジュニアそれいゆ』の読者が裕福であることがわかっていたからである。

さらに、『ジュニアそれいゆ』の投書欄を見ると、『ジュニアそれいゆ』にたいして、たびたび「ブルジョア雑誌」と批判する声も載っていることがわかる。

一つ残念な事は〝ジュニアそれいゆ〟の事を「ブルジョア雑誌ね」という人が就職している友達に多い事。成程グラビアのページには良い家庭のお友達の訪問記事が溢れているし、働いている人には陽気に見える記事も少くありませんから仕方のない事でしょう。

（読者「読者のみなさまからのおたより」『ジュニアそれいゆ』一九五六〔昭和三一〕年九月号、二四〇）

ブルジョワの事、私も始め《ママ》はそう思いましたわ。新鮮さには違いありませんが、お金持ちとか、有名家庭の様な上流階級の（少くとも私達から見ればそう思います）お嬢さんばかりですものね。だから始め《ママ》は淋しい様でしたワ。

（読者「読者のみなさまからのおたより」『ジュニアそれいゆ』一九五六〔昭和三一〕年一一月号、二三二）

このように、『ジュニアそれいゆ』の投書欄には、『ジュニアそれいゆ』を「ブルジョワ雑誌」と批判する投書がたびたび載っているのである。

しかし、戦前の『少女の友』では、女子読者が『少女の友』にたいして「ブルジョア雑誌」という批判を投げつけることはほとんどなかった。なぜなら、『少女の友』の女子読者は、当然のこととして都市新中間層の女子が多数を占めていたからである。だからこそ、批判をすることがなかったのである。しかし、戦後の『ジュニアそれいゆ』では、他の階層の女子が『ジュニアそれいゆ』を購読するようになったのである。そして、それにもかかわらず、『ジュニアそれいゆ』は、戦前の『少女の友』がおこなったように、都市新中間層の男子・女子を読者としてとらえたのである。だからこそ、他の階層の男子・女子が批判を繰り広げるようになったのである。

6　男女共学による「少年」「少女」の同化と都市新中間層の力の喪失

なぜ少女雑誌は男女間の恋愛を導入したのだろうか。戦後、『少女の友』『女学生の友』は男女間の恋愛を導入した。これはなぜなのだろうか。また、なぜ少女雑誌は「ジュニア」を用いるようになったのだろうか。戦後、少女雑誌は、「ジュニア」という呼称を使い始めた。この「ジュニア」は、男子・女子を意味するものであった。これはなぜなのだろうか。

この戦後の少女雑誌の変化の背後にあったのは、戦後の男女共学化であった。

戦後、男女共学が原則となった。一九四五年一二月、「女子教育刷新要綱」が閣議で諒解された。

男女間ニ於ケル教育ノ機会均等及教育内容ノ平準化並ニ男女ノ相互尊重ノ風ヲ促進スルコトヲ目途トシテ女子教育ノ刷新ヲ図ラントス

その後、一九四七年三月、教育基本法が公布された。この教育基本法の第五条は、次のように定められていた。

　男女は、互に敬重し、協力し合わなければならないものであつて、教育上男女の共学は、認められなければならない。

このように、教育基本法には、男女共学規定が盛り込まれていたのであった。

さらに、一九四七年三月、学校教育法も公布された。これによって、六・三・三・四制の学校教育制度が誕生した。そして、一九四七年四月に新制中学校が、一九四八年四月に新制高等学校が発足し、男女共学を原則とする体制に移行していったのであった。

このように、戦後、男女共学が原則となったのであった。そのため、少女雑誌は男女間の恋愛を導入したのである。そして、少女雑誌は「ジュニア」を用いるようになったのである。

また、なぜ少女雑誌は「ブルジョワ雑誌」として批判されるようになったのだろうか。その背後には、都市新中間層の力の喪失があったと考えることができる。

第三章で見たように、戦前の少年少女雑誌は限定された社会階層にしか購読できないものであった。なぜなら、少年少女雑誌を購読するには三つの条件が揃っていることが必要不可欠だったからである。その三つの条件とは、第一に親が経済力を有していること、第二に親が教育熱心であること、第三に親が都市文化を受け入れていることである。そして、この三つの条件が揃っている男子・女子は、都市新中間層の男子・女子に他ならなかった。たとえば、図10-10の『日本少年』の表紙には、学生帽をかぶった少年が描かれている。また、図10-11『少女の友』の表紙には、手袋をはめた洋装の少女が描かれている。これらの表紙絵を見ると、裕福な階層の「少年」「少女」

図 10－10 『日本少年』
（1926年９月号。実業之日本社。高畠華宵。大阪府立中央図書館国際児童文学館所蔵）

図 10－11 『少女の友』
（1938年10月号。実業之日本社。中原淳一。著者所蔵）ⒸJUNICHI NAKAHARA/HIMAWARIYA

であることがわかる。他にも、『日本少年』『少女の友』の表紙絵には、裕福な階層の「少年」「少女」が描かれたものが多数ある。このような表紙絵を見ると、『日本少年』『少女の友』が、貧しい階層の男子・女子を相手にしていなかったのがよくわかる。このように、少年少女雑誌は限られた社会階層のものだったのである。つまるところ、『日本少年』『少女の友』は、都市新中間層の男子・女子を読者としてとらえていたのである。

このように、戦前、少年少女雑誌は限られた社会階層のものだった。そして、それが当然であった。そのため、戦前の少女雑誌ではそのことが批判されることはなかったのであった。

ところが、戦後、その都市新中間層が力を喪失していった。このことは、竹内洋（一九九九）が明らかにしている。竹内洋は、戦前、都市新中間層が、高等教育機関を卒業した「インテリ」として独自の階層文化を築いていたことを明らかにしている。そして、それは、「学歴貴族」という存在としてとらえられるものであったとしている。ところが、戦後、高等教育進学者が増加すると、高等教育機関卒業者である都市新中間層は急激に力を失っていったというのである。一九六三年、高等教育進学率が一五・五パーセントを超えると、高等教育がエリート段階からマス段階に移行する（トロウ　一九七六）。そうなると、大量に生み出された大学卒業者は、竹内洋（一九九九）によると、「インテリ」の別名であった「経営幹部予備軍のサラリーマン」ではなく、「ただのサラリーマン」として採用されるようになったとされているのである。このように、戦後、都市新中間層とその他の社会階層の境目が曖昧になっていったのである。

こうなると、少女雑誌の読者層のなかに、他の社会階層の男子・女子が参入してくることになる。少女雑誌は、もはや都市新中間層の女子の独占するものではなくなっていくのである。ところが、少女雑誌は、都市新中間層の階層文化を表象し続けている。そのため、他の社会階層の男子・女子は、少女雑誌が都市新中間層の階層文化を表象していることにたいして、批判の声をあげるようになったのである。

第二章で見たように、戦前、中等教育の男女別学体制が整備された。そして、その結果、「少年」から「少女」が分離して、「少年」「少女」となった。さらに、「少年」「少女」には価値づけがおこなわれた。なぜなら、「少年」「少女」は、小学校・中学校ないしは高等女学校に通う男子・女子、さらには、都市新中間層の男子・女子だったからであった。それゆえ、「少年」「少女」には学歴の価値、および階層文化の価値の後ろ盾があった。だからこそ、「少年」「少女」の価値が高められていたのであった。

戦後、男女共学体制が整備された。その結果、「ジュニア」が誕生した。この「ジュニア」は、男子も女子も意味するものであった。

さらに、都市新中間層が力を喪失したことによって、「少年」「少女」は、学歴の価値、および階層文化の価値の後ろ盾を失った。そして、「少年」「少女」は価値を失っていった。だからこそ、戦後に誕生した「ジュニア」は、最初から、学歴の価値、および階層文化の価値をもたなかったのであった。

7 少女同士の関係から少年少女の関係へ

最後に、本章で明らかになったことをまとめることとする。戦後、少年少女雑誌は大きな変化を遂げた。一九四五年から一九六九年までをながめると、少年雑誌は、第一に少年マンガ雑誌、第二に少年小説雑誌、第三に少年向けスポーツ雑誌に分化した。一方、少女雑誌は、第一に少女マンガ雑誌、第二に少女小説雑誌、第三に少女向けファッション雑誌に分化した。そして、少年雑誌のメインストリームは、一九六〇年前後には少年マンガ雑誌になった。また、少女雑誌のメインストリームは、一九六五年前後には少女マンガ雑誌になった。ただ、これらは形の変化であった。

一方、内容の変化については、少女雑誌は、男女間の恋愛を導入することになった。一方、少年雑誌は、男女間の恋愛を導入することはなかった。ただし、戦前生まれの『少女の友』は、男女間の恋愛の導入をあくまで少量にとどめていた。しかし、戦後生まれの『女学生の友』は、他の少女雑誌に先駆けて男女間の恋愛を大量に導入した。その結果、『少女の友』は終刊となった。ただし、終刊となったのは、『少女の友』だけではなかった。少女小説を主軸に据える少女雑誌は、『女学生の友』を除き、一九六五年までにはすべて終刊となった。ただ一つ、『女学生の友』のみが、男女間の恋愛を大量に導入することで、大成功を収めていった。『女学生の友』は、少女小説というジャンルの延命に成功したのであった。

少年小説の理想像は、戦前の一九三五（昭和一〇）年においては、第一に美貌、第二に卓越した知的能力、第三に運動能力を有する存在であった。そして、理想的行動は、大勢の人びとを助けるというものであった。いいかえると、「完全無欠の英雄」であった。そしてそれは、戦後においても、変化することはなかった。

一方、少女小説の理想像は、戦前においては、第一に美貌、第二に知的能力、第三に運動能力、第四に財力、第五に抒情を理解・表現する能力を有する存在であった。そして、理想的行動は、少女を助けるというものであった。いいかえると「才色兼備のお嬢さま」であった。ところが、戦後においては、少女小説の理想像は、保護者にかわいがられる「かわいい少女」となった。そして、理想的行動は、少年を助けるというものになった。

この変化は、エスの少女小説が衰退し、男女間の恋愛の少女小説が勃興したことによって、生じたものであった。エスの関係である少女同士の関係においては、少女が少年に依存することはないといえる。ところが、男女の関係においては、男女の間に権力の不均衡があるため、それが友愛であれ、恋愛であれ、少女が少年に依存することとなる。したがって、少女は、少年が保護したり、かわいがったりする存在となるのである。そして、少女は、少年の庇護を得るために、少年のケアをする形で少年を助けるようになるのである。

また、『ひまわり』は、読者を「少女」としてとらえて、なおかつ、その「少女」の価値づけをおこなっていた。それは、戦前の『少女の友』のおこなっていたことに他ならなかった。しかし『ジュニアそれいゆ』は、読者を「ジュニア」としてとらえて、なおかつ、その「ジュニア」の価値づけをおこなっていた。なぜなら、『ジュニアそれいゆ』は男子読者を獲得しようとしていたからであった。したがって、「少女」は女子を意味するものであったが、「ジュニア」は男子・女子を意味するものであった。このように、『少女の友』『ひまわり』の「少女」と『ジュニアそれいゆ』の「ジュニア」は、ジェンダーの点で相違点があった。ただ、階層の点では共通点があった。それは、都市新中間層に限定していた点であった。ところが、『ジュニアそれいゆ』では、「ジュニア」を都市新中間層に限定していることについて、読者から批判が巻き起こっていた。なぜなら、『ジュニアそれいゆ』の読者層のなかに、他の社会階層の男子・女子が参入するようになったからであった。

このような変化の背後にあったのは、戦後の男女共学体制であった。戦後、学校教育は男女共学が原則となったのであった。このように、学校教育が男女共学を原則とするようになったことで、『少女の友』『女学生の友』は男女間の恋愛を導入したのであった。そして、少女小説では、「才色兼備のお嬢さま」と、少女が少女を助けるという行動が描かれることが少なくなった。代わりに、少年に庇護される「かわいい少女」と、少女が少年を助けるという行動が描かれることが多くなったのであった。さらに、「少女」が「ジュニア」になったのであった。

また、このような変化の背後にあったのは、都市新中間層の力の喪失であった。都市新中間層が力を失ったため、少年少女雑誌は都市新中間層の独占するものではなくなった。したがって、少年少女雑誌が都市新中間層の男子・女子を表象することが、批判されるようになったのであった。

戦前、中等教育の男女別学化は、「少年」から「少女」を分離させることになった。そして、「少年」「少女」を誕生させた。かつて「少年」は、男子・女子を意味するものであった。ところが、学校教育の男女別学化によって、「少年」は男子のみを意味するものになった。そして、「少女」は女子を意味するものになったのであった。さらに、学校教育の男女別学化は、「少年」「少女」に価値を与えることになった。なぜなら、「少年」「少女」は、小学校・中学校ないしは高等女学校に通う男子・女子、そして、都市新中間層の男子・女子だったからであった。このように、「少年」「少女」の価値は、学歴の価値、および階層文化の価値による後ろ盾があったからこそ、高まることになったのであった。

しかし、戦後、中等教育の男女共学化は、「ジュニア」を誕生させた。「ジュニア」は、男子・女子を意味するものであった。したがって、「ジュニア」は、再び男子・女子を包含したのであった。

とはいえ、少年少女雑誌は、もはや都市新中間層の男子・女子の独占するものではなくなった。したがって、「ジュニア」には、学歴の価値、および階層文化の価値による後ろ盾はなかった。もはや「少年」「少女」は、

「ジュニア」の別の言い方にすぎなかった。いいかえると、「少年」「少女」は、もはや学歴の価値、および階層文化の価値をもたなくなったのであった。

引用文献

今田絵里香『「少女」の社会史』勁草書房、二〇〇七年。

今田絵里香「戦後日本の『少女の友』『女学生の友』における異性愛文化の導入とその論理――小説と読者通信欄の分析」『国際児童文学館紀要』第二四号、二〇一一年、一―一四頁。

今田絵里香「異性愛文化としての少女雑誌文化の誕生」小山静子・赤枝香奈子・今田絵里香編『セクシュアリティの戦後史』京都大学学術出版会、二〇一四年、五七―七七頁。

今田絵里香「スター――どのようなスター像が作られてきたのか　メディア研究アプローチ」成蹊大学文学部学会編『データで読む日本文化――高校生からの文学・社会学・メディア研究入門』風間書房、二〇一五年、六七―九三頁。

今田絵里香「ジュニア小説における性愛という問題」『成蹊大学文学部紀要』第五二号、二〇一七年a、一三一―四六頁。

今田絵里香「ジュニア小説における純愛という規範」成蹊大学文学部学会編『文化現象としての恋愛とイデオロギー』風間書房、二〇一七年b、三五―七九頁。

江戸川乱歩「灰色の巨人」『少年クラブ』一九五五年一～一二月号（増刊号を除く）。↓『江戸川乱歩全集　第一八巻　月と手袋』光文社、二〇〇四年。

遠藤寛子『『少女の友』とその時代――編集者の勇気　内山基』本の泉社、二〇〇四年。

奥山恵「民主主義児童文学」鳥越信編『はじめて学ぶ日本児童文学史　シリーズ・日本文学史①』ミネルヴァ書房、二〇〇一年、二九六―三一一頁。

木本至『雑誌で読む戦後史』新潮社、一九八五年。

木村涼子「少女小説の世界と女性性の構成」花田達朗・吉見俊哉・コリン・スパークス編『カルチュラル・スタディーズとの対話』新曜社、一九九九年a、三四三―三五九頁。

木村涼子『学校文化とジェンダー』勁草書房、一九九九年b。

週刊朝日編『戦後値段史年表』朝日新聞社、一九九五年。

竹内洋『学歴貴族の栄光と挫折』中央公論新社、一九九九年。

トロウ・マーチン、天野郁夫・喜多村和之訳、『高学歴社会の大学――エリートからマスへ』東京大学出版会、一九七六年。

野間清治『私の半生』千倉書房、一九三六年。

藤本純子「戦後「少女小説」における恋愛表象の登場――『女学生の友』（一九五〇～一九六六）掲載読切小説のテーマ分析をもとに」『マンガ研究』第八巻、二〇〇五年、二〇―二五頁。

藤本純子「戦後期少女メディアにみる読者観の変容――少女小説における「男女交際」テーマの登場を手がかりに」『出版研究』第三六号、二〇〇六年、七五―九三頁。

吉屋信子「少年」『少女の友』一九四九年一～一二月号。→「少年」『青いノート・少年　吉屋信子少女小説集二』文遊社、二〇一六年、一〇三―一五三頁。

史　料

『ジュニアそれいゆ』ひまわり社、一九五三年三月号～一九六〇年一〇月号。

『ジュニアそれいゆ　一九五五年四月号（復刻版）』『ジュニアそれいゆ　一九五六年一月号（復刻版）』『ジュニアそれいゆ　一九五六年五月号（復刻版）』『ジュニアそれいゆ　一九五六年九月号（復刻版）』『ジュニアそれいゆ　一九五六年一二月号（復刻版）』『ジュニアそれいゆ　一九五八年三月号（復刻版）』『ジュニアそれいゆ　一九五八年七月号（復刻版）』国書刊行会、一九八六年。

『少女の友』実業之日本社、一九〇八年二月号、一九三六年一月号、一九四五年一月号～一九五五年二月号（欠号：一九五三年七月号）。

『女学生の友』小学館、一九五〇年四月号～一九六九年一二月号（欠号：一九五五年八月号、一九六〇年八月号、一九六一年四月増刊、五月増刊号、一九六二年一月増刊、四～四月増刊、八月増刊、一〇月増刊号、一九六三年四月増刊、九～一二月号、一九六四年八～八月増刊号、一九六五年一月増刊、四月増刊～五、八月増刊号、一九六七年八月増刊、一二月増刊号、一九六八年七、一二月増刊号）。

『少年』光文社、一九四六年一一月号～一九六八年三月号（欠号：一九五九年三月号、一九六〇年二月号、一九六二年八月増刊、一九六三年一月増刊、一九六四年一月増刊号）。

『少年倶楽部』（『少年クラブ』）大日本雄弁会講談社（講談社）、一九四五年一月号～一九六二年一二月号。

『ひまわり』ヒマワリ社（ひまわり社）、一九四七年一月号～一九五二年一二月号。

『ひまわり　昭和二二年一月号（復刻版）』～『ひまわり　昭和二七年一二月号（復刻版）』国書刊行会、一九八七年～一九九二年。

終章　「少年」「少女」の誕生と変遷

1　少年少女向けのメディアにおける「少年」「少女」に関する知の変遷

本書で明らかになったことについて考察することとする。

少年少女雑誌はどのように誕生したのだろうか。いいかえると、「少年」「少女」のメディアはどのように誕生したのだろうか。

一八七七（明治一〇）年、日本初の子ども向けのメディアが生まれた。それが『穎才新誌』であった。この雑誌は作文投稿雑誌であった。この作文投稿雑誌は、学校教育における作文教育と結びついていた。また、全国の子どもたちが作文のよしあしをめぐって競争する場になっていた。さらに、そうであるからこそ、作文の掲載が子どもたちにとっても学校にとっても名誉あることとして把握されていた。それゆえ多数の作文投稿雑誌が生まれることになった。

なぜ子ども向けのメディアが生まれたのだろうか。子ども向けのメディアの誕生の背景には、近代学校教育制度の誕生があった。近代学校教育制度が誕生したことによって、すべての子どもたちが一定の年齢になると、一定の期間、共通の教育を受けるようになった。そして、このことによって、すべての子どもたちが大人と異なる時間を生きるようになったのであった。このように、子どもたちが大人と異なる時間を生きるようになると、大人と異なるニーズが生まれることになる。そこで出版社は子どものメディアを作ることにしたのである。そして、大人と異なる子ども独自のニーズを踏まえて、子どものメディアを近代学校教育の作文教育と結びつく形で作ったのである。それこそが、作文投稿雑誌であった。

しかし、作文投稿雑誌は衰退した。そして、少年雑誌が誕生した。一八八八（明治二一）年、日本初の少年雑誌の『少年園』が生まれたのであった。そして、少年雑誌がおこなったことは、子どものメディアを「少年」のメディアと名付けることであった。それまで子どものメディアは無名のメディアであった。その無名のメディアに「少年」のメディアという名前を付けたのであった。

なぜ少年雑誌が生まれたのだろうか。この「作文投稿雑誌から少年雑誌へ」の転換を促したのは、第一に文体の変化、いいかえると、「漢文体・漢文訓読体から言文一致体へ」の変化、第二に文の内容の変化、いいかえると、「大人の文から子どもの文へ」の変化であった。このように、人びとは、子どもには子どもにふさわしい文体を使わせること、子どもには子どもにふさわしい内容の文を書かせることを支持するようになったのであった。そこで、出版社は「少年」のメディアを作った。それこそが、少年雑誌であった。

しかし、だからといって、少年雑誌は子どもにふさわしい文体、および子どもにふさわしい内容の文を明確にもっていたわけではなかった。ただ、漢文体・漢文訓読体を排除すること、大人の内容の文を排除することに関しては明確におこなおうとしていた。だからこそ、作文投稿雑誌は衰退して、少年雑誌が勃興したのであった。

このことを詳細に見ると、第一に少年雑誌は子どもにふさわしい文体を明確化していたわけではなかったといえる。なぜなら、少年雑誌は一九〇二（明治三五）年一二月まで、あらゆる文体を載せていたからである。さらに、一九〇四（明治三七）年四月から、言文一致体の国定教科書が使われるようになっても、そもそも言文一致体そのものが明確なものではなかったからである。また、少年雑誌が生まれ始めたころには、東京山の手の中間層の言葉である言文一致体は、まだ人びとの間に浸透していたわけではなかったからである。

第二に、少年雑誌は子どもにふさわしい内容の文を明確化していたわけではなかったといえる。なぜなら、「少年」にふさわしい内容の文を明確にするといっても、そもそも「少年」がどのような存在なのかが明確であったわけではなかったため、「少年」にふさわしい内容の文を明確にすることが困難であったからである。たとえば、「少年」の年齢も「少年」のジェンダーも明確ではなかった。このように、この時期、「少年」の境界が常に揺れ動いていたため、「少年」にふさわしい内容の文を明確化することが困難だったのである。

そのため、少年雑誌は子どものメディアを「少年」のメディアとして名付けた。そして、子どもを「少年」として名付けた。しかし、少年雑誌はその「少年」がどのようなものかを明確化することはできなかったのであった。

『少年園』が生まれた後、『少年世界』『日本少年』『少年倶楽部』など、多数の少年雑誌が生まれた。その少年雑誌は、第一に「少年」のための読みものを主に載せていた。第二に「少年」という言葉を雑誌名に入れていた。

そして、一九〇二年、日本初の少女雑誌が生まれた。それが『少女界』であった。『少女界』が生まれた後、『少女世界』『少女の友』『少女画報』『少女倶楽部』など、多数の少女雑誌が生まれた。その少女雑誌は、第一に「少女」のための読みものを主に載せていた。第二に「少女」という言葉を雑誌名に入れていた。

なぜ少女雑誌は生まれたのだろうか。この「最初に少年雑誌、次に少女雑誌が生まれた」という雑誌における変遷の背後にあったのは、「少年」「少女」の言葉における変遷であった。もともと、「少年」という言葉は男子・女子を含む言葉として使われていた。しかし、「少女」が「少年」から分離して、「少年」が男子、「少女」が女子を意味するものになったのであった。

メディアの世界で、最初にこのようなことをおこなったのは『穎才新誌』であった。『穎才新誌』では、「少年」

は男子・女子を意味するものであった。そして、「少年」は、学問に打ち込むべき存在と見なされていた。しかし、『穎才新誌』は、「少年」から「少女」を分離させた。そして、「少年」は、引き続き学問に打ち込むべき存在であると見なされた。加えて、「少年時代」は、後の時代に成功するための準備の時代ととらえられた。一方で、「少女」は、価値ある存在と見なされるようになった。加えて、「少女時代」は、後の時代と断絶する宙吊りの時代ととらえられるようになった。そして、このようなことは文壇でもおこなわれていた。

つまるところ、「少年」も「少女」も価値を与えられるようになったのである。しかし、その価値を与える根拠がそれぞれ異なっていたのである。「少年」は、後の「大人」の時代と連続しているととらえられている。そして、連続しているからこそ、種を植える時代として重要視されるようになったのである。しかし、「少女」は、前の時代とも後の時代とも断絶していると把握されている。そして、断絶しているからこそ、希少な時代として尊ばれるようになったのである。

一方、『少年世界』は、「少女」欄を作って『少女世界』の誕生を促した。したがって、少年雑誌は、少年雑誌から少女雑誌を分離させていったのであった。

このように、「少年」のメディアは、「少年」「少女」のメディアになったのであった。これに伴って、「少年」は、ジェンダーに関しては明確化されることになった。したがって、「少年」は男子、「少女」は女子を意味するようになったのであった。

なぜ「少年」のメディアが「少年」「少女」のメディアになったのだろうか。この「『少年』のメディアから『少年』『少女』のメディアへ」の転換の背後にあったのは、中等教育の男女別学化であった。一八七九（明治一二）年九月の教育令は、中等教育機関を男女別学とした。さらに、一八八六（明治一九）年三月の中学校令は男子の中等教育機関を制度化した。また、一八九九（明治三二）年二月の高等女学校令は女子の中等教育機関を制度化した。

このように、男子・女子が異なる道に進むようになったことで、「少年」から「少女」が切り離されて、「少年」が男子、「少女」が女子を意味するようになったのであった。さらに、「少年」は後の時代と連続する存在として、「少女」は後の時代と断続する存在としてとらえられるようになったのであった。なぜなら、この男女別学化によって、男子には進学の道、職業獲得の道が制度化されることになったが、女子には、進学の道、職業獲得の道がごく限られたものになったからであった。男子・女子が「中学生」「女学生」として異なる道に進むようになると、そしてその「中学生」「女学生」が増大するようになると、男子・女子に異なるニーズが生まれることになる。そこで出版社は、男子には少年雑誌を、女子には少女雑誌を作ったのである。そして、この少年雑誌・少女雑誌をとおして、男子には「少年」、女子には「少女」という名称を付与したのである。

このように、メディアは、「少年」から「少女」を切り離して、少年雑誌から少女雑誌を切り離した。そして、少年雑誌・少女雑誌を生み出した。さらに、男子に「少年」、女子に「少女」という名称を付与した。ただし、メディアは「少年」「少女」の意味を明確化するには至っていなかった。

その後、一九〇〇年代には『少年世界』『少女世界』が、一九一〇年代には『日本少年』『少女の友』が、商業上の成功を収めて少年少女雑誌界の頂点に君臨するようになった。

なぜ『日本少年』『少女の友』は成功を収めたのだろうか。この「『少年世界』『少女世界』から『日本少年』『少女の友』へ」の転換の背後にあったのは、第一に子ども向けの読みものの変化、いいかえると、「『お伽噺』から『少年小説』『少女小説』へ」の変化であった。「お伽噺」は、「少年文学」叢書、さらには『少年世界』『少女世界』をとおして人びとの間に広まっていた。しかし、その「お伽噺」はわたしたちのおもうところの児童文学とは異なるものであった。「お伽噺」は、一つに硯友社の作家を用い、二つに文語体を使い、三つに残酷な事柄・性的な事柄などの大人の事柄を描いていた。したがって、「お伽噺」は「大人」と「少年」「少女」を区別する視点をもたなかったのであった。一方、「少年小説」「少女小説」は、「愛子叢書」、さらには『日本少年』『少女の友』をとおして、人びとの間に広まっていた。そして、その「少年小説」「少女小説」はわたしたちがおもうところの児童文学そのものであった。一つに文壇で名声を得ている作家を用い、二つに言文一致体を使い、三つに残酷な事柄・性的な事柄などの大人の事柄を排除していた。したがって、「少年小説」「少女小説」は「大人」と「少年」「少女」を区別する視点をもっていたのであった。

「『少年世界』『少女世界』から『日本少年』『少女の友』へ」の転換の背後にあったのは、第一に文の内容の変化であった。『日本少年』『少女の友』は、一つに写生主義、二つに童心主義を標榜して、「少年」「少女」の見たまま、おもったままの文を讃美していたのであった。

第一の変化は、子どもたちに読ませるものの変化である。第二の変化は、子どもたちに書かせるものの変化である。したがって、「愛子叢書」、および『日本少年』『少女の友』は、子どもたちに読ませるもの、書かせるもの、どちらの方向においても、「大人」と異なるものとして「少年」「少女」を明確化したのである。いいかえると、『日本少年』『少女の友』は、子どもにふさわしい文体、および子どもにふさわしい内容の文を明確化したのである。

このように、『日本少年』『少女の友』は、『少年世界』『少女世界』と異なる戦略をもっていたのであった。なぜなら、少年少女雑誌が商業上の成功を収めるためには、ライバルの少年少女雑誌と差異化をはかることが不可欠だったからであった。その結果、『日本少年』『少女の友』のほうが人びとに支持されることになった。

なぜ『日本少年』『少女の友』が人びとに支持されたのだろうか。その背後にあったのは、一九一〇年代の都市新中間層の量的拡大である。この量的拡大を遂げた都市新中間層が、『日本少年』『少女の友』を購読したのである。なぜなら、都市新中間層は、第一に教育主義、第二に童心主義のまなざしをもっていたからである。教育主義のまなざしとは、子どもに教育を受けさせることに価値を見出すもので、童心主義のまなざしとは、大人と子どもを区別して、子どもを純真無垢な存在として称揚するものである。そして、『日本少年』『少女の友』は童心主義のまなざしをもっていた。さらに、その『日本少年』『少女の友』の童心主義のまなざしは、都市新中間層の童心主義のまなざしと一致していたのである。『日本少年』『少女の友』は、「少年小説」「少女小説」をとおして大人と「少年」「少女」を区別し、「少年」「少女」の純真無垢であることを称揚していた。また、『日本少年』『少女の友』は写生主義と童心主義を掲げて大人と子どもの文を区別し、子どもたちが大人の文を模倣することを禁止して、「少年」「少女」のありのままの文を作ることを推奨していた。いいかえると、大人と「少年」「少女」を区別して、「少年」「少女」の純真無垢であることを称揚していたのである。だからこそ、『日本少年』『少女の友』は、都市新中間層に支持されることになったのであった。

このように、「少年」「少女」のメディアは、読者獲得競争を繰り広げるなかで、ついに「少年」「少女」のイメージを明確化するに至った。『日本少年』『少女の友』は、「少年」「少女」を「大人」と異なるものとして、そして、「少年」「少女」を純真無垢なものとして形作っていった。さらに、『日本少年』『少女の友』は、子どもにふさわしい文体、および、子どもにふさわしい内容の文を明確化していったのであった。

『日本少年』『少女の友』は「少年」「少女」に関する知を明確化した。この『日本少年』『少女の友』における「少年」「少女」に関する知は、それぞれどのようなものであったのだろうか。そして、『日本少年』『少女の友』における「少年」「少女」に関する知は、それぞれどのように変遷したのだろうか。

一九〇〇、一九一〇年代、『日本少年』においては有本芳水《ありもとほうすい》の少年詩が、『少女の友』においては星野水裏《ほしのすいり》の少女詩が支持されていた。有本芳水の少年詩は、第一に文語定型詩、第二に悲哀を主題にしたものであった。そして、星野水裏の少女詩は、第一に口語自由詩、第二に悲哀を主題にしたものであった。

『日本少年』『少女の友』の少年少女詩の相違点は、『日本少年』の有本芳水の少年詩は文語定型詩、『少女の友』

の星野水裏の少女詩は口語自由詩であったという点である。この相違点の背後にあったものを考えてみる。

一九〇〇、一九一〇年代の『日本少年』『少女の友』は写生主義作文を支持していた。そして、『日本少年』『少女の友』の読者は、写生主義作文の教育を受けていた。ところが、有本芳水は、第一に形式主義作文の教育を受け、第二に形式主義作文を投書していた。そして、男子読者は有本芳水の少年詩を支持していた。

一九〇〇、一九一〇年代は、形式主義作文から写生主義作文に移り変わる過渡期にあった。したがって、まだ形式主義作文の魅力は失われていなかった。だからこそ、男子読者は有本芳水の少年詩を支持していたのであった。また、朗吟をしていたのであった。

しかし女子読者は、星野水裏の少女詩を支持していた。形式主義作文の作文教育においては、男子読者にとっては、漢文体、漢文訓読体、和文体などのありとあらゆる文体を操ることが学歴獲得に結びついていた。しかし、女子読者にとっては、そうではなかった。したがって、女子読者は星野水裏の少女詩を支持していたのであった。そして、朗吟する女子読者は少数だったのであった。

また、『日本少年』『少女の友』の少年少女詩の共通点は、悲哀を主題にしていた点である。この共通点の背後にあったものを考えてみる。

一九〇〇、一九一〇年代、「少年」も「少女」も、悲哀と結びつけられて把握されていた。したがって、男子が悲哀に浸ることも、女子が悲哀に浸ることも、ごくふつうのこととしてとらえられていた。東アジアの伝統においては、教養ある知識人には「公」（政治、漢文）と「私」（感傷、詩文）の充実が不可欠であるとされていた（齋藤 二〇〇七）。このことを踏まえると、その東アジアの伝統が一九〇〇、一九一〇年代の「少年」の世界において存続していたと考えることができる。

さらに、一九〇〇、一九一〇年代の『日本少年』『少女の友』の通信欄・文芸欄を見てみると、『日本少年』の男子読者は、名誉を獲得するために投書をしていたことがわかった。なぜなら、文芸作品が『日本少年』の文芸欄に載ると、家庭においても小・中学校においても称賛されるからであった。したがって、男子読者は本名で投書していたのであった。

男子読者が名誉を獲得しようとしていたのは、一九〇〇、一九一〇年代が、形式主義作文から写生主義作文に移り変わる過渡期であったためであるとおもわれる。そして、この時期、教養ある知識人には、「公」（政治、漢文）と「私」（感傷、詩文）の充実が不可欠であるという、東アジアの伝統が生きていたためであると考えられる（齋藤二〇〇七）。したがって、一九二〇年代、作文教育が写生主義作文に移行して、かつ、その背後の東アジアの伝統が衰退していくことで、『日本少年』の投書文化は力を失っていくとおもわれる。その結果、『日本少年』は、『少年倶楽部』に敗北していくことになると考えられる。

一方、『少女の友』の女子読者は、名誉とは異なる利益を獲得するために投書をしていたことがわかった。なぜなら、文芸作品が『少女の友』の文芸欄に載ると、家庭においても小・中学校においても称賛されることもあったが、批判されることもあったからであった。したがって、女子読者は筆名で投書していた。女子読者の獲得しようとしていた利益とは、第一は友人を得ること、第二は大勢のファンを得ること、第三はアイドル扱いをされること、第四は編集者と親しくなることである。第五は記念時計をもらって「常連投稿者」という記号を獲得すること、第六は愛読者大会で幹事になって同じように「常連投稿者」という記号を獲得することである。第七は常連投稿者から作家になる道を開拓することである。

なぜ『少女の友』の女子読者は雑誌を媒介にしたネットワークを作ることに力を入れていて、『日本少年』の男子読者は力を入れていなかったのだろうか。この違いが生まれたのは、『日本少年』の男子読者のほうが学校教育機関を媒介にしたネットワークを作ることに力を入れていたためであると考えられる。『日本少年』の男子読者は、都市新中間層の男子が多数を占めていた。そして、都市新中間層の男子は、学校教育機関に通う期間が長期化していた。だからこそ、都市新中間層の男子が力を入れていたのは、第一に学力、第二に学校教育機関を媒介にしたネットワークを獲得することであった。なぜかというと、都市新中間層の男子は、進学のとき、あるいは、職業獲得のとき、あるいは、職業の世界で生き抜いていくとき、この学校教育機関で作ったネットワークを大いに利用することができたからであった。

一方、都市新中間層の女子には、学歴獲得と学歴獲得を媒介にした職業獲得はほとんど期待されていなかった。なぜなら、高等女学校卒業後、良妻賢母になることが期待されていたからであった。それゆえ、都市新中間層の女子にとっては、学校教育機関を媒介にしてネットワークを作ることは、男子ほど期待されていなかった。さらに、学校教育機関に通う期間が限られていたため、学校教育機関を媒介にしたネットワークを作る機会が限られていた。そのため、都市新中間層の女子は、雑誌を媒介にしたネットワークを作る方向に向かっていったのであった。

ただ、都市新中間層の女子は、保護者の援助で雑誌を購読できる期間さえ限られていた。なぜなら、先に見たように、都市新中間層の女子には、高等女学校卒業後、良妻賢母になることが期待されていたからであった。しかし、そうであるからこそ、都市新中間層の女子は、雑誌を媒介にしたネットワークを作ることに貪欲になっていたと考えることができる。いいかえると、学校教育機関を媒介にしたネットワークも、雑誌を媒介にしたネットワークも、作る時間が限られていたからこそ、その限られた時間のなかで、学校教育機関を媒介にしたネットワークと雑誌を媒介にしたネットワークを作ることに夢中になっていたと考えることができる。

また、都市新中間層の男子は、進学の機会に、あるいは、就職の機会に、全国の男子とネットワークを作ることができるが、進学の機会も、就職の機会も、そもそも得ることが難しかった都市新中間層の女子にとっては、全国の女子とネットワークを作ることが困難である。しかし、雑誌を媒介にしたネットワークでは、それを作ることができるのである。だからこそ、都市新中間層の女子は、雑誌を媒介にしたネットワークを作ることに夢中になっていたと考えることができる。つまるところ、都市新中間層の女子にとっては、遠方の女子を友人にする機会は、今後の人生で二度と得られないかもしれない機会なのである。だからこそ、都市新中間層の女子は、この絶好の機会を逃さなかったのではないかとおもわれるのである。

このように、都市新中間層の女子は、ネットワークを作る時間、機会が乏しかったからこそ、限られた時間、機会を最大限に摑み取ろうとして、雑誌を媒介にしたネットワークを作ることに夢中になっていたのである。

雑誌を媒介にしたネットワークを作ることは、作家になるという道を切り拓くことにつながっている。ただし、その道は険しい道である。現実には、女子投稿者が作家になることは困難であったとおもわれる。しかし、女子投稿者のなかには、第二の北川千代子《きたがわちよこ》になることをめざして、雑誌を媒介にしたネットワークを作っていた女子投稿者が存在したのではないかとおもわれる。そして、一九二〇、一九三〇年代、そのような女子投稿者がますます増加したのではないかとおもわれる。なぜなら、『少女の友』に掲載されていた伝記を見ると、一九二〇（大正九）年を境に、芸術家が掲載されるようになっているからである。そして、この芸術家の一つが少女小説家であったからである。さらに、一九三〇年代、カリスマ少女小説家として脚光を浴びることになる吉屋信子《よしやのぶこ》が彗星のようにあらわれて、『少女の友』のグラビアを飾るようになるからである。これこそ、『少女の友』の功名な戦略であったともおもわれる。『少女の友』は、少女小説家というスターを作りだした。その頂点に君臨していたのは、一九一〇年代は北川千代子、一九二〇年代は横山美智子《よこやまみちこ》、一九三〇年代は吉屋信子であった。そして、スターの少女小説家と女子読者の間に、アイドルの常連投稿者を作りだした。このように、『少女の友』は、スター、および、アイドルを作りだすことで、女子投稿者の欲望をかきたてていたのである。そして、女子投稿者に、『少女の友』を購読させて、投書をさせていたのである。だからこそ、『少女の友』は、一九二〇年代になっても、投書文化を衰えさせることはなかったのである。そして、『少女倶楽部』に完全に敗北することはなかったのである。

さらに、『日本少年』『少女の友』の抒情画・伝記・少年少女小説を比較分析すると、『少女の友』は、一九二〇年に変化を遂げることがわかった。

一つに、『少女界』『少女世界』『少女の友』『少女画報』『少女倶楽部』の抒情画を分析すると、一九二〇年を境にして、表表紙に描かれている少女像が勉強・芸術活動をする少女から、勉強・芸術活動をする少女、および、運動をする少女に変化したことがわかった。

二つに、『少女の友』の伝記の女性像を分析すると、一九二〇年前後を境にして、その女性像が皇族・華族、エリートから、芸術家、スターに変化したことが明らかになった。

三つに、『少女の友』の少女小説における理想像と理想的行動を分析すると、少女小説の理想像は、一九一〇年代には、第一に美貌、第二に知的能力、第三に財力、第四に抒情を理解・表現できる能力をもった少女であったが、一九三〇年代には、第一に美貌、第二に知的能力、第三に運動能力、第四に財力、第五に抒情を理解・表現できる能力をもった少女になったことがわかった。そして、少女小説の理想的行動は、一九一〇年代も、一九三〇年代も、少女が少女を助けるというものであったことが明らかになった。

まとめると、『少女の友』では、一九二〇年を境にして、運動能力のある少女が、理想的な少女のなかに加えられたのであった。

なぜ一九二〇年を境にして運動能力のある少女像が、理想的な少女像のなかに加えられることになったのだろうか。この『少女の友』の理想的な少女像の変化を促したものは、女子教育の理想的な女性像の変化であった。女子教育は、一九一四（大正三）年の第一次世界大戦を契機にして良妻賢母像の再編をおこなって、理想的な女性像を変容させた（小山　一九九一）。この良妻賢母像の再編においては、第一に女子高等教育の実施、第二に体育の充実、第三に科学思想の導入がめざされていた（小山　一九九一）。そして、一九二〇年の高等女学校令の改正、および高等女学校令施行規則の改正によって、その理想的な女性像が制度化されたのであった（小山　一九九一）。そして、この転換後の理想的な女性像には運動能力のある女性像が含まれていた。したがって、『少女の友』の理想的な少女像の転換は、女子教育の理想的な女性像の転換によってひきおこされたものであると考えることができる。

一方、『日本少年』『少女の友』の抒情画・伝記・少年少女小説を比較分析すると、『日本少年』は一九二六（大正一五）年から一九三五（昭和一〇）年にかけて変化することがわかった。

一つに、『少年世界』『日本少年』『少年倶楽部』の抒情画を分析すると、一九二六年を境にして、表紙絵に描かれている少年像が勉強・芸術活動、運動をする少年から、運動、戦闘・銃後の活動をする少年に変化したことが明らかになった。

二つに、『日本少年』の伝記の男性像を分析すると、その男性像は一貫してエリートと軍人であったことがわかった。ただし、一九三〇（昭和五）年を境にして、学歴の価値の低下、および抒情の排除がおこなわれるようになったことが明らかになった。一九〇〇、一九二〇年代においては、学者であれ、政治家であれ、軍人であれ、その男性像は第一に抒情を理解できる存在、第二に抒情を表現することに長けた存在として描かれていたが、一九三〇年代においては、第一、第二の描かれ方がされなくなったのであった。

三つに、『日本少年』『少年倶楽部』の少年小説における理想像は、一九三五年に至るまでは、第一に美貌、第二に知的能力、第三に運動能力、第四に抒情を理解・表現できる能力をもった少年であったが、一九三五年からは、第一に美貌、第二に知的能力、第三に運動能力をもった少年に変化したことが明らかになった。そして、『日本少年』『少年倶楽部』の少年小説における理想的行動は、少年が大勢を助けるというものであったことがわかった。

まとめると、『日本少年』では、一九二六年から一九三五年にかけて、理想的な少年像については、一つに知的能力のある少年像がしだいに力を失っていったといえる。二つに抒情を理解・表現できる能力をもった少年像が完全に排除されていったといえるのである。

なぜ一九二六年から一九三五年にかけて、理想的な少年像については、一つに知的能力のある少年像がしだいに力を失っていって、二つに抒情を理解・表現できる能力をもった少年像は完全に排除されていったのだろうか。この背景にあったのは、『日本少年』と『少年倶楽部』の読者獲得競争であったとおもわれる。

また、『日本少年』『少年倶楽部』の少年小説と『少女の友』の少女小説の差異は四点見出せた。第一は、理想的行動の差異である。少年小説には完全無欠の英雄が大勢を助けるという理想的行動、少女小説には才色兼備のお嬢さまである少女が少女を助けるという理想的行動が描かれていた。なぜなら、少年の敵は家庭の外に、少女の敵は家庭の中に存在していたからであった。少年は家庭の中で権力をもっていた。それゆえ、家庭の中では安泰でいられた。だからこそ、家庭の外で権力をもつ者と闘うことになった。一方、少女は家庭の中で権力をもっていなかった。それゆえ、少女は家庭の中で権力をもっている者と闘わなければならなかった。その最たる者は、父親、兄、弟であった。だからこそ、少女は権力をもたない少女たちと協力し合って、権力をもっている者と闘っていたのであった。

第二は、少年小説の少年たちは人間離れした知的能力・運動能力をもっていた一方、少女小説の少女たちは高等女学校で尊敬を集める程度の知的能力・運動能力にとどまっていたということであった。第三は、少年小説の少年たちには財力がなかった一方、少女小説の少女たちには財力があったということであった。なぜ第二、第三の差異があったかというと、少年が大勢を、少女が少女を助けるために必要な能力が異なっていたからであった。

第四は、少年小説の少年たちは、一九三五年を境にして、抒情を理解・表現できる能力をもたなくなるが、少女小説の少女たちは、抒情を理解・表現できる能力をもちつづけたということであった。

その後、少年少女雑誌はどのように変遷したのだろうか。

一九一〇年代、『日本少年』『少女の友』は商業的成功を収めて、少年少女雑誌界の頂点に君臨した。しかし、一九二四（大正一三）年ごろから『少年倶楽部』『少女倶楽部』が商業的成功を収めるようになって、少年少女界の頂点に君臨するようになった。

『少年倶楽部』は、第一に教養主義の否定、第二に知育偏重主義の否定をおこなった。そして、第一に娯楽主義、第二に徳育主義の肯定をおこなった。

一方、『少女倶楽部』は、ハイカラ、優美高妙である女性像を否定した。そして、バンカラ、質実剛健である女性像、いいかえると、武家の女性像を肯定した。

『少年倶楽部』『少女倶楽部』がおこなおうとしたことは、読者を都市新中間層の男子・女子に限定することをやめるということであった。そして、都市新中間層の男子・女子に加えて、都市新中間層より下の階層の男子・女子を読者としてとりこむということであった。このような戦略は、大日本雄弁会講談社の戦略の一つであった。

そして、『少年倶楽部』『少女倶楽部』の戦略は成功を収めた。なぜなら、一九二五（大正一四）年前後には、メディアの「大衆化」がおきていたからであった。つまるところ、第一に『キング』を頂点とする大日本雄弁会講談社の雑誌が、第二に一冊一円の円本が、中間層よりも下の階層の人たちを読者として獲得し始めていたのであった。そして、このメディアの「大衆化」の背後にあったのは、「新有権者」の増加であった。一九二五年五月、普通選挙法が公布された。それによって、納税要件が撤廃され、二五歳以上の男子に選挙権が与えられた。その結果、「新有権者」が増加して、『キング』を、そして円本を購読して、教養の獲得をめざしはじめたのであった。

それにたいして、『日本少年』『少女の友』はそれぞれ異なる道を進むことになった。『日本少年』は『少年倶楽部』に追随した。その結果、『日本少年』は『少年倶楽部』に敗北して、廃刊に追いやられた。ところが、『少女の友』は『少女倶楽部』に追随することをやめた。むしろ、ますます都市新中間層の女子に読者を限定することにした。その結果、『少女の友』は刊行を続けることに成功した。

したがって、『日本少年』『少女の友』と『少年倶楽部』『少女倶楽部』の読者獲得競争は、「少年」「少女」の境界を動かしていったのであった。どういうことかというと、「少年」「少女」は、しだいに、都市新中間層の男子・女子に限定されるものではなくなっていったのであった。そして、「少年」「少女」は、あらゆる階層の男子・女子を意味するものになっていったのであった。

総力戦が始まると、「少女」に関する知は大きく変化した。

一つに、『少女界』『少女世界』『少女の友』『少女画報』『少女倶楽部』の抒情画を分析すると、表紙絵に描かれている少女像に関しては、一九二一（大正一〇）年から一九三五年までは、第一に勉強・芸術活動、第二に運動をする少女が多数描かれていたが、一九三六（昭和一一）年から一九四〇（昭和一五）年までは、第一に勉強・芸術活動、第二に運動、第三に戦闘・銃後の活動をする少女が多数描かれるようになったことがわかった。さらに、一九四一（昭和一六）年から一九四五（昭和二〇）年までは、第一に運動、第二に戦闘・銃後の活動、第三に労働をする少女が多数描かれるようになったことが明らかになった。

二つに、『少女の友』の伝記における女性像を分析すると、その女性像は一九二一年から一九三六年までは、第一に芸術家、第二にスターが多数を占めていたが、一九三七（昭和一二）年から一九四五年までは、第一に芸術家、第二にエリート、第三に運動家、第四に軍人・武士が多数を占めるようになったことがわかった。

まとめると、第一に少女を戦闘する存在、第二に少女を労働する存在として表象するようになったのである。

ところが、「少年」に関する知は変化しなかった。

一つに、『少年世界』『日本少年』『少年倶楽部』の抒情画を分析すると、表紙絵に描かれている少年像に関しては、一九二六年から一九四五年にかけては、第一に運動、第二に戦闘・銃後の活動をする少年が多数描かれることがわかった。

二つに、『日本少年』の伝記における男性像を分析すると、その男性像は一九〇六（明治三九）年から一九三八（昭和一三）年にかけては、一貫して、第一にエリート、第二に軍人・武士が多数を占めていることが明らかになった。

なぜ「少女」に関する知は変化を遂げたのだろうか。また、なぜ「少年」に関する知は変化を遂げなかったのだろうか。いいかえると、戦時の統制は「少年」「少女」にどのような影響を及ぼしたのだろうか。

一九三七年七月の日中戦争の勃発、さらに、一九三八年四月の国家総動員法の制定によって、戦時の統制が始まった。ところが、その前年である一九三六年は、人びとが児童文学に大いに着目した年であった。それゆえ、内務省、および文部省は、ただちに児童文学にたいする統制に着手したのであった。最初に、内務省警保局図書課が、一九三八年一〇月二六日、「児童読物改善ニ関スル指示要綱」を出した。この「指示要綱」の作成を中心的に担ったのは、内務省の佐伯郁郎《さえきいくろう》であった。そして、内務省は子どもの読みものの弾圧をおこなったのであった。次に、文部省は、一九三九（昭和一四）年五月、従来の図書推薦機構を拡大して、その推薦図書のなかに児童書を含めることを公表した。つまるところ、子どもの読みものは、内務省が弾圧をおこない、文部省が推薦をおこなうことで、統制が実施されていたのであった。

ところがその後、一九四〇年一二月六日に、情報局が設置された。そして、この情報局の情報官の任を与えられたのが、軍人の鈴《すず》木《き》庫三《くらぞう》であった。さらに、鈴木庫三は、内務省の佐伯郁郎に代わって、出版にたいする統制にあたるようになった。そして、『少女の友』の編集主筆である内山《うちやま》基《もとい》を弾圧したのであった。

さらに、この情報局の管理下に置かれた日本出版文化協会と日本少国民文化協会が、子どもの読みものの統制をおこなうことになった。日本出版文化協会は、一九四〇年一二月、情報局の指導によって作られた。また、日本少国民文化協会は、一九四一年一二月、情報局の指導によって作られた。このように、子ども向けの読みものは、日本出版文化協会、および日本少国民文化協会によって、統制されるようになった。いいかえると、日本少国民文化協会が子ども向けの読みものの指導をおこない、日本出版文化協会が子ども向けの読みものの事前審査をおこない、印刷用紙の割り当てを実施するようになったのであった。

まとめると、国家が戦時の統制をとおしておこなったことは、子どもを「少国民」としてとらえることであった。そして、この「少国民」とは、あらゆる階層の男子・女子であった。

そして、『少年倶楽部』『少女倶楽部』の「少年」「少女」は、あらゆる階層の男子・女子であった。したがって、『少年倶楽部』『少女倶楽部』の「少年」「少女」と「少国民」は、共通点をもっていたのであった。

「少年」に関する知は、総力戦開始後、まったく変化しなかった。なぜなら、「少年」は「少国民」と共通点をもっていたからであった。その共通点とは、あらゆる階層の男子・女子を意味するという点であった。というのも、『少年倶楽部』の「少年」は、あらゆる階層の男子を意味していたからである。そして、『日本少年』の「少年」も、この総力戦の時代においては、あらゆる階層の男子を意味していたからである。なぜなら、『日本少年』は、一九二六年から、『少年倶楽部』の「少年」を模倣するようになっていたからである。また、『日本少年』の「少年」は、一九三八年一〇月号をもって撤退することになったからである。このように、「少国民」も、『少年倶楽部』『日本少年』の「少年」も、この総力戦の時代においては、あらゆる階層の男子を意味していたのであった。だからこそ、「少年」は、変化を強いられなかったのであった。

しかし、「少女」に関する知は、総力戦開始後、ただちに変化した。なぜなら、「少女」は「少国民」と相違点をもっていたからであった。その相違点とは、『少女の友』の「少女」は都市新中間層の女子を意味していたが、「少国民」はあらゆる階層の女子を意味していたという点である。だからこそ、軍人の鈴木庫三は、『少女の友』の内山基を弾圧していたのであった。そして、執拗に「少女」の変更を迫っていたのであった。

このように、「少女」が変化したのは、『少女の友』の「少女」が、都市新中間層の女子を表象していたからであった。戦時の統制は、子どもを「少国民」としてとらえることであった。そして、「少国民」とは、あらゆる階層の男子・女子を意味していた。にもかかわらず、『少女の友』の「少女」が、都市新中間層の女子を表象していたため、弾圧がおこなわれたのであった。

この結果、「少女」は、一つに戦闘する存在として表象されるようになった。その理由は、もちろん日本国家が総力戦をしていたからである。そして、二つに労働する存在として表象されるようになった。その理由は、総力戦では女性の代替労働が必要不可欠であったからである。

ただ、『少女の友』の女子読者は、あくまでも都市新中間層の女子であった。それにもかかわらず、鈴木庫三は、『少女の友』の「少女」をあらゆる階層の女子として表象させるように仕向けていたのであった。いいかえると、「少女」を「少国民」として表象させるように強いていたのであった。そしてその表象の変更の一つは、戦闘、労働を称揚するという変更に他ならなかった。しかし、その「少国民」は、都市新中間層の女子の現実と大きく乖離したものであった。そのため、女子読者は困惑することになった。したがって、『少女の友』には、たびたび、「少国民」という理想と都市新中間層の女子という現実の間にある乖離が見られたのであった。

戦後、少年少女雑誌は大きな変化を遂げた。一九四五年から一九六九（昭和四四）年までにおいては、少年雑誌は、第一に少年マンガ雑誌、第二に少年小説雑誌、第三に少年向けスポーツ雑誌に、一方、少女雑誌は、第一に少女マンガ雑誌、第二に少女小説雑誌、第三に少女向けファッション雑誌に分化した。そして、少年雑誌のメインストリームは、一九六〇（昭和三五）年前後には少年マンガ雑誌になった。一方、少女雑誌のメインストリームは、一九六五（昭和四〇）年前後には少女マンガ雑誌になった。ただ、これらは形の変化であった。内容の変化については、少女雑誌は男女間の恋愛を導入することになった。一方、少年雑誌は男女間の恋愛を導入することはなかった。ただし、戦前生まれの『少女の友』は男女間の恋愛の導入を少量にとどめていたが、戦後生まれの『女学生の友』は、他の少女雑誌に先駆けて男女間の恋愛の導入を大量におこなっていった。その結果、『少女の友』は終刊を迎えることになった。ただし、終刊となったのは『少女の友』だけではなかった。少女小説を主軸に据える少女雑誌は、『女学生の友』を除き、一九六五年までにはすべて終刊となった。ただ一つ、『女学生の友』のみが、男女間の恋愛を大量に導入することで大成功を収めていった。『女学生の友』は、少女小説というジャンルの延命に成功したのであった。

少年小説を分析すると、その理想像は、戦前の一九三五年においては、第一に美貌、第二に卓越した知的能力、第三に運動能力を有する存在であった。そして、その理想的行動は、大勢の人びとを助けるというものであった。いいかえると、「完全無欠の英雄」であった。そしてそれは、戦後においても変化することはなかった。

一方、少女小説を分析すると、その理想像は、戦前においては、第一に美貌、第二に知的能力、第三に運動能力、第四に財力、第五に抒情を理解・表現できる能力を有する存在であった。いいかえると「才色兼備のお嬢さま」であった。そして、その理想的行動は少女を助けるというものであった。ところが、戦後においては、その理想像は、保護者にかわいがられる「かわいい少女」となった。そして、その理想的行動は少年を助けるというものになった。

なぜ少女小説の理想像と理想的行動は変容したのだろうか。この変容の背景にあったのは、エスの少女小説が衰退し、男女間の恋愛の少女小説が勃興したことであった。エスの関係である少女同士の関係においては、少女が少年に依存することはないといえる。ところが、男女の関係においては、男女の間に権力の不均衡があるため、それが友愛であれ恋愛であれ、少女が少年に依存することとなる。そのため、少女は少年の庇護を得るために保護されるべき存在、かわいがられる存在となると考えられる。さらに、少女は少年の庇護を得るために少年のケアをする形で少年を助けるようになるのである。

また、『ひまわり』は、読者を「少女」としてとらえて、なおかつ、その「少女」の価値づけをおこなっていた。それは、戦前の『少女の友』のおこなっていたことに他ならなかった。しかし『ジュニアそれいゆ』は、読者を「ジュニア」としてとらえて、なおかつ、その「ジュニア」の価値づけをおこなっていた。なぜなら、『ジュニアそれいゆ』は、男子読者を獲得しようとしていたからであった。したがって、「少女」は女子を意味するものであったが、「ジュニア」は男子・女子を意味するものであった。このように、『少女の友』『ひまわり』の「少女」と『ジュニアそれいゆ』の「ジュニア」は、ジェンダーの点で相違点があった。ただ、階層の点では共通点があった。それは、都市新中間層に限定していた点であった。ところが、『ジュニアそれいゆ』では、「ジュニア」を都市新中間層に限定していることについて、読者から批判が巻き起こっていた。なぜなら、『ジュニアそれいゆ』の読者層のなかに、他の社会階層の男子・女子が参入するようになったからであった。

戦後の少年少女雑誌の変化の背後にあったのは男女共学体制であった。戦後、学校教育は男女共学が原則となったのであった。このように、学校教育が男女共学を原則とするようになったことで、『少女の友』『女学生の友』は男女間の恋愛を導入したのであった。そして、少女小説では、「才色兼備のお嬢さま」と少女が少女を助けるという行動が描かれることが少なくなった。代わりに、男子に庇護される「かわいい少女」と少女が少年を助けるという行動が描かれることが多くなったのであった。さらに、「少女」が「ジュニア」になったのであった。

また、戦後の少年少女雑誌の変化の背後にあったのは、都市新中間層の力の喪失であった。都市新中間層が力を失ったため、少年少女雑誌は都市新中間層の独占するものではなくなった。したがって、少年少女雑誌が都市新中間層の男子・女子を表象することが批判されるようになったのであった。

2　都市新中間層の男子・女子からあらゆる階層の男子・女子へ

最後に、「少年」「少女」について考えてみることにする。

少年雑誌は、「少年」という呼称を広めた。ただ、「少年」は男子・女子を意味するものであった。

一方、少女雑誌は、「少女」という呼称を広めた。中等教育の男女別学化、および少年雑誌・少女雑誌の誕生が、「少年」から「少女」を分離させたのであった。そして、「少年」を男子のみを意味するものに、「少女」は女子を意味するものに変更したのであった。したがって、中等教育の男女別学化、および少年雑誌・少女雑誌の誕生は、「少年」「少女」を誕生させることになったのであった。

ただ、「少年」「少女」の意味は明確ではなかった。

しかし、都市新中間層の量的拡大、および『日本少年』『少女の友』の誕生が、「少年」「少女」の意味を明確にすることになった。『日本少年』『少女の友』は、「少年」「少女」を「大人」と異なる存在、純真無垢な存在として意味づけたのであった。そして、都市新中間層がその「少年」「少女」の意味を支持したのであった。都市新中間層が『日本少年』『少女の友』の「少年」「少女」を支持したのは、それが都市新中間層の理想化していた「少年」「少女」そのものだったからであった。なぜなら、都市新中間層は、童心主義のまなざしをもっていて、子どもを大人と異なる存在、純真無垢な存在としてとらえていたからであった。

そうであるとすると、この『日本少年』『少女の友』の「少年」「少女」は、都市新中間層の理想化する「少年」「少女」であったということになる。いいかえると、この「少年」「少女」は、都市新中間層の大人の理想化する都市新中間層の男子・女子に他ならなかったのである。つまるところ、「少年」「少女」は、あらゆる階層の男子・女子ではないのである。「少年」「少女」は、あくまで都市新中間層の男子・女子なのである。だからこそ、この「少年」「少女」は価値ある存在であった。なぜなら、都市新中間層が童心主義のまなざしによって、この「少年」「少女」を大人と異なる存在、純真無垢な存在として理想化していたからであった。「少年」「少女」は、都市新中間層の大人たちによって、価値ある存在として理想化されていたのであった。

さらに、「少年」「少女」は、他の階層の人たちからも価値ある存在として見なされていた。なぜなら、「少年」「少女」は、都市新中間層の男子・女子だからである。そのため、「少年」「少女」は学歴の価値、および階層文化の価値の後ろ盾をもっていたからである。

学歴の価値をもっていたというのは、どのようなことだろうか。「少年」「少女」は、都市新中間層の男子・女子であるため、高学歴の男子・女子であるということになる。いいかえると、小学校・中学校・高等女学校に進学する男子・女子であるということである。だからこそ、『日本少年』『少女の友』の抒情画・伝記・少年少女小説では、「少年」「少女」は、知的能力に秀でている存在であることが、くりかえし描かれていたのである。他の階層の人たちから見ると、「少年」「少女」は、都市新中間層の男子・女子、いいかえると、高学歴の男子・女子、また、知的能力に秀でた男子・女子をあらわしているため、価値ある存在に見えるということなのである。

階層文化の価値をもっていたというのは、どのようなことだろうか。「少年」「少女」は、都市新中間層の男子・女子であるため、都市新中間層の階層文化を有した男子・女子であるということになる。都市新中間層の階層文化には、さまざまなものがあるとおもわれる。『少女の友』の抒情画・伝記・少女小説では、「少女」は、財力を根拠にして、避暑地に出かける趣味をもっていたり、誕生日パーティーで室内管弦楽団の演奏に合わせてダンスをする趣味をもっていたりする。そのような財力を根拠にした趣味は、たしかに都市新中間層の階層文化の一つであるとおもわれる。竹内洋（二〇〇三）は、都市新中間層の集中する東京の山の手文化は、生粋の江戸っ子である下町文化と差異化するために、「ハイカラ」「モダン」とされる西欧文化をとりいれていたことを明らかにしている。したがって、『少女の友』の抒情画・伝記・少女小説で描かれていたのは、そのような「ハイカラ」「モダン」とされる西欧文化であったといえる。このように、財力を根拠とした西欧文化は、たしかに都市新中間層の階層文化の一つであるといえる。しかし、『日本少年』でも『少女の友』でも、くりかえし描かれているのは、抒情を理解・表現できる能力である。たとえば、『日本少年』では、乃木希典《のぎまれすけ》が理想化されている。そして、乃木希典は知的能力に秀でていること、詩歌を作る能力に秀でていることがくりかえし描かれていたのである。また、『少女の友』では、北川千代子、横山美智子、吉屋信子などの少女小説家たちが理想化されている。そして、このような少女小説家たちは、韻文・散文を作る能力に秀でていることがくりかえし描かれていたのである。さらに、『日本少年』でも『少女の友』でも、男子投稿者・女子投稿者は、詩歌を作る能力の向上をめざして、文芸作品を作ること、投稿することに励んでいたのである。このように、抒情を理解・表現できる能力は、都市新中間層の男子・女子には、不可欠な能力として描かれているのである。先に見たように、東アジアの伝統においては、教養ある知識人には「公」（政治、漢文）と「私」（感傷、詩文）の充実が不可欠であるとされていたのである（齋藤 二〇〇七）。したがって、近代社会の知識人階層である都市新中間層は、その伝統を引き継いでいたのである。つまるところ、抒情を理解・表現できる能力は、都市新中間層の階層文化の一つであるといえるのである。他の階層の人たちから見ると、「少年」「少女」は、都市新中間層の男子・女子を意味している。そして、そうであるからこそ、抒情を理解・表現できる能力をもっている男子・女子に見えている。そして、だからこそ、尊敬できる存在、価値ある存在に見えているということなのである。

このように、「少年」「少女」は、都市新中間層の男子・女子を意味していた。そして、学歴の価値、および階層文化の価値が後ろ盾になっていたからこそ、「少年」「少女」は価値ある存在として見なされていたのであった。

しかし、『少年倶楽部』『少女倶楽部』は、「少年」「少女」をあらゆる階層の男子・女子を意味する存在に変容させていった。さらに、総力戦は、「少年」「少女」を「少国民」にしていった。この「少国民」は、あらゆる階層の男子・女子を意味していた。したがって、「少年」「少女」をますますあらゆる階層の男子・女子を意味する存在に変容させることになったのであった。

このように、「少年」「少女」は、学歴の価値、および階層文化の価値の後ろ盾を失っていったのであった。戦後、学校教育の男女共学化、および、戦後の少年少女雑誌の誕生が、「ジュニア」を誕生させた。「ジュニア」は、男子・女子を意味していた。このように、「ジュニア」は、かつての「少年」のように男子・女子を包含するようなものであった。

ただ、戦後、少年少女雑誌は、都市新中間層の男子・女子の独占するものではなくなっていた。そのため、「ジュニア」には、学歴の価値、および階層文化の価値による後ろ盾はなかった。そして、過去の呼称となった「少年」「少女」も、たんなる「ジュニア」の別の言い方にすぎないものになっていた。つまるところ、「少年」「少女」は、学歴の価値、および階層文化の価値による後ろ盾を失ったのであった。

引用文献

小山静子『良妻賢母という規範』勁草書房、一九九一年。
齋藤希史『漢文脈と近代日本――もう一つの言葉の世界』ＮＨＫ出版、二〇〇七年。
竹内洋『教養主義の没落――変わりゆくエリート学生文化』中央公論新社、二〇〇三年。

あとがき

最後に本書の経緯をまとめておくことにする。

わたしは、これまで「少女」に関する知がどのように作られたのか、また、なぜ作られたのかを明らかにしてきた。そして、その研究においては、主に『穎才新誌』、および『少女の友』の一九〇八（明治四一）年二月号から一九四五（昭和二〇）年八月号までを分析してきた。さらに、その研究の結果は二〇〇七（平成一九）年に単著の書籍として刊行した。

しかし、その後、「少年」に関する知がどのように作られたのか、また、なぜ作られたのかを明らかにしようと考えるようになった。そして、その研究においては、主に『日本少年』の一九〇六（明治三九）年一月号から一九三八（昭和一三）年一〇月号までを分析するようになった。ただ、本書で明らかにしたように、「少年」「少女」は関連し合っているため、単独で明らかにすることはできないことがわかってきた。そのため、「少年」「少女」に関する知が、どのように作られたのか、また、なぜ作られたのかを明らかにしようとおもうようになった。

ただ、その研究を進めるうちに、二つの幸運に恵まれたことで研究の方向について考え直すようになった。一つは、二〇一二（平成二四）年から現在の勤務先で「メディアの歴史」の講義をするようになったことである。それゆえ、「メディアの歴史」のなかに、少年少女雑誌の歴史、および「少年」「少女」に関する知の歴史を置いてながめることになったのである。さらに、初めて「メディアの歴史」に出会った大学生にわかりやすく伝えることを模索するようになったのである。

もう一つは、二〇一二年に、日本児童文芸家協会のコンクールに児童文学の作品が佳作入選して、日本児童文芸家協会に所属するようになったことである。実のところ、わたしは、本書で見た「女子投稿者」のように、児童文学の作品を投稿する「女子投稿者」を長年続けてきたのであった。そして、日本児童文芸家協会に所属したことをきっかけに、日本児童文芸家協会の雑誌である『児童文芸』に、「児童雑誌の歴史」を連載することになった。そのため、「児童雑誌の歴史」のなかに、少年少女雑誌の歴史、および、「少年」「少女」に関する知の歴史を置いてみることになったのである。さらに、年齢も職業もさまざまである日本児童文芸家協会の会員にわかりやすく伝えることを模索するようにもなったのである。わたしは、この二つの幸運をきっかけに、少年少女雑誌の歴史、および、「少年」「少女」に関する知の歴史を、さまざまな読者に向けてまとめてみたいとおもうようになったのである。

なぜかというと、序章で見たように、少年少女雑誌の歴史、および「少年」「少女」に関する知の歴史に関しては、さまざまな著書が出ているが、それらのなかには事実とは異なることを書いているものが多数あるようにおもわれるからである。本書で見たように、少年少女雑誌も、「少年」「少女」に関する知も、少年少女雑誌に関する史料を丁寧に見ると、大きく変遷することがわかるのである。ところが、戦前の少年少女雑誌、および「少年」「少女」に関する知をひとくくりにして扱うものがあるのである。なかには、戦前戦後の少年少女雑誌、および「少年」「少女」に関する知をひとくくりにして扱うものがあるのである。

また、本書で見たように、少年少女雑誌も、「少年」「少女」に関する知も、少年少女雑誌に関する史料を丁寧に見ると、それぞれの少年少女雑誌によって差異が見られることがわかるのである。ところが、史料の差異を無視するものが存在するのである。それは、研究者以外の著者の書籍にも当てはまる。というのも、戦前の少年少女文化について書籍を刊行することに関しては、研究者以外の参入が容易であるとおもわれているふしがあるからである。

また、書籍だけにとどまらないといえる。たとえば、戦前の少女雑誌文化を戦後の「かわいい」文化の原点とする展覧会が多数開催されている。そのため、そのような事実とは異なる「事実」が、書籍、展覧会、雑誌の特集などをとおして、人びとの間にわかりやすい形で広まっているのである。だからこそ、わたしはそれとは異なることがしたいとおもったのである。それは、少年少女雑誌の歴史、および「少年」「少女」に関する知の歴史を研究としてとらえて実証することである。いいかえると、少年少女雑誌に関する史料を丁寧に見て、時代による変化を、なおかつ、それぞれの雑誌による差異とせめぎあいを丁寧に描き出すことである。そして、それをなるべくわかりやすい形であらわしてみたいとおもったのである。

そのようなとき、ミネルヴァ書房の林志保さんに声をかけていただいた。そして、わたしの書きたいことを理解していただいた。そこで、『児童文芸』に連載したものを基礎にして、少年少女雑誌の歴史、および「少年」「少女」に関する知の歴史を執筆することになったのである。

それぞれの章の初出一覧は次のとおりである。ただし、『児童文芸』の連載は、一頁におさまる分量のものにすぎなかったため、どの章も大幅に加筆修正をした。

序　章　書きおろし。

第一章　「連載　児童雑誌の歴史①　少年少女たちの勝負の場」『児童文芸』第六二巻第一号、二〇一六年、七二頁。

第二章　書きおろし。

第三章　書きおろし。

第四章　「連載　児童雑誌の歴史②　新体詩の名手、あらわれる」『児童文芸』第六二巻第二号、二〇一六年、七八頁。
第五章　「連載　児童雑誌の歴史③　『少女』、この至高なるもの！」『児童文芸』第六二巻第三号、二〇一六年、七二頁。
第六章　「少女同士の絆」『児童文芸』第六一巻第三号、二〇一五年、二四―二七頁。
第七章　「連載　児童雑誌の歴史④　大胆不敵なヒーロー」『児童文芸』第六二巻第四号、二〇一六年、七六頁。
第八章　書きおろし。
第九章　書きおろし。
第一〇章　「雑誌――社会階層との見えないつながりとは」山田昌弘・小林盾編『ライフスタイルとライフコース――データで読む現代社会』新曜社、二〇一五年、七一―七七頁、および、「連載　児童雑誌の歴史⑤　ひまわりブランドを着たスター」『児童文芸』第六二巻第五号、二〇一六年、一〇二頁、および、「連載　児童雑誌の歴史⑥　男女交際という難問」『児童文芸』第六二巻第六号、二〇一六年、七四頁。
第一一章　書きおろし。

本書を刊行するにあたって、また、本書の核となる研究を進めるにあたって、さまざまな方々にご指導とご協力を賜った。ここに記して感謝の意をあらわしたいとおもう。大学院の指導教授であった京都大学大学院人間・環境学研究科の小山静子先生には、大学院生の時代も、その後も、研究会などでご指導をいただいた。わたしが先生の好きなところ、尊敬するところは、研究以外の面では誰よりもやさしいところ、そして、研究の面では誰よりも厳しいところである。むろん、厳しいといっても、やさしいのである。わたしが、女性研究者で、なおかつ、少年少女雑誌に関する研究をしていることで、人によっては「そのような研究は研究ではない」「そのような研究は価値がない」ととらえる人もいる。しかし、先生は「価値がある」と励ましてくださったうえで、丁寧に、かつ、妥協することなしに指導してくださったのである。わたしが大学院の時代も、その後も、研究が楽しいとおもえるのは、先生の励ましとご指導があるおかげである。

そして、小山静子先生の研究室の皆さんからも、大きな励ましとご助言をいただいた。この研究室には、素晴らしい研究仲間が集まっている。わたしにとっては、このような研究仲間と互いの研究のことを報告し合い、議論し合うことが、研究の楽しさの一つになっている。

さらに、ミネルヴァ書房の林志保さんには、この執筆の機会を与えていただいたうえに、素案を丁寧にお聞きいただき、ご助言をいただいた。そして、書きたいことを書かせていただき、書いたものを丁寧に見ていただいた。また、ミネルヴァ書房の水野安奈さんには、刊行に関して労をとっていただいた。

最後に、私事になるが、両親、夫に、ありがとうといいたいとおもう。

※本研究は、JSPS 科研費（JP22730662・JP26780481）の助成を受けたものである。また、本研究の作文教育に関する研究成果は、二〇一七年度成蹊大学長期研修で得られたものである。

二〇一九年八月

今田絵里香

人物で見る日本の教育［第2版］
沖田行司 編著
A5判三一六頁
本体二八〇〇円

日本国民をつくった教育
沖田行司 著
四六判二五二頁
本体二五〇〇円

日本の教育文化史を学ぶ
山田恵吾 編著
A5判三二〇頁
本体二八〇〇円

近代東京の私立中学校
武石典史 著
A5判三七六頁
本体六〇〇〇円

明治の〈青年〉
和崎光太郎 著
四六判三三〇頁
本体三〇〇〇円

ミネルヴァ書房
http://www.minervashobo.co.jp/

《著者紹介》

今田　絵里香（いまだ・えりか）

1975年　京都府生まれ。
2004年　京都大学大学院人間・環境学研究科博士後期課程研究指導認定退学。
2006年　京都大学博士（人間・環境学）。
現　在　成蹊大学文学部現代社会学科准教授。
専　攻　メディア史，教育社会学，ジェンダー論。
主　著　『「少女」の社会史』（勁草書房，2007年），『セクシュアリティの戦後史』（共編著，京都大学学術出版会，2014年），『データで読む日本文化――高校生からの文学・社会学・メディア研究入門』（共著，風間書房，2015年），『男女別学の時代――戦前期中等教育のジェンダー比較』（共著，柏書房，2015年），『ダイナミズムとしてのジェンダー――歴史から現在を見るこころみ』（共著，風間書房，2016年），『文化現象としての恋愛とイデオロギー』（共著，風間書房，2017年），『変貌する恋愛と結婚――データで読む平成』（共著，新曜社，2019年），『趣味とジェンダー――〈手づくり〉と〈自作〉の近代』（共著，青弓社，2019年）ほか。

「少年」「少女」の誕生

2019年10月30日　初版第1刷発行　〈検印省略〉

定価はカバーに
表示しています

著　者　今田絵里香
発行者　杉田啓三
印刷者　坂本喜杏

発行所　株式会社　ミネルヴァ書房
607-8494　京都市山科区日ノ岡堤谷町1
電話代表　(075)581-5191
振替口座　01020-0-8076

冨山房インターナショナル

ISBN 978-4-623-08440-1
Printed in Japan

人名索引

あ行

か 行

さ 行

ま　行

や　行

わ　行

事項索引

わ　行

附表1　少年雑誌の

雑誌名（出版社）／年	1885年　1890年　1895年　1900年　1905年　1910年　1915年　1920年　1925	
『少年園』（少年園）	1888.11	1895.4
『日本之少年』（博文館）	1889.2	1894.12
『小国民』（学齢館）	1889.7	1902.12
『少年文武』（張弛館）	1890.1	?
『少年之友』（益友社）	1890.9	?
『少年世界』（博文館）	1895.1	
『新少年』（東京益有社）	1895.3	?
『新少年』（新少年社）	1896.1	?
『少年倶楽部』（北隆館）	1897.1	?
『少年乃とも』（広益図書）	1899.11	?
『今世少年』（春陽堂）	1900.6	1902?
『小学世界』（秀英舎）	1902.1	1904?
『少年界』（金港堂書籍）	1902.2	1914?
『少年』（時事新報社）	1903.10	1921?
『新少年』（学海指針社）	1904.4	?
『少年国』（開文社）	1906.1	?
『日本少年』（実業之日本社）	1906.1	
『少年之友』（文光堂）	1906.9	1909?
『少年パック』（少年パック社）	1907.1	1911.12
『実業少年』（博文館）	1908.1	1912.12
『兄弟』（国学院大学出版部）	1909.6	1910.8
『東洋少年』（東洋少年社）	1911.1	?
『少年倶楽部』（大日本雄弁会講談社）	1914.11	
『新少年』（平和出版社）	1914.11	1916?
『飛行少年』（日本飛行研究会）	1915.1	1919?
『中学生』（研究社）	1916.4	
『海国少年』（海国少年社）	1917.4	1922?
『世界少年』（東京新光社）	1918.11	1922?
『少年講談』（女子文壇社）	1918.?	1919?
『小学少年』（研究社）	1919.5	
『小学男生』（実業之日本社）	1919.10	1923.
『小学新聞』（小学新聞社）	1921.?	19
『少年タイムス』（少年タイムス社）	1922.4	
『少年文学』（イデア書院）	1923.5	1923
『少年戦旗』（戦旗社）		
『新少年』（博文館）		

注1）　創刊不明，終刊不明は「？」とした。
注2）　「▭」は少年小説雑誌，「▬」は少年マンガ雑誌，「▨」は少年向け海軍・陸軍雑誌，「・」は少年向
注3）　幼年雑誌，青年雑誌，少年少女向けの雑誌，学年雑誌は除外した。
出典）大阪国際児童文学館編（1993）より作成。

歴史（1888～1969年）

年 1930年 1935年 1940年 1945年 1950年 1955年 1960年 1965年 1970年	備考
	※1895年11月12日号から『少国民』，1896年12月15日号から北隆館。
1933.1	
	※1901年５月５日号から大学館。
	※1903年１月10日号のみ明文社。
1938.10	
	※1910年９月号から『兄弟姉妹』。
1962.12	※1946年４月号から『少年クラブ』，1958年12月号から講談社。
1945.12	
1928.3	
9	
24?	※1924年３月号から『少年王』，同号から日本青年通信社。
1926?	
.11	
1929.5 — 1931.12	
1935.4 — 1939.8	

けスポーツ雑誌。

雑誌名（出版社）／年	1885年	1890年	1895年	1900年	1905年	1910年	1915年	1920年	1925
『海洋少年』（海と空社）									
『海軍』（大日本雄弁会講談社）									
『若桜』（大日本雄弁会講談社）									
『少年』（光文社）									
『野球少年』（尚文館）									
『漫画少年』（学童社）									
『冒険活劇文庫』（明々社）									
『少年世界』（ロマンス社）									
『東光少年』（東光出版社）									
『冒険王』（秋田書店）									
『少年漫画帳』（少年漫画社）									
『おもしろブック』（集英社）									
『漫画王』（秋田書店）									
『痛快ブック』（芳文社）									
『中学生のなかま』（日本少年児童文化協会）									
『影』（日の丸文庫）									
『街』（セントラル出版社）									
『迷路』（若木書房）									
『魔像』（日の丸文庫）									
『摩天楼』（兎月書房）									
『週刊少年マガジン』（講談社）									
『週刊少年サンデー』（小学館）									
『少年山河』（あかしや書房）									
『無双』（兎月書房）									
『刑事』（東京トップ社）									
『中学生画報』（秋田書店）									
『ゴリラマガジン』（さいとうプロダクション）									
『ボーイズライフ』（小学館）									
『少年キング』（少年画報社）									
『忍法秘話』（青林堂）									
『ガロ』（青林堂）									
『中学生文学』（中学生文学の会）									
『まんがジャイアンツ』（日の丸文庫）									
『COM』（虫プロ商事）									
『週刊少年ジャンプ』（集英社）									
『週刊少年チャンピオン』（秋田書店）									

注1）　創刊不明，終刊不明は「？」とした。

注2）「▒」は少年小説雑誌，「■」は少年マンガ雑誌，「▩」は少年向け海軍・陸軍雑誌，「・」は少年向

注3）　幼年雑誌，青年雑誌，少年少女向けの雑誌，学年雑誌は除外した。

出典）大阪国際児童文学館編（1993）より作成。

年　1930年　1935年　1940年　1945年　1950年　1955年　1960年　1965年　1970年	備考
1939.5 1943?	
1944.5 1945.5・6	
1944.5 1945.2	
1946.11 1968.3	
1947.4・・・・・・・・・・・・・・・・・1961.1	
1948.1 1955.10	
1948.8	※1950年４月号から『少年画報』，1956年から少年画報社。
1949.1 1950.7	
1949.1 1950?	
1949.2	
1949.6 1950?	
1949.9 1969.4	※1960年１月号から『少年ブック』。
1952.1	
1953.1 1961.2	
1955.9 1956?	
1956.4 1966.9	
1957.4 1962.8	
1958.2 ?	
1958.3 1965?	
1959.1 1960.2	
1959.3	
1959.4	
1959.5 1960.2	
1959.5 1960.2	
1960.10 1965?	
1961.4 1961.6	
1962.1 1966.12	
1963.4 1969.8	
1963.8	
1963.9 1965.9	
1964.9	
1964.9	
1966.1・・1968.3	
1967.1	
1968.8	
1969.8	

けスポーツ雑誌。

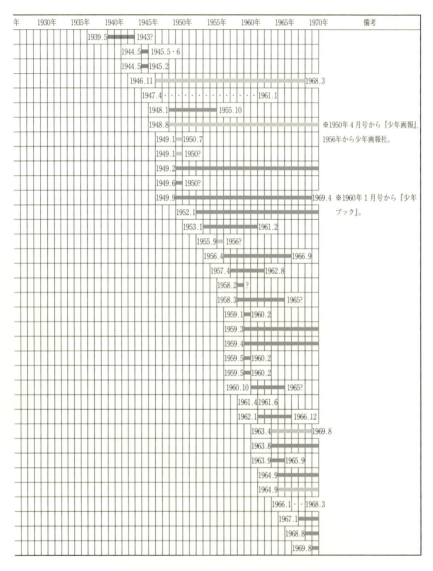

附表2　少女雑誌の

雑誌名（出版社）／年	1900年	1905年	1910年	1915年	1920年	1925年	1930年
『少女界』（金港堂書籍）	1902.4		1912?				
『少女世界』（博文館）		1906.9					1931.
『少女の友』（実業之日本社）		1908.2					
『姉妹』（国学院大学出版部）		1909.6	1910.8				
『少女』（女子文壇社）		1909.9	1912.7				
『少女画報』（東京社）			1912.1				
『少女』（時事新報社）			1913.1		1923?		
『新少女』（婦人之友社）				1915.4　1919.12			
『少女号』（小学新報社）				1916.12		1928?	
『小学少女』（研究社）				1919.5		1928.3	
『小学女生』（実業之日本社）				1919.10	1923.9		
『女学生』（研究社）					1920.5　?		
『少女の花』（日本飛行研究会正光社）					1922?　1924?		
『少女倶楽部』（大日本雄弁会講談社）					1923.1		
『少女の国』（成海堂）						1926.1　?	
『ひまわり』（ヒマワリ社）							
『少女』（光文社）							
『少女ロマンス』（明々社）							
『女学生の友』（小学館）							
『少女サロン』（偕成社）							
『少女ブック』（集英社）							
『ジュニアそれいゆ』（ひまわり社）							
『なかよし』（講談社）							
『りぼん』（集英社）							
『ひとみ』（秋田書店）							
『少女フレンド』（講談社）							
『マーガレット』（集英社）							
『別冊少女フレンド』（講談社）							
『小説ジュニア』（集英社）							
『ジュニア文芸』（小学館）							
『少女コミック』（講談社）							
『週刊セブンティーン』（集英社）							
『ファニー』（虫プロ商事）							

注1）　創刊不明，終刊不明は「？」とした。
注2）「▬」は少女小説雑誌，「▬」は少女マンガ雑誌，「▬」は少女向けファッション雑誌。
注3）　幼年雑誌，青年雑誌，婦人雑誌，少年少女向けの雑誌，学年雑誌は除外した。
出典）　葦原（1974→2000），大阪国際児童文学館編（1993），講談社社史編纂委員会編（1959），集英社社

歴史（1902～1969年）

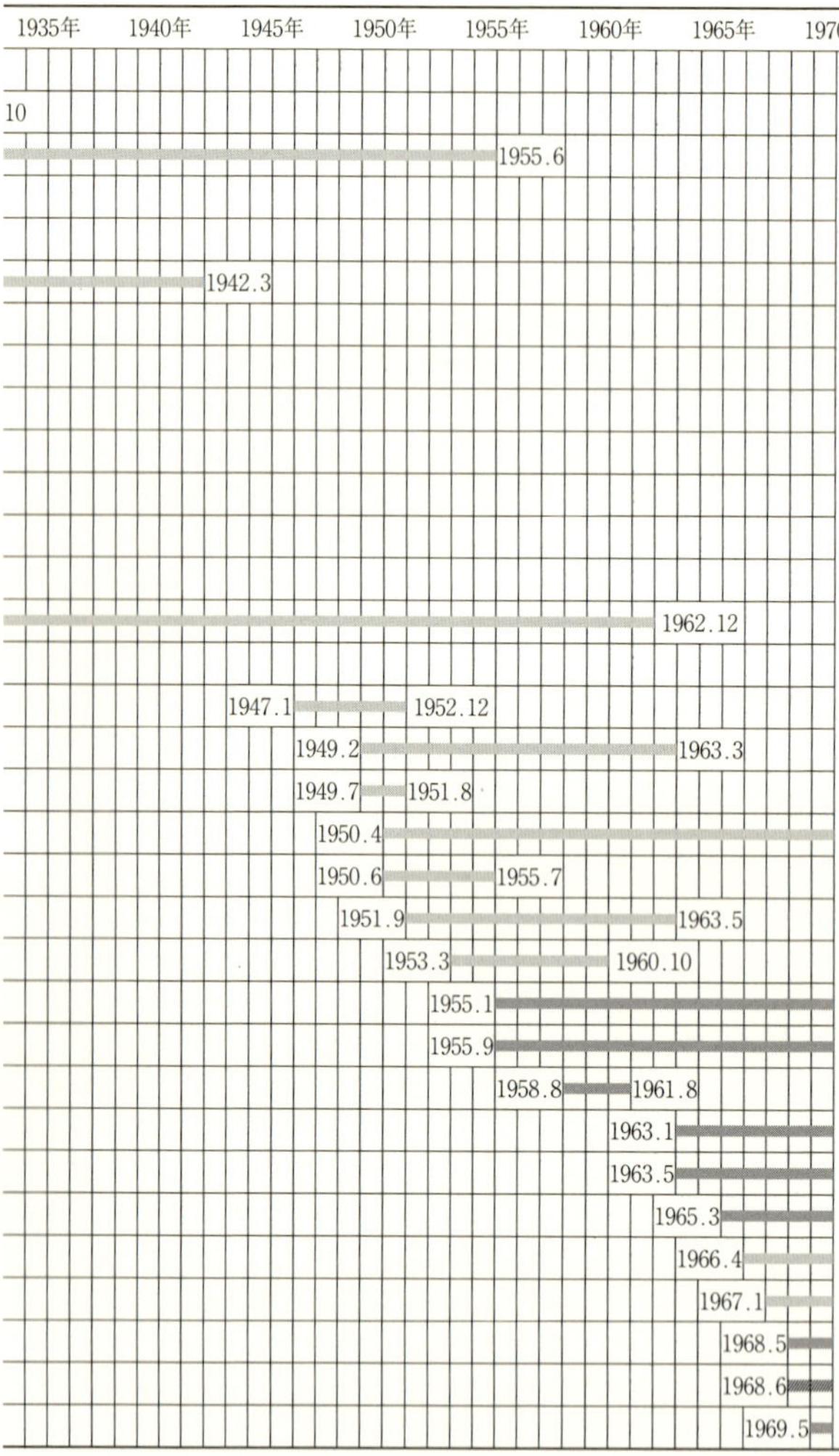

備考

※1910年9月号から『兄弟姉妹』。

※1931年7月号から新泉社，1942年4月号から『少女の友』に統合される。

※1927年8月号から新報社。

※1946年4月号から『少女クラブ』，1958年12月号から講談社。

※1950年4・5月合併号から，ひまわり社。

※1953年3月号は『それいゆ』（ひまわり社）臨時増刊『ジュニア号』，1953年8月号は『それいゆジュニア号』，1954年7月号から『ジュニアそれいゆ』。

※1983年7月号から『Cobalt』。

※1967年1月号から5月号までは『別冊女学生の友　ジュニア文芸』。

史編纂室編（1997），堀江編（2003）より作成。